北京商务年鉴

（2015）

北京市商务委员会　编

中国商务出版社

图书在版编目（CIP）数据

北京商务年鉴. 2015 / 北京市商务委员会编. — 北京：中国商务出版社，2015. 11

ISBN 978-7-5103-1431-5

Ⅰ. ①北… Ⅱ. ①北… Ⅲ. ①商务—北京市—2015—年鉴 Ⅳ. ①F727.1—54

中国版本图书馆 CIP 数据核字（2015）第 289192 号

北京商务年鉴（2015）

BEIJING SHANGWU NIANJIAN (2015)

北京市商务委员会 编

出 版：中国商务出版社

发 行：北京中商图出版物发行有限责任公司

社 址：北京市东城区安定门外大街东后巷 28 号

邮 编：100710

电 话：010—64515141 64255862（编辑三室）

010—64266119（发行部）

010—64263201（零售、邮购）

网 址：www.cctpress.com

网 店：http://cctpress.taobao.com

邮 箱：cctpress@163.com

照 排：金奥都科技发展中心

印 刷：北京墨阁印刷有限公司

开 本：889 毫米×1194 毫米 1/16

印 张：30.5 字 数：612 千字

版 次：2015 年 11 月第 1 版 2015 年 11 月第 1 次印刷

书 号：ISBN 978-7-5103-1431-5

定 价：150.00 元

《北京商务年鉴（2015）》编辑委员会

《北京商务年鉴（2015）》编辑部

编 辑 说 明

一、《北京商务年鉴（2015）》（以下简称《年鉴》）由北京市商务委员会《年鉴》编辑委员会编纂，是本市商务领域唯一的权威性、综合性年鉴。该书的前身——《北京商务概览》创刊于2003年，2004年分为外经贸卷和内贸卷。2005年将两卷合一，更名为《北京商务年鉴》，并由内部刊印改为公开出版发行。

二、《年鉴》全面、系统地记述了上年北京市商务领域的基本情况和取得的成就。封面年号“2015”表示本期《年鉴》于2015年出版，主要包括2014年1月1日至12月31日期间的工作成果、相关数据，并在重要文献中涉及2015年全市商务工作安排。

三、《年鉴》的内容由商务部门各单位和海关、出入境检验检疫局、天竺综保区等单位提供，内容广泛，资料详实，数据准确，逐年出版，具有宝贵的文献保存价值。

四、《年鉴》不仅能为政府机关领导决策提供参考依据，也可为国内外商务领域和其他各界人士提供相关的法规、政策和数据资料。

五、创刊以来，《年鉴》承蒙供稿单位的大力支持，受到有关人十的欢迎和鼓励，在此谨致谢意，并希望继续得到各界人士的关心和支持。

《北京商务年鉴》编辑委员会

二〇一五年十一月

Editor's Notes

Ⅰ. *Beijing Commercial Yearbook* (2015) (hereinafter abbreviated as the *Yearbook*), compiled by the editorial committee of the Yearbook of Beijing Municipal Commission of Commerce, is the only authoritative and comprehensive yearbook in the commercial field in Beijing. The predecessor of the *Yearbook* is *Beijing Commercial Review* started publication in 2003. In 2004, the book was divided into two volume—Foreign Economy & Trade Volume and Domestic Trade Volume. In 2005, the two volumes were combined together as one book with the name *Beijing Commercial Yearbook*, which changed from a periodical for restricted circulation into a publicly published one.

Ⅱ. The *Yearbook* gives a comprehensive and systematic record of the basic situation and achievements in the commercial field in Beijing. "2015" in the cover means the *Yearbook* is published in 2015. The *Yearbook* mainly includes the achievements of work and related data from January 1 to December 31, 2014, and involves the commercial work arrangement of Beijing in 2015 in some important documents.

Ⅲ. The contents of the *Yearbook* come from various authorities of Commerce and other departments like the Customs, the Entry-Exit Inspection and Quarantine Bureau, and Beijing Tianzhu Free Trade Zone. With rich material, wide coverage and accurate data, the *Yearbook* is a valuable document.

Ⅳ. The *Yearbook* can not only provide reference for the leaders of government authorities to make decision but also provide the related materials of laws, regulations, policies and data for domestic and overseas personnel in the commercial field as well as other fields.

Ⅴ. We are deeply appreciative of the great support from the authorities providing articles, and the enthusiastic encouragement of the related personnel since the publication of the *Yearbook*. We hope we would be concerned and supported continuously in the future.

Editorial Committee of *Beijing Commercial Yearbook*

Nov. 2015

目　　录

第一部分　重要文献

第二部分　法规、文件选编

第三部分　主要业务

第四部分 海关、检验检疫

第五部分 开发区、区县商务

第六部分　统计资料

第七部分 大 事 记

第八部分 附 录

CONTENTS

Part Ⅰ Important Documents

Part Ⅱ Selection of Rules, Regulations and Documents

Part Ⅲ Main Work

Part Ⅳ Customs, Inspection and Quarantine

Part Ⅴ Commercial Affairs of Development Area, Districts and Counties

Part Ⅵ Statistical Materials

Part Ⅶ Record of Major Events

Part Ⅷ Appendix

第一部分

重　要　文　献

程红副市长在2015年全市商务工作会议上的讲话

（2015年3月20日）

（根据录音整理稿）

一、关于2014年商务工作

（一）主动作为，为稳定经济增长做出了新贡献

2014年商务发展面临复杂的形势，主要体现在上半年消费增长压力大，下半年外贸形势严峻。一季度社零额仅增长5.1%，7月份和8月份外贸出现两位数下降，与预期目标相比有较大差距。为此，我们迅速采取措施，同时通过企业的创新发展，实现消费增长从年中开始逐月向好，外贸年底进入平稳发展，圆满完成了保增长的任务。消费方面，社零额增长8.6%，消费增长内生动力增强，民生消费的基础性作用不断巩固。外贸方面，总规模超过5200亿美元，服务贸易增长15.4%，货物贸易保持稳定。投资方面，“引进来”和“走出去”的增长速度都比较快，对外直接投资增长77.6%，创了新高。总体看，各项主要指标走在了全国前列，消费规模继续保持内地城市第一，服务贸易稳居全国前列，对外投资在全国的位次升至第二名。特别是消费保持稳定增长，对经济增长的贡献率超过一半，为全市经济发展做出了重要贡献。

（二）开拓创新，在深化改革扩大开放上迈出了新步伐

在改革顶层设计上取得阶段性成果。研究提出服务业扩大开放综合试点方案。制定了本市提高生活性服务业品质行动计划。率先进行通关一体化改革，在全国口岸建设中开创了先河，给企业带来实实在在的便利。一体化通关后，企业自主选择性明显增强，外贸企业实现了经济成本和时间成本“双降低”。电子发票、外汇管理、出口退税等外贸环境的重要环节有新突破。电子发票试点扩大到贸易型、生产型等13家企业，电子发票开具数量明显增加，电子发票入账问题得到解决。

（三）聚焦重点，推动转型升级取得了新进展

生活性服务业升级步伐加快。有形市场转型升级成效明显，拆除关闭、升级改造217个市场、关停面积218.8万平方米。总部经济发展取得良好成效。着力建立总部企业重大项目投资发现机制和跟进服务机制，搭建多样化服务平台。新引进总部企业46家，新增外资总部企业11家、外资研发机构37家。在《财富》世界500强企业排行榜中，北京以聚集52家企业而成为世界500强企业总部最集中的城市。京交会的平台作用、品牌效应不断显现。第三届京交会有117个国家和地区的15万人次参展参会，全球服务贸易排名前20位的国家和地区首

次全部参加京交会。京交会在全球服务贸易中的平台作用，以及带动全国服务业和服务贸易发展的品牌效应更加凸显。

二、关于2015年商务工作要求

今年是实施“十二五”规划的收官之年，也是规划“十三五”发展蓝图之年。我们要紧紧围绕首都城市战略定位和建设国际一流的和谐宜居之都目标要求，结合经济发展的阶段性特征，坚持稳中求进，适应新常态、落实新定位、迈向新目标，扎实推动商务工作开展。从全市工作角度，我重点强调促进增长、加快转型和深化改革这三项工作。

（一）适应新常态，促消费稳增长

2006年以后，经济增长的三驾马车中消费是最主要的引擎。人代会已经确定了今年全市GDP增长7%左右的目标。消费增长需要在8%左右才能支撑全市GDP的增长。这个目标我们要全力争取。

1. 在网络消费上下功夫。网络消费是最活跃、最强劲的一个业态，2014年在社零额中占比超过15%，对消费增长起到重要的拉动作用。要着力培养电商龙头企业，形成一批亿元以上、十亿元以上、百亿元以上的梯次骨干企业集群。网络零售既是专业电商发展的空间，也是传统业态升级发展的方向。今年要继续出台政策，促进电商规范、健康、持续地加快发展。

2. 在传统商业转型升级上下功夫。曾经在商业业态中排名前三位的专卖店、专业店和百货店，2014年市场份额首次低于50%。传统业态要有紧迫感，加快升级、调整经营结构、创新经营方式和服务方式，做实做深目标市场。“老字号”等传统产业要适应网络时代发展的新变化，积极尝试线上线下结合的营销方式，进一步加快转型升级。

3. 在加快发展民生商业上下功夫。目前我市基本生活类商品占总消费比重略超三分之一，社区消费占总消费比重在45%左右，都有很大提升空间。从城市商业发展的本质特征分析，大众消费、民生消费将成为城市消费的主力。要大力培育和发展大众化、便利化社区商业，让民生消费更好地在消费中担当起主角。

此外，要围绕消费发展需求，积极推动商务与旅游、商务与文化、商务与信息、商务与体育等方面的融合发展，促进新兴服务性消费。要继续优化消费环境，整顿市场秩序，做好消费者权益保护工作，让北京市民、让来京旅游购物的外国人和外地旅行者在北京消费更加放心、安心、开心。

（二）落实首都城市战略定位，加速商务转型升级

1. 提高生活性服务业品质。大家要站在事关“建设国际一流的和谐宜居之都”目标的高度，认识提高生活性服务业品质的重要性。生活性服务业相关行业增加值在全市GDP中占17%左右，在服务业中占22%左右。目前，生活性服务业组织化程度偏低，“小、散、乱”现象还比较突出，在规范服务、质量保障、市场秩序等方面存在一些问题。提高生活性服务业品质，核心是“五化”标准，即规范化、连锁化、品牌化、特色化和便利化。规范化方面，要健全完善标准体系，大力开展全行业技能达标培训和比武，在公共安全、消费者权益保护和卫生等方面有明确要求；市质监局和市商务委等部门，要研究建立行业标准体系，推动大规模贯标工作。连锁化方面，要结合非首都功能疏解、环境整治和人口调控等工作进行推进，通过逐步提高连锁化率，用连锁企业替

代“小、散、差”门店，进而提高品质。市商务委和相关区县政府在促进连锁化方面要出台政策，加强工作衔接。

2. 加快发展总部经济。总部经济是首都经济最本质的特征，也是支柱，是“高精尖”经济结构的集中体现，要持续大力发展。市、区两级都要继续加大对总部企业的服务，在总部企业最关心的外汇管理、通关便利等方面优化和细化工作措施，使总部企业经济效益最大化，使总部企业在北京更好地发展。

3. 推动外贸转型升级。今年外贸稳定发展的压力较大。第一要“稳”。要克服各种困难稳住规模，防止大幅度下降。培育好机电产品、生命科学产品出口等外贸增长点。第二要“优”。认真落实国务院关于加快服务贸易发展的若干意见，加快金融、保险、电信、计算机和信息、文化等领域服务贸易发展，扩大服务贸易规模。对“双自主”企业在管理上给予优待，在政策上给予优惠，不断提高“双自主”产品在货物出口中的比例，争取今年“双自主”产品出口比重达到15%以上。第三要“新”。海关、国检、国税和商务等部门，要加快推动跨境电子商务实质性运作，帮助企业推动出口模式创新，促进出口集货仓和海外仓建设。

4. 促进京津冀协同发展。京津冀协同发展是重要的国家战略。商务部已经将“京津冀市场一体化工程”列为重要专项，要积极做好商务领域产业对接等相关工作。

总之，转型升级就是在商务领域做好“加减乘除”，对符合首都功能定位，符合首都商务发展方向的，要多做“加法”，甚至多做“乘法”。不符合首都功能的，要坚决做减法，进行淘汰。

（三）深化改革，依法行政，加快职能转变

1. 推动服务业扩大开放综合试点。开展服务业扩大开放综合试点申请获得批复后，要加快实施，巩固和扩大北京在服务业、服务贸易方面的优势，再造开放型经济发展新优势。

2. 加快涉外投资管理职能转变。在引进外资方面，要依法履职，深化审批制度改革，做好国家取消和下放事项的衔接和落地。市级部门要继续向区县放权，在更大程度上实行备案管理，最大限度减少行政审批。在“走出去”方面，优化服务要有新举措，比如在“走出去”相对比较聚集的区域，和中外中介机构合作，建立相对集中的公共服务中心和孵化器，为企业“走出去”提供便利。同时，要创新财政金融支持方式，在带动品牌、技术、标准、设计、服务共同“走出去”等方面多下功夫。要体现结构性导向，鼓励综合经营模式发展，推动集群式“走出去”。

3. 在推动外贸管理职能转变上要有新举措。今年国家层面在外贸领域出台的举措将比较多，我市要认真抓好落实。要全面推进一次申报、一次查验、一次放行的“三个一”通关模式，推进上海自贸区14项海关监管创新制度在北京全面落地，加强京津冀区域通关一体化工作，继续做好出口汽车质量安全示范区工作，通过一系列具体举措，真正让企业受益。

同志们，2015年商务工作任务繁重，责任重大。我们要在市委、市政府的领导下，开拓创新，真抓实干，全面完成今年确定的各项目标和任务，为推动首都经济社会持续健康发展，为建设国际一流的和谐宜居之都做出新的更大的贡献！

稳中求进 提质增效
加快培育新常态下商务发展新优势
——在2015年全市商务工作会议上的报告

北京市商务委员会主任　闫立刚

（2015年3月20日）

同志们：

今天召开全市商务工作会议，总结2014年商务工作，部署2015年重点任务。

一、2014年工作回顾

2014年，我们在市委、市政府领导下，全力以赴稳增长、促改革、调结构、惠民生，较好地完成了全年各项任务，商务运行保持平稳，主要指标稳中有进，行业发展稳中提质，改革步伐不断加快，发展基础进一步巩固。

——消费市场稳健增长。实现社会消费品零售额9638亿元，增长8.6%。消费市场进入新常态，新型业态快速增长，传统业态深度调整，高端消费减少，大众消费向好，服务消费、文化消费、绿色消费需求旺盛。

——两类贸易平稳运行。货物进出口规模保持稳定增长，但受原油等主要进出口商品国际市场价格持续走低等因素影响，进出口额完成4156.5亿美元，下降3.3%。服务进出口额超过1100亿美元，保持国内领先。

——双向投资量增质优。实际利用外资90.4亿美元，增长6.1%，服务业利用外资占87.7%，投资型总部、金融租赁、科技研发项目实际利用外资快速增长，生活性服务业利用外资活跃。境外直接投资完成54.6亿美元，增长77.6%，企业“走出去”的能力持续增强。

——口岸发展不断加快。北京口岸海关监管货物总量2101.7万吨，增长363.1%。首都国际机场旅客吞吐量8612.8万人次，增长2.9%，72小时过境免签人员超过2万人次。

过去的一年，我们主要做了以下四方面工作：

（一）落实稳增长措施，商务运行保持在合理区间

多措并举实现消费增长稳。面对年初市场低迷压力，及时采取一系列促消费工作措施，实现社零额增速逐季回升，为全市经济增长做出了积极贡献。一是搭建平台促消费。通过市区联手、政企联动，统筹开展点击消费、国际美食汇等8项全市性主题促消费活动，支持区县、行业协会开展促消费活动80余项，拉动消费活跃市场。二是政策引导扩消费。出台鼓励网络零售健康发展政策，成功举办2014中国（北京）电子商务大会，全年网上零售额达到1456.9亿元，增长69.7%，占社零额的比重达15.1%，拉动社零额增长6.7个百分点。三是拓展空间增消费。12家参与信用消费宣传推广活动

的企业信用消费额98.2亿元，增长44.6%；新发展外资零售店铺524家，累计5410家，市场品牌丰富度进一步提高；通州、房山等区一批大型商业设施陆续开业，大兴、顺义等区消费市场活跃，城市发展新区消费增速达12.1%。四是特色发展稳消费。开展“寻找原汁原味北京老字号”系列工作，组织老字号企业参与京交会展示活动，举办北京老字号展览，扩大品牌影响力；门头沟、密云等区县在开拓农村消费市场的同时，大力培育节假日经济，突出区域消费特色；东城区制定特色商业街区业态指导目录，怀柔区顶秀美泉特色商街成为APEC会议购物接待场所，市级特色商业街不断发展。

打好政策“组合拳”实现外贸运行稳。贯彻国务院支持外贸稳定增长的意见，及时出台本市落实措施，促进外贸平稳运行。抓好对出口企业的政策支持，落实“两减一免”政策，累计削减1700多种出口商品法检目录和204种进口商品自动许可证，减免进出口商品法检费用5031.2万元；将年出口额300万美元以下企业全部纳入出口信用保险政府统保政策范围，出口企业信用保险统保覆盖面超过80%；进一步优化出口退税服务，办理退（免）税增长4.9%；给予企业临时出口资质，扩大自主品牌整车出口7000余辆。开展外汇管理改革试点，9家企业获跨境电商第三方支付机构收付汇业务试点资质，37家跨国公司总部获外汇资金集中运营管理试点资质。加快发展跨境电子商务，出台跨境电子商务发展实施方案，建设跨境电子商务公共信息平台，发运跨境电子商务出口包裹3万件，出口到20多个国家和地区。持续完善口岸功能，新机场口岸、通州口岸规划建设工作顺利推进；平谷国际陆港成为首家获批的国家海陆联运口岸和进口肉类指定口岸；首都国际机场口岸进口整车223辆，增长110.4%；西站铁路口岸成为核心能力达标口岸；百子湾海关监管场所获批；天竺综合保税区实现进出口790.5亿美元，增长7.8%。

加强行业监管实现市场秩序稳。全面推进商业零售企业诚信建设，完善促销监管，市、区县商务部门出动检查人员1085人次，现场纠正不规范促销行为23件。保持打击侵权假冒的高压态势，全市办结案件3094件，捣毁制售假冒伪劣产品窝点252个。产业预警机制建设稳步推进，商务领域知识产权保护体系日臻完善，民企怡和嘉业首次打赢美国“337”知识产权调查。12312商务举报投诉热线累计受理案件7999件，其中举报投诉2785件，办结率95%。制定并推行《商场超市能源消耗限额》和《商场超市合理用能指南》，推动形成以市场为导向的节能机制。积极推进安全生产标准化达标创建工作，推动创建商业零售和餐饮安全生产标准化达标企业700余家。认真落实行业安全生产监管责任和企业安全生产主体责任，出动执法人员超过2.5万人次，检查经营单位9000余家（次），督促整改隐患、问题2464个，行业安全生产形势平稳。

（二）全面推进各项改革，商务发展动力进一步增强

有序落实改革路线图。按照中央和市委全面深化改革工作部署，对事权在地方的改革事项细化落实、事权在中央的积极争取先行先试，明确了发挥市场主体作用、更好发挥政府作用、促进投资贸易便利化、建设法治化营商环境等领域的14项重点任务，各

项改革进展顺利。积极推进在北京开展服务业扩大开放综合试点申报工作。聚焦北京建设国际一流的和谐宜居之都目标要求，研究制定提高生活性服务业品质三年行动计划。落实调整疏解非首都功能工作部署，明确商务领域新增产业禁止和限制目录，启动流通业发展指导目录修订和商业设施布局规划编制工作。清理和废除妨碍统一市场和公平竞争的各种规定和做法，共审查各类文件27364件。

重点改革取得新突破。2014 年 7 月 1 日，京津区域通关一体化改革在全国率先启动，9 月 22 日扩大到石家庄海关，三地企业通关自主选择性增强。出台《北京电子口岸建设三年行动计划》，在北京口岸推广一次申报、一次查验、一次放行的“三个一”通关模式，通关时间节约 50%、费用成本节省 30%左右。继续领跑国内电子发票试点工作，实现在中国内地首次向金融保险领域推广，首次由电子商务行业向线下零售行业延伸，首次实现国税、地税部门共用电子发票服务平台，增值税和营业税同时推广电子发票试点。电子发票试点企业扩大到 8 家，累计开具电子发票 4700 万张，中国人民财产保险股份有限公司成功接收了中国内地第一张以电子化方式入账的电子发票。贯彻落实新修订的《境外投资管理办法》，明确境外投资核准及备案范围，核准时限、备案时限分别缩减为 10 个和 3 个工作日。服务外包及软件出口合同登记审核下放区县试点工作有序开展。

京津冀商务合作迈出新步伐。三地商务部门联合签署《落实京津冀共同推进市场一体化进程合作框架协议商务行动方案》，重点围绕打造法治化营商环境、建设统一开放的商贸流通市场、协调推进口岸一体化建设、加强开放型经济合作等方面，强化三方协同、优势互补、互融互通，建设开放的区域大市场。推动区域物流业协同发展，马坊物流基地与曹妃甸港口物流园区签署战略合作协议，北京企业投资的曹妃甸国际物流园加快建设，“物流中国”公共信息平台服务京津冀区域会员企业近 5 万家，货运车辆超过 100 万辆，日均交易信息匹配量近 30 万单。支持区县加强与蔬菜产区合作，河北省蔬菜生产基地在京开办直营店 56 家。西城、丰台等区积极对接河北相关承接地，稳步推进动批、大红门等区域性商品批发市场调整疏解。本市连锁超市和老字号企业积极在津冀拓展业务，累计开店均达百家左右。

（三）狠抓结构调整升级，商务发展质量进一步提高

总部经济实力不断增强。全面落实本市加快总部企业发展的工作意见，建立总部企业重大项目投资发现机制和跟进服务机制，健全总部经济发展促进工作网络体系，优化公共服务环境。朝阳等区县积极引进总部企业，促进产业提质升级。新认定外资跨国公司地区总部 11 家、研发机构 37 家，累计跨国公司总部企业和研发机构 762 家。新增世界 500 强企业投资项目 19 个，累计有 287 家世界 500 强企业在京投资 698 个项目。2014 年《财富》世界 500 强排行榜中，北京地区 52 家企业入围，上榜企业数居全球城市第一。

开放型经济结构持续优化。保险、金融、电信等新兴领域占服务贸易出口总额的 61.9%，技术进出口额增长 56.5%，离岸服务外包合同执行金额增长 10.4%。“双自主”企业开拓国际市场能力持续增强，企业

总数突破1000家，出口额84.2亿美元，占货物出口总额的13.5%，提高1.4个百分点。机电产品进出口增长4.7%，增幅高于全国1.8个百分点。北京地区出口汽车产品质量安全示范区企业累计出口9.3亿美元，增长23.8%。服务业利用外资近80亿美元，增长13.1%，125个千万美元以上服务业项目入资占全市七成。生活性服务业领域引进医疗健康、文化娱乐、体育项目57个。企业“走出去”的国际影响力不断提升，京东等4家电商企业赴美上市，清华紫光集团完成对展讯通信有限公司的收购，首创集团收购大洋洲最大的综合垃圾处理服务商，成为近5年中国企业在环保领域最大的海外收购项目。对外承包工程完成营业额35.7亿美元，增长6.4%。

搭建平台培育商务发展新优势。成功举办第三届京交会，来自117个国家和地区共计15.3万人次参展参会，比第二届增长10.9%，首次实现全球服务贸易20强国家和地区均有客商参会，达成意向签约额818.3亿美元，其中北京实现签约额428.7亿美元。与经济合作与发展组织共同主办“服务贸易在全球价值链中的作用”高峰会，彰显了我国坚定不移扩大服务业开放的信心和决心。发布本市引导支持品牌展会名录，北京延庆（国际）葡萄酒博览会成功举办，科隆世界食品博览会落户北京，七大主要场馆举办展会431个，其中大型国际展会128个，增长15.3%。支持商务服务业集聚区发展，升级改造20座商务楼宇公共服务平台。大宗商品现货市场交易额达到5673.8亿元，其中北京石油交易所实现交易额4647.1亿元。石景山、海淀、顺义等区有序推进商业保理试点，全市20家商业保理公司为41家中小企业融资5.5亿元。

（四）夯实民生服务基础，保障城市运行能力进一步增强

城乡便民商业体系不断升级。配合有关部门建成“一刻钟服务圈”示范点207个。全市90%的社区实现商业便民服务七项基本功能全覆盖。统筹城乡流通网络建设，郊区联合采购平台采购规模达到8.1亿元。推广实施早餐工程，新增或改造100家早餐固定门店，增加搭载早餐服务的连锁便利店40家。支持大众餐饮、洗衣等生活服务业开展电子商务。推动便利店搭载相关服务，与电商企业达成网上定购、便利店自提的服务合作新模式。建成城市物流末端共同配送网点218个，服务范围覆盖近千个社区和高校。各区县加大有形市场清理整治和调整升级力度，全市共拆除关闭、升级改造各类市场217个，关停面积218.8万平方米。昌平等区县积极开展再生资源回收行业清理整治，全市清理非法废品回收市场75个，清理无照经营废品回收站点1132个。

农产品流通体系建设持续深化。推动农产品市场“双核”保障格局建设，新发地市场加快调整升级，外埠分市场项目建设稳步推进，北京鲜活农产品流通中心完成项目融资。开展“13省区市服务产区菜农服务首都市民蔬菜保供联合对接行动”，活动期间累计增加蔬菜供应总量18万吨。各区县新建蔬菜零售网点336个，累计达到2942个。13家农超对接超市销售果蔬20.5万吨，增长15%。

市场供应保障调控体系更加完善。进一步完善生活必需品市场监测制度，监测范围涵盖12大类近百种商品。根据本市现有蔬菜储备设施库容能力，增加蔬菜政府储备。

加强政府储备商品管理，调整充实生活必需品应急保供骨干企业，完善应急商品数据库和应急商品监测范围。

回顾过去一年工作，我们紧紧围绕发展第一要务，面对持续的经济下行压力和繁重的改革发展任务，主动作为、攻坚克难，首都商务实现了高质量、高效益的发展，成绩来之不易。这些成绩的取得，归功于市委、市政府的坚强领导，以及各区县、各相关部门的共同努力和大力支持，归功于全市商务战线广大企业、相关行业协会全体干部职工的奋力拼搏和开拓创新。在此，我谨代表北京市商务委员会，向各级领导、各单位和同志们表示衷心感谢！

二、2015 年工作任务

当前，世界经济仍处在国际金融危机后的深度调整期，我国经济发展步入新常态。推动商务健康发展，必须下更大气力认识新常态、适应新常态、引领新常态。新常态下，本市商务领域正发生着一些趋势性的变化，汽车、住房对消费增长的拉动作用明显减弱，居民消费加快从商品消费向服务消费、基本消费向发展型消费升级，消费增长动力转换进入瓶颈期；资本双向流动特别是对外直接投资日趋活跃，企业“走出去”在全球范围配置资源的动力和能力不断增强；对外贸易向价值链高端攀升，体现本市产业优势的服务贸易发展势头强劲。综合来看，商务发展正进入一个增长动力重构和发展方式转换的新阶段，机遇与挑战并存，改革创新任务艰巨、使命光荣。

2015 年，我们要继续深入贯彻落实党的十八大，十八届三中、四中全会和中央经济工作会议精神，深入贯彻落实习近平总书记系列重要讲话特别是视察北京重要讲话精神，深入贯彻落实全国商务工作会议和市委市政府的工作部署，牢牢把握首都城市战略定位和建设国际一流的和谐宜居之都目标要求，主动适应经济发展新常态，坚持稳中求进、改革创新、开放发展，更加注重增强商务发展内生动力，更加注重巩固提升消费在促进经济增长中的基础性作用，更加注重推动产业结构调整升级，更加注重提高生活性服务业品质，更加注重推动京津冀区域市场一体化进程，努力开创商务工作新局面。

2015 年商务工作的主要预期目标是：社会消费品零售总额增长 8%左右，货物进出口与上年基本持平，服务进出口增长 10%左右，实际利用外资 90 亿美元以上，对外直接投资 50 亿美元左右。

重点抓好以下工作：

（一）深化改革创新，挖掘商务发展潜力

坚持以市场化改革为方向，以法治化营商环境建设为主线，使市场在资源配置中起决定性作用和更好发挥政府作用，提升流通现代化水平，服务经济社会发展大局。

推进流通体制改革。落实国家促进内贸流通健康发展相关政策措施，深化流通领域改革创新，增强流通产业的基础性和先导性作用。调整流通业发展指导目录，完善行业准入措施，引导业态升级。进一步强化规范、标准的作用，健全完善企业开业条件、经营管理规范、岗位服务规范等规范和标准，提高生活性服务业品质。鼓励企业通过引进国际资本、兼并重组、上市等方式发展壮大。完善配套支持政策，加大对重点领域的扶持力度。体现重要农产品批发市场的公益性功能，继续推动北京鲜活农产品流通中心项目建设。筹备组建北京蔬菜流通协会，依托协会组织促进农产品流通体系调整升级。深化农产品流通“区抓零售”管理体制建设，通过区县绩效考核评价和网络公示制度，推动蔬菜零售网点建设取得新成效。发布流通设施空间布局规划指南和汽车交易市场规划。

创新外经贸管理模式。强化部门联动，推进大通关建设改革，推动落实“信息互换、监管互认、执法互助”，完善“一次申报、一次查验、一次放行”通关模式，实施北京电子口岸建设三年行动计划。推进跨境电子商务监管模式创新，加快公共信息平台建设，扩大跨境电子商务出口规模，争取开展跨境电子商务进口业务，培育外贸新增长点。在外资融资租赁行业探索建立外资企业事中事后监管新模式。加快推进境外投资审批制度改革，研究制定本市实施方案，服务企业“走出去”。

建设法治化营商环境。推进商务诚信建设，强化市场监管，维护市场秩序。依法推进零售商供应商公平交易，严格单用途商业预付卡监管，开展商业零售经营单位促销专项检查，推进诚信促销、文明促销。鼓励开展信用消费、信用保险、商业保理等商务信用服务。推动打击侵权假冒行政执法与刑事司法衔接工作，开展农村和城乡接合部市场打假等专项整治。以教育培训、隐患治理、督导检查和标准化达标创建等为抓手，深化商务行业安全生产规范、安全生产责任、隐患排查整治和安全生产标准化创建等“四个体系”建设，全面推进行业安全生产部门监管责任和企业主体责任落实。

提高依法行政水平。扎实推进行政审批制度改革，提前筹划取消或调整非行政许可行政审批事项有关工作，做好国务院取消和下放事项的衔接和落实工作，探索加强事中事后监管工作机制，公布本市商务行政审批和行政处罚事项权力清单。进一步健全完善重大决策合法审查等工作机制。明晰行政处罚职权，制定完成商务行政处罚自由裁量权基准。

做好“十三五”规划编制工作。按照全市统一部署，深入研究、切实抓好开放型经济、商业服务业和物流业等3个市级专项规划的编制工作，提高规划工作的前瞻性、系统性和科学性，为促进首都商务科学发展提供支撑。

（二）适应和引领新常态，全力促消费稳增长

积极转变促消费思路，倡导理性消费、科学消费、健康消费，推进流通现代化，释放消费潜力，使消费继续在推动经济发展中发挥基础作用。

大力发展现代流通方式。发挥政策导向作用，完善机制，鼓励行业多渠道多业态融合，推动电子商务创新发展。持续推进电子发票试点扩面工作，探索在更广领域示范应用。探索开展本市电子商务示范体系创建工作，培育壮大电商企业集群，推动电商企业在促消费工作中发挥更大作用。拓展电子商务在社区便民服务等民生领域的应用，搭建传统商业企业与电商企业对接平台，组织百货零售、老字号、连锁超市等企业与电子商务示范企业对接，促进传统产业以互联网思维转型升级，推动线上线下融合发展。保持网络消费较快增长，力争实现网上零售额1750亿元左右，占社零额比重达到17%左右。鼓励连锁超市和品牌便利店企业扩大直营连锁规模，增强服务社区能力，提高市场覆盖率和品牌影响力。发挥城市物流在服务

民生、保障城市运行中的基础作用，推进物流托盘标准化试点，提高物流效率。大力发展城市物流末端共同配送，扩大共同配送服务覆盖范围。推动新能源汽车在物流领域的应用，促进节能减排。

创新供给内容和方式，营造市场氛围。优化政策导向，通过丰富供给内容激活消费需求。加大促消费工作统筹协调力度，着力探索和建设促消费工作长效机制。积极培育新的消费热点，推广绿色节能消费，统筹开展北京国际美食汇、各地商品网上大集、点击消费等系列促消费活动，指导区县和行业协会组织相关企业开展品牌节、消费季等区域促消费活动，丰富活跃市场，拉动消费。进一步丰富“进口商品购物节”的组织形式，尝试销售、展示相结合，根据参与活动国家的商品特点，引导企业建立有效销售渠道。加强与旅游、文化等部门的联动，培育相关商品和服务消费热点。推动老字号传承保护和创新发展，鼓励和支持老字号挖掘、整理文化内涵，根据市场需求变化进行合理利用和开发，在保持“原汁原味”的核心基础上，进行工艺创新、技术创新、产品创新和营销方式创新。

优化消费环境，提升行业形象。着力营造让百姓放心购物的消费环境。搭建面向行业协会、企业和消费者的公共服务平台，为消费者提供丰富、便捷、实惠的消费信息服务。创建200个“一刻钟社区服务圈”示范点，力争在全市社区实现商业便民服务七项基本功能全覆盖，努力扩大社区消费。加大促消费工作的宣传力度，挖掘、提炼和宣传商业服务业行业亮点，在主流媒体推出消费专刊专栏，推广消费热点，提振市场信心，引导消费市场健康发展。

（三）构建开放型经济新体制，促进产业高端高效发展

争取国家支持，以推动服务业扩大开放综合试点工作为契机，加快培育参与和引领国际经济合作竞争的新优势，提升开放型经济发展水平。做好商务领域的“加减乘除”法，瘦身健体提质增效，加快构建“高精尖”经济结构。

促进优势产业扩大开放，做优高端环节。发挥北京服务业的比较优势，积极推动科学技术服务、互联网和信息服务、文化教育服务、金融服务、商务和旅游服务、健康医疗服务等六大重点领域扩大开放试点工作，深化对外投资管理体制改革。通过制度和机制创新，带动服务业整体转型升级，为探索新时期开放型经济新体制做出贡献。加强市区联动，优化总部企业发展环境，促进总部经济发展。鼓励跨国公司在京设立地区总部，引导各类跨国公司将符合首都城市功能定位的高端产业环节落户北京。完善会展业促进政策，加大对本市会展业的国际宣传推广力度。支持楼宇经济发展，鼓励商务楼宇经营管理单位升级改造公共办公环境和条件、提升管理服务水平，升级改造10座左右商务楼宇公共服务平台。

推动外贸稳增长调结构。高度重视对外贸易在经济发展和改革开放中的重要作用，深入落实支持外贸稳定增长的各项政策措施，提高贸易便利化水平。加强国际贸易促进平台建设，继续举办“走进大使馆”等活动，拓展国际营销网络。鼓励电子信息、医疗器械、汽车等优势行业“双自主”企业开拓国际市场，培育外贸竞争新优势。加强对重点外贸企业的跟踪服务，扩大企业在京的进出口业务。大力发展服务贸易，建立健全

有利于服务贸易发展的融资、通关、结售汇等政策措施。支持服务外包企业专业化、规模化、品牌化发展，服务外包执行额增长10%左右。完善文化“走出去”专项支持政策，支持文化企业拓展境外市场，促进对外文化贸易发展。

高水平引进来，大规模“走出去”。抓住新机场、通州城市副中心建设等机遇，拓展引资领域，优化引资结构。推动跨境人民币投资、股权投资等利用外资新方式，发掘利用外资新增长点。注重引进先进技术、管理经验和高素质人才，推动引资、引技、引智有机结合。充分发挥外资的技术溢出和综合带动效应，推动科技创新、产业升级。强化政策引导，对有利于调整经济结构、转变发展方式、促进技术和品牌“走出去”的重大对外投资合作项目，优化流程，开辟绿色通道服务。深化与“一带一路”沿线国家的经贸关系，提升北京企业“走出去”的影响力。发挥行业协会资源整合优势，实现差异化联合，增强竞争力。推动对外承包工程向项目融资、设计咨询、后续运营等高附加值领域拓展，对外承包工程营业额增长10%左右。

（四）提高生活性服务业品质，助力国际一流的和谐宜居之都建设

实施提高生活性服务业品质行动计划，力争用三年左右的时间，实现市民居家生活便利度明显提高、生活性服务业的行业组织化程度明显提高、品牌建设和特色发展水平明显提高、营商环境法治化程度明显提高。

加快实施四项重点工程。一是品牌建设工程。传承“老字号”，支持老字号企业创新发展，使老字号商品、服务成为消费者领略古都文化底蕴的载体。培育“新品牌”，支持企业实施商标战略，争创中国驰名商标、北京市著名商标企业。引进国内外“知名品牌”，提高市场丰富度，满足市民多元化消费需求。二是特色发展工程。发展特色商业街区，引导市级特色商业街区按照国际化商业街区、国内知名专业商业街区和北京文化特色商业街区进行分类升级。建设生活综合服务示范街区，引导各类品牌连锁企业打捆进入，集成家政、美发美容、洗染等多项服务功能，提供集约化、便利化的生活服务。三是营商环境建设工程。加强优化市场消费环境联动机制建设，加强流通领域监管，整顿规范消费市场秩序。开展诚信经营创建活动，支持行业协会加强行业自律和诚信经营宣传，鼓励企业开展诚信文化建设，推进企业信用体系建设。健全消费纠纷多元解决机制。四是人才培养与岗位技能培训工程。加大人才培养力度，启动中华传统技能技艺大师带徒传承工作，培养行业、企业技术能手（服务明星）。持续开展服务技能大赛活动，带动企业广泛开展岗位培训、岗位练兵活动，提升全行业素质和服务水平。

全面推进六项重点工作。一是加强便民网点建设。健全蔬菜零售网点体系，培育农产品零售龙头企业3家左右。加快早餐便民服务体系建设，新建或改造固定早餐门店100家，建设搭载早餐服务的便利店40家，主食加工配送中心2个，建成早餐规范店和经营示范店1100家。二是推动新型商业模式发展。支持发展新型社区商业便民服务模式。探索发展一站式便民服务网点，在核心区新培育5家社区商业便民服务综合体。发展智慧餐饮，推广设立60个商务楼宇智慧型餐饮自提柜。三是探索服务功能集成。发展多服务搭载模式，在中心城区新培育10

家搭载便利餐、洗衣代收、缴费终端等多种功能的连锁便利示范店。丰富生活服务智能终端功能，启动社区智能终端生活服务信息推送工作。四是引导业态转型升级。加快便民商业连锁化、品牌化发展。加大重点区域内商品交易市场的调整力度，推动中心城区传统商品交易市场升级。五是推动绿色发展。结合本市环境建设、大气污染治理等要求，加强行业能耗限额指导，强化行业节能、节水和环保监管。引导企业树立节能环保理念，实现环境友好目标。六是深化开放合作。增强周边区域对本市生活性服务业发展的协同支撑能力，加强农产品产销合作机制建设。吸引外资更多地进入生活性服务业领域，提高对外开放水平。

（五）落实京津冀协同发展战略部署，加快推进区域市场一体化

全面实施落实京津冀共同推进市场一体化进程合作框架协议商务行动方案，推动形成要素资源充分流动、运转高效顺畅的区域市场体系。

有序推进区域性商品交易市场调整疏解工作。严格执行商务领域新增产业的禁止和限制目录，引导区域性物流批发功能转移外迁。启动本市商品交易市场调整提升工作，支持区县升级改造现有商品交易市场，调整疏解区域性商品交易市场。

推动区域农产品流通体系建设。探索推进服务首都及周边区域的农产品市场等项目建设。采取联合保供、农超对接、直营直售等方式，进一步深化与河北省供京蔬菜主产区、农业龙头企业合作，畅通农产品进入首都市场的绿色通道。

促进要素自由流动、政策资源共享。积极推动中国（天津）自由贸易试验区、天津东疆保税港区政策向北京内陆港延伸。支持天津港（集团）公司参与通州口岸建设。鼓励北京外贸货物代理、物流和跨境电商企业，在天津海关特殊监管区设立物流仓库和大宗商品集散中心。面向服务京津冀区域发展，制定新机场口岸建设方案。建立京津冀打破行政壁垒工作对接小组，完善消除地区封锁打破行业垄断举报投诉优先处理和合作处理机制，优先处理涉及三地注册企业的举报投诉件。落实三地商务行动方案，扎实推进业务对接合作。

同志们，在新常态下推动商务发展提质增效意义重大。让我们在市委、市政府的坚强领导下，巩固拓展党的群众路线教育实践活动成果，切实改进作风，坚持依法行政，加强商务系统自身建设，敢担当、善作为，奋力推动全市商务工作持续健康发展，为建设国际一流的和谐宜居之都做出新贡献！

第二部分

法规、文件选编

2014年国家制修订的部分法律、法规目录

序　号	名　　　称	文　　号
1	中华人民共和国环境保护法 2014.04.24	主席令第9号
2	中华人民共和国预算法 2014.08.31	主席令第12号
3	中华人民共和国保险法 2014.08.31	主席令第14号
4	中华人民共和国政府采购法 2014.08.31	主席令第14号
5	中华人民共和国证券法 2014.08.31	主席令第14号
6	中华人民共和国注册会计师法 2014.08.31	主席令第14号
7	中华人民共和国行政诉讼法 2014.11.01	主席令第15号
8	安全生产许可证条例 2014.07.29	国务院令第397号
9	中华人民共和国公司登记管理条例 2014.02.19	国务院令第648号
10	中华人民共和国企业法人登记管理条例 2014.02.19	国务院令第648号
11	事业单位人事管理条例 2014.04.25	国务院令第652号
12	中华人民共和国商标法实施条例 2014.04.29	国务院令第651号
13	中华人民共和国电信条例 2014.07.29	国务院令第291号
14	企业信息公示暂行条例 2014.08.07	国务院令第654号
15	不动产登记暂行条例 2014.11.24	国务院令第656号
16	中华人民共和国外资银行管理条例 2014.11.27	国务院令第478号

（供稿人：梅　焱）

2014年商务部规章、部分公告目录

序号	名称	文号
1	机电产品国际招标投标实施办法（试行）2014.02.21	商务部令2014年第1号
2	商务部公告2014年第23号——关于批准《饭店业碳排放管理规范》等50项国内贸易行业标准的公告2014.04.06	商务部公告2014年第23号
3	对外劳务合作风险处置备用金管理办法（试行）2014.07.18	商务部、财政部令2014年第2号
4	餐饮业经营管理办法（试行）2014.09.22	商务部、国家发展和改革委员会令2014年第4号
5	2015年羊毛、毛条进口关税配额管理实施细则2014.09.26	商务部公告2014年第65号
6	2015年食糖进口关税配额申请和分配细则2014.09.30	商务部公告2014年第66号
7	2015年农产品和工业品出口配额总量2014.10.28	商务部公告2014年第75号
8	2015年柠檬酸(盐)出口许可申报条件和申报程序2014.10.27	商务部公告2014年第74号
9	对外援助管理办法（试行）2014.11.15	商务部令2014年第5号
10	关于经营者集中附加限制性条件的规定（试行）2014.12.04	商务部令2014年第6号
11	公布2015年自动进口许可管理货物目录2014.12.10	商务部、海关总署公告2014年第93号
12	贸易政策合规工作实施办法（试行）2014.12.12	商务部公告2014年第86号
13	加工贸易禁止类商品目录2014.12.19	商务部、海关总署公告2014年第90号
14	网络零售第三方平台交易规则制定程序规定(试行)2014.12.24	商务部令2014年第7号
15	2015年出口许可证管理货物分级发证目录2014.12.31	商务部公告2014年第97号
16	2015年进口许可证管理货物分级发证目录2014.12.31	商务部公告2014年第98号

（供稿人：梅　焱）

2014年其他有关部门规章目录

序　号	名　　称	文　号
1	外商投资道路运输业管理规定 2014.01.11	交通运输部、商务部令 2014 年第 4 号
2	消耗臭氧层物质进出口管理办法 2014.01.21	环境保护部、商务部、海关总署令第 26 号
3	网络交易管理办法 2014.01.26	国家工商行政管理总局令第 60 号
4	流通领域商品质量抽查检验办法 2014.02.14	国家工商行政管理总局令第 61 号
5	个人独资企业登记管理办法 2014.02.20	国家工商行政管理总局令第 63 号
6	个体工商户登记管理办法 2014.02.20	国家工商行政管理总局令第 63 号
7	中华人民共和国企业法人登记管理条例施行细则 2014.02.20	国家工商行政管理总局令第 63 号
8	外商投资合伙企业登记管理规定 2014.02.20	国家工商行政管理总局令第 63 号
9	中国银监会农村中小金融机构行政许可事项实施办法 2014.03.13	中国银行业监督管理委员会令 2014 年第 4 号
10	中华人民共和国海关进出口货物报关单修改和撤销管理办法 2014.03.13	海关总署令第 220 号
11	中华人民共和国海关进出口货物集中申报管理办法 2014.03.13	海关总署令第 218 号
12	中华人民共和国海关行政复议办法 2014.03.13	海关总署令第 218 号
13	中华人民共和国海关征收进口货物滞报金办法 2014.03.13	海关总署令第 218 号
14	中华人民共和国海关关于异地加工贸易的管理办法 2014.03.13	海关总署令第 218 号
15	中华人民共和国海关进出口货物征税管理办法 2014.03.13	海关总署令第 218 号
16	金融租赁公司管理办法 2014.03.13	中国银行业监督管理委员会令 2014 年第 3 号
17	证券发行与承销管理办法 2014.03.21	中国证券监督管理委员会令第 98 号
18	优先股试点管理办法 2014.03.21	中国证券监督管理委员会令第 97 号
19	保险资金运用管理暂行办法 2014.04.04	中国保险监督管理委员会令 2014 年第 3 号

（续）

序 号	名 称	文 号
20	境外投资项目核准和备案管理办法 2014.04.08	国家发展和改革委员会令第 9 号
21	政府核准投资项目管理办法 2014.05.14	国家发展和改革委员会令第 11 号
22	外商投资项目核准和备案管理办法 2014.05.17	国家发展和改革委员会令第 12 号
23	商品煤质量管理暂行办法 2014.09.03	国家发展和改革委员会、环境保护部、商务部、海关总署、国家工商行政管理总局、国家质量监督检验检疫总局令第 16 号
24	上市公司收购管理办法 2014.10.23	中国证券监督管理委员会令第 108 号
25	上市公司重大资产重组管理办法 2014.10.23	中国证券监督管理委员会令第 109 号

（供稿人：梅 焱）

2014年国务院、商务部等有关部委和北京市相关文件目录（部分）

序　号	名　　　称	文　　号
1	国务院办公厅关于促进地理信息产业发展的意见 2014.01.22	国办发〔2014〕2号
2	国务院批转全国打击侵犯知识产权和制售假冒伪劣商品工作领导小组《关于依法公开制售假冒伪劣商品和侵犯知识产权行政处罚案件信息的意见（试行）》的通知 2014.02.04	国发〔2014〕6号
3	国务院关于印发注册资本登记制度改革方案的通知 2014.02.07	国发〔2014〕7号
4	国务院关于推进文化创意和设计服务与相关产业融合发展的若干意见 2014.02.26	国发〔2014〕10号
5	国务院关于加快发展对外文化贸易的意见 2014.03.03	国发〔2014〕13号
6	国务院关于进一步优化企业兼并重组市场环境的意见 2014.03.07	国发〔2014〕14号
7	国务院办公厅关于金融服务“三农”发展的若干意见 2014.04.20	国办发〔2014〕17号
8	国务院办公厅关于支持外贸稳定增长的若干意见 2014.05.04	国办发〔2014〕19号
9	国务院关于进一步促进资本市场健康发展的若干意见 2014.05.08	国发〔2014〕17号
10	国务院关于促进市场公平竞争维护市场正常秩序的若干意见 2014.06.04	国发〔2014〕20号
11	国务院办公厅关于印发能源发展战略行动计划（2014—2020年）的通知 2014.06.07	国办发〔2014〕31号
12	国务院办公厅关于进一步加强贸易政策合规工作的通知 2014.06.09	国办发〔2014〕29号
13	国务院关于印发社会信用体系建设规划纲要（2014—2020年）的通知 2014.06.14	国发〔2014〕21号
14	国务院办公厅关于进一步加强涉企收费管理减轻企业负担的通知 2014.06.16	国办发〔2014〕30号
15	国务院办公厅关于加强和规范政府信息公开情况统计报送工作的通知 2014.06.23	国办发〔2014〕32号
16	国务院办公厅关于加快新能源汽车推广应用的指导意见 2014.07.14	国办发〔2014〕35号
17	国务院关于加快发展生产性服务业促进产业结构调整升级的指导意见 2014.07.28	国发〔2014〕26号

（续）

序 号	名 称	文 号
18	国务院办公厅关于多措并举着力缓解企业融资成本高问题的指导意见 2014.08.05	国办发〔2014〕39号
19	国务院办公厅关于进一步推进排污权有偿使用和交易试点工作的指导意见 2014.08.06	国办发〔2014〕38号
20	国务院关于促进旅游业改革发展的若干意见 2014.08.09	国发〔2014〕31号
21	国务院关于加快发展现代保险服务业的若干意见 2014.08.10	国发〔2014〕29号
22	国务院关于促进海运业健康发展的若干意见 2014.08.15	国发〔2014〕32号
23	国务院关于印发物流业发展中长期规划（2014—2020年）的通知 2014.09.12	国发〔2014〕42号
24	国务院关于依托黄金水道推动长江经济带发展的指导意见 2014.09.12	国发〔2014〕39号
25	国务院关于加快科技服务业发展的若干意见 2014.10.09	国发〔2014〕49号
26	国务院办公厅关于加强进口的若干意见 2014.10.23	国办发〔2014〕49号
27	国务院办公厅关于促进内贸流通健康发展的若干意见 2014.10.24	国办发〔2014〕51号
28	国务院办公厅关于加快发展商业健康保险的若干意见 2014.10.27	国办发〔2014〕50号
29	国务院办公厅关于促进国家级经济技术开发区转型升级创新发展的若干意见 2014.10.30	国办发〔2014〕54号
30	国务院关于扶持小型微型企业健康发展的意见 2014.10.31	国发〔2014〕52号
31	国务院关于发布政府核准的投资项目目录（2014年本）的通知 2014.10.31	国发〔2014〕53号
32	国务院关于创新重点领域投融资机制鼓励社会投资的指导意见 2014.11.16	国发〔2014〕60号
33	国务院办公厅关于加强政府网站信息内容建设的意见 2014.11.17	国办发〔2014〕57号
34	国务院关于清理规范税收等优惠政策的通知 2014.11.27	国发〔2014〕62号
35	国务院印发关于深化中央财政科技计划（专项、基金等）管理改革方案的通知 2014.12.03	国发〔2014〕64号
36	国务院办公厅关于印发精简审批事项规范中介服务实行企业投资项目网上并联核准制度工作方案的通知 2014.12.10	国办发〔2014〕59号
37	国务院关于促进服务外包产业加快发展的意见 2014.12.24	国发〔2014〕67号
38	国务院关于印发落实“三互”推进大通关建设改革方案的通知 2014.12.26	国发〔2014〕68号
39	国务院办公厅关于引导农村产权流转交易市场健康发展的意见 2014.12.30	国办发〔2014〕71号
40	财政部、商务部公告2014年第6号——关于2014年老旧汽车报废更新补贴车辆范围及补贴标准的公告 2014.01.16	财政部、商务部公告2014年第6号

（续）

序　号	名　　称	文　　号
41	交通运输部、公安部、商务部关于加强城市配送运输与车辆通行管理工作的通知 2014.01.20	交运发〔2014〕35 号
42	商务部办公厅关于开通全国电子商务信息管理分析系统的通知 2014.02.07	商办电函〔2014〕57 号
43	商务部关于印发《境外企业知识产权指南（试行）》的通知 2014.02.08	商法函〔2014〕61 号
44	关于经营者集中简易案件适用标准的暂行规定 2014.02.11	商务部公告 2014 年第 12 号
45	科学技术部、财政部关于科技惠民计划管理办法补充规定的通知 2014.02.27	国科发社〔2014〕55 号
46	财政部关于印发《农村金融机构定向费用补贴资金管理办法》的通知 2014.03.11	财金〔2014〕12 号
47	国家发展和改革委员会、财政部、商务部关于印发鼓励进口技术和产品目录（2014 年版）的通知 2014.03.13	发改产业〔2014〕426 号
48	中国保险监督管理委员会关于印发《保险公司收购合并管理办法》的通知 2014.03.21	保监发〔2014〕26 号
49	财政部、商务部关于印发《外经贸发展专项资金管理办法》的通知 2014.04.09	财企〔2014〕36 号
50	财政部、工业和信息化部、科学技术部、商务部关于印发《中小企业发展专项资金管理暂行办法》的通知 2014.04.11	财企〔2014〕38 号
51	财政部关于印发《国家级经济技术开发区国家级边境经济合作区等基础设施项目贷款中央财政贴息资金管理办法》的通知 2014.04.28	财建〔2014〕81 号
52	交通运输部、商务部关于修改《外商投资国际海运业管理规定》的决定 2014.04.23	交通运输部、商务部令 2014 年第 8 号
53	商务部办公厅关于建立全国家政服务运营监测管理系统的通知 2014.05.09	商办服贸函〔2014〕186 号
54	商务部关于加快发展大众化餐饮的指导意见 2014.05.27	商服贸函〔2014〕265 号
55	财政部、工业和信息化部关于印发《国家物联网发展及稀土产业补助资金管理办法》的通知 2014.05.30	财企〔2014〕87 号
56	国家税务总局关于发布《纳税信用管理办法（试行）》的公告 2014.07.04	国家税务总局公告 2014 年第 40 号
57	财政部关于印发《地方行政单位国有资产处置管理暂行办法》的通知 2014.08.20	财行〔2014〕228 号
58	政府核准投资项目管理实施办法 2014.09.28	工信部规〔2014〕416 号
59	财政部、民政部、工商总局关于印发《政府购买服务管理办法（暂行）》的通知 2014.12.15	财综〔2014〕96 号
60	财政部、商务部关于印发《外经贸发展专项资金管理办法》的通知 2014.04.09	财企〔2014〕36 号
61	科学技术部、财政部关于科技惠民计划管理办法补充规定的通知 2014.02.27	国科发社〔2014〕55 号

（续）

序　号	名　　　称	文　　号
62	财政部关于印发《农村金融机构定向费用补贴资金管理办法》的通知 2014.03.11	财金〔2014〕12号
63	中国保险监督管理委员会关于印发《保险公司收购合并管理办法》的通知 2014.03.21	保监发〔2014〕26号
64	2015年羊毛、毛条进口关税配额管理实施细则 2014.09.26	商务部公告2014年第65号
65	2015年食糖进口关税配额申请和分配细则 2014.09.30	商务部公告2014年第66号
66	财政部、交通运输部、商务部关于印发《车辆购置税收入补助地方资金管理暂行办法》的通知 2014.11.06	财建〔2014〕654号
67	国家发展和改革委员会、交通运输部、商务部、国家铁路局、中国民用航空局、国家邮政局、国家标准委关于我国物流业信用体系建设的指导意见 2014.11.18	发改运行〔2014〕2613号
68	商务部关于印发《对外承包工程业务统计制度》和《对外劳务合作业务统计制度》的通知 2014.12.26	商合函〔2014〕976号
69	关于调整和修订2009年公布的《禁止进口固体废物目录》、《限制进口类可用作原料的固体废物目录》、《自动许可进口类可用作原料的固体废物目录》的公告 2014.12.30	环境保护部、商务部、国家发展和改革委员会、海关总署、国家质量监督检验检疫总局联合公告2014年第80号
70	北京市人民政府关于印发北京市进一步促进软件产业和集成电路产业发展若干政策的通知 2014.02.08	京政发〔2014〕6号
71	北京市人民政府办公厅关于进一步加强政府信息公开回应社会关切提升政府公信力的通知 2014.02.19	京政办发〔2014〕12号
72	北京市人民政府办公厅关于转发《市商务委关于推进本市跨境电子商务发展的实施方案》的通知 2014.03.13	京政办发〔2014〕16号
73	北京市人民政府、文化部关于加快国家对外文化贸易基地（北京）建设发展的意见 2014.08.25	京政发〔2014〕25号
74	北京市人民政府办公厅印发《关于支持外贸稳定增长的若干措施》的通知 2014.10.14	京政办发〔2014〕55号
75	北京市人民政府办公厅关于印发市经济信息化委市环保局制定的《北京市工业污染行业、生产工艺调整退出及设备淘汰目录（2014年版）》的通知 2014.10.23	京政办发〔2014〕56号
76	北京市人民政府办公厅印发《关于进一步加强金融支持小微企业发展的若干措施》的通知 2014.11.07	京政办发〔2014〕58号
77	北京市人民政府办公厅印发《关于进一步加强金融服务“三农”发展的若干措施》的通知 2014.11.26	京政办发〔2014〕60号
78	北京市人民政府关于促进文化消费的意见 2014.12.30	京政发〔2014〕44号

（供稿人：梅　焱）

2014年北京市部分地方性法规、规章目录

序　号	名　　称	文　　号
1	北京市实施《中华人民共和国全国人民代表大会和地方各级人民代表大会代表法》办法 2014.01.22	北京市人民代表大会公告第1号
2	北京市人民代表大会代表建议、批评和意见办理条例 2014.01.22	北京市人民代表大会公告第2号
3	北京市大气污染防治条例 2014.01.22	北京市人民代表大会公告第3号
4	北京市人口与计划生育条例	北京市人民代表大会常务委员会公告〔14届〕第5号
5	北京市动物防疫条例 2014.05.23	北京市人民代表大会常务委员会公告〔14届〕第6号
6	北京市轨道交通运营安全条例 2014.11.28	北京市人民代表大会常务委员会公告第7号
7	北京市控制吸烟条例 2014.11.28	北京市人民代表大会常务委员会公告第8号
8	北京市门楼牌管理办法 2014.06.06	北京市人民政府令第254号
9	北京市政府信息公开规定 2014.06.23	北京市人民政府令第257号
10	北京市民用建筑节能管理办法 2014.06.24	北京市人民政府令第256号
11	北京市人民政府关于废止《北京市渔业资源增殖保护费征收办法》的决定 2014.07.09	北京市人民政府令第258号
12	北京市劳动就业服务企业管理实施办法 2014.07.09	北京市人民政府令第259号
13	北京市人民政府关于修改《北京市机动车市场管理暂行规定》等13项规章部分条款的决定 2014.07.09	北京市人民政府令第259号
14	北京市人才招聘管理办法 2014.07.09	北京市人民政府令第259号
15	《北京市森林资源保护管理条例》实施办法 2014.07.09	北京市人民政府令第259号
16	北京市实施《婚姻登记条例》若干规定 2014.07.09	北京市人民政府令第259号
17	北京市住宅区及住宅安全防范设施建设和使用管理办法 2014.07.09	北京市人民政府令第259号
18	北京市科学技术奖励办法 2014.07.09	北京市人民政府令第259号
19	北京市政务与公共服务信息化工程建设管理办法 2014.07.09	北京市人民政府令第259号

（续）

序　号	名　　称	文　　号
20	北京市职业介绍管理规定 2014.07.09	北京市人民政府令第 259 号
21	北京市盐业管理若干规定 2014.07.09	北京市人民政府令第 259 号
22	北京市人民政府关于对使用煤炭质量的监督规定 2014.07.09	北京市人民政府令第 259 号
23	北京市机动车市场管理暂行规定 2014.07.09	北京市人民政府令第 259 号
24	北京市除四害工作管理规定 2014.07.09	北京市人民政府令第 259 号
25	北京市人才招聘洽谈会管理办法 2014.07.09	北京市人民政府令第 259 号
26	北京市重大建设项目稽察办法 2014.09.15	北京市人民政府令第 260 号
27	北京市实施国家重大活动保障措施的若干规定 2014.10.21	北京市人民政府令第 261 号
28	北京市民用运输机场管理办法 2014.10.22	北京市人民政府令第 262 号
29	北京市人民政府办理人民代表大会代表建议、批评、意见和人民政治协商会议提案办法 2014.12.17	北京市人民政府令第 263 号

（供稿人：梅　焱）

2014 年北京市商务委部分规范性文件目录

序　号	名　　称	文　　号
1	北京市商务委员会关于调整北京市酒家酒店等级评定机构及相关工作的通知	京商务消促字〔2014〕2 号
2	北京市商务委员会 北京市财政局关于 2014 年商业流通发展项目申报工作的通知	京商务财务字〔2014〕4 号
3	关于印发《北京市商务委员会关于对本市商务服务业主题示范楼宇升级改造工作给予适当奖励的实施意见》的通知	京商务商服字〔2014〕1 号
4	关于印发《北京市消夏露天餐饮经营管理暂行办法》的通知	京商务消促字〔2014〕6 号
5	北京市商务委员会 中华人民共和国北京海关 中华人民共和国北京出入境检验检疫局 北京市国家税务局 国家外汇管理局北京外汇管理部 北京市人民政府口岸办公室关于印发《北京市推进京津冀区域通关一体化改革实施方案》的通知	京商务外运字〔2014〕11 号
6	北京市商务委员会关于加强酒类流通行业信息监测工作的通知	京商务消促字〔2014〕8 号
7	北京市商务委员会 北京市财政局关于执行《商务部、财政部令 2014 第 2 号〈对外劳务合作风险处置备用金管理办法（试行）〉》有关事宜的通知	京商务经字〔2014〕478 号
8	北京市商务委员会关于进一步做好服务外包及软件出口合同登记管理的通知	京商务服贸字〔2014〕26 号
9	北京市商务委员会关于落实商务部令 2014 年第 3 号《境外投资管理办法》的通知	京商务经字〔2014〕477 号
10	北京市商务委员会 北京市财政局关于 2015 年商业流通发展项目申报工作的通知	京商务财务字〔2014〕38 号
11	北京市商务委员会关于推进商务行业安全生产隐患排查治理体系建设的实施意见	京商务安字〔2014〕16 号
12	北京市商务委员会关于印发《北京市对外劳务合作经营资格暂行管理办法（修订）》的通知	京商务经字〔2014〕498 号

（供稿人：卓　娜）

北京市商务委员会关于调整北京市酒家酒店等级评定机构及相关工作的通知

京商务消促字〔2014〕2号

各区（县）商务委，北京市餐饮行业协会、北京烹饪协会、北京西餐业协会：

在全国酒家酒店等级评定委员会（以下简称“全国评委会”）的领导下，在市、区两级商务部门和酒家酒店等级评定委员会的共同努力下，近年来，我市钻级酒家等级评定工作进展顺利。目前，我市共有白金五钻级酒家5家、五钻级酒家318家，四钻级酒家201家，四钻级及以上级酒家数量占全国的比重达到33%。

为进一步做好本市钻级酒家的等级评定工作，现就有关事项通知如下：

一、评定机构

（一）市评委会。

根据工作需要和人员变动情况，调整后的北京市酒家酒店等级评定委员会（以下简称“市评委”）成员如下：

主　任：

孙　尧（北京市商务委员会副主任）

副主任：

刘　健（北京市商务委员会消费促进处处长）

汤庆顺（北京市餐饮行业协会会长）

姜俊贤（北京烹饪协会会长）

魏　青（北京西餐业协会会长）

成　员：

范宇滨（东城区商务委员会副主任）

李云伟（西城区商务委员会副主任）

王大鹏（朝阳区商务委员会副主任）

游笑歌（海淀区商务委员会副主任）

李伟中（丰台区商务委员会副主任）

董英民（石景山区商务委员会副调研员）

姚道俊（门头沟区商务委员会副主任）

刘月刚（通州区商务委员会副主任）

欧玉明（昌平区商务委员会副主任）

朱广军（顺义区商务委员会副主任）

王　江（大兴区商务委员会副主任）

王　倩（房山区商务委员会副主任）

王立然（平谷区商务委员会副主任）

魏金平（怀柔区商务委员会副主任）

马保军（密云县商务委员会副主任）

孙立军（延庆县商务委员会副主任）

市评委会下设办公室，设在北京市餐饮行业协会。办公室主任由北京市餐饮行业协会会长汤庆顺担任；副主任分别是北京市商务委员会消费促进处副处长殷亮、北京烹饪协会副会长罗远琪、北京西餐业协会秘书长许萌；成员包括北京市商务委员会消费促进处主任科员李志鹏、北京市海淀饮服行业协会会长胡滨、中国全聚德（集团）股份有限公司高级技师（服务）刘嵩、北京东来顺集团有限责任公司传统工艺技能大师陈立新、净雅食品集团有限公司企业管理中心总经理张栋华、北京湘鄂情股份有限公司办公室主任赵德福。

（二）区县评委会。

各区县酒家酒店等级评定委员会（以下简称“区县评委会”）原有机构基本保持不变，相关成员可视情况自行调整。

二、工作职责

（一）市评委会的工作职责。

1. 负责制定全市钻级酒家等级评定实施细则；

2. 批准区县钻级酒家等级评定工作目标、年度计划和相关的工作办法及保障措施；

3. 审定区县钻级酒家等级评审工作方案，现场监督、指导评审工作；

4. 初审并推荐五钻级（含白金五钻级）餐饮企业；

5. 评定本市四钻级、三钻级、二钻级、一钻级餐饮企业；

6. 负责本市国家级评审员的管理工作；

7. 承办全国评委会交办的其他工作。

（二）区县评委会的工作职责。

1. 宣传和组织实施《餐饮企业的等级划分和评定》标准，做好申报企业相关培训工作；

2. 制订本区县钻级酒家等级评定工作目标、年度计划及相关工作办法及保障措施；

3. 制定本区县钻级酒家等级评审工作方案；

4. 负责辖区内四钻级、三钻级、二钻级、一钻级餐饮企业的初审及推荐，并及时向市评委会上报工作情况；

5. 负责组织辖区内五钻级（含白金五钻级）餐饮企业的申报工作，并指导其参加等级评定相关工作；

6. 承办市评委会交办的有关工作。

特此通知。

关于2014年商业流通发展项目申报工作的通知

京商务财务字〔2014〕4号

各区县商务委、财政局，各有关单位：

根据《北京市商业流通发展专项资金管理暂行办法》、《北京市支持中小企业发展专项资金管理暂行办法》规定，结合全市商务重点工作任务，征集2014年市级重点引导扶持的商业流通发展项目，对促进民生商业发展和具有示范作用的公共服务平台项目将优先给予扶持，具体事项通知如下：

一、2014年商业专项资金的重点支持范围

（一）商业流通发展资金支持范围

1. 农产品流通体系建设项目。支持农产品批发市场基础设施建设和监控、信息、电子结算、检测检疫、废弃物污水环保处理、加工、冷藏、配送等8个中心建设。重点蔬菜零售企业的配送中心建设。

2. 农超对接项目。支持开展农超对接的超市建设和改建果蔬农产品生鲜配送中心、分拣平台，购置农残检测设备、物流配送设施，卖场冷储设施改造及农超对接标识标牌等。

3. 社区商业建设项目。支持发展社区商业便民服务连锁门店、社区商业综合体，支持社区商业便民服务模式创新。

4. 联合采购项目。支持郊区连锁商业企业开展商品联合采购，降低郊区市场商品流通成本；支持郊区连锁商业企业扩大联合采购店铺数量，增加联合采购商品品种和金额，引导郊区企业从传统批发商向现代物流配送商转型，提高郊区现代流通网络的市场覆盖率。

5. 总部经济集聚区培育和公共服务平台建设项目。突出区域特色，培育和打造一批总部经济集聚区。支持被授予北京市总部经济集聚区（发展新区）称号的园区，提升服务品质、景观改造升级及公共服务平台建设的相关项目，促进总部企业集聚发展。

6. 商业设施升级改造项目。支持特色商业街的升级改造、大中型商业设施停车引导系统升级改造、大中型商业设施无障碍设施升级改造，改善经营环境，提高服务质量。

7. 商业流通领域信息化提升及发展电子商务项目。支持电子商务技术创新、模式创新及扩大应用，大力发展网络购物和大宗商品交易中心，鼓励搭建电子商务平台，支持商业流通企业开展信息化建设及改造，支持大型商场、购物中心、商业街区等开展移动电子商务应用。

8. 现代物流发展项目。支持物流基地建设、农产品及冷链物流项目建设、专业物流配送中心等现代物流仓储设施建设，推广应用先进适用物流技术，推进物流企业信息化建设。

9. 报废汽车回收拆解企业、二手车交易市场升级改造项目。支持报废汽车回收拆解企业、二手车交易市场基础设施新建和改造、购置设备及管理信息系统建设升级。

（二）中小企业发展资金支持范围

1. 生活服务业发展项目。支持认定的员工制家政企业发展；支持生活服务行业和企业规模化、规范化、连锁化发展，开展公益性便民服务，提高服务质量和水平；支持生活服务业人员队伍建设，支持传统技艺技能传承、人才培养和人员培训。

2. 再生资源回收体系建设与宣传项目。支持建设、规范社区回收站点和社会单位回收点，填补空白区域；支持再生资源分拣中心建设、改造；回收车辆更新、回收信息平台建设，探索旧家电等品种的回收新模式；再生资源回收宣传。

3. 商务服务业主题示范楼宇升级改造和培育发展项目。支持商务服务业主题示范楼宇公共平台、公共设施、公共环境等升级改造。

4. 老字号创新发展项目。支持老字号企业建立传承人工作室、博物馆、非遗展厅，培养老字号传统技艺传承人才；开展连锁经营、自主知识产权保护；加速信息化建设，提高信息化管理水平；进行工艺技术改造、研发新产品，加强原料基地和食品安全建设，进行产品包装设计，提高产品质量和工艺技术水平，环保节能改造等。

5. 现代物流发展项目。支持中小物流企业物流设施建设、农产品及冷链物流项目建设、专业物流配送中心等现代物流仓储设施建设，推广应用先进适用物流技术，推进物流企业信息化建设。

6. 商业品牌提升项目。支持中小商贸企业创意设计与品牌提升，研发设计新产品新包装；进行企业标识 logo 新的创意设计；企业店铺形象 VI 升级设计；拓展国内外市场开展展示、推介活动。

二、项目申报条件

（一）在北京市登记注册、独立核算、内部管理规范、核心业务突出的企业、机构、经济组织等单位；

（二）申报单位经营状况良好，财务管理制度健全；

（三）申报单位依法经营，近年无违法违规记录；

（四）申报项目应在计划期内启动，并能够按申报计划实施；

（五）同一项目已享受政府其他专项补助资金的，原则上不得重复申报；

（六）申请中小企业资金支持的项目单位应符合《北京市支持中小企业发展专项资金管理暂行办法》的有关规定和国家规定的中小企业标准。

三、项目申报材料

（一）项目申报书、项目可行性报告；

（二）项目申报单位承诺书；

（三）项目单位法人证明文件复印件（营业执照、组织机构代码证书、法定代表人身份证明等）；

（四）项目单位近两年财务报表（资产负债表、损益表、现金流量表）；

（五）申请贷款贴息的项目，需出具项目单位与有关金融机构签订的贷款合同、银行进账单、利息凭证等材料复印件；

（六）相关已发生费用合法凭证复印件；

（七）其他与项目相关的证明材料。

项目申报单位请登录 http://219.232.192.34:9002/xmsb/网页进行网上项目申报，企业注册后，点击企业登录填报项目申报书。项目申报书在网上填报后导出并打印，项目纸制申请材料一式两份，应按顺序装订成册，并加盖单位公章。

四、项目申报程序

凡依法纳税，诚信经营，符合本市商业发展规划及商业流通发展资金、中小企业发展资金使用原则和支持范围的企业、机构、经济组织等单位均可申请，根据项目建设进度择优扶持。

（一）区县级支持项目向区县商务委提交申报材料，经区县商务委、财政局初审合格后，由区县商务委将符合条件的项目汇总后报市商务委。

（二）市级企业项目向市属商业总公司（企业集团）提交申报材料，经初审合格后，由市属商业总公司（企业集团）将符合条件的项目汇总后报市商务委。

五、时间安排

项目集中申报时间截止至2014年3月10日，各区县商务委、市属商业企业集团应于2014年3月20日前上报汇总材料。

六、工作要求

（一）各项目申报单位要确保申报材料内容真实、准确、完整，保证项目各项建设手续合规、项目建设资金落实到位、项目按时保质完成，并向市商务委做出书面承诺。获得专项资金支持的各项目单位在项目完工后1个月内应将项目实施、资金使用等情况向主管部门书面报告。

（二）各主管部门应积极组织企业进行申报，对申报项目材料的规范性、完整性及真实性等进行具体指导和审核，严格把关，认真做好项目征集、审核等相关工作。

（三）各主管部门应加强对已支持项目的后续指导和执行情况的监管，定期对项目进行监督检查，确保项目实施效果，提高财政资金的使用效益。

联系人：北京市商务委员会财务处
王葆玮　张景云
电　话：87211631 87211635
联系人：北京市财政局经建一处
查晓倩
电　话：68423851

北京市商务委员会
北京市财政局
2014年1月29日

附件1. 项目申报书
附件2. 项目申报单位承诺书
附件3. 项目已发生费用明细表
附件4. 项目贷款及付息情况表
附件5. 2014年市商业专项资金申报项目情况表
附件6. 2014年市商业专项资金申报项目汇总表
附件7. 中小企业划型标准规定

附件 1：

项目申报表

项目名称：	
项目单位：	
企业注册地：	
申报日期：	

项目信息表

<table>
<tr><td>项目名称</td><td colspan="3"></td></tr>
<tr><td>项目负责人</td><td></td><td>手机电话</td><td></td></tr>
<tr><td>单位地址</td><td></td><td>邮政编码</td><td></td></tr>
<tr><td>注册资本</td><td></td><td>办公电话</td><td></td></tr>
<tr><td>上年收入</td><td></td><td>企业规模</td><td></td></tr>
<tr><td>项目申请理由
及项目主要内容</td><td colspan="3"></td></tr>
<tr><td>项目经济效益</td><td colspan="3"></td></tr>
<tr><td>项目社会效益</td><td colspan="3"></td></tr>
<tr><td rowspan="4">阶段性目标</td><td>实施阶段</td><td>目标内容</td><td>起止时间（年月）</td></tr>
<tr><td>第一阶段</td><td></td><td></td></tr>
<tr><td>第二阶段</td><td></td><td></td></tr>
<tr><td>第三阶段</td><td></td><td></td></tr>
<tr><td colspan="4">项目组织实施条件</td></tr>
</table>

项目支出预算明细表

<table>
<tr><td colspan="2">项目名称</td><td colspan="2"></td></tr>
<tr><td rowspan="27">项目支出预算及测算依据</td><td rowspan="9">项目资金来源</td><td>来源项目</td><td>申报额（万元）</td></tr>
<tr><td></td><td></td></tr>
<tr><td>项目总投资</td><td></td></tr>
<tr><td>其中：自筹资金</td><td></td></tr>
<tr><td>银行贷款</td><td></td></tr>
<tr><td></td><td></td></tr>
<tr><td></td><td></td></tr>
<tr><td></td><td></td></tr>
<tr><td></td><td></td></tr>
<tr><td rowspan="17">项目支出明细预算</td><td>支出明细项目</td><td>金额（万元）</td></tr>
<tr><td>合计</td><td></td></tr>
<tr><td></td><td></td></tr>
<tr><td></td><td></td></tr>
<tr><td></td><td></td></tr>
<tr><td></td><td></td></tr>
<tr><td></td><td></td></tr>
<tr><td></td><td></td></tr>
<tr><td></td><td></td></tr>
<tr><td></td><td></td></tr>
<tr><td></td><td></td></tr>
<tr><td></td><td></td></tr>
<tr><td></td><td></td></tr>
<tr><td></td><td></td></tr>
<tr><td></td><td></td></tr>
<tr><td></td><td></td></tr>
<tr><td></td><td></td></tr>
<tr><td>预算依据及说明</td><td colspan="2"></td></tr>
</table>

项 目 可 行 性 执 行 报 告
一、基本状况   二、必要性与可行性   三、实施条件

附件2：

项目申报单位承诺书

北京市商务委员会：

我单位将严格按照《北京市商业流通发展专项资金管理暂行办法》、《北京市支持中小企业发展专项资金管理暂行办法》及相关配套管理办法的有关规定组织实施________________________________项目，保证向市商务委及有关部门提供的资料真实、有效，项目建设各项手续齐全、合规，项目建设资金落实到位，项目按计划实施，确保项目建设效果。

我单位承诺保证不出现任何项目建设违法违规行为，如出现上述问题我单位将承担一切责任。

项目单位法人代表：________　　　　　　单位公章

2014年　月　日

附件 3：

项目已发生费用明细表

填报单位：（公章）

序号	记账时间	会计凭证号	费用名称	金额（元）
1				
2				
3				
4				
5				
6				
7				
8				
9				
10				
11				
12				
13				
14				
15				
16				
17				
18				
19				
20				
	合计			

注：项目已发生费用明细按时间先后顺序填写

附件 4:

项目贷款及付息情况表

填报单位:(公章)　　单位:元

序号	贷款银行	贷款用途	贷款起止日期	贷款合同号	贷款金额	贷款利率	付息时间	实际付息额	息单号
贷款一	1								
	2								
	3								
	4								
贷款二	1								
	2								
	3								
	4								
……									
		合计							

附件 5：

2014 年市商业专项资金申报项目情况表

填报单位：（公章）　　　　　　　　　　　　　　　　　单位：万元

企业性质				
注册资本				
上年度销售额				
企业职工人数				
企业类型	中小企业		非中小企业	
申请资金类型	中小企业发展资金		商业流通发展资金	
项目计划投资总额				
其中：自筹资金				
银行贷款				
项目进度	开工时间		完工时间	
项目已投资及建设情况				
项目负责人				
办公电话				
手机				

填报人：　　　　　　　　　　联系电话：　　　　　　　　　　审核人：

附件 6：

2014 年市商业专项资金申报项目情况汇总表

填报单位：(盖章) 单位：万元

序号	项目单位	项目名称	计划投资			企业性质	企业注册资金	项目已投资	项目进度		项目负责人	办公电话	手机	项目主要内容	项目主要支出预算
			总额	自筹资金	银行贷款				开工时间	完工时间					
一	市商业流通发展资金项目														
二	市支持中小企业发展专项资金项目														
总计															

填报人： 审核人：

备注：此表由区县商务委、财政局，市属商业企业集团填报。

附件 7：

中小企业划型标准规定

一、根据《中华人民共和国中小企业促进法》和《国务院关于进一步促进中小企业发展的若干意见》（国发〔2009〕36 号），制定本规定。

二、中小企业划分为中型、小型、微型三种类型，具体标准根据企业从业人员、营业收入、资产总额等指标，结合行业特点制定。

三、本规定适用的行业包括：农、林、牧、渔业，工业（包括采矿业，制造业，电力、热力、燃气及水生产和供应业），建筑业，批发业，零售业，交通运输业（不含铁路运输业），仓储业，邮政业，住宿业，餐饮业，信息传输业（包括电信、互联网和相关服务），软件和信息技术服务业，房地产开发经营，物业管理，租赁和商务服务业，其他未列明行业（包括科学研究和技术服务业，水利、环境和公共设施管理业，居民服务、修理和其他服务业，社会工作，文化、体育和娱乐业等）。

四、各行业划型标准为：

（一）农、林、牧、渔业。营业收入2000万元以下的为中小微型企业。其中，营业收入500 万元及以上的为中型企业，营业收入 50 万元及以上的为小型企业，营业收入 50 万元以下的为微型企业。

（二）工业。从业人员1000人以下或营业收入40000万元以下的为中小微型企业。其中，从业人员 300 人及以上，且营业收入2000万元及以上的为中型企业；从业人员 20 人及以上，且营业收入 300 万元及以上的为小型企业；从业人员 20 人以下或营业收入 300 万元以下的为微型企业。

（三）建筑业。营业收入80000万元以下或资产总额80000万元以下的为中小微型企业。其中，营业收入6000万元及以上，且资产总额5000万元及以上的为中型企业；营业收入 300 万元及以上，且资产总额 300 万元及以上的为小型企业；营业收入 300 万元以下或资产总额 300 万元以下的为微型企业。

（四）批发业。从业人员 200 人以下或营业收入40000万元以下的为中小微型企业。其中，从业人员 20 人及以上，且营业收入5000万元及以上的为中型企业；从业人员 5 人及以上，且营业收入1000万元及以上的为小型企业；从业人员 5 人以下或营业收入1000万元以下的为微型企业。

（五）零售业。从业人员 300 人以下或营业收入20000万元以下的为中小微型企业。其中，从业人员 50 人及以上，且营业收入 500 万元及以上的为中型企业；从业人员 10 人及以上，且营业收入 100 万元及以上的为小型企业；从业人员 10 人以下或营业收入 100 万元以下的为微型企业。

（六）交通运输业。从业人员 1000 人以下或营业收入30000万元以下的为中小微型企业。其中，从业人员 300 人及以上，且营业收入3000万元及以上的为中型企业；从业人员 20 人及以上，且营业收入 200 万元及以上的为小型企业；从业人员 20 人以下或营业收入 200 万元以下的为微型企业。

（七）仓储业。从业人员 200 人以下或营业收入30000万元以下的为中小微型企业。其中，从业人员 100 人及以上，且营业收入1000万元及以上的为中型企业；从业人员 20 人及以上，且营业收入 100 万元及以上的为小型企业；从业人员 20 人以下或营业收入 100 万元以下的为微型企业。

（八）邮政业。从业人员1000人以下或营业收入30000万元以下的为中小微型企业。其中，从业人员 300 人及以上，且营业收入2000万元及以上的为中型企业；从业人员 20 人及以上，且营业收入 100 万元及以上的为小型企业；从业人员 20 人以下或营业收入 100 万元以下的为微型企业。

（九）住宿业。从业人员 300 人以下或营业收入10000万元以下的为中小微型企业。其中，从业人员 100 人及以上，且营业收入2000万元及以上的为中型企业；从业人员 10 人及以上，且营业收入 100 万元及以上的为小型企业；从业人员 10 人以下或营业收入 100 万元以下的为微型企业。

（十）餐饮业。从业人员 300 人以下或营业收入10000万元以下的为中小微型企业。其中，从业人员 100 人及以上，且营业收入2000万元及以上的为中型企业；从业人员 10 人及以上，且营业收入 100 万元及以上的为小型企业；从业人员 10 人以下或营业收入 100 万元以下的为微型企业。

（十一）信息传输业。从业人员2000人以下或营业收入100000万元以下的为中小微型企业。其中，从业人员 100 人及以上，且营业收入 1000 万元及以上的为中型企业；从业人员 10 人及以上，且营业收入 100 万元及以上的为小型企业；从业人员 10 人以下或营业收入 100 万元以下的为微型企业。

（十二）软件和信息技术服务业。从业人员 300 人以下或营业收入10000万元以下的为中小微型企业。其中，从业人员 100 人及以上，且营业收入1000万元及以上的为中型企业；从业人员 10 人及以上，且营业收入 50 万元及以上的为小型企业；从业人员 10 人以下或营业收入 50 万元以下的为微型企业。

（十三）房地产开发经营。营业收入200000万元以下或资产总额10000万元以下的为中小微型企业。其中，营业收入1000万元及以上，且资产总额5000万元及以上的为中型企业；营业收入 100 万元及以上，且资产总额2000万元及以上的为小型企业；营业收入 100 万元以下或资产总额2000万元以下的为微型企业。

（十四）物业管理。从业人员1000人以下或营业收入5000万元以下的为中小微型企业。其中，从业人员 300 人及以上，且营业收入1000万元及以上的为中型企业；从业人员 100 人及以上，且营业收入 500 万元及以上的为小型企业；从业人员 100 人以下或营业收入 500 万元以下的为微型企业。

（十五）租赁和商务服务业。从业人员 300 人以下或资产总额120000万元以下的为中小微型企业。其中，从业人员 100 人及以上，且资产总额8000万元及以上的为中型企业；从业人员 10 人及以上，且资产总额 100 万元及以上的为小型企业；从业人员 10 人以下或资产总额 100 万元以下的为微型企业。

（十六）其他未列明行业。从业人员 300 人以下的为中小微型企业。其中，从业人员 100 人及以上的为中型企业；从业人员 10 人及以上的为小型企业；从业人员 10 人以下的为微型企业。

五、企业类型的划分以统计部门的统计数据为依据。

六、本规定适用于在中华人民共和国境内依法设立的各类所有制和各种组织形式的企业。个体工商户和本规定以外的行业，参照本规定进行划型。

七、本规定的中型企业标准上限即为大型企业标准的下限，国家统计部门据此制定大中小微型企业的统计分类。国务院有关部门据此进行相关数据分析，不得制定与本规定不一致的企业划型标准。

八、本规定由工业和信息化部、国家统计局会同有关部门根据《国民经济行业分类》修订情况和企业发展变化情况适时修订。

九、本规定由工业和信息化部、国家统计局会同有关部门负责解释。

十、本规定自发布之日起执行，原国家经贸委、原国家计委、财政部和国家统计局 2003 年颁布的《中小企业标准暂行规定》同时废止。

关于印发《北京市商务委员会关于对本市商务服务业主题示范楼宇升级改造工作给予适当奖励的实施意见》的通知

京商务商服字〔2014〕1号

各区县商务委，各有关单位：

现将《北京市商务委员会关于对本市商务服务业主题示范楼宇升级改造工作给予适当奖励的实施意见》印发给你们，请遵照执行。

（联系人：许风伟；联系电话：87211897）

附件：

北京市商务委员会关于对本市商务服务业主题示范楼宇升级改造工作给予适当奖励的实施意见

为进一步做好本市商务服务业主题示范楼宇升级改造和培育发展工作，推动本市商务服务业的振兴发展，带动产业结构调整和升级，引导本市商务服务业企业提高综合集聚、专业集聚程度，提升行业配套水平、综合服务功能和客户便利度，改善楼宇发展环境，促进楼宇经济健康发展，特制定如下实施意见：

一、奖励对象和范围

（一）各类商务服务业企业办事机构相对集中、在全市或区域范围内具有示范性质的办公楼宇，对本楼宇公共服务设施进行升级改造，可由楼宇业主单位（或经营单位、物业管理单位）申请商务服务业主题示范楼宇升级改造工作奖励。

（二）整栋楼宇或同属一个业主（或经营单位、物业管理单位）的功能相近的连片楼宇，可按一个项目主体开展商务服务业主题示范楼宇升级改造并列入本意见规定的奖励范围。

（三）重点支持知识密集型商务服务业企业集聚的楼宇进行主题示范楼宇升级改造。

二、奖励条件和标准

商务服务业主题示范楼宇升级改造奖励由楼宇业主单位（或经营单位、物业管理单位）自主申报。

（一）申报主体需符合下列条件：

1. 楼宇有明确的产权归属，业主为在本市注册、具有独立法人资格、独立核算的企业或单位。楼宇具有规划建设手续，且符合当地经济社会发展的总体规划。

2. 楼宇具备一定的建筑规模和企业入驻规模。原则上综合性楼宇建筑面积不少于20000平方米，专业性楼宇建筑面积不少于5000平方米。驻楼企业数量20个以上，其中商务服务业企业数量占比在25%以上的楼宇为商务服务业综合主题楼宇；驻楼单位中同类别商务服务业企业数量占比在50%以上的楼宇为商务服务业专业主题楼宇。

3. 楼宇具备较鲜明的商务服务业聚集效应，商务服务业发展良好，上一年度楼宇在完成产值、利税、就业等主要经济指标方面成绩显著。

4. 楼宇运营管理机构建有科学规范的管理机制和运营机制，能有效开展楼宇的管理、运营、服务等各项工作。

5. 商务服务业主题示范楼宇升级改造工作完成后，具备完善的基础设施和优良的发展环境，能为驻楼商务服务业企业提供保障和服务。需具备以下四大办公功能：

一是适合的基本办公环境。提供适合驻楼单位层高、承重、开间面积等要求的办公条件。

二是安全的办公环境。商务楼宇拥有良好的安保、消防和突发事件应急处置的基本服务功能，具有稳定的供配电系统。

三是便捷的办公环境。提供便捷的交通服务：有便捷的停车系统；有方便快捷的楼内立体交通；提供顺畅的互联网和通讯办公环境。

四是舒适的办公环境。具有良好的空调系统和通风系统；具有及时到位的保洁、设施设备维修维护等服务；具有良好的室内绿化和空气环境。

（二）奖励标准

商务服务业主题示范楼宇升级改造奖励资金对同一项目支持的最高限额不超过：项目总投资的50%或200万元。同一楼宇在两年内获得过政府其他专项补助资金支持的，不得重复申请奖励资金支持。

三、申报程序

采取区、县级初审和市级评审相结合的认定程序。

1. 自主申报：各区（县）商务委组织本辖区内符合条件的楼宇业主或运营管理机构进行自主申报。申报单位提出申报请示和相关申报材料（见附件一），加盖主管部门或运营管理机构公章后，报各区（县）商务主管部门。

2. 区县初审：各区（县）商务委根据楼宇申报情况，联合本区县有关部门，审核相关材料，提出初步申报意见，加盖公章后报送至北京市商务委员会。

3. 市级评审：市商务委根据各区县推荐报送的楼宇情况，会同市政府有关部门进行审核并提出审核意见，经市商务委领导同意后纳入年度商务服务业主题示范楼宇升级改造工作范围。

四、验收工作

纳入年度商务服务业主题示范楼宇升级改造工作范围且按照项目申报书确定的项目改造时间完成改造内容的楼宇，由市区商务部门会同市区财政部门进行验收，验收结果须经第三方评估机构进行评审。具体验收要求按照《北京市商务委员会关于商务服务业主题示范楼宇升级改造和培育发展项目验收规范及操作规程》（见附件二）执行。对验收合格并通过第三方评估机构评审的项目，给予适当奖励。

五、管理与服务

（一）任务分工

按照“市区共建、属地管理”的原则，推进商务服务业主题楼宇的管理和服务工作。

市商务委负责全市商务服务业主题楼宇的培育发展，组织指导全市商务服务业主题楼宇的升级改造，加强检查督导，对全市商务服务业主题楼宇运营情况进行汇总分析；

各区（县）商务部门要切实加强对商务服务业主题楼宇的服务和管理，认真做好商务服务业主题楼宇周边环境和配套服务能力的提升，建立动态档案管理制度，按季度向市商务委报送商务服务业主题楼宇运营与发展情况。

市区（县）商务主管部门要研究制定针对性的发展促进政策，采取多种切实可行的措施，对商务服务业主题楼宇的培育发展给予适当奖励，优化楼宇和企业发展环境。

（二）楼宇服务

区（县）商务主管部门要加强楼宇特色发展方向和经营情况的指导、跟踪服务。市级商务主管部门要加强对楼宇特色和经营情况的检查和复核。

升级改造后的商务服务业主题楼宇，要建立高效的组织机构和科学规范的运营管理机制，积极探索商务服务业主题楼宇专业化、产业化的发展模式，逐步建立完善公共服务平台体系，不断提升服务、管理、后勤保障等楼宇综合配套服务功能。同时，建立规范的联系工作制度，指定一名分管领导同志具体负责，明确一个管理部门承担此项工作职责，确定一名部门负责同志为联络员，切实加强与入驻企业沟通并及时提供服务，强化企业与政府之间的沟通联络工作，按照市区两级商务主管部门的要求，负责楼宇信息的搜集和报送工作。

六、工作要求

（一）高度重视，扎实推进。

商务服务业主题楼宇的发展培育和升级改造工作，是一项发挥商务楼宇集聚带动作用，促进经济结构调整和升级，加快发展方式转变的重要工作。区（县）商务委要充分认识做好这项工作对于促进本地区发展的重要意义，把商务服务楼宇的发展培育和升级改造工作，纳入本区县商务工作整体规划中。要组织专门力量，全面摸底、筛选，积极组织本区域内具有示范性的商务服务业主题楼宇进行申报，加快推进商务服务业主题楼宇的培育发展。

（二）密切配合，协同推进。

要调动各方面的积极性，强化部门协调联动，加强与财政、社会管理机构、行业监管部门、功能区管理机构和行业协会等的联系和配合，整合多方资源，在促进商务服务业主题楼宇升级改造、功能提升、企业聚集、建立行业运行监测、健全社会化、专业化促进网络等方面，共同努力，协同推进，为商务服务业发展创造有利条件。

附件一：商务服务业主题楼宇申报材料

附件二：验收规范及操作规程

附件一：

商务服务业主题楼宇申报材料

一、申报申请书；

二、单位法人证明文件（营业执照、组织机构代码证书、法定代表人身份证明或物业管理合同等）；

三、楼宇基本情况（建筑面积、楼宇出租率、入驻企业数、商务服务业企业所占比例、商务服务业主要行业企业所占比例、楼宇内主要特色行业等）；

四、楼宇经营情况（上一年度完成产值、利税、就业等主要经济指标情况）；

五、其他与项目相关的证明材料。

项目申请材料应按顺序装订成册，并加盖单位公章。

商务服务业主题示范楼宇情况表

<table>
<tr><td>楼宇名称</td><td colspan="2"></td><td>楼宇地址</td><td colspan="3"></td></tr>
<tr><td>业主单位
（或经营单位、
物业管理单位）</td><td></td><td>法人
代表</td><td></td><td>联系
电话</td><td colspan="2"></td></tr>
<tr><td rowspan="3">楼宇基本
情况</td><td>建筑面积
（平方米）</td><td></td><td>楼宇面积
出租率（%）</td><td></td><td>入驻企业
总数（个）</td><td></td></tr>
<tr><td>商务服务业
职工数量（人）</td><td></td><td>商务服务业企业
所占比例（%）</td><td colspan="3"></td></tr>
<tr><td>主要特色行业</td><td></td><td>入驻的特色
行业企业数（个）</td><td></td><td>特色行业企业
所占商务服务
企业比例（%）</td><td></td></tr>
<tr><td rowspan="2">楼宇经营
情况</td><td>驻楼企业营业
总收入（万元）</td><td></td><td>驻楼企业
缴税（万元）</td><td></td><td>驻楼商务服务业
企业营业总收入
（万元）</td><td></td></tr>
<tr><td>驻楼商务服务业
企业缴税（万元）</td><td></td><td>驻楼企业
职工数量（人）</td><td></td><td>入驻商务
服务业职工数
（人）</td><td></td></tr>
</table>

附件二：

北京市商务委员会关于商务服务业主题示范楼宇升级改造和培育发展项目验收规范及操作规程

一、验收对象

纳入年度项目改造培育范围且按照项目申报书确定的项目改造时间完成改造内容的商务服务业主题示范楼宇。

二、验收主体

市区商务、财政部门相关人员组成验收工作组实施验收工作。

三、验收形式

采取实地查验、听取汇报、查看资料等形式验收。

四、验收规范

（一）改造内容验收标准

对于评审前已经完工的项目，主要对项目改造内容、绩效验收。严格对照项目申报书申报内容和第三方评审报告审定内容，对工程细项、工程量、相关票据、合同逐项、建设资金支付情况进行查验。对于比第三方评审报告缺项的内容（除非有充分理由），视同于未完成项目改造；对于超出申报内容且未经市区两级商务、财政部门同意的，不纳入验收和奖励范围。

对于评审前在原项目计划安排中尚未完工的项目，主要对规定时段内完成的改造项目内容进行阶段性验收。对于阶段性改造内容验收，严格按照第三方评审报告审定内容进行验收，对于比第三方评审报告内容缺项的内容（除非有充分理由），视同于未完成项目改造；对于超出评审范围且未经市区两级商务、财政部门同意的，不纳入验收和奖励范围。

（二）绩效验收标准

1. 驻楼单位数量20个以上，且商务服务业企业数量占比在25%以上。

2. 楼宇具备一定的建筑规模，单体面积2万平方米以上。主题特色楼宇，建筑面积在5000平方米以上。

3. 项目改造完成并投入使用后，达到项目申报时提出的绩效目标，包括楼宇出租率、商务服务业企业占比增幅、租金标准等方面的内容。

企业主体要提交改造前后入驻企业名单和租用面积、商务服务业企业名单和租用面积的清单。

4. 经营信息监测基本要求。楼宇应采取抽样调查等方式，选择具有代表性驻楼企业，建立稳定的经营信息报送体系和完善的经营信息报送制度，指派专人或机构负责信息采集、汇总和报送工作，保证信息报送及时、准确和完整。

五、验收程序

（一）验收申请。项目单位在工程改造完成后，应书面向区县商务委申请进行验收，区县商务委向市商务委书面申请验收。

（二）验收实施。市商务委根据验收申请，会同市财政、区县商务、财政部门进行联合验收。

（三）验收结果。验收工作组根据验收情况填写验收单（见附表1），并加盖市商务委公章，并通知项目单位和相关部门。

有关阶段性验收程序参照本条执行，由市商务委会同市财政、区县商务、财政部门对于未申请验收的项目进行阶段性验收，具体要求及验收内容参见附表2。

六、相关要求

各楼宇申报单位要根据上述验收内容分别编写报告和相关工程合同、财务票据（复印件），一式三份，两份提前报送市商务委，一份供现场查验；阶段性验收主要报送工程进度情况，并附相关工程合同、财务票据（复印件），一式三份，两份提前报送市商务委，一份供现场查验。

各楼宇申报单位对申报资料的真实性和有效性负全部责任，在验收过程中，发现存在资料造假或数据不实等情况，验收不予通过，不予奖励支持。

附表 1：

商务服务业示范楼宇改造项目验收单

<table>
<tr><td>楼宇名称</td><td></td><td>项目单位</td><td></td></tr>
<tr><td>地 址</td><td></td><td>验收日期</td><td></td></tr>
<tr><td>验收标准</td><td colspan="3">《北京市商务委员会关于商务服务业主题示范楼宇升级改造和培育发展项目验收规范及操作规程》</td></tr>
<tr><td>第三方评审时间</td><td></td><td>评审时是否完工</td><td>是（ ）否（ ）</td></tr>
<tr><td>材料报送</td><td colspan="3">齐备（ ）　不齐备（ ）</td></tr>
<tr><td rowspan="3">验收情况</td><td>验收内容</td><td colspan="2">验收情况</td></tr>
<tr><td>改造内容</td><td colspan="2"></td></tr>
<tr><td>绩　　效</td><td colspan="2"></td></tr>
<tr><td rowspan="4">验收单位及意见</td><td colspan="3">市商务委：
验收人签字：</td></tr>
<tr><td colspan="3">市财政局：
验收人签字：</td></tr>
<tr><td colspan="3">区县商务委：
验收人签字：</td></tr>
<tr><td colspan="3">区财政局：
验收人签字：</td></tr>
<tr><td>验收意见</td><td colspan="3">盖章</td></tr>
</table>

附表 2：

商务服务业示范楼宇改造项目阶段性验收单

<table>
<tr><td>楼宇名称</td><td colspan="2"></td><td>项目单位</td><td></td></tr>
<tr><td>地 址</td><td colspan="2"></td><td>验收日期</td><td></td></tr>
<tr><td>验收标准</td><td colspan="4">是否符合《项目申报书》工程进度要求</td></tr>
<tr><td>第三方评审时间</td><td colspan="2"></td><td>评审时是否完工</td><td>是（ ）否（ ）</td></tr>
<tr><td>材料报送</td><td colspan="4">齐备（ ） 不齐备（ ）</td></tr>
<tr><td rowspan="3">验收情况</td><td>验收内容</td><td colspan="3">项目工程进度</td></tr>
<tr><td>项目工程预计进度</td><td colspan="3"></td></tr>
<tr><td>项目工程实际进度</td><td colspan="3"></td></tr>
<tr><td rowspan="4">阶段性验收
单位及意见</td><td colspan="4">市商务委：
验收人签字：</td></tr>
<tr><td colspan="4">市财政局：
验收人签字：</td></tr>
<tr><td colspan="4">区县商务委：
验收人签字：</td></tr>
<tr><td colspan="4">区财政局：
验收人签字：</td></tr>
<tr><td>阶段性验收意见</td><td colspan="4">盖章</td></tr>
</table>

关于印发《北京市消夏露天餐饮经营管理暂行办法》的通知

京商务消促字〔2014〕6号

各区、县人民政府，地区管委会：

经市政府同意，现将《北京市消夏露天餐饮经营管理暂行办法》印发给你们，请结合实际认真贯彻落实。

北京市商务委员会
北京市市政市容管理委员会
北京市城市管理综合行政执法局
北京市食品药品监督管理局
北京市工商行政管理局
北京市环境保护局
北京市公安局
北京市园林绿化局
北京市交通委员会路政局
2014年3月28日

附件：

北京市消夏露天餐饮经营管理暂行办法

第一章　总　　则

第一条　为了加强对本市消夏露天餐饮经营场所的管理，深化市容环境秩序整治和监管，维护餐饮市场秩序，按照食品安全规范、环境秩序综合整治、大气环境污染治理工作要求，根据有关法律、法规，结合本市实际情况，制定本办法。

第二条　本办法适用于在本市行政区域内进行的消夏露天餐饮经营活动以及对经营活动的管理工作。

本办法所称消夏露天餐饮经营，是指餐饮企业在属地政府或地区管委会同意设立的固定区域内，以满足消费者夏季餐饮需求为目的，开展露天经营的餐饮服务行为。

第三条　消夏露天餐饮经营实行属地管理。按照疏堵结合、规范治理的原则，使消夏露天餐饮经营场所按规设立、秩序良好、食品安全、环境整洁。

第四条　消夏露天餐饮经营应符合市政市容、食品药品监管、工商、环保、公安、园林绿化、交通路政、城管执法等部门法律法规和规章制度的规定。

第五条　消夏露天餐饮经营主体应严格

执行有关餐饮业的食品安全、安全生产、环境卫生等各项管理制度，履行第一责任人义务。

第二章　市场准入

第六条　消夏露天餐饮经营场所的设立应符合区县政府、地区管委会关于消夏露天餐饮经营的规划。

第七条　消夏露天餐饮经营主体应为依法设立的餐饮企业。

第八条　消夏露天餐饮经营场所应符合以下设置要求：

（一）符合市政市容、城管执法部门关于消夏露天餐饮经营涉及的市容环境、占道经营、牌匾标识、户外广告、夜景照明、餐厨垃圾处理等城市管理工作的相关规定；

（二）符合环保部门关于消夏露天餐饮经营涉及的餐饮油烟排放、污水排放、生产经营设施噪音扰民等工作的相关规定；

（三）符合公安部门关于消夏露天餐饮经营涉及的治安、消防、社会生活噪音扰民等工作的相关规定；

（四）符合交通路政部门关于消夏露天餐饮经营涉及的公路保护等工作的相关规定；

（五）符合园林绿化部门关于消夏露天餐饮经营涉及的园林绿化保护等工作的相关规定；

（六）符合法律、法规、规章规定的其他条件。

第九条　消夏露天餐饮经营场所应符合以下食品安全要求：

（一）具备给排水条件和电力供应，距离粪坑、污水池、暴露垃圾场（站）、旱厕等污染源25米以上，并设置在粉尘、有害气体等其他污染源的影响范围之外；

（二）食品的加工、制作、销售应符合《中华人民共和国食品安全法》、《北京市食品安全条例》的相关规定；

（三）消夏露天餐饮经营场所应采取室内制作、室外食用的原则，不得露天烧烤，不得室外加工、制作、销售其他食品；

（四）消夏露天餐饮从业人员取得有效健康证明，并按照相关卫生标准和要求作业；

（五）符合法律、法规、规章规定的其他条件。

第十条　消夏露天餐饮经营场所的入场经营者在提供餐饮服务时应符合以下食品安全要求：

（一）在入场经营者餐饮服务许可证载明的经营场所进行原料粗加工及切配；

（二）使用密闭、洁净的食品级容器和运输工具配送所需食品半成品；

（三）使用符合卫生要求、无毒无害的食品包装容器工具和接触食品的售货设施；

（四）具备相应的防蝇、防雨设施和与经营品种及数量相适应的制售工具、容器、专用冷藏冷冻以及废弃物暂存设施；

（五）建立食品原材料、食品添加剂和食品相关产品采购查验和索证索票制度，对采购货物进行查验并记录；

（六）禁止在消夏露天餐饮场所制售凉菜、裱花蛋糕、生食水产品。

第三章　职责分工

第十一条　区县政府、地区管委会。

（一）负责本辖区内消夏露天餐饮经营管理工作。

（二）按照安全、便利、环保、不扰民、

不妨碍交通的原则，制定本辖区消夏露天餐饮经营规划。消夏露天餐饮经营规划应明确本辖区消夏露天餐饮经营的经营场地、网点数量、经营期限、营业时间等内容，于每年5月10日之前向社会公布，并根据实际情况适时调整。

（三）成立由市政市容、商务、食品药品监管、工商、环保、公安、园林绿化、交通路政、城管执法等部门组成的本辖区联合管理机构，明确由主管相关工作的副区长（副主任）牵头负责本辖区消夏露天餐饮管理工作。

（四）参照本办法的规定，明确本辖区消夏露天餐饮经营联合管理机构各相关组成部门的职责，研究制定具体的办理流程、实施细则，并对社会公布。

（五）消夏露天餐饮经营联合管理机构应当与消夏露天餐饮经营场所签订责任书，同时向社会公布举报投诉电话，定期开展专项执法检查，文明执法，依法查处消夏露天餐饮经营中的违法、违规行为，并建立消夏露天餐饮经营场所违规退出机制。

第十二条　商务部门。

负责指导区县政府、地区管委会（不允许开展消夏露天餐饮经营的除外）完善消夏露天餐饮经营管理制度。

第十三条　市政市容部门。

依据《北京市市容环境卫生条例》等相关法规和本部门工作职责，对消夏露天餐饮经营场所涉及的市容环境卫生等工作实施监督管理。

第十四条　城管执法部门。

依据《北京市市容环境卫生条例》、《北京市大气污染防治条例》等相关法规和本部门工作职责，对消夏露天餐饮经营场所涉及的市容环境卫生、牌匾标识、户外广告、夜景照明、餐厨垃圾处理、露天烧烤等城市综合管理工作实施监督管理。

第十五条　食品药品监管部门。

依据《中华人民共和国食品安全法》、《北京市食品安全条例》等相关法律法规和本部门工作职责，负责对进入消夏露天餐饮经营场所的餐饮服务提供者的餐饮服务操作规范进行监督管理。

第十六条　工商部门。

依据《中华人民共和国公司法》、《个体工商户条例》等相关法律法规和本部门工作职责，对消夏露天餐饮经营场所实施监督管理。

第十七条　环保部门。

依据《中华人民共和国大气污染防治法》、《北京市大气污染防治条例》、《北京市水污染防治条例》、《北京市环境噪声污染防治办法》等相关法律法规和本部门工作职责，对消夏露天餐饮经营场所涉及的餐饮油烟排放、污水排放、生产经营设施噪音扰民等工作实施监督管理。

第十八条　公安部门。

依据《中华人民共和国治安管理处罚法》、《中华人民共和国消防法》、《中华人民共和国道路交通安全法》等相关法律法规和本部门工作职责，对消夏露天餐饮经营场所涉及的治安、消防、社会生活噪音扰民等工作实施监督管理。

依据《中华人民共和国治安管理处罚法》等相关规定，对阻碍行政机关工作人员执法的行为依法处理。

第十九条　园林绿化部门。

依据《北京市绿化条例》等相关法律法规和本部门工作职责，对消夏露天餐饮经营场所涉及的园林绿化保护等工作实施监督管理。

第二十条 交通路政部门。

依据《中华人民共和国公路法》等相关法律法规和本部门工作职责，对消夏露天餐饮经营场所涉及的公路保护等工作实施监督管理。

第四章 罚 则

第二十一条 违反《北京市市容环境卫生条例》规定，未按照规定的要求履行维护市容环境卫生责任的，由城管执法部门依据《北京市市容环境卫生条例》第二十四条的规定进行处罚。

违反《北京市市容环境卫生条例》规定，在区县政府、地区管委会规划的消夏露天餐饮经营场所以外擅自摆摊设点或临街饮食业经营者超出门、窗进行店外经营影响市容环境卫生的，由城管执法部门依据《北京市市容环境卫生条例》第三十五条的规定进行处罚。

违反《北京市市容环境卫生条例》规定，不符合户外广告设置专业规划的规定设置户外广告设施的，由城管执法部门依据《北京市市容环境卫生条例》第三十八条的规定进行处罚。

违反《北京市市容环境卫生条例》规定，符合规划要求但违反设置规范设置户外广告的，由城管执法部门依据《北京市市容环境卫生条例》第三十九条的规定进行处罚。

违反《北京市市容环境卫生条例》规定，违规设置牌匾标识的，或经批准设置的牌匾标识不符合规范要求的，由城管执法部门依据《北京市市容环境卫生条例》第四十条的规定进行处罚。

违反《北京市市容环境卫生条例》规定，擅自在公共场所散发、悬挂、张贴或喷涂宣传品、广告的，由城管执法部门依据《北京市市容环境卫生条例》第四十三条的规定进行处罚。

违反《北京市市容环境卫生条例》规定，违规设置夜景照明设施的，由城管执法部门依据《北京市市容环境卫生条例》第四十五条的规定进行处罚。

违反《北京市生活垃圾管理条例》规定，未按照规定收集、处理餐厨垃圾的，由城管执法部门依据《北京市生活垃圾管理条例》第六十四条的规定进行处罚。

违反《北京市绿化条例》规定，损害绿化成果及绿化设施的，由城管执法部门依据《北京市绿化条例》第六十七条的规定进行处罚。

违反《北京市大气污染防治条例》和《北京市禁止露天烧烤食品的规定》，在本市城区和远郊区、县城镇地区禁止露天烧烤的区域进行露天烧烤的，由城管执法部门依据《北京市大气污染防治条例》第一百一十三条和《北京市禁止露天烧烤食品的规定》第二条的规定进行处罚。

第二十二条 违反食品加工、制作、销售等餐饮服务操作规范要求的，由食品药品监管部门依据《北京市食品安全条例》第六十三条的规定进行处罚。

第二十三条 违反《北京市大气污染防治条例》规定，未采取有效防治污染措施，致使排放的油烟对附近居民的居住环境造成污染的，由环保部门依据《北京市大气污染防治条例》第一百一十一条的规定进行处罚。

违反《北京市环境噪声污染防治办法》规定，未采取有效防护措施，导致生产经营设施产生噪声干扰周围生活环境的，由环保部门依据《北京市环境噪声污染防治办法》第四十二条的规定进行处罚。

违反《北京市食品安全条例》规定，未按照环境影响评价要求设置油水分离器、收集容器、隔油池等设备设施，或未保持油水分离器、收集容器、隔油池等设备设施正常运转的，由环保部门依据《北京市食品安全条例》第六十六条的规定进行处罚。

违反《北京市水污染防治条例》规定，违规向环境排放污水的，由环保部门依据《北京市水污染防治条例》第七十八条的规定进行处罚。

第二十四条　违反《中华人民共和国治安管理处罚法》规定，在消夏露天餐饮经营场所发生打架斗殴等影响社会治安的，由公安部门依据《中华人民共和国治安管理处罚法》第四十三条的规定进行处罚。

违反《中华人民共和国治安管理处罚法》和《北京市环境噪声污染防治办法》规定，在室外使用音响器材或者采用其他发出噪声的方法招揽顾客，干扰周围生活环境的，由公安部门依据《中华人民共和国治安管理处罚法》第五十八条、《北京市环境噪声污染防治办法》第四十三条的规定进行处罚。

第二十五条　违反《中华人民共和国公路法》规定，在公路及公路用地范围内摆摊设点、堆放物品、倾倒垃圾、设置障碍、挖沟引水、利用公路边沟排放污物或者进行其他损坏、污染公路和影响公路畅通的，由交通路政部门依据《中华人民共和国公路法》第七十七条的规定进行处罚。

第五章　监督管理

第二十六条　各区县政府、地区管委会应依照本办法的规定，严格落实责任制，采取定期执法检查与日常监督、抽查相结合等方式，按照规定程序严肃查处消夏露天餐饮经营中的违法、违规行为。

第二十七条　消夏露天餐饮经营场所应严格遵守各项法律法规和规章制度，自觉接受相关部门的监督检查，并对检查出的问题及时整改。

第二十八条　市级相关部门要严格按照本部门职责加强对消夏露天餐饮经营场所的指导和管理。各区县政府、地区管委会的联合管理机构要建立和完善工作例会、情况通报、督察督办、联合执法等工作机制，确保消夏露天餐饮经营场所管理工作依法、有序推进。

第六章　附　　则

第二十九条　本办法自 2014 年 5 月 1 日起施行。

关于印发《北京市推进京津冀区域通关一体化改革实施方案》的通知

京商务外运字〔2014〕11号

各区县商务委，北京海关各单位、北京出入境检验检疫局各单位，各区县（地区）国家税务局，有关单位：

经市政府同意，现将市商务委、北京海关、北京出入境检验检疫局、市国税局、北京外汇管理部、市政府口岸办制定的《北京市推进京津冀区域通关一体化改革实施方案》印发给你们。请加强宣传，依据各自职责做好京津冀区域通关一体化改革相关工作，积极提升贸易便利化水平，促进首都外贸高质量持续稳定增长。

北京市商务委员会
中华人民共和国北京海关
中华人民共和国北京出入境检验检疫局
北京市国家税务局
国家外汇管理局北京外汇管理部
北京市人民政府口岸办公室
2014年7月10日

附件

北京市推进京津冀区域通关一体化改革实施方案

为贯彻落实中央关于京津冀区域协同发展的战略部署，加快推进京津冀区域通关一体化改革，进一步提高本市乃至京津冀地区贸易便利化水平，根据海关总署《京津冀海关区域通关一体化改革方案》和国家质检总局《京津冀检验检疫一体化建设方案》精神，按照市政府专题会提出的“推进机制创新，完善服务功能，加强工作衔接和相互配合，确保改革平稳运行”的工作要求，制定本方案。

一、总体思路

认真贯彻落实中央全面深化改革的战略部署，立足首都城市战略定位，坚持京津冀区域协同发展战略，转变政府管理职能，发挥市场在资源配置中的决定性作用，以加快京津冀市场一体化进程为目标，积极稳妥推进京津冀通关业务一体化改革；建立三地口岸工作协调机制，共同推动三地通关协作，率先实现信息互换、监管互认、执法互助；营造公平、公正、便利的贸易环境，促进京津冀三地生产要素合理流动，资源优化配置，推进京津冀区域协同发展。

二、基本原则和目标

（一）基本原则

尊重企业选择。以方便企业办理进出口通关业务为根本出发点，北京外贸企业在京津冀三地可以自主选择通关模式和报关地点；除列入须在口岸实施检验检疫货物清单的进口货物外，企业可以选择口岸或目的地接受检验检疫。企业在三地口岸通关享受“如同一关”的通关便利服务。

优化服务环境。加强北京与天津、河北两地工作协调，共同推进区域贸易便利化建设，简化行政审批，优化通关流程，提高服务效率，共同营造良好的外贸发展环境。

稳定外贸发展。充分发挥三地区位和资源优势，积极支持本市外贸优势产业发展，培育覆盖三地的外贸产业链，增强首都外贸辐射能力，促进外贸稳定增长。

（二）发展目标

以市场需求为导向，以建设便捷高效的国际贸易环境为载体，以深化通关改革为核心，打破管辖区域界限，建设“一中心、四平台”，实施海关通关全流程、一体化的管理机制和运作模式；通过改革现有的检验检疫工作模式，建立以“三通”、“四放”、“五统一”为主要内容的检验检疫一体化新模式，进一步提升区域贸易便利化水平，加快推进京津冀协同发展。

三、改革主要内容

（一）建立京津冀海关通关一体化作业机制。根据海关总署《京津冀海关区域通关一体化改革方案》，对京津冀三地的通关监管与服务实施优势集成、资源整合，通过建立区域通关中心，打造统一的申报平台、风险防控平台、专业审单平台、现场作业平台（简称“一中心、四平台”），打破现有的关区界限，允许三地企业自主选择通关方式和报关纳税、货物验放地点，按照执法统一、专业分工、监管互认、信息共享的原则，形成监管更加严密、通关更加便捷、流程更加科学、运转更加高效，覆盖京津冀通关全流程的一体化管理机制和运作模式，实现三地海关统一高效执法、无缝对接服务。

（二）建立京津冀检验检疫一体化作业机制。实施“三通”、“四放”、“五统一”和货物清单管理的一体化检验检疫监管模式。通过实施通报、通检、通放，符合一定条件的企业可以在区域内选择申报地点、申领相关单证地点、办理放行手续地点；在属地化监管的基础上，对货物的检验检测结果区域内检验检疫机构互认。通过实施申报放行、验证放行、抽样放行、检验检疫监管放行等多种放行类别，根据企业信用等级和货物风险等级，对商品实施不同的放行模式，以监管抽查为主，减少批批检验，提高监管效能。通过实施统一的审单规范、业务规范、风险防控、信用管理、统计规则，实现京津冀三地检验检疫统一的工作模式。建立须在口岸实施检验检疫的货物清单，清单外的货物企业可选择出口货物产地直放和进口货物直通目的地，减少通关环节，降低通关成本。

（三）完善京津冀三地口岸区域协作机制。积极争取国家认定内陆无水港的口岸资质，完善口岸功能，推进我市口岸体系建设；推进我市口岸与天津港的深度融合，积极争取将朝阳口岸和平谷国际陆港视为天津港的延伸，作为国际海运的“目的港”和“启运港”，实现与天津港的一体化运作；积极争取三地口岸优惠政策共享，将各自区域享受的优惠政策向三地延伸；开展口岸信息化合作，提升电子口岸服务功能，逐步实现京津口岸信息交换和资源共享。

四、改革实施步骤

（一）前期准备阶段（2014 年 6 月 30 日前）。细化各项改革内容的具体操作办法，抓紧做好业务对接、系统调试和模拟演练；召开外贸企业座谈会，听取企业对改革方案的意见；制订外贸企业培训方案，有重点、分批次推进企业培训；适时召开新闻发布会，向社会公布通关一体化整体方案及操作办法。

（二）启动实施阶段（2014 年 7 月 1 日—10 月 31 日）。京津通关作业一体化正式启动，北京海关启动区域通关一体化作业模式，北京出入境检验检疫局同步启动检验检疫一体化作业模式，做好过渡期企业通关监管各项工作衔接，加强对企业利用一体化通关模式开展进出口业务的培训和指导。

（三）评估改进阶段（2014 年 12 月底前）。密切跟踪京津冀通关一体化改革运行情况，加强效果评估，不断完善通关运行模式，提升服务水平。

五、保障措施

（一）建立领导机制。成立北京市推动京津冀通关一体化改革工作小组，由分管市长任组长，市商务委、市政府口岸办、北京海关、北京国检局、市国税局、北京外汇管理部为成员单位，按照海关总署和国家质检总局京津冀通关一体化改革方案组织实施，协调落实通关一体化改革工作，及时总结经验，提出政策建议。工作小组下设办公室，办公室设在市商务委，负责日常联系协调工作。

（二）加强部门联动。构建我市推动通关一体化整体联动格局，海关、国检要做好通关一体化改革方案实施的衔接工作，实现海关、国检通关一体化改革同步；商务、口岸、国税、外汇管理等部门积极做好一体化改革的配合工作。

（三）推进区域协调。推动建立京津冀区域通关一体化协调机制，加强三地间区域通关合作，协调解决京津冀三地监管部门信息不通畅、执法不统一等问题。

（四）扩大政策宣传。加大对京津冀通关一体化改革的宣传力度，做好政策集成工作，利用政府网站、进出口政策咨询会、组织企业培训、编制业务指南等多种方式，加强对京津冀通关一体化的政策宣传；深入开展市场调研，根据企业需求及时调整管理流程和运行模式；充分发挥各职能部门服务热线、门户网站和内网办公平台的作用，建立健全问题的发现、提交、解决机制；各部门设置专职岗位，统一受理、协调、解决一体化改革实施中的具体问题。

（五）完善应急预案。各部门要认真分析评估通关一体化改革方案实施中可能出现的问题，做好通关一体化改革应急预案，及时协调解决运行风险或突发事件，实现过渡期顺利衔接，帮助企业在过渡期顺利开展进出口业务，确保通关一体化改革方案顺利实施。

附件 1. 京津冀海关区域通关一体化作业模式

附件 2. 京津冀区域一体化检验检疫监管模式

附件 1

京津冀海关区域通关一体化作业模式

一、区域通关一体化作业架构

在对三地海关通关监管与服务实施优势集成、资源整合、专业分工的基础上搭建“一中心、四平台”，通过海关信息化手段共同构建一体化通关作业的基本框架，在原则上不改变现行组织体系和机构设置的前提下，通过海关通关中心的虚拟化运作，实现通关现场一体化作业。

建立统一的申报平台，企业在获取舱单信息后，通过中国电子口岸，自主选择申报口岸向海关提交报关信息。

建立统一的风险防控平台，按“由企及物”管理理念，对在京津口岸申报及进出境的企业、舱单、商品等风险要素进行分析和甄别，实现同一企业同一商品统一风险防控。

建立统一的专业审单平台，按照商品分工开展跨关区专业化审单作业。

建立统一的现场作业平台，各业务现场根据审单指令，实施接单、征税、查验和卡口核放。

二、区域通关一体化的主要特点

（一）企业自主选择

1. 自主选择通关方式

企业根据需要自主选择口岸清关、转关、“属地申报、口岸验放”、“属地申报、属地放行”、区域通关一体化等其中一种通关方式。

2. 自主选择申报口岸

企业按照经营单位注册地或货物进出境地自主选择接单、征税现场，并据此确定申报口岸。

3. 自主选择查验地点

对于不适合口岸海关查验的，企业提出申请后，由企业所在地海关负责派员到企业所在地海关监管场所（或企业）实施查验。

（二）简化行政审批

1. 取消报关企业跨区分支机构注册登记行政许可限制，允许代理报关企业“一地注册、多地报关”。

2. 简化异地加工贸易备案手续，企业凭所在地商务主管部门核发的《加工贸易业务批准证》在对方海关办理异地加工贸易备案手续。

3. 执法互认，企业在一个海关办理“三预”专业认定、暂时进出境等行政许可决定可以在另两个海关通用。

4. 在总署总担保及汇总征税项目的基础上，实现“一份保函区域通用”。

5. 监管证件三地通用，发证机关指定一体化范围内任一海关报关的许可证件电子数据，在一体化范围内海关都可接受申报。

三、基本作业模式

（一）通关前

区域通关一体化作业方式适用于企业在京津冀口岸申报的进出口货物。企业在报关前应做如下准备：

1. 确认舱单信息。货物运抵京津冀口岸后或即将运抵京津冀口岸时，企业可在海关总署网站在线服务大厅(网址:http://www.customs.gov.cn/publish/portal0/tab9406/)使用舱单查询功能查询本票货物的具体舱单信息，并根据舱单信息的状态以及口岸海关是否允许提前报关等条件确认能否向海关申报进出口货物报关单。

2. 选择申报口岸。京津冀企业按照经营单位注册地或货物进出境地自主选择接单、征税现场，并据此确定申报口岸。

非京津冀企业在京津冀口岸清关的，向货物进出境地海关申报。

3. 准备报关随附单证。区域通关一体化报关单简化报关单随附单证：

(1) 进口：合同、装箱清单、载货清单(舱单)等随附单证企业在申报时可不向海关提交，海关审核时如需要再提交。

(2) 出口：合同、发票、装箱清单、载货清单(舱单)等随附单证可不提交，海关审核时如需要再提交。

(二) 通关中

1. 申报

(1) 录入报关单电子数据。京津冀企业选择申报口岸后可选择易速平台向海关联网申报，也可委托该口岸的报关单预录入企业录入报关单电子数据向海关申报。一体化报关单录入按普通报关单录入，原转关、区域通关录入选框保留。

(2) 发送报关单随附单证。管理类别为AA类企业或A类生产型企业的，采用无纸通关方式申报时可不向海关发送随附单证电子数据，通关过程中根据海关要求及时提供，海关放行之日起10日内由企业向海关提交。经海关批准符合企业存单(单证暂存)条件的可由企业保管。其他管理类别的企业，应在货物申报时向海关同时发送报关单和随附单证电子数据。

有纸报关单申报按现行规定。

2. 报关单审核

企业电子申报后，系统的自动审单，按预先设定参数设定、通道决策等控制条件，对电子数据报关单进行规范性、逻辑性审核。

3. 现场作业

(1) 接单征税。报关单经审单中心审核后，由申报现场海关进行接单审核、税单打印操作。无纸及有纸报关单现场作业，按现行规定办理。

(2) 货物放行。实行一体化的海关统一卡口核放标准，应用总署卡口控制与联网系统，凭舱单核销放行信息办理货物出场(库、区)手续，实现卡口自动核放。查验货物由查验地海关办理放行手续。

(3) 货物查验

口岸查验：申报地海关负责依据布控指令对报关单下达查验指令，口岸地海关对货物实施查验，录入查验结果。根据查验结果，无异常或修改完成后，由口岸地海关办理放行手续。

转关查验：特殊货物不适合在口岸实施查验的，企业向申报地海关提出申请，由申报地海关联系口岸地海关，经批准后，比照转关查验模式办理。转关查验后，由属地海关办理放行手续。

(三) 通关后

1. 签发报关单收付汇、出口退税证明联。为减少纸质单证流转，海关不再为国家外汇管理局分支局(以下简称外汇局)核定的货物贸易外汇管理A类企业提供纸质报关单收付汇证明联。A类企业办理货物贸易外汇收付汇业务，需提交纸质报关单收付汇证明联的，通过中国电子口岸自行以普通A4纸打印并加盖企业公章。对于外汇局核定的货物贸易外汇管理B类和C类的企业，向原接受申报的海关申请签发纸质报关单收付汇证明联。

出口退税证明联向原接受申报的海关申请签发。

2. 签发进出口货物证明书。进出口货物证明分为《货物进口证明书》和《货物出口证明书》。《货物进口证明书》分为普通货物用和汽车用。企业可以向原接受申报的海关申请签发。

附件 2

京津冀区域一体化检验检疫监管模式

一、入境检验检疫监管

下列入境货物须在入境口岸实施检验检疫：

1. 大宗散装商品、易腐烂变质商品、可用作原料的固体废物以及已发生残损、短缺的商品；

2. 活动物及动物遗传物质；

3. 植物繁殖材料（含盆花、切花、切叶）、原木、水果、中药材；

4. 动植物特许审批的禁止进境物及一、二级风险动物源性生物材料及制品；

5. 高致病性病原微生物、人体组织、血液及其制品和可能含有病原微生物的生物制品；

6. 实施卫生检疫的废旧物品（含人发及其制品，不包括旧机电）；

7. 食品、化妆品；

8. 危险化学品及其包装；

9. 出口退运货物；

10. 其他法律法规和国家质检总局规定必须在口岸实施检验检疫的货物。

以上货物，须在口岸或检验检疫集中监管点检验检疫合格后方准入境。集装箱运输的进口货物，在风险可控的条件下，在口岸实施外箱体消毒等规定的检疫措施后，转到目的地实施后续检验检疫和监管。

清单外的货物，企业可以选择口岸或目的地接受检验检疫。

二、出境检验检疫监管

除散装商品、危险化学品及其包装、烟花爆竹、打火机和其他危险货物包装外，出境货物经产地检验检疫合格后，直接放行，口岸除必要的风险监控措施之外，不再查验。

关于加强酒类流通行业信息监测工作的通知

京商务消促字〔2014〕8号

各区县商务委、各有关企业：

为进一步做好酒类流通行业信息监测工作，充分调动有关企业的积极性，及时准确掌握酒类流通市场情况，促进酒类流通管理工作顺利开展，依据《商务部办公厅关于印发〈酒类流通行业信息监测统计报表制度〉（2014年—2016年）的通知》（商办运函［2014］97号）精神，我委制定了《北京市酒类流通行业信息监测统计报表制度（2014年—2016年）》，已经北京市统计局批准（京统函［2014］131号），现印发给你们，请遵照执行。并就有关事项通知如下：

一、高度重视，提高对监测工作重要性的认识

开展酒类流通行业监测统计是做好酒类流通管理的一项重要基础性工作。全面了解酒类流通行业情况，及时掌握酒类流通相关信息，准确分析酒类流通市场规模、运行质量和消费结构，对加强酒类流通行业管理和促进行业健康发展具有重要意义。各区县商务部门和监测企业要充分认识酒类流通行业监测统计工作的重要性，认真贯彻落实《北京市酒类流通行业信息监测统计报表制度（2014年—2016年）》要求，把监测统计工作作为酒类流通行业管理的一项重要的日常工作抓实抓好。

二、加强信息收集，提高信息分析质量

各区县商务部门和监测企业要加强对酒类市场相关信息的收集和整理，为准确掌握酒类市场运行状况、引导酒类行业更好更快发展做好基础性工作；要不断拓展酒类信息收集的途径，丰富信息资源。区县商务部门负责督促辖区内监测企业按时报送信息，收集、汇总、分析本辖区内酒类市场信息，并及时了解酒类市场异常情况及酒类突发事件。监测企业应严格按照《北京市酒类流通行业信息监测统计报表制度（2014年—2016年）》规定的时间和方式准确报送监测信息，并及时上报酒类市场异常情况和酒类突发事件。

三、加强培训，提高监测工作水平

市、区商务部门要结合酒类流通行业信息监测工作的开展情况，定期组织酒类信息监测相关培训，丰富培训内容，有关单位要鼓励和支持具体工作人员参加培训，提高酒类监测人员信息收集、汇总分析的能力，不断提高酒类流通行业信息监测工作水平。

四、加强管理，完善各项监测制度

市、区商务部门要建立健全酒类流通监测管理各项工作制度，制定样本筛选调整、信息核对及分析上报的相关工作规程，规范监测管理工作；市、区商务部门及监测企业要有明确的酒类信息监测工作部门及人员，并保持工作人员的相对稳定；要落实酒类信息监测工作人员A、B角制度，如有人员调换，需及时报市商务委备案。酒类信息监测工作部门及人员应对企业报送的数据要严格保密，未经企业同意，不得用于政府部门统计分析以外的任何其他用途。市商务委将对监测企业报送信息的及时率、准确率进行考核。

联系人：胡敬轩

联系电话：010－87211697

邮箱：hjx@bjcoc.gov.cn

附件：酒类流通行业信息监测统计报表制度

北京市酒类流通行业信息监测统计报表制度

（2014 年—2016 年）

北京市商务委员会制定

北京市统计局批准

二〇一四年五月

本报表制度根据《中华人民共和国统计法》的有关规定制定

《中华人民共和国统计法》第七条规定：国家机关、企业事业单位和其他组织以及个体工商户和个人等统计调查对象，必须依照本法和国家有关规定，真实、准确、完整、及时地提供统计调查所需的资料，不得提供不真实或者不完整的统计资料，不得迟报、拒报统计资料。

《中华人民共和国统计法》第九条规定：统计机构和统计人员对在统计工作中知悉的国家秘密、商业秘密和个人信息，应当予以保密。

目　录

一、总说明

（一）目的意义

为加强酒类流通行业管理，及时准确掌握我市酒类流通运行情况，监测分析酒类流通市场规模、运行质量、消费结构、从业人员情况等，促进酒类行业健康有序发展，依据《商务部办公厅关于印发〈酒类流通行业信息监测统计报表制度〉（2014年—2016年）的通知》（商办运函［2014］97号）精神，结合工作实际，制定《北京市酒类流通行业信息监测统计报表制度（2014年—2016年）》。

（二）统计范围

本报表制度的统计范围为：1. 纳入市商务委酒类流通行业监测系统的所有酒类企业，详见《北京市酒类流通行业信息监测企业名单》；2. 区县商务部门。

（三）统计监测酒类品种

选择本市酒类市场中销量大、有代表性的酒类品种进行监测。详见《北京市酒类流通行业信息监测品种名单》。

（四）主要统计内容

1. 酒类生产、批发、零售（餐饮）企业报送：酒类经营企业基本情况、酒类商品年销售量、期末从业人数、其中酒类期末从业人数、年销售额、其中酒类销售额、年纳税金额、其中酒类商品年纳税金额、年利润总额、其中酒类商品年利润额等指标。

2. 酒类生产企业主要报送：白酒、啤酒、葡萄酒、黄酒、果露酒等的生产量、销售量、销售额，以及由市商务委核定的酒类商品的品名、包装规格、出厂均价、销售量、销售额等指标。

3. 酒类批发企业主要报送：白酒、啤酒、葡萄酒、进口酒、黄酒、果露酒、进口酒、其他酒的销售量、销售额，以及由市商务委核定的酒类商品的品名、包装规格、批发量、批发均价、销售额等指标。

4. 酒类零售（餐饮）企业主要报送：白酒、啤酒、葡萄酒、黄酒、果露酒、进口酒、其他酒的销售量、销售额等，以及由市商务委核定的酒类商品的品名、包装规格、零售均价、销售量、销售额等指标。

5. 各区县商务部门报送酒类流通管理机构名称、建立时间、酒类流通管理人数、具有执法资格人数、开展专项行动次数、专项行动出动人数、检查企业数、查处违法企业数、查处案件数等，以及负责区域内批发企业、零售企业、餐饮企业、酒吧娱乐企业及其他企业的备案企业数量、购用随附单企业数量、随附单使用数量、使用电子随附单企业数量等；区域内各类企业的从业人数、销售量、销售额、税收、利润等指标。

（五）报送方式

通过登陆“北京市商务委员会酒类流通管理信息系统”（http://210.73.84.33:9090）直接报送数据；《北京市酒类突发事件即时报表》网上或电话报送。

（六）其他说明

1. 市商务委负责本报表制度的制定、监测系统建设与维护、信息加工整理与发布等。

2. 各区县商务部门负责辖区内酒类流通行业监测样本企业的推荐选定工作，督促样本企业及时、准确填报报表，加强对辖区内酒类市场监测、统计、分析和数据上报工作。

3. 如酒类流通市场发生供求和价格等异常情况以及假酒中毒等突发事件等，监测样本企业应立即向所在地区县商务部门报告，并填报酒类突发事件报表，区县商务部门应及时向市商务委报告。

4. 各级商务部门对企业报送的数据要严格保密，未经企业同意，不得用于政府部门统计分析以外的任何其他用途。

5. 本制度有效期至 2016 年 6 月 30 日止。

二、报表目录

表号	报表名称	报告期别	统计范围	报送单位	报送时间及方式	页码
京商酒企业1表	北京市酒类流通企业基本情况年报表	年报	纳入市商务委酒类流通行业监测系统的所有酒类企业	纳入市商务委酒类流通行业监测系统的所有酒类企业	每年1月31日前网上填报	8
京商酒生产1表	北京市酒类生产企业产销情况表（月报表一）	月报	纳入市商务委酒类流通行业监测系统的所有酒类生产企业	纳入市商务委酒类流通行业监测系统的所有酒类生产企业	月后15日前网上填报	9
京商酒生产2表	北京市酒类生产企业产销情况表（月报表二）	月报	纳入市商务委酒类流通行业监测系统的所有酒类生产企业	纳入市商务委酒类流通行业监测系统的所有酒类生产企业	月后15日前网上填报	10
京商酒生产3表	北京市酒类生产企业产销情况表（节假日表）	节假日报	纳入市商务委酒类流通行业监测系统的所有酒类生产企业	纳入市商务委酒类流通行业监测系统的所有酒类生产企业	国家法定节假日（含调休日）结束后3日内网上填报	11
京商酒批发1表	北京市酒类批发企业经营情况表（月报表一）	月报	纳入市商务委酒类流通行业监测系统的所有酒类批发企业	纳入市商务委酒类流通行业监测系统的所有酒类批发企业	月后15日前网上填报	12
京商酒批发2表	北京市酒类批发企业经营情况表（月报表二）	月报	纳入市商务委酒类流通行业监测系统的所有酒类批发企业	纳入市商务委酒类流通行业监测系统的所有酒类批发企业	月后15日前网上填报	13
京商酒批发3表	北京市酒类批发企业经营情况表（节假日表）	节假日报	纳入市商务委酒类流通行业监测系统的所有酒类批发企业	纳入市商务委酒类流通行业监测系统的所有酒类批发企业	国家法定节假日（含调休日）结束后3日内网上填报	14
京商酒零售1表	北京市酒类零售（餐饮）企业经营情况表（月报表一）	月报	纳入市商务委酒类流通行业监测系统的所有酒类零售（餐饮）企业	纳入市商务委酒类流通行业监测系统的所有酒类零售（餐饮）企业	月后15日前网上填报	15
京商酒零售2表	北京市酒类零售（餐饮）企业经营情况表（月报表二）	月报	纳入市商务委酒类流通行业监测系统的所有酒类零售（餐饮）企业	纳入市商务委酒类流通行业监测系统的所有酒类零售（餐饮）企业	月后15日前网上填报	16
京商酒零售3表	北京市酒类零售（餐饮）企业经营情况表（节假日表）	节假日报	纳入市商务委酒类流通行业监测系统的所有酒类零售（餐饮）企业	纳入市商务委酒类流通行业监测系统的所有酒类零售（餐饮）企业	国家法定节假日（含调休日）结束后3日内网上填报	17
京商酒管理1表	北京市酒类流通管理基本情况年报表	年报	各区县商务部门	各区县商务部门	每年1月31日前网上填报	18
京商酒管理2表	北京市酒类流通行业基本情况年报表	年报	各区县商务部门	各区县商务部门	每年1月31日前网上填报	19
京商酒突发1表	北京市酒类突发事件即时报表	即时	各区县商务部门及纳入市商务委酒类流通行业监测系统的所有酒类企业	各区县商务部门及纳入市商务委酒类流通行业监测系统的所有酒类企业	发生突发事件时，即时网上或电话报送	20

三、调查表式

（一）北京市酒类流通企业基本情况年报表

表　　号：京商酒企业1表
制定机关：北京市商务委员会
批准文号：京统函〔2014〕131号
有效期限：2016年6月30日止

组织机构代码：
单位详细名称：　　　　　　　　　　20　年

单位详细名称				法定代表人	
登记注册类型		注册资金（人民币，万元）		经营类型	
工商登记注册号		税务登记号		许可证号	
备案登记号				备案登记机关	
联系人		电　话		传　真	
电子信箱				手　机	
经营地址				邮　编	
主要经营（生产）酒类种类	□白酒　□啤酒　□葡萄酒　□黄酒　□果露酒　□进口酒　□其他酒				
期末从业人数（人）		其中：酒类期末从业人数（人）			
年销售量（千升）	—	酒类商品年销售量（千升）			
年销售额（万元）		其中：酒类商品年销售额（万元）			
年纳税金额（万元）		其中：酒类商品年纳税金额（万元）			
年利润总额（万元）		其中：酒类商品年利润总额（万元）			
企业简介					

负责人：　　　　填表人：　　　　联系电话：　　　　报表日期：　年　月

说明：1. 报送单位：纳入市商务委酒类流通行业监测系统的所有酒类企业。

2. 报送时间及方式：每年1月31日前网上填报。

3. 企业简介需附相关材料（营业执照、卫生（食品流通、餐饮服务）许可证、税务登记证、反映生产经营规模等资料）扫描件。

（二）北京市酒类生产企业产销情况表（月报表一）

表　　号：京商酒生产1表
制定机关：北京市商务委员会
批准文号：京统函[2014]131号
有效期限：2016年6月30日止

组织机构代码：
单位详细名称：　　　　　　20　年　月

类别	代码	期初库存量（千升）	本月生产量（千升）	上年同期生产量（千升）	本月销售量（千升）				上年同期销售量（千升）	本月销售额（万元）				上年同期销售额（万元）	期末库存量（千升）
					合计	销往本市	销往外埠	出口		合计	销往本市	销往外埠	出口		
甲	乙	1	2	3	4	5	6	7	8	9	10	11	12	13	14
合计	01														
一、白酒	02														
高度白酒（酒精度40度及以上）	03														
低度白酒（酒精度40度以下）	04														
二、啤酒	05														
瓶装啤酒	06														
易拉罐啤酒	07														
桶装啤酒	08														
三、葡萄酒	09														
四、黄酒	10														
五、果露酒	11														
六、其他酒	12														

负责人：　　　　填表人：　　　　联系电话：　　　　报表日期：　年　月　日

说明：1. 报送单位：纳入市商务委酒类流通行业监测系统的所有酒类生产企业。
2. 报送时间及方式：月后15日前网上填报。
3. 审核关系：列关系：（1）4=5+6+7　（2）14=1+2−4　（3）9=10+11+12
行关系：（1）02=03+04　（2）05=06+07+08　（3）01=02+05+09+10+11+12

（三）北京市酒类生产企业产销情况表（月报表二）

表　　号：京商酒生产2表
制定机关：北京市商务委员会
批准文号：京统函[2014]131号
有效期限：2016年6月30日止

组织机构代码：
单位详细名称：　　　　20　年　月

品　名	代码	商品编码	包装规格（瓶/箱）	计量单位（ml/瓶）	产地	本月生产量（千升）	出厂均价（元/瓶）	本月销售量（千升）	本月销售额（万元）	期末库存量（千升）
甲	乙	丙	丁	戊	己	1	2	3	4	5

负责人：　　　填表人：　　　联系电话：　　　报表日期：　年　月　日

说明：1. 报送单位：纳入市商务委酒类流通行业监测系统的所有酒类生产企业。
2. 报送时间及方式：月后15日前网上填报。
3. 品名：按照市商务委确定的酒类流通行业信息监测品种名单据实填写，不要漏报。
4. 商品编码：酒类单品的商品条形码。
5. 产地：填报该品牌酒类生产企业所在地的省级行政区划名称。

（四）北京市酒类生产企业产销情况表（节假日表）

表　　号：京商酒生产3表
制定机关：北京市商务委员会
批准文号：京统函[2014]131号
有效期限：2016年6月30日止

组织机构代码：
单位详细名称：　　　　20　年　月　日—20　年　月　日

类别/品名	商品编码	包装规格（瓶/箱）	计量单位（ml/瓶）	期间出厂均价（元/瓶）	上年同期出厂均价（元/瓶）	期间销售量（千升）	上年同期销售量（千升）	期间销售额（万元）	上年同期销售额（万元）
甲	乙	1	2	3	4	5	6	7	8
一、白酒		—	—	—	—				
其中：1.56度红星二锅头		12	500						
…									
二、啤酒		—	—	—	—				
其中：1.									
…									
三、葡萄酒		—	—	—	—				
其中：1.									
…									

（续）

类别/品名	商品编码	包装规格（瓶/箱）	计量单位（ml/瓶）	期间出厂均价（元/瓶）	上年同期出厂均价（元/瓶）	期间销售量（千升）	上年同期销售量（千升）	期间销售额（万元）	上年同期销售额（万元）
四、黄酒		—	—	—	—				
其中：1.									
…									
五、果露酒		—	—	—	—				
其中：1.									
…									
六、其他酒		—	—	—	—				
其中：1.									
…									

负责人：　　填表人：　　联系电话：　　报表日期：　　年　　月　　日

说明：1. 报送单位：纳入市商务委酒类流通行业监测系统的所有酒类生产企业。

2. 报送时间及方式：国家法定节假日（含调休日）结束后 3 日内网上填报。

3. 报送内容：节假日（含调休日）期间信息。

4. 品名：按照市商务委确定的酒类流通行业信息监测品种名单据实填写，不要漏报。

5. 商品编码：酒类单品的商品条形码。

（五）北京市酒类批发企业经营情况表（月报表一）

表　　号：京商酒批发1表
制定机关：北京市商务委员会
批准文号：京统函[2014]131号
有效期限：2016年6月30日止

组织机构代码：
单位详细名称：　　　　20　年　月

类别	代码	期初库存量（千升）	本月进货量（千升）				上年同期进货量（千升）	本月销售量（千升）				上年同期销售量（千升）	本月销售额（万元）				上年同期销售额（万元）	期末库存量（千升）
			总计	来自本市	来自外埠	进口		总计	销往本市	销往外埠	出口		总计	销往本市	销往外埠	出口		
甲	乙	1	2	3	4	5	6	7	8	9	10	11	12	13	14	15	16	17
合计	01																	
一、白酒	02																	
高度白酒（酒精度40度及以上）	03																	
低度白酒（酒精度40度以下）	04																	
二、啤酒	05																	
三、国产葡萄酒	06																	
四、黄酒	07																	
五、果露酒	08																	
六、进口酒	09																	
其中：进口葡萄酒	10																	
七、其他酒	11																	

负责人：　　　　填表人：　　　　联系电话：　　　　报表日期：　年　月　日

说明：1. 报送单位：纳入市商务委酒类流通行业监测系统的所有酒类批发企业。

2. 报送时间及方式：月后15日前网上填报。

3. 审核关系：列关系：（1）2＝3＋4＋5　（2）7＝8＋9＋10　（3）12＝13＋14＋15　（4）17＝1＋2－7

行关系：（1）02＝03＋04　（2）01＝02＋05＋06＋07＋08＋09＋11

（六）北京市酒类批发企业经营情况表（月报表二）

表　　号：京商酒批发2表
制定机关：北京市商务委员会
批准文号：京统函[2014]131号
有效期限：2016年6月30日止

组织机构代码：
单位详细名称：　　　　20　年　月

品名	代码	商品编码	包装规格（瓶/箱）	计量单位（ml/瓶）	产地	商品主要来源	批发量（箱）	批发均价（元/瓶）	销售额（万元）
甲	乙	丙	丁	戊	己	庚	1	2	3

负责人：　　填表人：　　联系电话：　　报表日期：　年　月　日

说明：1. 报送单位：纳入市商务委酒类流通行业监测系统的所有酒类批发企业。
2. 报送时间及方式：月后15日前网上填报。
3. 品名：按照市商务委确定的酒类流通行业信息监测品种名单，据实填写，不要漏报。
4. 商品编码：酒类单品的商品条形码。
5. 产地：填报该品牌酒类生产企业所在地的省级行政区划名称。

（七）北京市酒类批发企业经营情况表（节假日表）

表　　号：京商酒批发3表
制定机关：北京市商务委员会
批准文号：京统函［2014］131号
有效期限：2016年6月30日止

组织机构代码：
单位详细名称：　　20　年　月　日—20　年　月　日

类别/品名	商品编码	规格（瓶/箱）	单位（ml/瓶）	期间批发均价（元/瓶）	上年同期批发均价（元/瓶）	期间销售量（千升）	上年同期销售量（千升）	期间销售额（万元）	上年同期销售额（万元）
甲	乙	1	2	3	4	5	6	7	8
一、白酒		—	—	—	—				
其中：1.56度红星二锅头		12	500						
…									
二、啤酒		—	—	—	—				
其中：1.									
…									
三、国产葡萄酒		—	—	—	—				
其中：1.									
…									
四、黄酒		—	—	—	—				
其中：1.									
…									

（续）

类别/品名	商品编码	规格（瓶/箱）	单位（ml/瓶）	期间批发均价（元/瓶）	上年同期批发均价（元/瓶）	期间销售量（千升）	上年同期销售量（千升）	期间销售额（万元）	上年同期销售额（万元）
五、果露酒		—	—	—	—				
其中：1.									
…									
六、进口酒		—	—	—	—				
其中：1.									
…									
七、其他酒		—	—	—	—				
其中：1.									
..									

负责人：　　填表人：　　联系电话：　　报表日期：　年　月　日

说明：1. 报送单位：纳入市商务委酒类流通行业监测系统的所有酒类批发企业。

2. 报送时间及方式：国家法定节假日（含调休日）结束后 3 日内网上填报。

3. 报送内容：节假日（含调休日）期间信息。

4. 品名：按照市商务委确定的酒类流通行业信息监测品种名单据实填写，不要漏报。

5. 商品编码：酒类单品的商品条形码。

（八）北京市酒类零售（餐饮）企业经营情况表（月报表一）

表　　号：京商酒零售1表
制定机关：北京市商务委员会
批准文号：京统函[2014]131号
有效期限：2016年6月30日止

组织机构代码：
单位详细名称：　　　　20　年　月

类别	序号	本月销售量（千升）	上年同期销售量（千升）	本月销售额（万元）	上年同期销售额（万元）
甲	乙	1	2	3	4
合计	01				
一、白酒	02				
高度白酒（酒精度40度及以上）	03				
低度白酒（酒精度40度以下）	04				
二、啤酒	05				
三、国产葡萄酒	06				
四、黄酒	07				
五、果露酒	08				
六、进口酒	09				
其中：进口葡萄酒	10				
七、其他酒	11				

负责人：　　　　填表人：　　　　联系电话：　　　　报表日期：　年　月　日

说明：1. 报送单位：纳入市商务委酒类流通行业监测系统的所有酒类零售（餐饮）企业。
2. 报送时间及方式：月后15日前网上填报。
3. 审核关系：行关系：（1）02＝03＋04　（2）01＝02＋05＋06＋07＋08＋09＋11

（九）北京市酒类零售（餐饮）企业经营情况表（月报表二）

表　　号：京商酒零售2表
制定机关：北京市商务委员会
批准文号：京统函[2014]131号
有效期限：2016年6月30日止

组织机构代码：
单位详细名称：　　　　20　年　月

品名	序号	商品编码	包装规格（瓶/箱）	计量单位（ml/瓶）	产地	商品主要来源	零售均价（元/瓶）	本月销售量（箱）	本月销售额（万元）
甲	乙	丙	丁	戊	己	庚	1	2	3

负责人：　　　　填表人：　　　　联系电话：　　　　报表日期：　年　月　日

说明：1. 报送单位：纳入市商务委酒类流通行业监测系统的所有酒类零售（餐饮）企业。
2. 报送时间及方式：月后15日前网上填报。
3. 品名：按照市商务委确定的酒类流道行业信息监测品种名单据实填写，不要漏报。
4. 商品编码：酒类单品的商品条形码。
5. 产地：填报该品牌酒类生产企业所在地的省级行政区划名称。

（十）北京市酒类零售（餐饮）企业经营情况表（节假日表）

表　　号：京商酒零售3表
制定机关：北京市商务委员会
批准文号：京统函[2014]131号
有效期限：2016年6月30日止

组织机构代码：
单位详细名称：　　　　20　年　月　日—20　年　月　日

类别/品名	商品编码	包装规格（瓶/箱）	计量单位（ml/瓶）	期间零售均价（元/瓶）	上年同期零售均价（元/瓶）	期间销售量（千升）	上年同期销售量（千升）	期间销售额（万元）	上年同期销售额（万元）
甲	乙	1	2	3	4	5	6	7	8
一、白酒		—	—	—	—				
其中：1.56度红星二锅头		12	500						
…									
二、啤酒		—		—	—				
其中：1.									
…									
三、国产葡萄酒		—	—	—	—				
其中：1.									
…									
四、黄酒		—	—	—	—				
其中：1.									
…									

（续）

类别/品名	商品编码	包装规格（瓶/箱）	计量单位（ml/瓶）	期间零售均价（元/瓶）	上年同期零售均价（元/瓶）	期间销售量（千升）	上年同期销售量（千升）	期间销售额（万元）	上年同期销售额（万元）
五、果露酒		—	—	—	—				
其中：1.									
……									
六、进口酒		—	—	—	—				
其中：1.									
……									
七、其他酒		—	—	—	—				
其中：1.									
……									

负责人：　　　　填表人：　　　　联系电话：　　　　报表日期：　　年　　月　　日

说明：1. 报送单位：纳入市商务委酒类流通行业监测系统的所有酒类零售（餐饮）企业。

2. 报送时间及方式：国家法定节假日（含调休日）结束后 3 日内网上填报。

3. 报送内容：节假日（含调休日）期间信息。

4. 品名：按照市商务委确定的酒类流通行业信息监测品种名单据实填写，不要漏报。

5. 商品编码：酒类单品的商品条形码。

（十一）北京市酒类流通管理基本情况年报表

表　　号：京商酒管理1表
制定机关：北京市商务委员会
批准文号：京统函〔2014〕131号
填表单位：　　　　　　　　20　年　　　　　　有效期限：2016年6月30日止

<table>
<tr><td>区县酒类流通管理机构名称</td><td colspan="4"></td><td colspan="2">机构建立时间</td><td colspan="4"></td></tr>
<tr><td>酒类流通管理人数（人）</td><td colspan="4"></td><td colspan="2">具有执法资格人数（人）</td><td colspan="4"></td></tr>
<tr><td>开展专项行动次数（次）</td><td colspan="4"></td><td colspan="2">专项行动出动人数（人次）</td><td colspan="4"></td></tr>
<tr><td>检查企业数（个）</td><td colspan="4"></td><td colspan="2">查处违法企业数（个）</td><td colspan="2"></td><td>查处案件数（件）</td><td></td></tr>
<tr><td rowspan="2">酒类经营企业类型</td><td colspan="2">批发企业</td><td colspan="2">零售企业</td><td colspan="2">餐饮企业</td><td colspan="2">酒吧娱乐企业</td><td colspan="2">其他</td></tr>
<tr><td>累计</td><td>新增</td><td>累计</td><td>新增</td><td>累计</td><td>新增</td><td>累计</td><td>新增</td><td>累计</td><td>新增</td></tr>
<tr><td>备案企业数量（个）</td><td></td><td></td><td></td><td></td><td></td><td></td><td></td><td></td><td></td><td></td></tr>
<tr><td>购用随附单企业数量（个）</td><td></td><td></td><td></td><td></td><td></td><td></td><td></td><td></td><td></td><td></td></tr>
<tr><td>随附单使用份数（份）</td><td></td><td></td><td></td><td></td><td></td><td></td><td></td><td></td><td></td><td></td></tr>
<tr><td>使用电子随附单企业数量（个）</td><td></td><td></td><td></td><td></td><td></td><td></td><td></td><td></td><td></td><td></td></tr>
</table>

负责人：　　　　填表人：　　　　报表日期：20　年　月　　　　联系电话：

说明：1. 报送单位：各区县商务部门。
2. 报送时间及方式：每年1月31日前网上填报。
3. 主要指标解释：
（1）具有执法资格人数：指具备当地相关部门执法证书资格的人数。
（2）开展专项行动次数：指开展酒类流通领域专项整治行动的次数。
（3）专项行动出动人数：指酒类流通领域专项整治行动参与的人次。
（4）企业类型：根据《酒类流通管理办法》中备案登记的类型分类。
（5）备案企业数量：执行《酒类流通管理办法》，办理了酒类经营者备案登记表企业数量。

（十二）北京市酒类流通行业基本情况年报表

表　　号：京商酒管理2表
制定机关：北京市商务委员会
批准文号：京统函〔2014〕131号
有效期限：2013年6月30日

填表单位：　　　　20　年

指标名称	代码	计量单位	批发企业	零售企业	餐饮企业	酒吧娱乐企业	其他
甲	乙	丙	1	2	3	4	5
一、企业数量	01	个					
二、从业人员期末人数	02	人					
三、销售量	03	千升					
1. 白　酒	04	千升					
2. 啤　酒	05	千升					
3. 国产葡萄酒	06	千升					
4. 黄　酒	07	千升					
5. 果露酒	08	千升					
6. 进口酒	09	千升					
其中：进口葡萄酒	10	千升					
7. 其他酒	11	千升					
四、销售额	12	万元					
1. 白　酒	13	万元					
2. 啤　酒	14	万元					
3. 国产葡萄酒	15	万元					
4. 黄　酒	16	万元					
5. 果露酒	17	万元					
6. 进口酒	18	万元					
其中：进口葡萄酒	19	万元					
7. 其他酒	20	万元					
五、税收	21	万元					
六、利润	22	万元					

负责人：　　　填表人：　　　报表日期：20　年　月　　　联系电话：

说明：1. 报送单位：各区县商务部门。
2. 报送时间及方式：每年1月31日前网上填报。
3. 主要指标解释：
（1）销售量：为年度饮料酒销售量，包括白、啤、葡以及其他所有酒种的年度销售总量。
（2）销售额：为年度饮料酒销售额，包括白、啤、葡以及其他所有酒种的年度销售总额。

（十三）北京市酒类突发事件即时报表

表　　号：京商酒突发1表
制定机关：北京市商务委员会
批准文号：京统函〔2014〕131号
有效期限：2016年6月30日止

事件名称			
事件发生地点		所在区县	
事件填报单位			
事件报送人		联系电话	
填报时间			
事件内容（基本情况、主要原因、影响程度及处理情况）			
涉及的酒类品牌			
酒类商品来源（包括生产厂家、供货商等渠道）			
以上内容由事件填报单位填写，以下内容由市、区县商务部门填写。			
区县商务部门经办人		接报时间	
区县商务部门领导批示			
区县商务部门处理情况			
市商务委经办人		接报时间	
市商务委领导批示			
处理结果			

负责人：　　填表人：　　报表日期：20　年　月　　联系电话：

说明：1. 报送单位：各区县商务部门及纳入市商务委酒类流通行业监测系统的所有酒类企业。

2. 报送时间及方式：发生突发事件时，即时网上或电话报送。

四、填表说明及指标解释

酒类流通企业基本情况

1. 单位详细名称：指工商营业执照载明的企业全称。

2. 法定代表人：指工商营业执照载明的法定代表人姓名。

3. 登记注册类型：指根据国家统计局与国家工商行政管理局联合制定的《关于划分企业登记注册类型的规定》，本企业在工商行政管理部门登记注册的类型。

4. 经营类型：分为生产、批发、零售、餐饮四种类型，只能任选其一。

5. 工商登记注册号：指工商营业执照载明的注册编号。

6. 许可证号：指食品药品监督部门向批发、零售及餐饮企业颁发的食品流通许可证编号、餐饮服务许可证编号，尚未换发上述两种许可证的企业可以填录原来由卫生部门颁发的卫生许可证编号。

7. 备案登记号：指依据《酒类流通管理办法》办理酒类流通备案登记，备案登记表载明的12位编号。

8. 备案登记机关：备案登记表上加盖的备案登记机关印章的全称。

9. 经营地址：指从事经营活动的实际地址。

10. 主要经营（生产）酒类商品种类：分为白酒、啤酒、葡萄酒、黄酒、果露酒、进口酒、其他酒七类，根据实际经营情况选填经营状况良好的一种或多种。

11. 酒类商品年销售量：指全年累计销售酒类商品的总量。

12. 酒类期末从业人数：指年末从事酒类经营（生产）的在册员工人数。

13. 年销售额：指统计期间企业全年累计销售各类商品的总金额。

14. 酒类商品年销售额：指统计期间全年累计销售酒类商品的总金额。

15. 年纳税金额：指统计期间全年实际缴纳的企业总税金。

16. 酒类商品年纳税金额：指统计期间全年实际缴纳的酒类总税金。

17. 年利润总额：指统计期间全年经营总收入扣除各种耗费后的盈余，反映报告期内实现的盈亏总额，包括营业利润、补贴收入、投资净收益和营业外收支净额。

18. 酒类商品年利润总额：指统计期间全年酒类经营总收入扣除各种耗费后的盈余。

酒类生产、批发、零售（餐饮）企业经营情况

19. 白酒：酒精度40度及以上为高度白酒，酒精度40度以下为低度白酒。

20. 期初库存量：指月初企业酒类产品（商品）的库存数量。

21. 期末库存量：指月末企业酒类产品（商品）的库存数量。

22. 商品主要来源：填报该商品的主要供货商名称。

23. 酒类生产企业填报在京厂家产销信息。其中白酒产量应填报成品量。

五、监测样本分类目录

（一）北京市酒类流通行业信息监测企业名单（61个）

<table>
<tr><th>序号</th><th colspan="2">企业类别</th><th>监测企业名称</th></tr>
<tr><td>1</td><td rowspan="13">生产</td><td rowspan="5">白酒</td><td>北京红星股份有限公司</td></tr>
<tr><td>2</td><td>北京顺鑫农业股份有限公司牛栏山酒厂</td></tr>
<tr><td>3</td><td>北京二锅头酒业股份有限公司</td></tr>
<tr><td>4</td><td>北京皇家京都酒业有限公司</td></tr>
<tr><td>5</td><td>北京华都酿酒食品有限责任公司</td></tr>
<tr><td>6</td><td rowspan="6">啤酒</td><td>北京燕京啤酒股份有限公司</td></tr>
<tr><td>7</td><td>北京青岛三环啤酒有限公司</td></tr>
<tr><td>8</td><td>北京五星青岛啤酒有限公司</td></tr>
<tr><td>9</td><td>华润雪花啤酒（北京）有限公司</td></tr>
<tr><td>10</td><td>北京啤酒朝日有限公司</td></tr>
<tr><td>11</td><td>广东蓝带集团北京蓝宝酒业有限公司</td></tr>
<tr><td>12</td><td rowspan="2">葡萄酒</td><td>北京丰收葡萄酒有限公司</td></tr>
<tr><td>13</td><td>北京龙徽酿酒有限公司</td></tr>
<tr><td>14</td><td rowspan="16">批发</td><td rowspan="6">集团公司</td><td>北京市糖业烟酒公司</td></tr>
<tr><td>15</td><td>北京朝批商贸股份有限公司</td></tr>
<tr><td>16</td><td>北京鼎力兴商贸有限责任公司</td></tr>
<tr><td>17</td><td>北京市食品供应处34号供应部</td></tr>
<tr><td>18</td><td>北京市京兴望糖酒食品饮料公司</td></tr>
<tr><td>19</td><td>美夏国际贸易（上海）有限公司北京分公司</td></tr>
<tr><td>20</td><td rowspan="7">批发市场</td><td>北京农产品中央批发市场有限责任公司</td></tr>
<tr><td>21</td><td>北京锦绣大地联合农副产品批发市场有限公司</td></tr>
<tr><td>22</td><td>北京大洋路农副产品市场有限公司</td></tr>
<tr><td>23</td><td>北京城北回龙观商品交易市场有限公司</td></tr>
<tr><td>24</td><td>北京八里桥农产品中心批发市场有限公司</td></tr>
<tr><td>25</td><td>北京顺鑫石门农产品批发市场有限责任公司</td></tr>
<tr><td>26</td><td>北京水屯农副产品批发市场中心</td></tr>
<tr><td>27</td><td rowspan="3">外埠知名品牌在京代理商</td><td>北京茅台贸易有限责任公司（茅台）</td></tr>
<tr><td>28</td><td>四川五粮液驻京办（五粮液）</td></tr>
<tr><td>29</td><td>北京剑南春商贸有限公司（剑南春）</td></tr>
</table>

（续）

序号	企业类别		监测企业名称
30	零售	商业连锁集团	北京物美商业集团股份有限公司
31			北京京客隆连锁集团公司
32			北京家乐福商业有限公司
33			北京超市发连锁股份有限公司
34			北京美廉美连锁商业有限公司
35			北京沃尔玛百货有限公司
36			北京欧尚超市有限公司
37			北京易初莲花连锁超市有限公司
38			北京华润万家生活超市有限公司
39			北京旺市百利商业有限公司
40			北京华冠商贸有限公司
41			北京首航国力商贸有限公司
42			北京市奥士凯商贸连锁经营公司
43			北京大星发配送中心
44			北京市昌平新世纪商城
45			北京市西单商场股份有限公司
46			北京华普联合商业投资有限公司
47			北京天超仓储超市有限责任公司
48			北京顺天府商贸有限公司
49			乐天超市有限公司
50			北京永辉超市有限公司
51		餐饮	中国全聚德（集团）股份有限公司
52			北京顺峰饮食酒店管理有限公司
53			北京东来顺集团有限责任公司
54			北京眉州东坡酒楼
55			北京便宜坊烤鸭集团有限公司
56			北京云龙金阁大饭店有限公司
57			北京大董烤鸭店有限责任公司
58			聚德华天控股有限公司
59			北京市西单麻辣诱惑餐饮有限公司
60			北京翔达投资管理有限公司
61			北京首都机场餐饮发展有限公司

（二）北京市酒类流通行业信息监测品种名单（214 个）

1. 白酒监测品种名单（92 个）

序号	品　　名	度数	净含量	规格	商品编码
1	飞天茅台（双杯）	53	500ml	1×12	6902952880294
2	飞天茅台	53	375ml	1×12	6902952880058
3	飞天茅台	43	500ml	1×12	6902952884308
4	飞天茅台	38	500ml	1×12	6902952880096
5	飞天茅台双杯	38	500ml	1×12	6902952884315
6	五星茅台	53	500ml	1×12	6902952880089
7	新品五粮液	52	500ml	1×6	6901382103355
8	新品五粮液	39	500ml	1×6	6901382266395
9	五粮液 1618	52	500ml	1×6	6901382023677
10	五粮液 1618	39	500ml	1×6	6901382023875
11	剑南春	52	500ml	1×6	6901434382882
12	剑南春	38	500ml	1×6	6901434395981
13	剑南老窖	52	500ml	1×6	6901434522288
14	珍藏级剑南春	52	501ml	1×6	6901434014356
15	珍藏级剑南春	38	502ml	1×6	6901434014783
16	国窖 1573	52	500ml	1×6	6901798104595
17	国窖 1573	38	500ml	1×6	6901798104601
18	国窖 1573 蓝花釉	50	573ml	1×6	6901798131249
19	国窖 1573 中国品味	52	500ml	1×6	6901798132246
20	国窖 1573 中国品味	38	500ml	1×6	6901798136893
21	水井坊（水晶装）	53	500ml	1×6	6901676539969
22	水井坊（井台瓶）	52	500ml	1×6	6901676529588
23	红星二锅头	56	500ml	1×12	6906785230868
24	红星二锅头	65	500ml	1×12	6906785230806
25	红星二锅头酒（精品）	56	500ml	1×6	6906785210860
26	红星二锅头酒（精品）	52	500ml	1×6	6906785012297
27	红星二锅头酒（精品）	46	500ml	1×6	6906785012808
28	红星二锅头酒（珍品）	52	500ml	1×6	6906785010422
29	红星二锅头酒（珍品）	46	500ml	1×6	6906785010415
30	红星特制二锅头（白标）	56	500ml	1×12	6906785220869
31	古钟二锅头酒（珍品）	46	500ml	1×6	6906785030106
32	老北京二锅头酒	52	500ml	1×6	6905785010132

（续）

序号	品　　名	度数	净含量	规格	商品编码
33	牛栏山珍品二锅头酒	45	400ml	1×6	6906151600318（盒码） 6906151605535（箱码）
34	牛栏山二锅头酒（绿瓶）	56	100ml	1×40	69020001（标码） 6906151608079（箱码）
35	牛栏山二锅头酒（白瓶）	56	100ml	1×40	69020001（标码） 6906151608055（箱码）
36	牛栏山二锅头	46	500ml	1×12	6906151890160（盒码） 6906151607157（箱码）
37	牛栏山二锅头酒（新）	46	500ml	1×12	6906151600851（标码） 6906151608390（箱码）
38	牛栏山二锅头酒	38	110ml	1×24	6906151608130（箱码）
39	牛栏山三牛百年	36	400ml	1×6	6906151600349（盒码） 6906151602213（箱码）
40	精品牛栏山二锅头酒（普箱）	52	500ml	1×6	6906151608116
41	牛栏山陈酿	42	500ml	1×6	6906151600462
42	牛栏山浓香型（桶装）	38	2000ml	1×6	6906151600912
43	百年牛栏山白酒（红 6 年）	35	500ml	1×6	6906151615794（盒码） 6906151615817（箱码）
44	百年牛栏山白酒（红 8 年）	38	500ml	1×6	6906151615831（盒码） 6906151615855（箱码）
45	百年牛栏山白酒（红 10 年）	38	500ml	1×6	6906151615879（盒码） 6906151615893（箱码）
46	京都二锅头	41	2000ml	1×6	6910856520819
47	京都天坛礼盒	56	500ml	1×6	6910856666616
48	京都外贸黄圆桶	45	500ml	1×6	6910856518601
49	京都纯中醇盒	45	500ml	1×6	6910856666685
50	京都小桶	41	2000ml	1×6	6910856510889
51	京都小桶	56	2000ml	1×6	6910856151068
52	三星京王子	38	500ml	1×6	692468820118
53	二两京王子	38	100ml	1×24	6924685899312
54	四星京王子	36	500ml	1×6	6921413220226
55	典藏京王子	38	500ml	1×6	6921413223173
56	酒中宝京王子	42	500ml	1×6	6921413222619
57	北京二锅头	50	2500ml	1×6	0921413224064
58	精品十六年二锅头	56	500ml	1×6	6921413220370

（续）

序号	品　　名	度数	净含量	规格	商品编码
59	北京二锅头	42	2000ml	1×6	6921413262127
60	北京二锅头（白瓶）	56	500ml	1×6	6921413220363
61	醉流霞	42	500ml	1×6	6921413222787
62	十三陵二锅头	46	500ml	1×12	6926152510249
63	华都老酒（盒装）	38	500ml	1×6	6926152510508
64	红华都	38	500ml	1×6	6926152510782
65	十三陵北京二锅头老酒	46	500ml	1×6	6926152510522
66	华都珍藏一号十年	35	460ml	1×6	6926152510102
67	华都老酒（光瓶）	38	500ml	1×12	6926152510669
68	十三陵二锅头	56	500ml	1×12	6926152510287
69	十三陵二锅头	65	500ml	1×12	6926152510683
70	华都珍藏一号三十年	52	500ml	1×12	6926152510140
71	华都脸谱二锅头佳酿	56	500ml	1×6	6926152510942
72	贵州醇	35	500ml	1×6	6901328000342
73	贵州醇（铁盒）	35	500ml	1×6	6901328000335
74	贵州醇（纸盒）	38	500ml	1×6	6901328000021
75	贵州醇（金铁盒）	38	500ml	1×6	6901328000397
76	铁盒喜酒贵州醇	35	500ml	1×6	6901328001134
77	泸州老窖铁盒特曲	52	500ml	1×6	6901798108951
78	泸州老窖铁盒特曲	38	500ml	1×6	6901798109675
79	泸州老窖泸州红高粱	52	450ml	1×12	6901798104151
80	泸州老窖（百年）	52	500ml	1×6	6901798128164
81	京酒（四代）	38	500ml	1×6	6901382021918
82	浏阳河三星	39	500ml	1×6	6901382002696
83	浏阳河四星	39	475ml	1×6	690138207396
84	浏阳河五星	52	450ml	1×6	6901382752522
85	金六福三星	38	475ml	1×6	6901382044382
86	金六福三星	38	500ml	1×6	6901382301386
87	金六福三星福星高照	38	500ml	1×6	6901382300389
88	金六福新四星	38	500ml	1×6	6901382105380
89	金六福 38 红色经典	38	1000ml	1×6	6901382786381
90	金六福 52 新四星	52	500ml	1×6	6901382208524
91	绵竹大曲	52	500ml	1×12	6901434392386
92	黑土地	42	500ml	1×6	6925802902366

2. 啤酒监测品种名单（41个）

序号	品　　名	度数	净含量	规格	商品编码
1	燕京清爽瓶啤	10	600ml	1×24	6903102102358
2	燕京纯生瓶啤	10	600ml	1×12	6903102102587
3	燕京精品瓶啤	10	600ml	3×4	6903102102549
4	燕京本生瓶啤	10	600ml	4×6	6903102101030
5	燕京清爽特制听啤	10	330ml	1×24	6903102103270
6	燕京特制听啤	10	330ml	1×24	6903102103485
7	燕京无醇	11	518ml	1×24	6903102103041
8	燕京鲜啤	8	500ml	3×4	6903102103133
9	青岛大优瓶啤	10	600ml	1×12	6901035604093
10	青岛金8度啤酒	8	600ml	1×12	6901035607612
11	青岛山水啤酒	10	600ml	1×24	6916420891675
12	优质青岛啤酒	8	600ml	1×12	6901035603515
13	青岛精品听啤（清爽）	11	330ml	1×24	6901035609265
14	青岛啤酒冰醇（筐啤）	10	600ml	1×12	6901035609227
15	青岛啤酒经典（箱啤）	8	600ml	1×12	6901035603515(瓶码) 6901035603522(箱码)
16	崂山大罐	8	500ml	1×12	6901035603782
17	青岛冰纯（纸箱）	10	330ml	1×24	6901035603140
18	雪花清爽瓶啤	10	600ml	1×24	6909347883311
19	雪花纯爽瓶啤	10	600ml	1×24	6909347883267
20	雪花清爽瓶啤	10	620ml	1×9	6909347883311
21	雪花清爽瓶啤	9	620ml	1×9	6909347883298
22	雪花清爽	9	580ml	1×24	6909347883441
23	雪花酣畅	8	640ml	1×24	6909347883434
24	北京生啤	8	600ml	1×20	6900228600836
25	北京10度生啤酒	10	600ml	1×20	6900228636019
26	北京精品听装	10	330ml	1×24	6900228351042
27	嘉禾瓶啤	10	600ml	1×9	4942414300007
28	蓝宝超纯	10	500ml	1×24	6931743402193
29	蓝宝超纯	10	350ml	1×24	6931743401509
30	蓝宝啤酒	10	350ml	1×24	6931743100014
31	蓝宝特制听啤	10	350ml	1×24	6931743400090

（续）

序号	品　　名	度数	净含量	规格	商品编码
32	蓝宝新品听啤	10	350ml	1×24	6931743400113
33	艾尔黑啤	13	500ml	1×24	6940721900163
34	蓝宝黑啤	13	330ml	1×24	6931743400809
35	蓝宝菠萝啤	5	330ml	1×12	6931743400229
36	蓝宝纯生态	10	330ml	1×24	6931743402285
37	嘉士伯	11.1	330ml	1×24	6901672912643
38	嘉士伯冰纯听啤	4.3	330ml(355ml)	1×24	6901672912698
39	冰纯嘉士伯小瓶啤酒	10.5	330ml(325ml)	1×24	6901672912681
40	嘉士伯听啤	4.3（11）	330ml(355ml)	1×24	6901672912636
41	喜力（透明装小瓶）	10.5	330ml	1×24	6908942371070

3. 葡萄酒监测品种名单（35个）

序号	品　　名	度数	净含量	规格	商品编码
1	丰收98干红	12	750ml	1×6	6920407301606
2	丰收98干红促销装	12	750ml	1×6	6920407301521
3	丰收98圆筒干红	12	750ml	1×6	6920407302856
4	丰收干红（圆口瓶）	12	750ml	1×6	6920407302771
5	丰收橡木桶陈酿干红	12	750ml	1×6	6920407304218
6	丰收中国红（高档）	16	750ml	1×12	6920446701221
7	丰收橡木桶珍藏干红	12	750ml	1×6	6920407303402
8	丰收蛇龙珠干红	12	750ml	1×6	6920446700408
9	龙徽干红	12	750ml	1×12	6901149001016
10	龙徽中国红	13.5	750ml	1×12	6905662191230
11	龙徽宫桂陈酿加香葡萄酒	13.5	640ml	1×12	6905662191247
12	龙徽赤霞珠干红	12	750ml	1×6	6901149750099
13	龙徽怀来珍藏2007	12	750ml	1×6	6901149750204
14	长城精品赤霞珠干红	12	750ml	1×6	6901009911936
15	长城精选级赤霞珠干红（出口型）	12	750ml	1×6	6901009901005
16	长城龙禧2000干红	11.5	750ml	1×6	6920872802509
17	长城三星干红葡萄酒	12	750ml	1×6	6901009903955
18	长城世纪星干红	12	750ml	1×6	6901009908769
19	长城桑干珍藏级	12	750ml	1×6	6901009903489

（续）

序号	品　　名	度数	净含量	规格	商品编码
20	长城桑干特别珍藏西拉干红	12	750ml	1×4	6901009908189
21	沙城长城翠高武龙干红	12	750ml	1×6	6901009911455
22	华夏长城 A 区干红	12	750ml	1×6	6901009909322
23	沙城长城五星干红	12	750ml	1×6	6901009904716
24	长城桑干特别专供 2002	12	750ml	1×6	6901009915163
25	长城桑干特级精选干红	12	750ml	1×6	6901009915194
26	沙城长城一星干红	12	750ml	1×6	6901009904747
27	华夏 92 年长城干红（木盒）	12.5	750ml	1×6	6901009600328
28	华夏 96 年份葡园干红	12.5	750ml	1×6	6901009905119
29	华夏 97 年长城干红	12	750ml	1×6	6901009905706
30	华夏长城赤霞珠干红	12	750ml	1×6	6901009905164
31	华夏清新干红	12	750ml	1×6	6901009909292
32	千禧赤霞珠干红	14	750ml	1×6	6920407302436
33	王朝葡萄酒	12	750ml	1×6	6901025100406
34	张裕解百纳干红	12	750ml	1×6	6901584100442
35	张裕解百纳干红葡萄酒	12	750ml	1×6	6901584061231

4. 进口酒监测品种名单（31 个）

序号	品　　名	度数	净含量	规格	商品编码
1	芝华士 12 年	40	700ml	1×12	5000299284629
2	轩尼诗 VSOP	40	700ml	1×12	3245990969419
3	名士马爹利	40	700ml	1×12	3219820002256
4	蓝带马爹利	40	700ml	1×12	3219820000382
5	马爹利 XO	40	700ml	1×12	3219820003703
6	人头马 VSOP	40	700ml	1×12	3024482270123
7	绝对伏特加	40	750ml	1×12	7312040017010
8	黑牌威士忌	40	700ml/70cl	1×12	5000267024233
9	红牌威士忌 70cl	40	700ml/70cl	1×12	5000267014234
10	皇家礼炮	40	700ml	1×6	5000299211243
11	百利甜酒	12	750ml	1×12	5011013100132
12	温莎 12 年威士忌 700ml	40	700ml	1×12	5000267109589
13	帝王 12 年苏格兰威士忌 700ml	40	700ml	1×12	5000277002450
14	芝华士 18 年苏格兰威士忌	40	700ml	1×6	5000299225004

（续）

序号	品　　名	度数	净含量	规格	商品编码
15	百龄坛特醇苏格兰威士忌	40	700ml	1×12	5010106113073
16	金玺百龄坛十二年苏格兰威士忌	40	700ml	1×12	5010106110232
17	绝对伏特加限量版	40	700ml	1×12	7312040550319
18	拉菲特城堡	12.5	750ml	1×12	3272860330796
19	丽佛莱城堡	12.5	750ml	1×12	3468173911986
20	波尔多红葡萄酒	12.5	750ml	1×12	3192040337639
21	红魔鬼卡本妮苏维翁	13	750ml	1×6	7804320303178
22	红魔鬼梅洛	13	750ml	1×6	7804320985633
23	原野卡本妮苏维翁	13	750ml	1×6	7804320148410
24	红魔鬼黑皮诺	13	750ml	1×6	7804320510163
25	科瑞丝曼波尔多珍酿红葡萄酒	13	750ml	1×6	3258691240053
26	红魔鬼设拉子	13	750ml	1×6	7804320510170
27	远山卡本妮苏维翁	13	750ml	1×6	7804320559001
28	红魔鬼卡麦妮	13	750ml	1×6	7804320087016
29	远山苏维翁白	13	750ml	1×6	7804320556000
30	科瑞丝曼梅多克珍酿红葡萄酒	13	750ml	1×6	3258691255408
31	杰卡斯西拉加本纳	13.5	700ml	1×12	9300727453389

5. 黄酒监测品种名单（11 个）

序号	品　　名	度数	净含量	规格	商品编码
1	古越龙山陈年花雕	16.5	600ml	1×12	6903290190502
2	古越龙山特坛加饭	16.5	1500ml	1×6	6903290190366
3	大越八年陈年花雕	15	480ml	1×6	6920309396786
4	会稽山三年陈花雕	16	600ml	1×6	6905321279101
5	会稽山陈年花雕	16	500ml	1×12	6905321390509
6	女儿红	16	500ml	1×12	6904508937070
7	黄中皇清润型三年	10	750ml	1×6	6904654901604
8	醇雕坛花雕酒	16	1600ml	1×6	6930865600012
9	醇雕花雕酒	12	600ml	1×12	6930865600623
10	醇雕加饭酒	12	1500ml	1×6	6930865600029
11	塔牌三年陈绍兴花雕 1000ml	15	1000ml	1×6	6901206031352

6. 果露酒监测品种名单（4个）

序号	品　　名	度数	净含量	规格	商品编码
1	中华桂花陈	15	750ml	1×12	6905662191216
2	丰收桂花陈	15（12）	750ml	1×12	6920446799990
3	丰收青梅酒	15	700ml	1×6	6920446702068
4	丰收山楂酒	14	700ml	1×6	6920446702044

关于执行《商务部、财政部令2014第2号〈对外劳务合作风险处置备用金管理办法（试行）〉》有关事宜的通知

京商务经字〔2014〕478号

各有关单位：

2014年7月18日，《商务部、财政部令2014年第2号〈对外劳务合作风险处置备用金管理办法（试行）〉》已发布（以下简称《办法》），2014年8月17日开始施行。为贯彻落实《办法》，现将北京市贯彻落实有关事宜通知如下：

1. 自本《通知》发布之日起一个月内，我市具有对外劳务合作经营资格、对外承包工程经营资格的企业按照《办法》规定，将本企业的对外劳务合作风险处置备用金缴存到北京市商务委员会、北京市财政局指定的中国银行北京东城支行。

2. 企业缴存备用金后，将与指定缴存银行签订的《对外劳务合作风险处置备用金存款协议书》复印件送北京市商务委员会对外经济合作处备案并办理《办法》执行前所缴存的备用金退款手续后退款。

3. 对外劳务合作企业备用金的缴存标准为300万元人民币，以现金或等额银行保函形式缴存；对外承包工程企业备用金缴存标准暂为20万元人民币，缴存和使用依照《对外承包工程管理条例》及《办法》相关规定执行。

4. 对外劳务合作企业以等额银行保函形式缴存备用金的，将银行出具受益人为北京市商务委员会的不可撤销保函正本（保函有效期至少为两年）缴存到北京市商务委员会对外经济合作处。

5. 《办法》施行前从事对外劳务合作经营的企业，如不再从事对外劳务合作经营的，应向北京市商务委员会、北京市财政局申请退回备用金；如继续从事对外劳务合作经营的，应按照《对外劳务合作管理条例》和《办法》的有关规定及时缴存备用金。未取得对外劳务合作经营资格或未及时缴存备用金的，分别按照《对外劳务合作管理条例》第三十九条和第四十一条有关规定处理。

6. 自2014年8月17日始，2001年11月27日原对外贸易经济合作部、财政部发布的《对外劳务合作备用金暂行办法》（原对外贸易经济合作部财政部二〇〇一年第7号令）及其补充规定同时废止。

特此通知。

市商务委对外承包工程企业

联系人：李　恩，联系电话：87211761

对外劳务合作企业

联系人：郝晓星，联系电话：87211771

市财政局

联系人：任金芳，联系电话：88549066

中国银行北京东城支行

联系人：李晨辉，

联系电话：13911061310、64065259

北京市商务委员会

北京市财政局

2014年10月8日

附件1：对外劳务合作风险处置备用金管理办法（试行）

附件2：《对外劳务合作管理条例》

附件3：原备用金退款申请书模板

附件1：

商务部、财政部令2014年第2号《对外劳务合作风险处置备用金管理办法（试行）》

【发布单位】中华人民共和国商务部、中华人民共和国财政部

【发布文号】商务部、财政部令2014年第2号

【发布日期】2014-07-18

【实施日期】2014-08-17

《对外劳务合作风险处置备用金管理办法（试行）》已经2014年1月21日商务部第13次部务会议审议通过，并经财政部同意，现予发布，自2014年8月17日起施行。

部长 高虎城

部长 楼继伟

2014年7月18日

对外劳务合作风险处置备用金管理办法（试行）

第一章 总 则

第一条 为规范对外劳务合作企业的经营行为，保障外派劳务人员合法权益，根据《对外劳务合作管理条例》，制定本办法。

第二条 对外劳务合作风险处置备用金（以下简称备用金）是指对外劳务合作企业缴存，用于《对外劳务合作管理条例》第十条所规定使用范围的专用资金。

第三条 对外劳务合作企业缴存备用金的银行，由负责对外劳务合作经营资格审批的商务主管部门（以下简称商务主管部门）会同同级财政部门指定。

第四条 商务主管部门和财政部门应根据本地区对外劳务合作企业数量和外派劳务规模等实际情况，在本行政区域内择优指定一家或多家信用等级良好、服务水平优良，并承诺按照要求提供相关服务的银行作为备用金缴存银行。

第五条 对外劳务合作企业应到指定银行办理备用金缴存和取款手续。

第二章 备用金的缴存

第六条 对外劳务合作企业应当自获得

对外劳务合作经营资格并在工商行政管理部门登记之日起5个工作日内，在指定银行缴存备用金。

第七条　备用金缴存标准为300万元人民币，以现金或等额银行保函形式缴存。

第八条　对外劳务合作企业以现金形式缴存备用金的，需持《营业执照》副本和《对外劳务合作经营资格证书》到指定银行开设专门账户并办理存款手续。缴存备用金的对外劳务合作企业应与指定银行签订《对外劳务合作风险处置备用金存款协议书》（附件1），并将复印件送商务主管部门备案。

第九条　备用金本金和利息归对外劳务合作企业所有，对外劳务合作企业可自由提取和使用备用金利息。

第十条　对外劳务合作企业以银行保函形式缴存备用金的，由指定银行出具受益人为商务主管部门的不可撤销保函（附件2），保证在发生《对外劳务合作管理条例》第十条规定使用情形时履行担保责任。对外劳务合作企业应在其对外劳务合作经营资格存续期间提供有效的保函，保函有效期至少为两年。商务主管部门应在保函到期前一个月提醒对外劳务合作企业延长保函的有效期。保函正本由商务主管部门保存。

第十一条　商务主管部门应当将缴存备用金的对外劳务合作企业名单向社会公布。

第三章　备用金的使用

第十二条　对外劳务合作企业拒绝或无力承担违反国家规定收取应退还给劳务人员的服务费或按照约定应向劳务人员支付的劳动报酬的，在劳务人员向商务主管部门投诉并提供相关合同以及收费凭证或者工资凭条等证据后，商务主管部门应书面通知对外劳务合作企业在5个工作日内退还或支付劳务人员有关费用。

对外劳务合作企业在规定时间内未退还或支付有关费用的，商务主管部门应做出使用备用金的决定并书面通知有关对外劳务合作企业和指定银行，同时出具《对外劳务合作风险处置备用金取款通知书》（附件3，以下简称《取款通知书》）。指定银行根据书面通知和《取款通知书》，从备用金中将相应数额的款项以现金或转账方式支付给商务主管部门指定的劳务人员。

第十三条　对外劳务合作企业拒绝或无力承担依法应向劳务人员支付的劳动报酬或赔偿劳务人员的损失所需费用的，商务主管部门凭人民法院判决、裁定及其他生效法律文书使用备用金。

第十四条　对外劳务合作企业拒绝或无力承担因发生突发事件，劳务人员回国或接受紧急救助所需费用的，商务主管部门应向对外劳务合作企业提供发生劳务人员回国或接受紧急救助所发生的费用证明，并书面通知对外劳务合作企业在5个工作日内支付有关费用。

对外劳务合作企业在规定时间内未支付有关费用的，商务主管部门应做出使用备用金的决定，并书面通知有关对外劳务合作企业和指定银行，同时出具《取款通知书》。指定银行根据书面通知和《取款通知书》，从备用金中将相应数额的款项以现金或转账方式支付给商务主管部门指定的人员或单位。

第十五条　提供保函的指定银行应在收到书面通知和《取款通知书》5个工作日内，履行担保责任。

第十六条　备用金使用后，对外劳务合作企业应当自使用之日起20个工作日内将备用金补足到300万元人民币。

第十七条　对外劳务合作企业停止开展对外劳务合作的，应当对其派出的尚在国外工作的劳务人员做出妥善安排，并将安排方案连同2年内有效的备用金缴存凭证或者保函报商务主管部门备案。

对外劳务合作企业自备案之日起2年内未发生针对其的劳务纠纷投诉或者诉讼的，商务主管部门应出具书面通知和《取款通知书》，指定银行根据书面通知和《取款通知书》，退还其缴存的备用金或允许其撤销保函。

第十八条　指定银行应每季度分别向对外劳务合作企业和商务主管部门提供备用金存款对账单。

第十九条　对外劳务合作企业对商务主管部门使用备用金的决定持有异议的，可以依法申请行政复议或者向人民法院提起行政诉讼。

第四章　备用金的管理

第二十条　备用金实行专款专用。

第二十一条　对外劳务合作企业未依据《对外劳务合作管理条例》和本办法规定缴存或者补足备用金的，商务主管部门责令其在备用金应缴存或补足之日起一个月内改正；拒不改正的，吊销其对外劳务合作经营资格证书。

第二十二条　备用金由商务主管部门负责使用、管理，同级财政部门负责监督，并接受审计部门的审计。

第五章　附　　则

第二十三条　对外承包工程企业备用金缴存标准暂为20万元人民币。缴存和使用依照《对外承包工程管理条例》及本办法相关规定执行。

第二十四条　本办法施行前从事对外劳务合作经营的企业，如不再从事对外劳务合作经营的，应向商务主管部门、财政部门申请退还备用金；如继续从事对外劳务合作经营的，应按照《对外劳务合作管理条例》和本办法的有关规定及时缴存备用金。未取得对外劳务合作经营资格或未及时缴存备用金的，分别按照《对外劳务合作管理条例》第三十九条和第四十一条有关规定处理。

第二十五条　本办法由商务部会同财政部负责解释。

第二十六条　本办法自2014年8月17日起施行，2001年11月27日原对外贸易经济合作部、财政部发布的《对外劳务合作备用金暂行办法》（原对外贸易经济合作部财政部二　　一年第7号令）及其补充规定同时废止。

附件：1. 对外劳务合作风险处置备用金存款协议书

2. 对外劳务合作风险处置备用金银行保函

3. 对外劳务合作风险处置备用金取款通知书

附件 1

对外劳务合作风险处置备用金存款协议书

为加强对对外劳务合作风险处置备用金的管理，根据《对外劳务合作管理条例》（以下简称《条例》）和《对外劳务合作风险处置备用金管理办法》，对外劳务合作企业和银行就对外劳务合作风险处置备用金（以下简称备用金）的管理事项达成以下协议：

一、备用金属于对外劳务合作企业依法缴存、保障劳务人员合法权益的专用资金，除发生《条例》第十条规定，以及《对外劳务合作风险处置备用金管理办法》第十八条的情形外，任何单位和个人不得使用备用金。

二、银行对对外劳务合作企业缴存的备用金，按照（　）年定期、到期自动转存管理。本金和全部利息收入归对外劳务合作企业所有。

三、对外劳务合作企业不得以缴纳备用金的有关凭证设定担保，银行应在出具的备用金有关凭证上注明“专用款项不得担保”字样。

四、备用金使用按照如下方式执行：

（一）发生《条例》第十条（一）至（三）项情形需要使用备用金，负责对外劳务合作经营资格审批的商务主管部门（以下简称商务主管部门）书面通知有关对外劳务合作企业和指定银行，并出具《对外劳务合作风险处置备用金取款通知书》（以下简称《取款通知书》）。银行根据书面通知和《取款通知书》，在与商务主管部门核对无误后，从备用金中将相应数额的款项以现金或转账方式支付给商务主管部门指定的劳务人员。

（二）发生《条例》第十条（四）项情形需要使用备用金，商务主管部门书面通知有关对外劳务合作企业和指定银行，并出具《取款通知书》。银行根据书面通知和《取款通知书》，在与商务主管部门核对无误后，从备用金中将相应数额的款项以现金或转账方式支付给商务主管部门指定的人员或单位。

（三）对外劳务合作企业终止经营并妥善安置外派劳务人员后，商务主管部门根据有关规定向银行出具书面通知和《取款通知书》，银行将备用金退还给对外劳务合作企业。

（四）提供保函的指定银行，应在收到书面通知和《取款通知书》5 个工作日内，履行担保责任。

（五）非以上规定的情形而出现备用金减少，银行应承担补足责任。

按照第（一）、（二）、（三）、（四）项规定的方式执行时，对超出对外劳务合作企业缴存备用金数额的，银行不承担任何支付义务。

五、备用金使用后 3 个工作日内，银行应将备用金使用的有关情况通知对外劳务合作企业和商务主管部门。

六、银行应每季度出具备用金存款对账单一式两份，分别发送给对外劳务合作企业和商务主管部门。

七、本协议一式两份，对外劳务合作企业和银行各存一份，复印件送商务主管部门备案。

附注一：存款原因（选择其一）

1. 新设立（ ）；
2. 备用金使用后补足到300万元人民币（ ）；
3. 变化缴存方式（ ）。

存款金额： 佰 拾 万 千 佰 拾 元 角 分

小写：

附注二：商务主管部门、对外劳务合作企业和开户银行基本信息

商务主管部门：

通信地址及邮编：

联系人：

联系电话：

联系传真：

对外劳务合作企业：

对外劳务合作经营资格证书编号：

通信地址及邮编：

联系人：

联系电话：

联系传真：

开户银行：

通信地址及邮编：

联系人：

联系电话：

联系传真：

对外劳务合作企业（盖章）

法定代表人或授权代表人（签字）

签字时间：

开户银行（盖章）

法定代表人或授权代表人（签字）

签字时间：

附件 2

对外劳务合作风险处置备用金银行保函

编　　号：

开立日期：

________________厅（局/委）：

根据《对外劳务合作管理条例》和《对外劳务合作风险处置备用金管理办法》，______________________企业（以下简称对外劳务合作企业，对外劳务合作经营资格证书编号：__________________）需依法缴纳____________（金额大写：__________________）的对外劳务合作风险处置备用金。应对外劳务合作企业申请，我行（担保银行名称、地址）兹开立以贵厅（局）为受益人，金额不超过____________（金额大写：__________________）的不可撤销保函，保证对外劳务合作企业支付：

一、对外劳务合作企业违反国家规定收取，应当退还给劳务人员的服务费；

二、依法或者按照约定应当由对外劳务合作企业向劳务人员支付的劳动报酬；

三、依法应由对外劳务合作企业赔偿劳务人员损失所需费用；

四、因发生突发事件，应由对外劳务合作企业承担的劳务人员回国或者接受紧急救助所需费用。

如果对外劳务合作企业届时没有支付上述费用/劳动报酬，我行保证在收到贵厅（局/委）出具的说明对外劳务合作企业未支付上述费用/劳动报酬的书面通知原件、本保函正本原件和《对外劳务合作风险处置备用金取款通知书》的5个工作日内，在上述担保金额范围内，根据《对外劳务合作风险处置备用金取款通知书》履行支付义务。

本保函有效期自____年____月____日起至____年____月____日止。

开户银行（盖章）

地址：

签字时间：

附件 3

对外劳务合作风险处置备用金取款通知书

<table>
<tr><td>企业名称</td><td></td><td>经营资格证书编号</td><td></td></tr>
<tr><td>通信地址及邮编</td><td colspan="3"></td></tr>
<tr><td>法定代表人</td><td></td><td>联系电话</td><td></td></tr>
<tr><td>备用金开户银行</td><td></td><td>联系电话</td><td></td></tr>
<tr><td>支付对象姓名/名称</td><td></td><td>身份证号/
营业执照编号</td><td></td></tr>
<tr><td>取款原因</td><td colspan="3">1. 对外劳务合作企业违反国家规定收取，应当退还给劳务人员的服务费；
2. 依法或者按照约定应当由对外劳务合作企业向劳务人员支付的劳动报酬；
3. 依法应当由对外劳务合作企业赔偿劳务人员损失所需费用；
4. 因发生突发事件，应当由对外劳务合作企业承担的劳务人员回国或者接受紧急救助所需费用；
5. 因企业终止经营，退还给对外劳务合作企业。</td></tr>
<tr><td>取款金额</td><td>大写：</td><td colspan="2">小写：</td></tr>
<tr><td>辅助文件</td><td colspan="3"></td></tr>
<tr><td>商务主管部门意见</td><td colspan="3">请银行在5个工作日内从对外劳务合作企业备用金专用账户中将上述款项支付给有关单位/人员。

经办人签字：　　　　单位盖章：
联系电话：　　　　领导签字：</td></tr>
</table>

附件 2：

中华人民共和国国务院令 第 620 号
《对外劳务合作管理条例》

《对外劳务合作管理条例》已经 2012 年 5 月 16 日国务院第 203 次常务会议通过，现予公布，自 2012 年 8 月 1 日起施行。

总理　温家宝

二〇一二年六月四日

第一章　总　　则

第一条　为了规范对外劳务合作，保障劳务人员的合法权益，促进对外劳务合作健康发展，制定本条例。

第二条　本条例所称对外劳务合作，是指组织劳务人员赴其他国家或者地区为国外的企业或者机构（以下统称国外雇主）工作的经营性活动。

国外的企业、机构或者个人不得在中国境内招收劳务人员赴国外工作。

第三条　国家鼓励和支持依法开展对外劳务合作，提高对外劳务合作水平，维护劳务人员的合法权益。

国务院有关部门制定和完善促进对外劳务合作发展的政策措施，建立健全对外劳务合作服务体系以及风险防范和处置机制。

第四条　国务院商务主管部门负责全国的对外劳务合作监督管理工作。国务院外交、公安、人力资源社会保障、交通运输、住房城乡建设、渔业、工商行政管理等有关部门在各自职责范围内，负责对外劳务合作监督管理的相关工作。

县级以上地方人民政府统一领导、组织、协调本行政区域的对外劳务合作监督管理工作。县级以上地方人民政府商务主管部门负责本行政区域的对外劳务合作监督管理工作，其他有关部门在各自职责范围内负责对外劳务合作监督管理的相关工作。

第二章　从事对外劳务合作的企业与劳务人员

第五条　从事对外劳务合作，应当按照省、自治区、直辖市人民政府的规定，经省级或者设区的市级人民政府商务主管部门批准，取得对外劳务合作经营资格。

第六条　申请对外劳务合作经营资格，应当具备下列条件：

（一）符合企业法人条件；

（二）实缴注册资本不低于 600 万元人民币；

（三）有 3 名以上熟悉对外劳务合作业务的管理人员；

（四）有健全的内部管理制度和突发事件应急处置制度；

（五）法定代表人没有故意犯罪记录。

第七条　申请对外劳务合作经营资格的企业，应当向所在地省级或者设区的市级人民政府商务主管部门（以下称负责审批的商务主管部门）提交其符合本条例第六条规定条件的证明材料。负责审批的商务主管部门应当自收到证明材料之日起20个工作日内进行审查，作出批准或者不予批准的决定。予以批准的，颁发对外劳务合作经营资格证书；不予批准的，书面通知申请人并说明理由。

申请人持对外劳务合作经营资格证书，依法向工商行政管理部门办理登记。

负责审批的商务主管部门应当将依法取得对外劳务合作经营资格证书并办理登记的企业（以下称对外劳务合作企业）名单报至国务院商务主管部门，国务院商务主管部门应当及时通报中国驻外使馆、领馆。

未依法取得对外劳务合作经营资格证书并办理登记，不得从事对外劳务合作。

第八条　对外劳务合作企业不得允许其他单位或者个人以本企业的名义组织劳务人员赴国外工作。

任何单位和个人不得以商务、旅游、留学等名义组织劳务人员赴国外工作。

第九条　对外劳务合作企业应当自工商行政管理部门登记之日起5个工作日内，在负责审批的商务主管部门指定的银行开设专门账户，缴存不低于300万元人民币的对外劳务合作风险处置备用金（以下简称备用金）。备用金也可以通过向负责审批的商务主管部门提交等额银行保函的方式缴存。

负责审批的商务主管部门应当将缴存备用金的对外劳务合作企业名单向社会公布。

第十条　备用金用于支付对外劳务合作企业拒绝承担或者无力承担的下列费用：

（一）对外劳务合作企业违反国家规定收取，应当退还给劳务人员的服务费；

（二）依法或者按照约定应当由对外劳务合作企业向劳务人员支付的劳动报酬；

（三）依法赔偿劳务人员的损失所需费用；

（四）因发生突发事件，劳务人员回国或者接受紧急救助所需费用。

备用金使用后，对外劳务合作企业应当自使用之日起20个工作日内将备用金补足到原有数额。

备用金缴存、使用和监督管理的具体办法由国务院商务主管部门会同国务院财政部门制定。

第十一条　对外劳务合作企业不得组织劳务人员赴国外从事与赌博、色情活动相关的工作。

第十二条　对外劳务合作企业应当安排劳务人员接受赴国外工作所需的职业技能、安全防范知识、外语以及用工项目所在国家或者地区相关法律、宗教信仰、风俗习惯等知识的培训；未安排劳务人员接受培训的，不得组织劳务人员赴国外工作。

劳务人员应当接受培训，掌握赴国外工作所需的相关技能和知识，提高适应国外工作岗位要求以及安全防范的能力。

第十三条　对外劳务合作企业应当为劳务人员购买在国外工作期间的人身意外伤害保险。但是，对外劳务合作企业与国外雇主约定由国外雇主为劳务人员购买的除外。

第十四条　对外劳务合作企业应当为劳务人员办理出境手续，并协助办理劳务人员在国外的居留、工作许可等手续。

对外劳务合作企业组织劳务人员出境后，应当及时将有关情况向中国驻用工项目所在国使馆、领馆报告。

第十五条 对外劳务合作企业、劳务人员应当遵守用工项目所在国家或者地区的法律，尊重当地的宗教信仰、风俗习惯和文化传统。

对外劳务合作企业、劳务人员不得从事损害国家安全和国家利益的活动。

第十六条 对外劳务合作企业应当跟踪了解劳务人员在国外的工作、生活情况，协助解决劳务人员工作、生活中的困难和问题，及时向国外雇主反映劳务人员的合理要求。

对外劳务合作企业向同一国家或者地区派出的劳务人员数量超过100人的，应当安排随行管理人员，并将随行管理人员名单报中国驻用工项目所在国使馆、领馆备案。

第十七条 对外劳务合作企业应当制定突发事件应急预案。国外发生突发事件的，对外劳务合作企业应当及时、妥善处理，并立即向中国驻用工项目所在国使馆、领馆和国内有关部门报告。

第十八条 用工项目所在国家或者地区发生战争、暴乱、重大自然灾害等突发事件，中国政府作出相应避险安排的，对外劳务合作企业和劳务人员应当服从安排，予以配合。

第十九条 对外劳务合作企业停止开展对外劳务合作的，应当对其派出的尚在国外工作的劳务人员作出妥善安排，并将安排方案报负责审批的商务主管部门备案。负责审批的商务主管部门应当将安排方案报至国务院商务主管部门，国务院商务主管部门应当及时通报中国驻用工项目所在国使馆、领馆。

第二十条 劳务人员有权向商务主管部门和其他有关部门投诉对外劳务合作企业违反合同约定或者其他侵害劳务人员合法权益的行为。接受投诉的部门应当按照职责依法及时处理，并将处理情况向投诉人反馈。

第三章 与对外劳务合作有关的合同

第二十一条 对外劳务合作企业应当与国外雇主订立书面劳务合作合同；未与国外雇主订立书面劳务合作合同的，不得组织劳务人员赴国外工作。

劳务合作合同应当载明与劳务人员权益保障相关的下列事项：

（一）劳务人员的工作内容、工作地点、工作时间和休息休假；

（二）合同期限；

（三）劳务人员的劳动报酬及其支付方式；

（四）劳务人员社会保险费的缴纳；

（五）劳务人员的劳动条件、劳动保护、职业培训和职业危害防护；

（六）劳务人员的福利待遇和生活条件；

（七）劳务人员在国外居留、工作许可等手续的办理；

（八）劳务人员人身意外伤害保险的购买；

（九）因国外雇主原因解除与劳务人员的合同对劳务人员的经济补偿；

（十）发生突发事件对劳务人员的协助、救助；

（十一）违约责任。

第二十二条 对外劳务合作企业与国外雇主订立劳务合作合同，应当事先了解国外雇主和用工项目的情况以及用工项目所在国家或者地区的相关法律。

用工项目所在国家或者地区法律规定企

业或者机构使用外籍劳务人员需经批准的，对外劳务合作企业只能与经批准的企业或者机构订立劳务合作合同。

对外劳务合作企业不得与国外的个人订立劳务合作合同。

第二十三条　除本条第二款规定的情形外，对外劳务合作企业应当与劳务人员订立书面服务合同；未与劳务人员订立书面服务合同的，不得组织劳务人员赴国外工作。服务合同应当载明劳务合作合同中与劳务人员权益保障相关的事项，以及服务项目、服务费及其收取方式、违约责任。

对外劳务合作企业组织与其建立劳动关系的劳务人员赴国外工作的，与劳务人员订立的劳动合同应当载明劳务合作合同中与劳务人员权益保障相关的事项；未与劳务人员订立劳动合同的，不得组织劳务人员赴国外工作。

第二十四条　对外劳务合作企业与劳务人员订立服务合同或者劳动合同时，应当将劳务合作合同中与劳务人员权益保障相关的事项以及劳务人员要求了解的其他情况如实告知劳务人员，并向劳务人员明确提示包括人身安全风险在内的赴国外工作的风险，不得向劳务人员隐瞒有关信息或者提供虚假信息。

对外劳务合作企业有权了解劳务人员与订立服务合同、劳动合同直接相关的个人基本情况，劳务人员应当如实说明。

第二十五条　对外劳务合作企业向与其订立服务合同的劳务人员收取服务费，应当符合国务院价格主管部门会同国务院商务主管部门制定的有关规定。

对外劳务合作企业不得向与其订立劳动合同的劳务人员收取服务费。

对外劳务合作企业不得以任何名目向劳务人员收取押金或者要求劳务人员提供财产担保。

第二十六条　对外劳务合作企业应当自与劳务人员订立服务合同或者劳动合同之日起 10 个工作日内，将服务合同或者劳动合同、劳务合作合同副本以及劳务人员名单报负责审批的商务主管部门备案。负责审批的商务主管部门应当将用工项目、国外雇主的有关信息以及劳务人员名单报至国务院商务主管部门。

商务主管部门发现服务合同或者劳动合同、劳务合作合同未依照本条例规定载明必备事项的，应当要求对外劳务合作企业补正。

第二十七条　对外劳务合作企业应当负责协助劳务人员与国外雇主订立确定劳动关系的合同，并保证合同中有关劳务人员权益保障的条款与劳务合作合同相应条款的内容一致。

第二十八条　对外劳务合作企业、劳务人员应当信守合同，全面履行合同约定的各自的义务。

第二十九条　劳务人员在国外实际享有的权益不符合合同约定的，对外劳务合作企业应当协助劳务人员维护合法权益，要求国外雇主履行约定义务、赔偿损失；劳务人员未得到应有赔偿的，有权要求对外劳务合作企业承担相应的赔偿责任。对外劳务合作企业不协助劳务人员向国外雇主要求赔偿的，劳务人员可以直接向对外劳务合作企业要求赔偿。

劳务人员在国外实际享有的权益不符合用工项目所在国家或者地区法律规定的，对外劳务合作企业应当协助劳务人员维护合法权益，要求国外雇主履行法律规定的义务、赔偿损失。

因对外劳务合作企业隐瞒有关信息或者提供虚假信息等原因，导致劳务人员在国外实际享有的权益不符合合同约定的，对外劳务合作企业应当承担赔偿责任。

第四章　政府的服务和管理

第三十条　国务院商务主管部门会同国务院有关部门建立对外劳务合作信息收集、通报制度，为对外劳务合作企业和劳务人员无偿提供信息服务。

第三十一条　国务院商务主管部门会同国务院有关部门建立对外劳务合作风险监测和评估机制，及时发布有关国家或者地区安全状况的评估结果，提供预警信息，指导对外劳务合作企业做好安全风险防范；有关国家或者地区安全状况难以保障劳务人员人身安全的，对外劳务合作企业不得组织劳务人员赴上述国家或者地区工作。

第三十二条　国务院商务主管部门会同国务院统计部门建立对外劳务合作统计制度，及时掌握并汇总、分析对外劳务合作发展情况。

第三十三条　国家财政对劳务人员培训给予必要的支持。

国务院商务主管部门会同国务院人力资源社会保障部门应当加强对劳务人员培训的指导和监督。

第三十四条　县级以上地方人民政府根据本地区开展对外劳务合作的实际情况，按照国务院商务主管部门会同国务院有关部门的规定，组织建立对外劳务合作服务平台（以下简称服务平台），为对外劳务合作企业和劳务人员无偿提供相关服务，鼓励、引导对外劳务合作企业通过服务平台招收劳务人员。

国务院商务主管部门会同国务院有关部门应当加强对服务平台运行的指导和监督。

第三十五条　中国驻外使馆、领馆为对外劳务合作企业了解国外雇主和用工项目的情况以及用工项目所在国家或者地区的法律提供必要的协助，依据职责维护对外劳务合作企业和劳务人员在国外的正当权益，发现违反本条例规定的行为及时通报国务院商务主管部门和有关省、自治区、直辖市人民政府。

劳务人员可以合法、有序地向中国驻外使馆、领馆反映相关诉求，不得干扰使馆、领馆正常工作秩序。

第三十六条　国务院有关部门、有关县级以上地方人民政府应当建立健全对外劳务合作突发事件预警、防范和应急处置机制，制定对外劳务合作突发事件应急预案。

对外劳务合作突发事件应急处置由组织劳务人员赴国外工作的单位或者个人所在地的省、自治区、直辖市人民政府负责，劳务人员户籍所在地的省、自治区、直辖市人民政府予以配合。

中国驻外使馆、领馆协助处置对外劳务合作突发事件。

第三十七条　国务院商务主管部门会同国务院有关部门建立对外劳务合作不良信用记录和公告制度，公布对外劳务合作企业和国外雇主不履行合同约定、侵害劳务人员合法权益的行为，以及对对外劳务合作企业违法行为的处罚决定。

第三十八条　对违反本条例规定组织劳务人员赴国外工作，以及其他违反本条例规定的行为，任何单位和个人有权向商务、公安、工商行政管理等有关部门举报。接到举报的部门应当在职责范围内及时处理。

国务院商务主管部门会同国务院公安、工商行政管理等有关部门，建立健全相关管理制度，防范和制止非法组织劳务人员赴国外工作的行为。

第五章 法律责任

第三十九条 未依法取得对外劳务合作经营资格，从事对外劳务合作的，由商务主管部门提请工商行政管理部门依照《无照经营查处取缔办法》的规定查处取缔；构成犯罪的，依法追究刑事责任。

第四十条 对外劳务合作企业有下列情形之一的，由商务主管部门吊销其对外劳务合作经营资格证书，有违法所得的予以没收：

（一）以商务、旅游、留学等名义组织劳务人员赴国外工作；

（二）允许其他单位或者个人以本企业的名义组织劳务人员赴国外工作；

（三）组织劳务人员赴国外从事与赌博、色情活动相关的工作。

第四十一条 对外劳务合作企业未依照本条例规定缴存或者补足备用金的，由商务主管部门责令改正；拒不改正的，吊销其对外劳务合作经营资格证书。

第四十二条 对外劳务合作企业有下列情形之一的，由商务主管部门责令改正；拒不改正的，处5万元以上10万元以下的罚款，并对其主要负责人处1万元以上3万元以下的罚款：

（一）未安排劳务人员接受培训，组织劳务人员赴国外工作；

（二）未依照本条例规定为劳务人员购买在国外工作期间的人身意外伤害保险；

（三）未依照本条例规定安排随行管理人员。

第四十三条 对外劳务合作企业有下列情形之一的，由商务主管部门责令改正，处10万元以上20万元以下的罚款，并对其主要负责人处2万元以上5万元以下的罚款；在国外引起重大劳务纠纷、突发事件或者造成其他严重后果的，吊销其对外劳务合作经营资格证书：

（一）未与国外雇主订立劳务合作合同，组织劳务人员赴国外工作；

（二）未依照本条例规定与劳务人员订立服务合同或者劳动合同，组织劳务人员赴国外工作；

（三）违反本条例规定，与未经批准的国外雇主或者与国外的个人订立劳务合作合同，组织劳务人员赴国外工作；

（四）与劳务人员订立服务合同或者劳动合同，隐瞒有关信息或者提供虚假信息；

（五）在国外发生突发事件时不及时处理；

（六）停止开展对外劳务合作，未对其派出的尚在国外工作的劳务人员作出安排。

有前款第四项规定情形，构成犯罪的，依法追究刑事责任。

第四十四条 对外劳务合作企业向与其订立服务合同的劳务人员收取服务费不符合国家有关规定，或者向劳务人员收取押金、要求劳务人员提供财产担保的，由价格主管部门依照有关价格的法律、行政法规的规定处罚。

对外劳务合作企业向与其订立劳动合同的劳务人员收取费用的，依照《中华人民共和国劳动合同法》的规定处罚。

第四十五条　对外劳务合作企业有下列情形之一的，由商务主管部门责令改正；拒不改正的，处1万元以上2万元以下的罚款，并对其主要负责人处2000元以上5000元以下的罚款：

（一）未将服务合同或者劳动合同、劳务合作合同副本以及劳务人员名单报商务主管部门备案；

（二）组织劳务人员出境后，未将有关情况向中国驻用工项目所在国使馆、领馆报告，或者未依照本条例规定将随行管理人员名单报负责审批的商务主管部门备案；

（三）未制定突发事件应急预案；

（四）停止开展对外劳务合作，未将其对劳务人员的安排方案报商务主管部门备案。

对外劳务合作企业拒不将服务合同或者劳动合同、劳务合作合同副本报商务主管部门备案，且合同未载明本条例规定的必备事项，或者在合同备案后拒不按照商务主管部门的要求补正合同必备事项的，依照本条例第四十三条的规定处罚。

第四十六条　商务主管部门、其他有关部门在查处违反本条例行为的过程中，发现违法行为涉嫌构成犯罪的，应当依法及时移送司法机关处理。

第四十七条　商务主管部门和其他有关部门的工作人员，在对外劳务合作监督管理工作中有下列行为之一的，依法给予处分；构成犯罪的，依法追究刑事责任：

（一）对不符合本条例规定条件的对外劳务合作经营资格申请予以批准；

（二）对外劳务合作企业不再具备本条例规定的条件而不撤销原批准；

（三）对违反本条例规定组织劳务人员赴国外工作以及其他违反本条例规定的行为不依法查处；

（四）其他滥用职权、玩忽职守、徇私舞弊，不依法履行监督管理职责的行为。

第六章　附　　则

第四十八条　有关对外劳务合作的商会按照依法制定的章程开展活动，为成员提供服务，发挥自律作用。

第四十九条　对外承包工程项下外派人员赴国外工作的管理，依照《对外承包工程管理条例》以及国务院商务主管部门、国务院住房城乡建设主管部门的规定执行。

外派海员类（不含渔业船员）对外劳务合作的管理办法，由国务院交通运输主管部门根据《中华人民共和国船员条例》以及本条例的有关规定另行制定。

第五十条　组织劳务人员赴香港特别行政区、澳门特别行政区、台湾地区工作的，参照本条例的规定执行。

第五十一条　对外劳务合作企业组织劳务人员赴国务院商务主管部门会同国务院外交等有关部门确定的特定国家或者地区工作的，应当经国务院商务主管部门会同国务院有关部门批准。

第五十二条　本条例施行前按照国家有关规定经批准从事对外劳务合作的企业，不具备本条例规定条件的，应当在国务院商务主管部门规定的期限内达到本条例规定的条件；逾期达不到本条例规定条件的，不得继续从事对外劳务合作。

第五十三条　本条例自2012年8月1日起施行。

附件3：

Xxx公司退款申请书模板

北京市商务委员会：

我单位已按照《商务部、财政部令2014年第2号，〈对外劳务合作风险处置备用金管理办法（试行）〉》相关要求在指定银行存入了备用金。现申请退回我公司在北京市商务委账户原缴存的备用金。

退回对外劳务合作风险处置备用金信息如下：

开户行：

开户名：

账　号：

联系人：　　　电话：　　　手机：　　　传真：

申请单位（盖章）

年　月　日

关于进一步做好服务外包及软件出口合同登记管理的通知

京商务服贸字〔2014〕26号

各区、县、北京经济技术开发区商务主管部门及相关企业：

根据商务部、国家统计局发布的《服务外包统计报表制度》（商服贸字〔2007〕12号）和商务部办公厅《关于进一步完善服务外包统计管理有关问题的通知》（商办服贸函〔2010〕880号）文件精神，为进一步做好我市服务外包及软件出口合同登记管理和方便企业的报送合同备案，落实国家对“服务外包示范城市”服务外包企业给予的税收减免、财政扶持及我市财政支持等优惠政策，实现管理关口前移，形成区县商务委审核、市商务委审定、商务部核查三级负责制的管理体系，现将“服务外包及软件出口业务管理”的审核工作由各区县商务主管部门负责，定于2014年10月1日起在部分区县试点执行。

首批试点的区县有：海淀区、丰台区、石景山区、昌平区、大兴区、通州区、顺义区、房山区、门头沟区、平谷区、怀柔区、密云县、延庆县和经济技术开发区（详细联系方式见附件1）。

请首批试点区县按照《北京市服务外包及软件出口合同登记管理说明》（详见附件2）的要求，认真做好所辖企业的服务外包业务审核管理工作；试点区县的相关企业，自2014年10月1日起，到所在辖区的商务主管部门办理服务外包及软件出口合同登记手续。非试点区县的相关企业，到市商务委办理服务外包及软件出口合同登记手续。

联系人：服务贸易处 刘树民　许　鑫

联系电话：87211752　87211755

附件1. 首批试点区县名单及联系方式

附件2. 北京市服务外包及软件出口合同登记管理说明

附件 1：

首批试点区县名单及联系方式

序号	单位名称	联系人	联系电话
1	海淀区商务委	钟立庆	88498357
2	昌平区商务委	闫　勋	80107016
3	大兴区商务委	刘　玲	81298241
4	北京经济技术开发区	平　原	67857527
5	通州区商务委	王玉卓	69547593
6	顺义区商务委	李月明	69445305
7	丰台区商务委	张　萍	63837580
8	石景山区商务委	王凯蒂	68865178
9	门头沟区商务委	马　洁	69834494
10	房山区商务委	潘宝斌	81312971
11	怀柔区商务委	李元元	69642877
12	平谷区商务委	沈　芃	89988293
13	密云县商务委	贾淑瑜	89089311
14	延庆县商务委	杜文涛	69174693

附件 2：

北京市服务外包及软件出口合同登记管理说明

第一章　总　则

第一条　为进一步加强我市服务外包及软件出口合同登记管理工作，方便企业的报送合同备案，更好落实国家对“服务外包示范城市”服务外包企业给予的税收减免、财政扶持及我市财政支持等优惠政策，特制定《北京市服务外包及软件出口合同登记管理说明》（以下简称说明）。

第二章　管理机构、范围及对象

第二条　服务外包及软件出口合同登记管理采用属地化管理方式。市商务委负责全市服务外包及软件出口合同登记的审定、统计、督促与检查管理。

第三条　各区县商务主管部门负责管理本辖区内企业日常报送服务外包及软件出口合同的审核管理，应明确服务外包及软件出口业务管理的主管科室、专职管理人员，并配置相关办公设施。

第四条　本说明适用范围包括从事服务外包和软件出口业务的相关企业。

服务外包业务是指通过服务外包提供商向服务外包发包商提供信息技术外包服务（ITO）、技术性业务流程外包服务（BPO）、技术性知识流程外包服务（KPO）。（详见附表 1）

软件出口业务是指从事对外经贸经营活动的法人和其他组织，采取通关或网上传输方式向境外出口软件产品、转让软件技术和提供相关服务。（详见附表 1）

服务外包与软件企业是指从事跨境服务外包和软件业务的企业（市辖区内注册的独立法人企业）。

服务外包和软件合同是指跨境服务外包合同，我国企业承接国外发包的视为服务外包出口，我国企业向国外企业发包的视为服务外包进口；跨境软件合同，我国企业向境外输出的软件及相关服务视为软件出口，我国企业由境外输入的软件及相关服务视为软件进口。

软件出口企业在软件出口合同中应明确软件出口方式：海关通关方式或网上传输方式。

第三章　合同登记管理

第五条　用户可通过互联网登录商务部“服务外包业务管理和统计系统”。

企业和培训机构端：http：//fwwbqy.fwmys.mofcom.gov.cn

服务外包管理端：http://fwwb.fwmys.mofcom.gov.cn

软件出口管理端：http://rjck.fwmys.mofcom.gov.cn

第六条　市商务委负责各区县商务主管部门的分配账户管理。各区县商务主管部门负责辖区内的企业系统注册管理，根据企业申请，据实核准其账户。

第七条　企业网上申报

（一）系统注册

市辖区内的服务外包及软件出口企业初次申报时须在系统注册，登录系统“企业端”如实填写《企业基本信息表》，并提供相关材料（见附表2）及时报请所在地区县商务主管部门审核，经审核通过后方可取得申报资格。

（二）合同登记

服务外包及软件出口企业取得申报资格后，应于每月5日前，在商务部“服务外包业务管理和统计系统”（企业端）依据有效合同、收汇凭证及相关材料履行合同登记（或变更）手续，填报“服务外包（或软件）合同情况登记表”、“服务外包（或软件）合同执行情况登记表”及变更信息，并及时将相关纸质材料（见附表3）报送所在地区县商务主管部门申请审核。

企业在登录合同信息时应在“合同类别”项中选择相应类别，以区分软件出口合同与服务外包合同。

（三）企业基本信息更新

服务外包及软件企业应在申请账户时登记企业基本信息，并每半年应及时更新企业基本信息，对于未按管理规定及时更新“企业基本信息”的企业，暂缓受理其服务外包及软件出口合同登记的申请。

第八条　服务外包及软件出口业务审核管理

（一）审核：各区县商务主管部门负责本辖区内企业日常报送服务外包及软件出口合同登记的审核管理工作。负责审验企业申报在线登记信息内容与提交材料是否真实、准确、有效，验证收汇凭证，核实无误后，履行内部审核手续（见附表4）。

企业在线登记信息与提交材料相符、真实、准确、有效的予以受理，自受理之日起3个工作日完成审核；对于在线登记信息与提交材料不符或不齐全的予以退回，企业修改或补充材料后再申报；对于违反现行国家法律法规及相关地方管理规定的不予以受理，并书面（见附表5）告知企业；对于企业弄虚作假的依据国家法律法规及相关地方管理规定给予处罚。

（二）审定：市商务委负责全市服务外包及软件出口合同登记审定管理工作。负责对各区县商务主管部门通过的审核意见进行审定；如有差误，退回原审核区县商务主管部门（见附表6）。

（三）发证：软件出口合同登记证书由市商务委负责管理，各区县商务主管部门负责向企业颁发。

第四章　监督与奖惩管理

第九条　服务外包和软件出口业务申报企业，应及时办理申报。市商务委、各区县商务主管部门将不定期对申报企业进行监督检查。凡伪造服务外包及软件出口合同、虚报造假和违反有关规定的出口企业，一经查实，将受到通报、暂停或取消其享受国家、市级和各区县鼓励政策的申请资格。对于触犯法律的，由司法机关依法处理。

第十条　各区县商务主管部门每季度初（首月15日前）将上一季度审核情况表（见附表7）报送市商务委。每年度将对各区县商务主管部门的管理工作进行评价总结，对于管理优秀人员予以表彰；对于未按规定执行相关管理的区县商务主管部门进行通报批评，情形严重者将取消其审核资格。

第五章　文档管理

第十一条　各区县商务主管部门应认真

做好服务外包及软件出口合同登记申报管理工作，对企业报送资料与其他相关资料妥善保管归档（保存期限2年），并做好信息保密工作。市商务委将不定期进行检查。

第六章　附　　则

第十二条　本说明由市商务委负责解释。

附表 1

服务外包业务认定范围

一、信息技术外包服务（ITO）

（一）软件研发及外包

类 别	适用范围
软件研发及开发服务	用于金融、政府、教育、制造业、零售、服务、能源、物流和交通、媒体、电信、公共事业和医疗卫生等行业，为用户的运营/生产/供应链/客户关系/人力资源和财务管理、计算机辅助设计/工程等业务进行软件开发，定制软件开发，嵌入式软件、套装软件开发，系统软件开发软件测试等
软件技术服务	软件咨询、维护、培训、测试等技术性服务

（二）信息技术研发服务外包

类 别	适用范围
集成电路设计	集成电路产品设计以及相关技术支持服务等
提供电子商务平台	为电子贸易服务提供信息平台等
测试平台	为软件和集成电路的开发运用提供测试平台

（三）信息系统运营维护外包

类 别	适用范围
信息系统运营和维护服务	客户内部信息系统集成、网络管理、桌面管理与维护服务；信息工程、地理信息系统、远程维护等信息系统应用服务
基础信息技术服务	基础信息技术管理平台整合等基础信息技术服务（IT 基础设施管理、数据中心、托管中心、安全服务、通讯服务等）

二、技术性业务流程外包服务（BPO）

类 别	适用范围
企业业务流程设计服务	为客户企业提供内部管理、业务运作等流程设计服务
企业内部管理数据库服务	为客户企业提供后台管理、人力资源管理、财务、审计与税务管理、金融支付服务、医疗数据及其他内部管理业务的数据分析、数据挖掘、数据管理、数据使用的服务；承接客户专业数据处理、分析和整合服务
企业运营数据库服务	为客户企业提供技术研发服务、为企业经营、销售、产品售后服务提供的应用客户分析、数据库管理等服务。主要包括金融服务业务、政务与教育业务、制造业务和生命科学、零售和批发与运输业务、卫生保健业务、通讯与公共事业业务、呼叫中心等
企业供应链管理数据库服务	为客户提供采购、物流的整体方案设计及数据库服务

三、技术性知识流程外包（KPO）

适用范围
知识产权研究、医药和生物技术研发和测试、产品技术研发、工业设计、分析学和数据挖掘、动漫及网游设计研发、教育课件研发、工程设计等领域。

软件出口业务认定范围

适用范围
（一）软件技术的转让或许可； （二）向用户提供的计算机软件、信息系统或设备中嵌入的软件或在提供计算机信息系统集成、应用服务等技术服务时提供的计算机软件； （三）信息数据有关的服务交易。包括：数据开发、储存和联网的时间序列、数据处理，制表及按时间（即小时）计算的数据处理服务、代人连续管理有关设备、硬件咨询、软件安装，接客户要求设计、开发和编制程序系统、维修计算机和边缘设备，以及其他软件加工服务； （四）随设备出口等其他形式的软件出口。

附表2

企业系统注册申请材料

申报注册企业须提供以下书面材料：

一、企业营业执照复印件。分公司在申报时可以使用其总公司的营业执照；

二、组织机构代码证（复印件）；

三、企业进出口资质证明：

内资企业：《进出口资格证书》或《对外贸易经营者备案登记表》；

外资企业：《外商投资企业批准证书》或《港澳台投资企业批准证书》（复印件）；

四、两年内在进出口业务管理、财务管理、税收管理、外汇管理、海关管理等方面无违法行为的说明；

五、与服务外包发包商签订的为其提供服务外包业务合同或与境外签订的软件出口合同；

六、根据实际情况，要求提供的其他书面材料。

（上述材料须加盖单位公章）

附表 3

企业服务外包及软件出口合同登记（变更）申报材料

一、通过网上传输或其他非报关出口的合同登记

（一）合同登记

1. 服务外包接包合同信息表（网上打印）；

2. 签订生效协议（主合同或框架合同）/执行情况（订单或变更协议）复印件（外文合同需附中文译本）；

3. 银行出具的收汇凭证与涉外收入申报单（复印件）；

4. 企业营业执照副本，组织机构代码证（复印件）；

5. 企业进出口资质证明：

内资企业提供《进出口资格证书》或《对外贸易经营者备案登记表》；（复印件）

外资企业提供《外商投资企业批准证书》或《港澳台投资企业批准证书》（复印件）；

6. 根据实际情况，要求提供的其他书面材料。

（二）合同变更

1. 服务外包接包合同（变更）信息表（网上打印）；

2. 原签订生效协议复印件（外文合同需附中文译本）；

3. 变更协议（合同）复印件。

（上述材料须加盖单位公章）

二、通过海关报关出口的合同登记

（一）合同登记

1. 服务外包接包合同信息表（网上打印）；

2. 签订生效协议（主合同或框架合同）/执行情况（订单或变更协议），复印件（外文合同需附中文译本）；

3. 自理报关出口证明（海关黑本，复印件）；

4. 高新软件出口企业确认书（复印件，通过海关出口 9803 类软件企业提供）；

5. 软件著作权登记证书（复印件，仅软件产品出口企业提供）；

6. 企业营业执照副本，组织机构代码证（复印件）；

7. 企业进出口资质证明：

内资企业提供《进出口资格证书》或《对外贸易经营者备案登记表》

外资企业提供《外商投资企业批准证书》或《港澳台投资企业批准证书》（复印件）；

8. 根据实际情况，要求提供的其他书面材料。

（二）合同变更

1. 服务外包接包合同（变更）信息表（网上打印）；

2. 原签订生效协议复印件（外文合同需附中文译本）；

3. 变更协议（合同）复印件。

（上述材料须加盖单位公章）

附表 4

服务外包业务审核单（内部）

A. 业务编号：海淀-14-0001　（区县+2 位年号 + 4 位序号）　　合同类别：外包/软件

申报企业				
合同号				
合同名称				
企业提交材料情况	1. 接包合同信息表		6. 软件著作权登记证书	
	2. 签订生效协议		7. 企业营业执照副本与组织机构代码证	
	3. 银行出具的收汇凭证与涉外收入申报单		8. 企业进出口资质证明	
	4. 自理报关出口证明		9. 其他所需材料	
	5. 高新软件出口企业确认书			
受理人		审核人		
受理意见		审核意见		
受理日期		审核日期		
备注				

附表 5

服务外包业务不予受理通知单

B. 编号：海淀-14-001 （区县+2位年号 + 3位序号）

申报企业	
合同号	
合同名称	
不予受理说明	
通知日期	（审核专用章）

附表 6

服务外包业务审定退回单（内部）

C. 编号：14－001－海淀　（2 位年号 ＋ 3 位序号＋ 区县）

申报企业	
合同号	
合同名称	
退回说明	
退回日期	年　月　日　　　（公章）

附表 7

各区县第　季度审核情况

填报单位：(加盖公章)

<table>
<tr><td rowspan="4">服务外包业务及软件出口执行与合同备案情况</td><td>外包一执行金额（万美元）</td><td></td><td>ITO 执行额（万美元）</td><td></td><td>初审合同数</td><td></td></tr>
<tr><td>外包一同比增长（%）</td><td></td><td>BPO 执行额（万美元）</td><td></td><td>其中：通过初审数</td><td></td></tr>
<tr><td>软件一执行金额（万美元）</td><td></td><td>KPO 执行额（万美元）</td><td></td><td>未通过数</td><td></td></tr>
<tr><td>软件一同比增长（%）</td><td></td><td>软件产品执行额（万美元）</td><td></td><td>新增企业数</td><td></td></tr>
<tr><td>第　季度服务外包及软件出口情况</td><td colspan="6"></td></tr>
<tr><td>说明</td><td colspan="6">季度服务外包及软件出口情况主要包含内容：基本情况、主要特点、存在问题、建议措施等。</td></tr>
</table>

关于落实商务部令2014年第3号《境外投资管理办法》的通知

京商务经字〔2014〕477号

各区县商务委、北京经济技术开发区、各相关企业：

商务部令2014年第3号《境外投资管理办法》（简称《办法》）自2014年10月6日起正式施行。现将《办法》转发给你们，并就有关事项通知如下，请遵照执行。

一、企业境外投资由核准制变为备案、核准制，由省级以上商务主管部门按照企业境外投资的不同情形分别实行备案和核准。

二、企业之前已取得的境外投资批复文件、《企业境外投资证书》等仍然有效。企业新申请境外投资或原境外投资事项发生变更或终止时，应按现行《办法》办理。

三、商务部令2009年第5号《境外投资管理办法》、《北京市商务委员会关于印发〈北京市境外投资管理暂行办法〉的通知》自2014年10月6日起同时废止。企业应按照新公布的《办法》在北京市商务委员会办理境外投资相关事项。

特此通知。

（联系人：对外经济合作处；联系电话：87211761、1765）

附件1. 商务部令2014年第3号《境外投资管理办法》

附件1-1. 企业境外投资证书（样式）

附件1-2. 境外投资备案表（样式）

附件1-3. 境外投资申请表（样式）

附件1-4. 境外中资企业再投资报告表（样式）

附件2. 北京市企业境外投资备案事项办事流程

附件3. 北京市企业境外投资核准事项办事流程

附件4. 北京市企业境外投资变更和终止事项办事流程

附件5. 境外企业开展境外再投资办事流程

附件 1：

商务部令 2014 年第 3 号《境外投资管理办法》

【发布单位】中华人民共和国商务部

【发布文号】商务部令 2014 年第 3 号

【发布日期】2014－09－06

【实施日期】2014－10－06

《境外投资管理办法》已经 2014 年 8 月 19 日商务部第 27 次部务会议审议通过，现予发布，自 2014 年 10 月 6 日起施行。

部长　高虎城

2014 年 9 月 6 日

境外投资管理办法

第一章　总　　则

第一条　为了促进和规范境外投资，提高境外投资便利化水平，根据《国务院关于投资体制改革的决定》、《国务院对确需保留的行政审批项目设定行政许可的决定》及相关法律规定，制定本办法。

第二条　本办法所称境外投资，是指在中华人民共和国境内依法设立的企业（以下简称企业）通过新设、并购及其他方式在境外拥有非金融企业或取得既有非金融企业所有权、控制权、经营管理权及其他权益的行为。

第三条　企业开展境外投资，依法自主决策、自负盈亏。

第四条　企业境外投资不得有以下情形：

（一）危害中华人民共和国国家主权、安全和社会公共利益，或违反中华人民共和国法律法规；

（二）损害中华人民共和国与有关国家（地区）关系；

（三）违反中华人民共和国缔结或者参加的国际条约、协定；

（四）出口中华人民共和国禁止出口的产品和技术。

第五条　商务部和各省、自治区、直辖市、计划单列市及新疆生产建设兵团商务主管部门（以下称省级商务主管部门）负责对境外投资实施管理和监督。

第二章　备案和核准

第六条　商务部和省级商务主管部门按照企业境外投资的不同情形，分别实行备案和核准管理。

企业境外投资涉及敏感国家和地区、敏感行业的，实行核准管理。

企业其他情形的境外投资，实行备案管理。

第七条 实行核准管理的国家是指与中华人民共和国未建交的国家、受联合国制裁的国家。必要时，商务部可另行公布其他实行核准管理的国家和地区的名单。

实行核准管理的行业是指涉及出口中华人民共和国限制出口的产品和技术的行业、影响一国（地区）以上利益的行业。

第八条 商务部和省级商务主管部门应当依法办理备案和核准，提高办事效率，提供优质服务。

商务部和省级商务主管部门通过“境外投资管理系统”（以下简称“管理系统”）对企业境外投资进行管理，并向获得备案或核准的企业颁发《企业境外投资证书》（以下简称《证书》，样式见附件1）。《证书》由商务部和省级商务主管部门分别印制并盖章，实行统一编码管理。

《证书》是企业境外投资获得备案或核准的凭证，按照境外投资最终目的地颁发。

第九条 对属于备案情形的境外投资，中央企业报商务部备案；地方企业报所在地省级商务主管部门备案。

中央企业和地方企业通过“管理系统”按要求填写并打印《境外投资备案表》（以下简称《备案表》，样式见附件2），加盖印章后，连同企业营业执照复印件分别报商务部或省级商务主管部门备案。

《备案表》填写如实、完整、符合法定形式，且企业在《备案表》中声明其境外投资无本办法第四条所列情形的，商务部或省级商务主管部门应当自收到《备案表》之日起3个工作日内予以备案并颁发《证书》。企业不如实、完整填报《备案表》的，商务部或省级商务主管部门不予备案。

第十条 对属于核准情形的境外投资，中央企业向商务部提出申请，地方企业通过所在地省级商务主管部门向商务部提出申请。

企业申请境外投资核准需提交以下材料：

（一）申请书，主要包括投资主体情况、境外企业名称、股权结构、投资金额、经营范围、经营期限、投资资金来源、投资具体内容等；

（二）《境外投资申请表》（样式见附件3），企业应当通过“管理系统”按要求填写打印，并加盖印章；

（三）境外投资相关合同或协议；

（四）有关部门对境外投资所涉的属于中华人民共和国限制出口的产品或技术准予出口的材料；

（五）企业营业执照复印件。

第十一条 核准境外投资应当征求我驻外使（领）馆（经商处室）意见。涉及中央企业的，由商务部征求意见；涉及地方企业的，由省级商务主管部门征求意见。征求意见时，商务部和省级商务主管部门应当提供投资事项基本情况等相关信息。驻外使（领）馆（经商处室）应当自接到征求意见要求之日起7个工作日内回复。

第十二条 商务部应当在受理中央企业核准申请后20个工作日内（包含征求驻外使（领）馆（经商处室）意见的时间）作出是否予以核准的决定。申请材料不齐全或者不符合法定形式的，商务部应当在3个工作日内一次告知申请企业需要补正的全部内容。逾期不告知的，自收到申请材料之日起即为受理。中央企业按照商务部的要求提交全部补正申请材料的，商务部应当受理该申请。

省级商务主管部门应当在受理地方企业核准申请后对申请是否涉及本办法第四条所列情形进行初步审查，并在15个工作日内（包含征求驻外使（领）馆（经商处室）意见的时间）将初步审查意见和全部申请材料报送商务部。申请材料不齐全或者不符合法定形式的，省级商务主管部门应当在3个工作日内一次告知申请企业需要补正的全部内容。逾期不告知的，自收到申请材料之日起即为受理。地方企业按照省级商务主管部门的要求提交全部补正申请材料的，省级商务主管部门应当受理该申请。商务部收到省级商务主管部门的初步审查意见后，应当在15个工作日内做出是否予以核准的决定。

第十三条　对予以核准的境外投资，商务部出具书面核准决定并颁发《证书》；因存在本办法第四条所列情形而不予核准的，应当书面通知申请企业并说明理由，告知其享有依法申请行政复议或者提起行政诉讼的权利。企业提供虚假材料申请核准的，商务部不予核准。

第十四条　两个以上企业共同开展境外投资的，应当由相对大股东在征求其他投资方书面同意后办理备案或申请核准。如果各方持股比例相等，应当协商后由一方办理备案或申请核准。如投资方不属同一行政区域，负责办理备案或核准的商务部或省级商务主管部门应当将备案或核准结果告知其他投资方所在地商务主管部门。

第十五条　企业境外投资经备案或核准后，原《证书》载明的境外投资事项发生变更的，企业应当按照本章程序向原备案或核准的商务部或省级商务主管部门办理变更手续。

第十六条　自领取《证书》之日起2年内，企业未在境外开展投资的，《证书》自动失效。如需再开展境外投资，应当按照本章程序重新办理备案或申请核准。

第十七条　企业终止已备案或核准的境外投资，应当在依投资目的地法律办理注销等手续后，向原备案或核准的商务部或省级商务主管部门报告。原备案或核准的商务部或省级商务主管部门根据报告出具注销确认函。

终止是指原经备案或核准的境外企业不再存续或企业不再拥有原经备案或核准的境外企业的股权等任何权益。

第十八条　《证书》不得伪造、涂改、出租、出借或以任何其他形式转让。已变更、失效或注销的《证书》应当交回原备案或核准的商务部或省级商务主管部门。

第三章　规范和服务

第十九条　企业应当客观评估自身条件、能力，深入研究投资目的地投资环境，积极稳妥开展境外投资，注意防范风险。境内外法律法规和规章对资格资质有要求的，企业应当取得相关证明文件。

第二十条　企业应当要求其投资的境外企业遵守投资目的地法律法规、尊重当地风俗习惯，履行社会责任，做好环境、劳工保护、企业文化建设等工作，促进与当地的融合。

第二十一条　企业对其投资的境外企业的冠名应当符合境内外法律法规和政策规

定。未按国家有关规定获得批准的企业，其境外企业名称不得使用“中国”、“中华”等字样。

第二十二条　企业应当落实人员和财产安全防范措施，建立突发事件预警机制和应急预案。在境外发生突发事件时，企业应当在驻外使（领）馆和国内有关主管部门的指导下，及时、妥善处理。

企业应当做好外派人员的选审、行前安全、纪律教育和应急培训工作，加强对外派人员的管理，依法办理当地合法居留和工作许可。

第二十三条　企业应当要求其投资的境外企业中方负责人当面或以信函、传真、电子邮件等方式及时向驻外使（领）馆（经商处室）报到登记。

第二十四条　企业应当向原备案或核准的商务部或省级商务主管部门报告境外投资业务情况、统计资料，以及与境外投资相关的困难、问题，并确保报送情况和数据真实准确。

第二十五条　企业投资的境外企业开展境外再投资，在完成境外法律手续后，企业应当向商务主管部门报告。涉及中央企业的，中央企业通过“管理系统”填报相关信息，打印《境外中资企业再投资报告表》（以下简称《再投资报告表》，样式见附件4）并加盖印章后报商务部；涉及地方企业的，地方企业通过“管理系统”填报相关信息，打印《再投资报告表》并加盖印章后报省级商务主管部门。

第二十六条　商务部负责对省级商务主管部门的境外投资管理情况进行检查和指导。省级商务主管部门应当每半年向商务部报告本行政区域内境外投资的情况。

第二十七条　商务部会同有关部门为企业境外投资提供权益保障、投资促进、风险预警等服务。

商务部发布《对外投资合作国别（地区）指南》、国别产业指引等文件，帮助企业了解投资目的地投资环境；加强对企业境外投资的指导和规范，会同有关部门发布环境保护等指引，督促企业在境外合法合规经营；建立对外投资与合作信息服务系统，为企业开展境外投资提供数据统计、投资机会、投资障碍、风险预警等信息。

第四章　法律责任

第二十八条　企业以提供虚假材料等不正当手段办理备案并取得《证书》的，商务部或省级商务主管部门撤销该企业境外投资备案，给予警告，并依法公布处罚决定。

第二十九条　企业提供虚假材料申请核准的，商务部给予警告，并依法公布处罚决定。该企业在一年内不得再次申请该项核准。

企业以欺骗、贿赂等不正当手段获得境外投资核准的，商务部撤销该企业境外投资核准，给予警告，并依法公布处罚决定。该企业在三年内不得再次申请该项核准；构成犯罪的，依法追究刑事责任。

第三十条　企业开展境外投资过程中出现本办法第四条所列情形的，应当承担相应的法律责任。

第三十一条　企业伪造、涂改、出租、出借或以任何其他形式转让《证书》的，商务部或省级商务主管部门给予警告；构成犯罪的，依法追究刑事责任。

第三十二条　境外投资出现第二十八至三十一条规定的情形以及违反本办法其他规

定的企业，三年内不得享受国家有关政策支持。

第三十三条 商务部和省级商务主管部门有关工作人员不依照本办法规定履行职责、滥用职权、索取或者收受他人财物或者谋取其他利益，构成犯罪的，依法追究刑事责任；尚不构成犯罪的，依法给予行政处分。

第五章 附 则

第三十四条 省级商务主管部门可依照本办法制定相应的工作细则。

第三十五条 本办法所称中央企业系指国务院国有资产监督管理委员会履行出资人职责的企业及其所属企业、中央管理的其他单位。

第三十六条 事业单位法人开展境外投资、企业在境外设立分支机构参照本办法执行。

第三十七条 企业赴香港、澳门、台湾地区投资参照本办法执行。

第三十八条 本办法由商务部负责解释。

第三十九条 本办法自2014年10月6日起施行。商务部2009年发布的《境外投资管理办法》（商务部令2009年第5号）同时废止。

附件1. 企业境外投资证书（样式）

2. 境外投资备案表（样式）

3. 境外投资申请表（样式）

4. 境外中资企业再投资报告表（样式）

附件1－1：

企业境外投资证书（样式）

境外投资证第　　　　号

XX公司右页所列境外投资符合《境外投资管理办法》（商务部令2014年第3号）有关规定，现予以颁发《企业境外投资证书》。

公司自领取本证书之日起2年内，未从事右页所列境外投资，证书自动失效。

公司开展境外投资业务应认真遵守境内外相关的法律法规和政策。

发证机关（盖章）

年　　月　　日

境外企业（最终目的地）	名称			国家/地区	
设立方式	□新设		□并购		□变更
投资主体	中方名称			股比	
			外方名称		股比
投资总额	中方		万元人民币（折合		万美元）
	外方		万元人民币（折合		万美元）
中方境内现金出资实际币种和金额	币种			金额（单位：万）	
中方投资构成（单位：万元人民币）	境内	现　金	自有资金		
			银行贷款		
		实　物			
		无形资产			
		股　权			
		其　他			
	境外	自有资金			
		银行贷款			
		其　他			
经营范围					
申报文号				核准或备案文号	
投资路径（仅限第一层级境外企业）	名称			国家/地区	
备　注					

附件 1－2：

境外投资备案表（样式）

单位：万美元

<table>
<tr><td colspan="5">【系统统一编号】</td></tr>
<tr><td>基本事由</td><td colspan="4"></td></tr>
<tr><td rowspan="4">境内投资主体</td><td colspan="2">名称：</td><td rowspan="4">联系人</td><td>姓名：</td></tr>
<tr><td colspan="2">法定代表人：</td><td>座机：</td></tr>
<tr><td colspan="2">地址：</td><td>手机：</td></tr>
<tr><td colspan="2">所有制类型：（下拉列表选择）</td><td>电子邮件：</td></tr>
<tr><td>主管部门/集团总部</td><td colspan="4"></td></tr>
<tr><td>投资路径（仅限第一层级境外企业）</td><td colspan="3">名称：（可视情增加）</td><td>国家（地区）：</td></tr>
<tr><td>境外投资最终目的地</td><td colspan="4">国家（地区）： 省（州）： 城市：</td></tr>
<tr><td>境外企业名称（最终目的地）</td><td colspan="4">中文：
外文：</td></tr>
<tr><td rowspan="4">股权结构</td><td rowspan="2">中方</td><td colspan="2">股东 1：</td><td>股比：</td></tr>
<tr><td colspan="2">股东 2：（可视情增加）</td><td>股比：</td></tr>
<tr><td rowspan="2">外方</td><td colspan="2">股东 1：</td><td>股比：</td></tr>
<tr><td colspan="2">股东 2：</td><td>股比：</td></tr>
<tr><td>设立方式</td><td colspan="4">○新设 ○并购 ○变更</td></tr>
<tr><td>经营范围</td><td colspan="4"></td></tr>
<tr><td rowspan="2">境外企业所属行业</td><td colspan="4">（下拉式列表选择）</td></tr>
<tr><td colspan="4">○ 是否属于涉及出口国家限制出口的产品和技术的行业
○ 是否属于影响一国（地区）以上利益的行业</td></tr>
<tr><td>注册资本</td><td colspan="4">______，中方占 %股份，外方占 %股份</td></tr>
<tr><td>投资规模</td><td colspan="4">投资总额______（折合______万元人民币），其中，1. 中方投资额______（折合______万元人民币）；2. 外方投资额______（折合______万元人民币）。折算汇率：</td></tr>
<tr><td rowspan="2">中方出资币种和金额（单位：万）</td><td colspan="3">币种 1：</td><td>金额：</td></tr>
<tr><td colspan="3">币种 2：（可视情增加）</td><td>金额：</td></tr>
</table>

（续）

<table>
<tr><td rowspan="2">中方投资的构成
（单位：万美元）</td><td>境内</td><td>1. 现金出资______（包括股东借款等债权出资），其中：自有资金______，银行贷款______包括项目融资）；
2. 实物出资______；
3. 无形资产______；
4. 股权出资______；
5. 其他______。</td></tr>
<tr><td>境外</td><td>1. 自有资金______；
2. 银行贷款______（包括内保外贷、外保外贷等）；
3. 其他______。</td></tr>
<tr><td rowspan="2">投资具体情况</td><td>项目简况</td><td>（包括经营内容、规模、产品/市场、配套基础设施、投资回收期等。如属于并购类投资，需包括并购目标公司的生产经营状况、资产财务状况以及具体收购方案等）</td></tr>
<tr><td>项目意义</td><td>（包括带动出口、获取技术、获得或建立营销网络、创造当地就业和税收等情况）</td></tr>
<tr><td colspan="3">本单位承诺本表中涉及的投资无以下情形：
（一）危害中华人民共和国国家主权、安全和社会公共利益，或违反中华人民共和国法律法规；
（二）损害中华人民共和国与有关国家（地区）关系；
（三）违反中华人民共和国缔结或者参加的国际条约、协定；
（四）出口中华人民共和国禁止出口的产品和技术。
本单位保证以上填报事项及材料的真实性，承诺遵守中华人民共和国及投资目的地相关法律法规，并按照《境外投资管理办法》（商务部令 2014 年第 3 号）的规定开展境外投资。

企业盖章：

年　月　日</td></tr>
<tr><td colspan="3">注：实行核准管理的国家中，与我国未建交的国家名单参见中华人民共和国外交部网站（cs. mfa. gov. cn/zlbg/bgzl/qtzl/t1094257. shtml）；受联合国制裁的国家名单参见联合国中文网站（www. un. org/chinese/sc/committees/list _ compend. shtml）。</td></tr>
<tr><td colspan="3">以下由商务部或省级商务主管机关填写：</td></tr>
</table>

初核		复核		签发	

附件 1－3：

境外投资申请表（样式）

单位：万美元

<table>
<tr><td colspan="6" align="right">【系统统一编号】</td></tr>
<tr><td>基本事由</td><td colspan="5"></td></tr>
<tr><td rowspan="4">境内投资主体</td><td colspan="3">名称：</td><td rowspan="4">联系人</td><td>姓名：</td></tr>
<tr><td colspan="3">法定代表人：</td><td>座机：</td></tr>
<tr><td colspan="3">地址：</td><td>手机：</td></tr>
<tr><td colspan="3">所有制类型：（下拉列表选择）</td><td>电子邮件：</td></tr>
<tr><td>主管部门/集团总部</td><td colspan="5"></td></tr>
<tr><td>投资路径（仅限第一层级境外企业）</td><td colspan="3">名称：（可视情增加）</td><td colspan="2">国家（地区）：</td></tr>
<tr><td>境外投资
最终目的地</td><td colspan="5">国家（地区）：　　　　省（州）：　　　　城市：</td></tr>
<tr><td>境外企业名称
（最终目的地）</td><td colspan="5">中文：
外文：</td></tr>
<tr><td>注册资本</td><td colspan="5">______，中方占　　%股份，外方占　　%股份</td></tr>
<tr><td rowspan="4">股权结构</td><td rowspan="2">中方</td><td colspan="2">股东 1：</td><td colspan="2">股比：</td></tr>
<tr><td colspan="2">股东 2：（可视情增加）</td><td colspan="2">股比：</td></tr>
<tr><td rowspan="2">外方</td><td colspan="2">股东 1：</td><td colspan="2">股比：</td></tr>
<tr><td colspan="2">股东 2：</td><td colspan="2">股比：</td></tr>
<tr><td>设立方式</td><td colspan="5">○新设　　　　○并购　　　　○变更</td></tr>
<tr><td>经营范围</td><td colspan="5"></td></tr>
<tr><td rowspan="2">境外企业所属行业</td><td colspan="5">（下拉式列表选择）</td></tr>
<tr><td colspan="5">○　是否属于涉及出口国家限制出口的产品和技术的行业
○　是否属于影响一国（地区）以上利益的行业</td></tr>
<tr><td>投资规模</td><td colspan="5">投资总额________（折合________万元人民币），其中，1. 中方投资额________（折合________万元人民币）；2. 外方投资额________（折合________万元人民币）。折算汇率：</td></tr>
<tr><td rowspan="2">中方出资币种
和金额（单位：万）</td><td colspan="3">币种 1：</td><td colspan="2">金额：</td></tr>
<tr><td colspan="3">币种 2：（可视情增加）</td><td colspan="2">金额：</td></tr>
</table>

（续）

<table>
<tr><td rowspan="2">中方投资的构成（单位：万美元）</td><td>境内</td><td>1. 现金出资______（包括股东借款等债权出资），其中：自有资金______，银行贷款______（包括项目融资）；
2. 实物出资______；
3. 无形资产______；
4. 股权出资______；
5. 其他______。</td></tr>
<tr><td>境外</td><td>1. 自有资金______；
2. 银行贷款______（包括内保外贷、外保外贷等）；
3. 其他______。</td></tr>
<tr><td rowspan="2">投资具体情况</td><td>项目简况</td><td>（包括经营内容、规模、产品/市场、配套基础设施、投资回收期等。如属于并购类投资，需包括并购目标公司的生产经营状况、资产财务状况以及具体收购方案等）</td></tr>
<tr><td>项目意义</td><td>（包括带动出口、获取技术、获得或建立营销网络、创造当地就业和税收等情况）</td></tr>
<tr><td colspan="3">本单位承诺本表中涉及的投资无以下情形：
（一）危害中华人民共和国国家主权、安全和社会公共利益，或违反中华人民共和国法律法规；
（二）损害中华人民共和国与有关国家（地区）关系；
（三）违反中华人民共和国缔结或者参加的国际条约、协定；
（四）出口中华人民共和国禁止出口的产品和技术。
本单位保证以上填报事项及材料的真实性，承诺遵守中华人民共和国及投资目的地相关法律法规，并按照《境外投资管理办法》（商务部令 2014 年第 3 号）的规定开展境外投资。

企业盖章：

年　　月　　日</td></tr>
<tr><td colspan="3">注：实行核准管理的国家中，与我国未建交的国家名单参见中华人民共和国外交部网站（cs. mfa. gov. cn/zlbg/bgzl/qtzl/t1094257. shtml）；受联合国制裁的国家名单参见联合国中文网站（www. un. org/chinese/sc/committees/list _ compend. shtml）。</td></tr>
<tr><td colspan="3">以下由商务部或省级商务主管机关填写：</td></tr>
</table>

初核		复核		签发	

附件 1－4：

境外中资企业再投资报告表（样式）

单位：万美元

【系统统一编号】			
基本事由			
境外中资企业名称	中文： 外文：	注册地	
再投资境外企业（项目）名称	中文： 外文：	注册地	国家（地区）：（下拉式列表选择） 省（州）： 城市：
再投资规模	投资总额________，其中：1. 自有资金________；2. 境内银行贷款________；3. 境外银行贷款________；4. 其他________。		
再投资简介	（包括经营内容、规模、产品/市场、配套基础设施、投资回收期等。如属于并购类投资，需包括并购目标公司的生产经营状况、资产财务状况以及具体收购方案等）		
注册资本	______		
股权结构	境外中资企业占股比： 其他方股东名称及股比：		
设立方式	○新设　　○并购		
经营范围			
所属行业	（下拉式列表选择）		
多层级再投资报告说明	（如该境外中资企业通过设立多层级企业实现再投资，则需填写此项）		
附件： 1.《企业境外投资证书》（即境外中资企业获得的证书）			
本单位保证以上填报事项及材料的真实性，承诺遵守中华人民共和国及投资目的地相关法律法规，并按照《境外投资管理办法》（商务部令 2014 年第 3 号）的规定开展境外投资。 企业盖章： 年　月　日			

附件 2：

北京市企业境外投资备案事项办事流程

事项名称	北京市企业境外投资备案事项
办理地址	北京市商务委行政事务服务中心办事大厅（南三环方庄桥西北角，丰台区芳星园三区 16、17 号楼一层）
办理电话	87211075、87211093（5 号窗口）
业务咨询电话	87211765、87211766
资料受理时间	周一至周五（9：00—11：30 13：30—17：30）
政策依据	商务部令 2014 年第 3 号《境外投资管理办法》
备案事项范围	1. 北京市商务委受理的境外投资，是指在我市依法设立的企业，通过新设、并购及其他方式在境外拥有非金融企业或取得既有非金融企业所有权、控制权、经营管理权及其他权益的行为。 2. 北京市企业境外投资不涉及敏感国家和地区、敏感行业的，报北京市商务委备案。（注：央企及其所属地方企业报商务部备案）
提交材料目录	1. 通过商务部“境外投资管理系统”（网址：http：//femhzs. mofcom. gov. cn/fecpmvc/pages/fem/LoginedHome. html）按要求填写并打印《境外投资备案表》，加盖公章。 2. 境内投资主体企业营业执照复印件。
办理程序	北京市企业向北京市商务委员会提交相关书面材料，经审核通过后予以备案。
办理时限	3 个工作日
办理决定	对予以备案的境外投资，北京市商务委颁发《企业境外投资证书》或《企业境外机构证书》
备注	1. 两个以上企业共同投资设立境外企业，应由相对大股东在征求其他投资方书面同意后办理备案。如各方持股比例相等，应协商后由一方办理。 2. 企业申请备案事项，不得有商务部令 2014 年第 3 号《境外投资管理办法》第四条规定的情形：（1）危害中华人民共和国国家主权、安全和社会公共利益，或违反中华人民共和国法律法规；（2）损害中华人民共和国与有关国家（地区）关系；（3）违反中华人民共和国缔结或者参加的国际条约、协定；（4）出口中华人民共和国禁止出口的产品和技术。 3. 企业对其投资的境外企业的冠名应当符合境内外法律法规和政策规定。未按国家有关规定获得批准的企业，其境外企业名称不得使用“中国”、“中华”等字样。 4. 敏感国家是指与中华人民共和国未建交的国家、受联合国制裁的国家（未建交国家参见中华人民共和国外交部网站 cs. mfa. gov. cn/zlbg/bgzl/qtzl/t1094257. shtml；受联合国制裁国家参见联合国中文网站 www. un. org/chinese/sc/committees/list _ compend. shtml）。敏感行业是指涉及出口中华人民共和国限制出口的产品和技术的行业、影响一国（地区）以上利益的行业。 5.《证书》按照境外投资最终目的地颁发。最终目的地是企业投资最终用于项目建设或持续生产经营的所在地。

附件3：

北京市企业境外投资核准事项办事流程

事项名称	北京市企业境外投资核准事项
办理地址	北京市商务委行政事务服务中心办事大厅（南三环方庄桥西北角，丰台区芳星园三区16、17号楼一层）
办理电话	87211075、87211093（5号窗口）
业务咨询电话	87211765、87211766
资料受理时间	周一至周五（9：00—11：30 13：30—17：30）
政策依据	商务部令2014年第3号《境外投资管理办法》
核准事项范围	1. 北京市商务委受理的境外投资，是指在我市依法设立的企业，通过新设、并购及其他方式在境外拥有非金融企业或取得既有非金融企业所有权、控制权、经营管理权及其他权益的行为。 2. 企业境外投资涉及敏感国家和地区、敏感行业的，实行核准管理。(参见备注4) 3. 实行核准管理的国家是指与中华人民共和国未建交的国家、受联合国制裁的国家。必要时，商务部可另行公布其他实行核准管理的国家和地区的名单。 4. 实行核准管理的行业是指涉及出口中华人民共和国限制出口的产品和技术的行业、影响一国（地区）以上利益的行业。 5. 对属于核准情形的境外投资，中央企业及其所属地方企业向商务部提出申请，北京市企业通过北京市商务委向商务部提出申请。
提交材料目录	1. 申请书，主要包括投资主体情况、境外企业名称、股权结构、投资金额、经营范围、经营期限、投资资金来源、投资具体内容； 2.《境外投资申请表》，企业应当通过“境外投资管理系统”（网址：http://femhzs.mofcom.gov.cn/fecpmvc/pages/fem/LoginedHome.html）按要求填写打印，并加盖公章； 3. 境外投资相关合同或协议； 4. 有关部门对境外投资所涉的属于中华人民共和国限制出口的产品或技术准予出口的材料； 5. 企业营业执照复印件。
办理程序	北京市企业向北京市商务委员会提出申请（材料一式两套），经北京市商务主管部门征求我驻外使（领）馆经商处（室）意见后，出具初步审查意见，报商务部核准。
办理时限	1. 北京市商务委员会初审时限：15个工作日 2. 商务部核准时限：15个工作日

（续）

办理决定	对予以核准的境外投资，北京市商务委转发商务部出具的书面核准决定及《企业境外投资证书》或《企业境外机构证书》。
备注	1. 两个以上企业共同投资设立境外企业，应由相对大股东在征求其他投资方书面同意后在主办企业所在地商务主管部门申请。如各方持股比例相等，应协商后由一方在主办企业所在地商务主管部门申请。 2. 企业申请核准事项，不得有商务部令 2014 年第 3 号《境外投资管理办法》第四条规定的情形：(1) 危害中华人民共和国国家主权、安全和社会公共利益，或违反中华人民共和国法律法规；(2) 损害中华人民共和国与有关国家（地区）关系；(3) 违反中华人民共和国缔结或者参加的国际条约、协定；(4) 出口中华人民共和国禁止出口的产品和技术。 3. 企业对其投资的境外企业的冠名应当符合境内外法律法规和政策规定。未按国家有关规定获得批准的企业，其境外企业名称不得使用“中国”、“中华”等字样。 4. 敏感国家是指与中华人民共和国未建交的国家、受联合国制裁的国家（未建交国家参见中华人民共和国外交部网站 cs. mfa. gov. cn/zlbg/bgzl/qtzl/t1094257. shtml；受联合国制裁国家参见联合国中文网站 www. un. org/chinese/sc/committees/list _ compend. shtml)。敏感行业是指涉及出口中华人民共和国限制出口的产品和技术的行业、影响一国（地区）以上利益的行业。 5.《证书》按照境外投资最终目的地颁发。最终目的地是企业投资最终用于项目建设或持续生产经营的所在地。

附件 4：

北京市企业境外投资变更和终止事项办理流程

事项名称	北京市企业境外投资变更和终止事项
办理地址	北京市商务委行政事务服务中心办事大厅（南三环方庄桥西北角，丰台区芳星园三区16、17 号楼一层）
办理电话	87211075、87211093（5 号窗口）
业务咨询电话	87211765、87211766
资料受理时间	周一至周五（9：00—11：30　13：30—17：30）
政策依据	商务部令 2014 年第 3 号《境外投资管理办法》
变更和终止事项范围	1. 企业境外投资经备案或核准后，原《证书》载明的境外投资事项发生变更的，企业应当按原备案或核准程序办理变更手续。 2. 企业终止已备案或核准的境外投资，应当在依投资目的地法律办理注销等手续后，向原备案或核准的商务部或北京市商务委报告。商务部或北京市商务委根据报告出具注销确认函。
提交材料目录	1. 变更事项：参照原先办理备案或核准的材料内容提交(http://femhzs. mofcom. gov. cn/fecpmvc/pages/fem/LoginedHome. html)。 2. 终止事项：(1) 企业关于终止境外投资的书面报告；(2)《企业境外投资证书》原件。
办理程序	北京市企业向北京市商务委员会提交相关材料，经北京市商务委或商务部审核通过后完成变更或终止。
办理时限	备案情形：3 个工作日；核准情形：15 个工作日
办理决定	1. 对予以变更的境外投资，北京市商务委换发《企业境外投资证书》。 2. 对予以终止的境外投资，北京市商务委出具注销确认函，收回并注销相关《证书》。
备注	终止是指原经备案或核准的境外企业不再存续或企业不再拥有原经备案或核准的境外企业的股权等任何权益。

附件 5：

北京市企业境外再投资办事流程

事项名称	北京市企业境外再投资事项
办理地址	北京市商务委行政事务服务中心办事大厅（南三环方庄桥西北角，丰台区芳星园三区 16、17 号楼一层）
办理电话	87211075、87211093（5 号窗口）
业务咨询电话	87211765、87211766
资料受理时间	周一至周五（9：00—11：30　13：30—17：30）
政策依据	商务部令 2014 年第 3 号《境外投资管理办法》
再投资报告事项范围	1. 北京市企业投资的境外企业开展境外再投资，在完成境外法律手续后，企业应当向北京市商务委报告
提交材料目录	《再投资报告表》
办理程序	通过商务部“境外投资管理系统”（网址：http：//femhzs. mofcom. gov. cn/fecpmvc/pages/fem/LoginedHome. html）按要求填报相关信息，打印《再投资报告表》并加盖印章后报北京市商务委
办理时限	3 个工作日
办理决定	北京市商务委确认《再投资报告表》信息完整准确后即完成报告
备注	1. 企业境外投资事项，不得有商务部令 2014 年第 3 号《境外投资管理办法》第四条规定的情形：（1）危害中华人民共和国国家主权、安全和社会公共利益，或违反中华人民共和国法律法规；（2）损害中华人民共和国与有关国家（地区）关系；（3）违反中华人民共和国缔结或者参加的国际条约、协定；（4）出口中华人民共和国禁止出口的产品和技术。 2. 企业对其投资的境外企业的冠名应当符合境内外法律法规和政策规定。未按国家有关规定获得批准的企业，其境外企业名称不得使用“中国”、“中华”等字样。

关于2015年商业流通发展项目申报工作的通知

京商务财务字〔2014〕38号

各区县商务委、财政局，各有关单位：

根据《北京市商业流通发展专项资金管理暂行办法》、《北京市支持中小企业发展专项资金管理暂行办法》等规定，结合首都城市战略定位和全市商务重点工作任务，征集2015年市级重点引导扶持的商业流通发展项目。2015年北京市商业流通发展专项资金主要用于支持促进本市商业服务业的提升发展和转型升级，对促进民生商业发展、具有示范作用的公共服务平台、绿色发展和京津冀协同发展项目将优先给予扶持，具体事项通知如下：

一、2015年商业专项资金的重点支持范围

（一）商业流通发展资金支持范围

1. 农产品流通体系建设项目。支持全市规划布局内的农产品批发市场基础设施建设和监控、信息、电子结算、检测检疫、废弃物污水环保处理等中心建设及加工、冷藏、配送中心的升级改造。重点蔬菜零售企业配送中心的升级改造。

2. 农超对接项目。支持开展农超对接的超市通过增加对接农业合作社和农产品基地数量，免除农产品进店费、缩短账期，加强农产品品牌店面宣传等，降低农产品流通成本，扩大超市果蔬农产品直采销售规模。

3. 郊区现代流通网络建设项目。支持郊区连锁商业企业开展商品联合采购，降低商品流通成本，提高商品特别是食品的统一配送率。

4. 商务楼宇、商务服务业集聚区公共服务平台升级改造和培育发展项目。支持商务楼宇和商务服务业集聚区公共平台、公共设施、公共环境等升级改造。

5. 总部经济集聚培育和公共服务平台建设项目。突出区域特色，培育和打造一批总部经济集聚区。支持总部经济集聚发展、提升服务品质、公共服务设施改造升级、公共服务平台及公共服务信息系统建设的相关项目。

6. 商业设施升级改造项目。支持特色商业街（区）的升级改造、大中型商业设施停车引导系统升级改造、大中型商业设施无障碍设施升级改造，改善经营环境，提高服务质量。

7. 商业流通领域信息化环境建设及电子商务项目。支持商贸、餐饮企业开展基于完善购物环境、提升消费者体验的WIFI等基础设施建设、移动终端设备应用等信息化建设项目；支持电子商务企业应用移动互联网等新模式，引领行业创新发展；鼓励商贸流通企业积极开展电子发票试点应用；支持农产品流通、商业服务业等领域电子商务示范应用；支持面向中小企业提供一站式服务的大宗商品交易平台、B2C及B2B综合平台建设。

8. 现代物流发展项目。支持城市运行保障物流、城市末端配送、冷链物流、现代物流新模式、物流技术应用、物流信息化标准化建设等示范类、升级类项目。

9. 促进二手车流通项目。支持全市规划布局内的二手车交易市场、报废汽车拆解厂升级改造；支持全市规划布局内的二手车交易市场、大型汽车经销企业及二手车经营主体创新商业模式，促进二手车流通。

10. 再生资源回收体系建设项目。支持再生资源回收龙头企业回收分拣设施建设、专业化绿色车队建设和信息化平台建设项目。

11. 鼓励商业流通领域开展节能减排、绿色低碳和污染控制项目。支持企业开展照明、暖通空调、电梯、冷冻冷藏等能耗设施设备的节能、节水、减排技术改造及新能源利用项目；鼓励企业采用信息化、自动化等先进技术和手段，提高节能低碳管理水平；鼓励企业实施清洁能源改造项目，减少环境污染。

（二）中小企业发展资金支持范围

1. 促进生活性服务业发展项目。支持生活服务业企业连锁化、规范化发展建设项目，支持中华传统技艺技能大师工作室建设和带徒传承；支持行业公共服务平台建设项目；支持行业组织制定、修订行业规范标准，开展贯标活动和行业宣传活动，开展从业人员岗位服务技能培训，开展公益便民服务。

2. 促进餐饮业发展项目。支持大众连锁餐饮企业建设或改造主食加工配送中心，在社区新建连锁店铺，完善订餐等信息平台，鼓励餐饮企业开设老年餐桌。支持餐饮企业采取互联网、冷链配送等先进技术，加大智慧型餐饮自提柜研发和推广，促进智慧型餐饮自提柜进社区、进商务楼宇，提高社区居民和上班族餐饮消费便利度。

3. 社区商业建设项目。支持发展社区商业便民服务连锁门店、社区商业便民服务综合体，鼓励社区电子商务应用等社区商业便民服务模式创新。

4. 老字号创新发展项目。支持老字号企业建立传承人工作室、博物馆、非遗展厅，培养老字号传统技艺传承人才；进行工艺技术改造、研发新产品，加强原料基地和食品安全建设，进行产品包装设计，提高产品质量和工艺技术水平，环保节能改造；鼓励老字号企业开展连锁经营，进行海外商标注册、海外维权等知识产权保护。

5. 商业品牌提升项目。支持中小商贸企业创意设计与品牌提升，研发设计新产品新包装；进行企业标识 logo 新的创意设计；企业店铺形象 VI 升级设计；拓展国内外市场开展展示、推介活动。支持为中小商贸企业提供品牌研发、注册认证等专业化服务项目，打造品牌信息公共服务平台。

二、项目申报条件

（一）在北京市登记注册、独立核算、内部管理规范、核心业务突出的企业、机构、经济组织等单位；

（二）申报单位经营状况良好，财务管理制度健全；

（三）申报单位依法经营，近年无违法违规记录；

（四）申报项目应在计划期内启动，并能够按申报计划实施；

（五）同一项目已享受政府其他专项补助资金的，原则上不得重复申报；

（六）申请中小企业资金支持的项目单位应符合《北京市支持中小企业发展专项资金管理暂行办法》的有关规定和国家规定的中小企业标准。

三、项目申报材料

（一）项目申报书、项目可行性报告；

（二）项目申报单位承诺书；

（三）项目单位法人证明文件复印件（营业执照、组织机构代码证书、法定代表人身份证明等）；

（四）项目单位近两年财务报表（资产负债表、损益表、现金流量表）；

（五）申请贷款贴息的项目，需出具项目单位与有关金融机构签订的贷款合同、银行贷款进账单、利息凭证等材料复印件；

（六）项目已发生费用明细表；

（七）其他与项目相关的证明材料。

项目申报单位请登录 http://219.232.192.34:9002/xmsb/网页进行网上项目申报，企业注册后，点击企业登录填报项目申报书。项目申报书在网上填报后导出并打印，项目纸制申请材料一式两份，应按顺序装订成册，并加盖单位公章。

四、项目申报程序

凡依法纳税，诚信经营，符合本市商业发展规划及商业流通发展资金、中小企业发展资金使用原则和支持范围的企业、机构、经济组织等单位均可申请，根据项目建设进度择优扶持。

（一）区县级支持项目向区县商务委提交申报材料，经区县商务委、财政局初审合格后，由区县商务委将符合条件的项目汇总后报市商务委。

（二）市级企业项目向市属商业总公司（企业集团）提交申报材料，经初审合格后，由市属商业总公司（企业集团）将符合条件的项目汇总后报市商务委。

五、时间安排

项目集中申报时间截至 2014 年 10 月 31 日，各区县商务委、市属商业企业集团应于 2014 年 11 月 6 日前上报汇总材料。

六、工作要求

（一）各项目申报单位要确保申报材料内容真实、准确、完整，保证项目各项建设手续合规、项目建设资金落实到位、项目按时保质完成，并向市商务委做出书面承诺。获得专项资金支持的各项目单位在项目完工后 1 个月内应将项目实施、资金使用等情况向主管部门书面报告。

（二）各主管部门应积极组织企业进行申报，对申报项目材料的规范性、完整性及真实性等进行具体指导和审核，严格把关，认真做好项目征集、审核等相关工作。

（三）各主管部门应加强对已支持项目的后续指导和执行情况的监管，定期对项目进行监督检查，确保项目实施效果，提高财政资金的使用效益。

（四）项目单位获得商业专项资金扶持后，应将专项资金列入“营业外收入”科目核算。

联系人：北京市商务委员会财务处
张景云

电　话：87211635

联系人：北京市财政局经建一处
查晓倩

电　话：68423851

联系人：系统维护公司　沈宝存

电　话：65395193　13581920853

附件 1. 项目申报书

附件 2. 项目申报单位承诺书

附件 3. 项目已发生费用明细表

附件 4. 项目贷款及付息情况表

附件 5. 2015 年市商业专项资金申报项目情况表

附件 6. 2015 年市商业专项资金申报项目汇总表

附件 7. 中小企业划型标准规定

附件 1：

项目申请表

项目名称：	
项目单位：	
企业注册地：	
申报日期：	

项目信息表

项目名称			
项目负责人		手机电话	
单位地址		邮政编码	
注册资本		办公电话	
上年收入		企业规模	
项目申请理由 及项目主要内容			
项目经济效益			
项目社会效益			
阶段性目标	实施阶段	目标内容	起止时间（年月）
	第一阶段		
	第二阶段		
	第三阶段		
项目组织实施条件			

项目支出预算明细表

<table>
<tr><td colspan="2">项目名称</td><td colspan="2"></td></tr>
<tr><td rowspan="27">项目支出预算及测算依据</td><td rowspan="9">项目资金来源</td><td>来源项目</td><td>申报额（万元）</td></tr>
<tr><td></td><td></td></tr>
<tr><td>项目总投资</td><td></td></tr>
<tr><td>其中：自筹资金</td><td></td></tr>
<tr><td>银行贷款</td><td></td></tr>
<tr><td></td><td></td></tr>
<tr><td></td><td></td></tr>
<tr><td></td><td></td></tr>
<tr><td></td><td></td></tr>
<tr><td rowspan="17">项目支出明细预算</td><td>支出明细项目</td><td>金额（万元）</td></tr>
<tr><td>合计</td><td></td></tr>
<tr><td></td><td></td></tr>
<tr><td></td><td></td></tr>
<tr><td></td><td></td></tr>
<tr><td></td><td></td></tr>
<tr><td></td><td></td></tr>
<tr><td></td><td></td></tr>
<tr><td></td><td></td></tr>
<tr><td></td><td></td></tr>
<tr><td></td><td></td></tr>
<tr><td></td><td></td></tr>
<tr><td></td><td></td></tr>
<tr><td></td><td></td></tr>
<tr><td></td><td></td></tr>
<tr><td></td><td></td></tr>
<tr><td></td><td></td></tr>
<tr><td>预算依据及说明</td><td colspan="2"></td></tr>
</table>

项 目 可 行 性 执 行 报 告
一、基本状况   二、必要性与可行性   三、实施条件

附件 2：

项目申报单位承诺书

北京市商务委员会：

我单位将严格按照《北京市商业流通发展专项资金管理暂行办法》、《北京市支持中小企业发展专项资金管理暂行办法》及相关配套管理办法的有关规定组织实施____项目，保证向市商务委及有关部门提供的资料真实、有效，项目建设各项手续齐全、合规，项目建设资金落实到位，项目按计划实施，确保项目建设效果。

我单位承诺保证不出现任何项目建设违法违规行为，如出现上述问题我单位将承担一切责任。

项目单位法人代表：____________ 单位公章

年 月 日

附件 3：

项目已发生费用明细表

填报单位：（公章）

序号	记账时间	会计凭证号	费用名称	金额（元）
1				
2				
3				
4				
5				
6				
7				
8				
9				
10				
11				
12				
13				
14				
15				
16				
17				
18				
19				
20				
	合计			

注：项目已发生费用明细按时间先后顺序填写

附件 4：

项目贷款及付息情况表

填报单位：(公章)　　　　单位：元

序号	贷款银行	贷款用途	贷款起止日期	贷款合同号	贷款金额	贷款利率	付息时间	实际付息额	息单号
贷款一	1								
	2								
	3								
	4								
贷款二	1								
	2								
	3								
	4								
……									
		合计							

附件 5：

2015 年市商业专项资金申报项目情况表

填报单位：（公章）　　　　　　　　　　　　　　　　单位：万元

企业性质				
注册资本				
上年度销售额				
企业职工人数				
企业类型	中小企业		非中小企业	
申请资金类型	中小企业 发展资金		商业流通 发展资金	
项目计划投资总额				
其中：自筹资金				
银行贷款				
项目进度	开工时间		完工时间	
项目已投资及建设情况				
项目负责人				
办公电话				
手机				

填报人：　　　　　　　　联系电话：　　　　　　　　审核人：

附件 6：

2015 年市商业专项资金申报项目情况汇总表

填报单位：（盖章） 单位：万元

序号	项目单位	项目名称	计划投资			企业性质	企业注册资金	项目已投资	项目进度		项目负责人	办公电话	手机	项目主要内容	项目主要支出预算
			总额	自筹资金	银行贷款				开工时间	完工时间					
一	市商业流通发展资金项目														
二	市支持中小企业发展专项资金项目														
总计															

填报人： 审核人：

备注：此表由区县商务委、财政局，市属商业企业集团填报。

附件7：

中小企业划型标准规定

一、根据《中华人民共和国中小企业促进法》和《国务院关于进一步促进中小企业发展的若干意见》（国发〔2009〕36号），制定本规定。

二、中小企业划分为中型、小型、微型三种类型，具体标准根据企业从业人员、营业收入、资产总额等指标，结合行业特点制定。

三、本规定适用的行业包括：农、林、牧、渔业，工业（包括采矿业，制造业，电力、热力、燃气及水生产和供应业），建筑业，批发业，零售业，交通运输业（不含铁路运输业），仓储业，邮政业，住宿业，餐饮业，信息传输业（包括电信、互联网和相关服务），软件和信息技术服务业，房地产开发经营，物业管理，租赁和商务服务业，其他未列明行业（包括科学研究和技术服务业，水利、环境和公共设施管理业，居民服务、修理和其他服务业，社会工作，文化、体育和娱乐业等）。

四、各行业划型标准为：

（一）农、林、牧、渔业。营业收入2000万元以下的为中小微型企业。其中，营业收入500万元及以上的为中型企业，营业收入50万元及以上的为小型企业，营业收入50万元以下的为微型企业。

（二）工业。从业人员1000人以下或营业收入40000万元以下的为中小微型企业。其中，从业人员300人及以上，且营业收入2000万元及以上的为中型企业；从业人员20人及以上，且营业收入300万元及以上的为小型企业；从业人员20人以下或营业收入300万元以下的为微型企业。

（三）建筑业。营业收入80000万元以下或资产总额80000万元以下的为中小微型企业。其中，营业收入6000万元及以上，且资产总额5000万元及以上的为中型企业；营业收入300万元及以上，且资产总额300万元及以上的为小型企业；营业收入300万元以下或资产总额300万元以下的为微型企业。

（四）批发业。从业人员200人以下或营业收入40000万元以下的为中小微型企业。其中，从业人员20人及以上，且营业收入5000万元及以上的为中型企业；从业人员5人及以上，且营业收入1000万元及以上的为小型企业；从业人员5人以下或营业收入1000万元以下的为微型企业。

（五）零售业。从业人员300人以下或营业收入20000万元以下的为中小微型企业。其中，从业人员50人及以上，且营业收入500万元及以上的为中型企业；从业人员10人及以上，且营业收入100万元及以上的为小型企业；从业人员10人以下或营业收入100万元以下的为微型企业。

（六）交通运输业。从业人员1000人以下或营业收入30000万元以下的为中小微型企业。其中，从业人员300人及以上，且营业收入3000万元及以上的为中型企业；从业人员20人及以上，且营业收入200万元及以上的为小型企业；从业人员20人以下或营业收入200万元以下的为微型企业。

（七）仓储业。从业人员200人以下或营业收入30000万元以下的为中小微型企业。其中，从业人员100人及以上，且营业收入1000万元及以上的为中型企业；从业人员20人及以上，且营业收入100万元及以上的为小型企业；从业人员20人以下或营业收入100万元以下的为微型企业。

（八）邮政业。从业人员1000人以下或营业收入30000万元以下的为中小微型企业。其中，从业人员300人及以上，且营业收入2000万元及以上的为中型企业；从业人员20人及以上，且营业收入100万元及以上的为小型企业；从业人员20人以下或营业收入100万元以下的为微型企业。

（九）住宿业。从业人员300人以下或营业收入10000万元以下的为中小微型企业。其中，从业人员100人及以上，且营业收入2000万元及以上的为中型企业；从业人员10人及以上，且营业收入100万元及以上的为小型企业；从业人员10人以下或营业收入100万元以下的为微型企业。

（十）餐饮业。从业人员300人以下或营业收入10000万元以下的为中小微型企业。其中，从业人员100人及以上，且营业收入2000万元及以上的为中型企业；从业人员10人及以上，且营业收入100万元及以上的为小型企业；从业人员10人以下或营业收入100万元以下的为微型企业。

（十一）信息传输业。从业人员2000人以下或营业收入100000万元以下的为中小微型企业。其中，从业人员100人及以上，且营业收入1000万元及以上的为中型企业；从业人员10人及以上，且营业收入100万元及以上的为小型企业；从业人员10人以下或营业收入100万元以下的为微型企业。

（十二）软件和信息技术服务业。从业人员300人以下或营业收入10000万元以下的为中小微型企业。其中，从业人员100人及以上，且营业收入1000万元及以上的为中型企业；从业人员10人及以上，且营业收入50万元及以上的为小型企业；从业人员10人以下或营业收入50万元以下的为微型企业。

（十三）房地产开发经营。营业收入200000万元以下或资产总额10000万元以下的为中小微型企业。其中，营业收入1000万元及以上，且资产总额5000万元及以上的为中型企业；营业收入 100 万元及以上，且资产总额2000万元及以上的为小型企业；营业收入 100 万元以下或资产总额2000万元以下的为微型企业。

（十四）物业管理。从业人员1000人以下或营业收入5000万元以下的为中小微型企业。其中，从业人员 300 人及以上，且营业收入1000万元及以上的为中型企业；从业人员 100 人及以上，且营业收入 500 万元及以上的为小型企业；从业人员 100 人以下或营业收入 500 万元以下的为微型企业。

（十五）租赁和商务服务业。从业人员 300 人以下或资产总额120000万元以下的为中小微型企业。其中，从业人员 100 人及以上，且资产总额8000万元及以上的为中型企业；从业人员 10 人及以上，且资产总额 100 万元及以上的为小型企业；从业人员 10 人以下或资产总额 100 万元以下的为微型企业。

（十六）其他未列明行业。从业人员 300 人以下的为中小微型企业。其中，从业人员 100 人及以上的为中型企业；从业人员 10 人及以上的为小型企业；从业人员 10 人以下的为微型企业。

五、企业类型的划分以统计部门的统计数据为依据。

六、本规定适用于在中华人民共和国境内依法设立的各类所有制和各种组织形式的企业。个体工商户和本规定以外的行业，参照本规定进行划型。

七、本规定的中型企业标准上限即为大型企业标准的下限，国家统计部门据此制定大中小微型企业的统计分类。国务院有关部门据此进行相关数据分析，不得制定与本规定不一致的企业划型标准。

八、本规定由工业和信息化部、国家统计局会同有关部门根据《国民经济行业分类》修订情况和企业发展变化情况适时修订。

九、本规定由工业和信息化部、国家统计局会同有关部门负责解释。

十、本规定自发布之日起执行，原国家经贸委、原国家计委、财政部和国家统计局 2003 年颁布的《中小企业标准暂行规定》同时废止。

关于推进商务行业安全生产隐患排查治理体系建设的实施意见

京商务安字〔2014〕16号

各区（县）商务部门，开发区商务局，市商务执法监察大队和机关各处室，各有关单位：

为切实防范和减少各类生产安全事故，保障商务行业安全发展，根据《北京市人民政府关于推进安全生产事故隐患排查治理体系建设的意见》和《北京市安全生产事故隐患排查治理体系建设三年行动计划》，结合商务行业安全生产管理工作实际，现就商务行业推进安全生产隐患排查治理体系建设提出如下实施意见。

一、指导思想和工作目标

（一）指导思想

认真贯彻落实党中央、国务院和市委市政府领导关于安全生产的一系列重要指示、指示精神，牢固树立安全生产“红线”意识和“以人为本、安全发展”理念，坚持“安全第一、预防为主、综合治理”方针，进一步落实企业安全生产主体责任，完善运行机制，健全政策措施，建立科学有效的安全生产隐患排查体系，推动实现安全生产隐患排查治理工作法治化、标准化、信息化和社会化。

（二）工作目标

力争用3到5年时间，建立起“职责明确、机制健全、标准清晰、政企互动、社会参与、运转高效”的安全生产隐患排查治理体系，实现企业安全管理能力和行业安全生产管理水平双提升，全行业安全生产环境普遍改善，有效防范有影响的生产安全事故发生，持续保持良好的商务运行环境。

二、明确工作职责，强化隐患排查治理主体责任和行业管理责任

（一）严格落实企业安全生产隐患排查治理主体责任

企业是安全生产的责任主体，也是安全生产隐患排查、治理和防控的责任主体，对本单位的隐患排查和治理工作负全部责任。

1. 企业要严格落实安全生产隐患排查治理责任制，加强安全生产隐患排查治理组织机构建设，建立并严格落实主要负责人、部门负责人、班组负责人和具体岗位从业人员的安全生产隐患排查治理责任制，并明确各岗位的责任人员、责任范围和考核标准等内容。主要负责人是本单位事故隐患排查治理的第一责任人，对本单位事故隐患排查治理工作全面负责。

2. 企业要制定符合生产经营活动特点的安全生产隐患排查标准。安全管理人员和

从业人员要开展日常性的安全检查；主要负责人要定期组织安全生产管理人员、专业技术人员和其他人员进行全面的事故隐患排查；设置的安全生产管理机构或相关业务机构要定期开展专业性排查或专项排查。日常性排查每周不低于一次，专项排查和全面排查每月不低于一次，并做好记录。

3. 企业要建立健全严格的安全隐患排查治理制度。建立健全安全生产隐患排查、登记、评估、报告、监控、治理、验收、资金保障等规章制度。保障事故隐患排查治理所需的资金，在年度安全生产资金中专门列支，并专款专用。

4. 企业将生产经营项目、场所发包、租赁给其他单位的，应当与承包、承租方签订安全生产管理协议或者在承包、承租合同中订立专门条款，明确各自的事故隐患排查治理职责。并对承包单位的事故隐患排查治理负有统筹协调、督促管理和集中上报的责任，发现承包、承租单位存在事故隐患，要及时督促整改。

（二）严格落实商务部门安全生产隐患排查治理行业管理责任

1. 积极落实职责内的隐患排查治理行业管理责任。北京市人民政府在《北京市人民政府关于印发市政府工作部门安全监管（管理）职责的通知》（京政发〔2004〕22号文）和各部门“三定”规定基础上，进一步明确了市政府部门安全监管（管理）职责，下发了《北京市人民政府关于进一步完善加强市政府工作部门安全监管（管理）职责的通知》（京政发〔2014〕27号文）。各区县也将依据27号文对安全监管（管理）职责进行修订明确。商务部门要按照相关要求，在本行业隐患排查治理体系建设中落实好行业管理责任。

2. 配合有关部门制定发布企业安全生产隐患排查治理标准，检查、督促、指导重大隐患排查治理。

3. 严格落实“一岗双责”有关规定。《北京市安全生产“一岗双责”暂行规定》已经明确了部门主要负责人、安全生产主管领导和其他主管领导在安全生产管理工作中的责任。主要负责人每季度要至少组织召开一次工作会议，研究解决安全生产隐患排查治理工作中存在的重大问题；其他各级领导也要按照安全生产“一岗双责”有关规定，开展经常性的隐患排查治理检查督查工作。

4. 加大经常性的督导检查力度。各单位要制定年度监督检查计划，明确监管检查的频次、方式和重点内容，采取随机抽查、定期检查和专项检查等方式，督导企业的隐患排查治理工作。督导工作应保留相应的记录。督导工作中发现属于其他部门职责范围的事故隐患，应当及时将有关资料移送有管辖权的部门，并记录备查。

三、实施闭环治理，为隐患排查治理运行提供机制保障

（一）完善排查发现机制

企业要建立安全生产隐患风险评估制度，根据企业生产经营特点、生产设备设施性能及原料、货物、作业区域特性确定重点防范的事故风险；严格执行全员、全过程、全方位的安全生产隐患排查制度，开展日常检查、专项检查和全面检查，及时发现工艺系统、基础设施、技术装备、监控设施、场所环境等方面存在的危险状态和安全管理方面存在的缺陷和作业人员的不安全行为。班组每天至少要进行一次安全生产隐患排查；门店每周至少组织一次安全生产隐患排查；集团每月至少组织一次隐患排查治理督查。要建立安全生产隐患登记建档、统计分析和报告制度，如实记录、科学分析、定期保存、按时上报排查发现的安全生产隐患。

商务部门进一步加大经常性安全检查力度，指导督促企业建立和落实安全生产隐患风险评估制度。

（二）完善隐患治理机制

企业对排查发现的一般性安全生产隐患，要立即采取措施予以整改；对重大安全生产隐患，要组织对隐患现状进行评估，制定治理方案，落实治理责任、治理资金、治理措施、治理时限和应急预案，及时排除；严格执行重大安全生产隐患报告制度，对确认的重大隐患，要立即报告政府有关部门，关报送隐患现状报告和治理方案。

商务部门接到重大安全生产隐患报告后，要认真进行核查。符合相关条件的，要及时通报有管辖权的部门。

（三）完善监控防范机制

企业要强化生产过程安全监控，完善报警、通讯、定位、避险和人身防护系统，采取各种技术措施，加强重大安全生产隐患的动态监测、监控。在隐患治理过程中，要采取相应的安全防范措施，防止事故发生；事故隐患排除前或者排除过程中无法保证安全的，要从危险区域内撤出作业人员，疏散可能危及的其他人员，设置警戒标志，暂时停产停业、停止建设施工或者停止使用相关装置、设备、设施；暂时难以停产停业或停止使用相关装置、设备、设施的，按照国家有关规定妥善处置。

商务部门要积极配合有关部门加大对重大安全生产隐患的监控防范力度。

（四）完善验收审查机制

企业在完成重大安全生产隐患治理后，应当组织专家、本单位专业技术人员或委托具有相应资质的专业机构进行验收，出具安全生产隐患治理验收评估意见；治理后符合安全生产条件的，经有关部门审查同意后方可恢复经营。

商务部门在企业验收评估后，要对企业组织开展全面的安全检查。

（五）完善惩处问责机制

企业应建立安全生产隐患排查治理惩处制度，对未定期排查隐患或未及时有效整改的单位和人员予以责任追究。

商务部门要对安全生产隐患排查及整改治理不力的企业要进行约谈告诫，其中情节严重的，还要对主要负责人和相关负责人强制进行安全生产教育培训。

四、加大保障力度，为隐患排查治理体系建设提供支撑

（一）健全相关法规标准

积极配合相关部门制定企业安全生产隐患排查治理实施导则，指导企业建立安全生产隐患排查治理责任和各项规章制度；制定和发布企业安全生产隐患排查通用指导标准；制定企业重大安全生产隐患的具体标准，加快推进企业安全生产隐患排查、政府监督检查等标准的融合互通。

（二）完善企业信息台账

完善北京市商业企业安全档案管理系统，优化系统功能，增加企业安全生产条件和管理水平信息；防止和杜绝监管盲区和死角，定期对监管对象开展筛查，把所有监管对象的基本信息及时录入北京市商业企业安全档案管理系统。

（三）强化社会管理职能

积极推广西城区经验，在商务行业大力开展安全生产监督社会志愿者队伍建设；鼓励和支持安全评价机构、行业协会等社会力量参与企业安全生产隐患排查、教育培训、安全评估等基础管理工作。继续加强对企业安全生产联组建设的工作指导和服务，发挥出企业安全生产联组组织在隐患排查治理中的行业自律作用。

（四）严格考核评价通报

安全生产隐患排查治理体系建设相关工作将纳入区（县）商务部门安全生产管理综合评价进行考核，考核情况适时通报给所在区县。并在隐患排查治理体系建设中实行“一票否决制”。

（五）营造良好舆论氛围

市（区）商务部门要组织开展形式多样的宣传发动活动，全方位、多层次、多角度宣传隐患排查治理体系建设工作，积极宣传先进经验和正面典型，营造良好的舆论氛围，增强全行业做好安全生产隐患排查治理体系建设工作的主动性和自觉性。

关于印发《北京市对外劳务合作经营资格暂行管理办法（修订）》的通知

京商务经字〔2014〕498号

各有关单位：

为加强本市对外劳务合作管理，规范对外劳务合作经营，保障劳务人员的合法权益，促进对外劳务合作健康发展，根据《对外劳务合作管理条例》（国务院2012年第620号令）、《商务部关于对外劳务合作经营资格管理有关工作的函》（商合函〔2012〕644号）及《商务部、财政部令2014年第2号〈对外劳务合作风险处置备用金管理办法（试行）〉》（商务部、财政部令2014年第2号），我委在原《北京市对外劳务合作经营资格暂行管理办法》的基础上制定了《北京市对外劳务合作经营资格暂行管理办法（修订）》，现予印发，请遵照执行。

附件：

北京市对外劳务合作经营资格暂行管理办法（修订）

第一章　总　　则

第一条　为加强本市对外劳务合作管理，规范对外劳务合作经营，保障劳务人员的合法权益，促进对外劳务合作健康发展，根据《对外劳务合作管理条例》（国务院2012年第620号令）（以下简称《条例》）、《商务部关于对外劳务合作经营资格管理有关工作的函》（商合函〔2012〕644号）、《商务部、财政部令2014第2号〈对外劳务合作风险处置备用金管理办法（试行）〉》，制定本暂行管理办法（以下简称“办法”）。

第二条　本“办法”所称对外劳务合作，是指组织劳务人员赴其他国家或者地区为国外的企业或者机构（以下统称国外雇主）工作的经营性活动。

国外的企业、机构或者个人不得在中国境内招收劳务人员赴国外工作。

第三条　本“办法”适用于本市行政区域内从事对外劳务合作的企业（以下简称经营企业）及开展的对外劳务合作。

第二章　资格条件

第四条　从事对外劳务合作，应当按照

《条例》的规定，经北京市商务主管部门批准，取得对外劳务合作经营资格。

第五条　经营资格申请条件

申请对外劳务合作经营资格，应当具备下列条件：

一、符合企业法人条件；

二、实缴注册资本不低于 600 万元人民币；

三、有 3 名以上熟悉对外劳务合作业务的管理人员；

四、有健全的内部管理制度及突发事件应急处置制度和应急预案；

五、法定代表人没有故意犯罪记录。

第三章　资格申请

第六条　申请对外劳务合作经营资格，需提交以下书面申请材料：

一、企业申请报告；

二、《对外劳务合作经营资格证书及年审申请表》；（进入商务部对外投资合作信息服务系统，填写、打印《对外劳务合作经营资格证书及年审申请表》，并加盖企业公章。）

三、授权委托书（非法定代表人本人办理情况下），被委托人的身份证原件及复印件（复印件留存）；授权委托书应由法定代表人签字并加盖企业公章；

四、企业法人营业执照（正、副本原件及复印件），中华人民共和国组织机构代码证（原件及复印件）；

五、符合《条例》规定“实缴注册资本不低于 600 万元人民币”条件，由会计师事务所出具的企业验资报告（复印件）；

六、3 名以上熟悉对外劳务合作业务管理人员的工作履历及相关专业人员学历和资格证书（复印件）；

七、企业对外劳务合作经营管理制度及突发事件应急处置制度和应急预案；

八、拟开展对外劳务合作的国别、地区及可行性报告；

九、申请企业法定代表人户籍所在地公安部门出具的没有故意犯罪记录的证明；

十、企业对所提供材料真实性的声明。

上述提交的企业申请、相关复印件及材料真实性声明均需加盖企业公章。

第七条　受理程序

一、申请对外劳务合作经营资格，材料齐全，符合法定形式，且属于北京市商务主管部门职责范围内的，由北京市商务主管部门受理。

二、北京市商务主管部门自受理之日起 20 个工作日内进行审查，作出批准或者不予批准的决定。予以批准的，颁发《对外劳务合作经营资格证书》（以下简称《资格证书》）；不予批准的，书面通知申请人并说明理由。

三、申请人持《资格证书》，依法向工商行政管理部门办理相应登记。

四、申请人应自工商行政管理部门登记之日起 5 个工作日内，按照《商务部、财政部令 2014 年第 2 号〈对外劳务合作风险处置备用金管理办法（试行）〉》的规定，在北京市商务、财政主管部门指定的银行开设专门账户，缴存不低于 300 万元人民币的对外劳务合作风险处置备用金（以下简称备用金）。备用金也可以通过向北京市商务主管部门提交等额银行保函的方式缴存，由指定银行出具受益人为北京市商务主管部门的不可撤销保函，保证在发生《对外劳务合作管理条例》第十条规定使用情形时履行担保责任。对外劳务合作企业应在其对外劳务合作经营资格存续期间提供有效的保函，保函有效期至少为两年。北京市商务主管部门应在保函到期前一个月提醒对外劳务合作企业延长保函的有效期。保函正本由北京市商务主管部门保存。

对外劳务合作企业未依据《条例》和本“办法”规定缴存或者补足备用金的，北京市商务主管部门按照《条例》及《商务部、财政部令2014年第2号〈对外劳务合作风险处置备用金管理办法（试行）〉》执行。

五、北京市商务主管部门应当将依法取得《资格证书》并办理登记的企业名单报至国务院商务主管部门，并将缴存备用金的对外劳务合作企业名单通过本部门网站定期向社会公布。

第八条　未依法取得《资格证书》并办理工商登记，不得从事对外劳务合作。

第九条　对外劳务合作企业不得允许其他单位或者个人以本企业的名义组织劳务人员赴国外工作。

第十条　任何单位和个人不得以商务、旅游、留学等名义组织劳务人员赴国外工作。

第四章　《资格证书》管理

第十一条　《资格证书》须妥善保管，不得涂改、倒卖、出租、出借或者以其他形式非法转让。《资格证书》不再进行年审，企业每年3月30日前向北京市商务委员会提交上一年度经营情况、劳务纠纷及处理情况报告。

第五章　监督与管理

第十二条　北京市商务主管部门负责北京市行政区域内的对外劳务合作监督管理工作。北京市政府外办、公安、人力资源社会保障、交通运输、住房城乡建设、工商行政管理等有关部门在各自职责范围内，负责对外劳务合作监督管理的相关工作。

第十三条　北京市各区、县人民政府统一领导、组织、协调本行政区域的对外劳务合作监督管理工作；各区（县）商务主管部门负责本行政区域的对外劳务合作监督管理工作，并建立监督检查档案和违法行为记录等管理制度。其他有关部门在各自职责范围内负责对外劳务合作监督管理的相关工作。

第十四条　市、区（县）各相关部门应及时将对违法违规企业的处罚情况相互通报，避免“一事二罚”的现象发生。

第十五条　有关行业协会应依法发挥行业自律作用，依据《条例》和行业规范提出行业意见和建议。

第十六条　在开展对外劳务合作经营活动中，经营企业必须按照《条例》的各项规定，依据“谁签约，谁负责”的原则，依法开展对外劳务合作业务；制定对外劳务合作突发事件应急预案，妥善处置对外劳务合作突发事件。

第六章　附　　则

第十七条　对外承包工程项下外派人员赴国外工作的管理，依照《对外承包工程管理条例》以及国务院商务主管部门、国务院住房城乡建设主管部门的规定执行。

外派海员类（不含渔业船员）对外劳务合作的管理办法，由国务院交通运输主管部门根据《中华人民共和国船员条例》以及《条例》的有关规定另行制定。

第十八条　对外劳务合作企业组织劳务人员赴国务院商务主管部门会同国务院外交等有关部门确定的特定国家或者地区工作的，应当经国务院商务主管部门会同国务院有关部门批准。

第十九条　本“办法”中相关规定如与《条例》相抵触或有未尽事宜，以《条例》为准执行。

第二十条　本“办法”自2014年12月25日起施行。

第二十一条　原2013年1月29日发布的《〈北京市对外劳务合作经营资格暂行管理办法〉的通知》（京商务经字〔2013〕29号）同时废止。

第二十二条　本“办法”由北京市商务委员会负责解释。

第三部分

主　要　业　务

一、依法行政

法制建设

【概况】2014年，市商务委认真贯彻落实《北京市关于加强法治政府建设的意见》（京政发〔2011〕20号）、《关于进一步加强和改善行政执法工作的意见》（京政发〔2010〕27号）及《北京市2014年全面推进依法行政工作要点》等文件精神，结合首都商务工作实际，扎实推进依法行政，取得明显成效。

一、积极推进商务立法工作

按照《北京市人民政府办公厅关于印发市政府2014年立法工作计划的通知》要求，《电子商务发展和促进办法》已列入2014年度市政府规章立法调研项目。为做好此项工作，市商务委会同市政府法制办采取召开座谈会、发放调查问卷、赴相关企业进行实地调研等多种形式积极开展立法调研工作。结合调研情况，在充分收集整理国内外立法经验的基础上，起草完成北京市电子商务立法调研报告。报告对北京市电子商务发展现状、存在问题及解决的主要思路等问题进行详细阐述。起草北京市商务系统今后五年重点行业的立法规划，并组织梳理商务领域涉及功能疏解的法律法规，以充分发挥立法的规范和引领作用。同时，积极参与两个安全生产规定修订、餐饮企业瓶装液化气立法等涉及商务领域的立法工作。

二、组织编制行政审批权力清单

按照全市统一部署，为摸清行政审批事项权力底数，按照“依据合法、上下衔接、分类处理”的原则，市商务委对所有行政审批事项的名称、设立依据、办理时限和流程等内容进行全面清理，逐项进行法律审核论证，编制市商务委行政审批事项权力清单。经市政府审改办审定，并经市政府同意，市商务委行政审批权力清单共包括33个行政审批事项，其中市商务委初审上报商务部审批事项9项。在此基础上，绘制行政审批职权流程图，明确各审批事项的行使流程、主要风险点、具体防控措施、办理条件和时限等五大要素。

三、组织编制行政处罚权力清单

按照市委全面深化改革领导小组转变政府职能改革专项小组《关于梳理行政处罚权力事项编制行政处罚权力清单有关事宜的通知》要求，为确保行政处罚依法、公开、规范运行，按照“职权法定、分清职责”的原则，市商务委对商务领域正在执行的200余部法律法规进行了全面梳理，对法规依据中涉及行政处罚职权的条款逐项进行法律审核论证，编制行政处罚权力清单。针对部分职责划分事宜，与商务部有关司局及市工商局、市发改委、市政府法制办等部门进行座谈交流。经市政府法制办审定，并经市政府同意，作为北京市商务部门行政处罚依据的法规共34部，行政处罚职权共314项。

四、狠抓行政审批事项的衔接和落实

针对国务院分五次取消和下放行政审批事项决定中涉及商务部门的11个审批事项，

及时主动与商务部、市政府审改办等部门沟通协调，抓好取消和下放事项的衔接落实工作。严格落实市政府审改办《关于做好国务院市政府取消和下放行政审批事项落实工作的通知》要求，凡未列入审批清单的事项，一律不得再实施审批或搞变相审批。目前市商务委保留的所有行政审批事项均为法律法规明确规定应由省级商务主管部门负责审批的事项，没有自行增设行政许可事项或擅自增设许可条件的情形。

五、切实加强规范性文件监督管理

按照“有件必审、有件必备”要求，认真开展规范性文件的合法性审核和备案工作。全年共完成12件行政规范性文件合法性审核及备案。根据商务部等五部委《关于集中清理在市场经济活动中实行地区封锁规定的通知》要求，对由市商务委制发的71件行政规范性文件进行全面清理，未出现实施地区封锁的文件。按照市政府法制办清理行政许可事项法规依据的统一部署，对市商务委牵头起草的地方性法规规章进行全面清理，并对《北京市盐业管理若干规定》相关内容提出修改建议。

六、精心做好依法行政调研总结

按照全市统一部署，为充分展示自2004年国务院《全面推进依法行政实施纲要》颁布以来法治机关建设取得的丰硕成果，市商务委从依法行政主要工作、特点及成效、问题及差距以及工作设想等四个方面对十年来全面推进依法行政工作情况进行全面总结和系统梳理，起草完成《市商务委依法行政工作情况总结》，并被选取列入全市依法行政成果汇编。按照《北京市人民政府办公厅关于开展行政执法调研活动的通知》要求，市商务委对2010年以来商务执法情况从行政执法基本情况、行政执法责任制落实、行政执法程序完善、行政执法监督及行政执法体制存在问题以及建议等五个方面进行全面调研，起草完成商务执法调研报告。

（阎竞新、佟广军）

【积极推动电子商务立法调研工作】为扎实做好《北京市电子商务发展和促进办法》市政府规章立法调研工作，在充分发挥学术研究机构智力支持的基础上，市商务委会同市政府法制办采取召开座谈会、发放调查问卷、进行实地调研等多种形式积极开展立法调研工作。结合调研情况，在充分收集整理国内外立法经验的基础上，起草完成本市电子商务立法调研报告。报告对本市电子商务发展现状、存在问题及解决的主要思路等问题进行详细阐述。

（佟广军、卓　娜）

【组织编制行政审批权力清单】按照全市统一部署，为摸清行政审批事项权力底数，按照“依据合法、上下衔接、分类处理”的原则，市商务委对所有行政审批事项的名称、设立依据进行全面梳理核对，逐项进行法律审核论证，编制市商务委行政审批事项权力清单。经市政府审改办审定，并经市政府同意，市商务委行政审批权力清单共包括33个行政审批事项，其中市商务委初审上报商务部审批事项9项。

（佟广军、卓　娜）

【组织编制行政处罚权力清单】为确保行政处罚依法、公开、规范运行，按照“职权法定、分清职责”的原则，市商务委对商务领域正在执行的200余部法律法规进行了全面梳理，对法规依据中涉及行政处罚职权的条款逐项进行法律审核论证，编制行政处罚权力清单。经市政府法制办审定，并经市政府同意，作为北京市商务部门行政处罚依据的法规共 34 部，行政处罚职权共 314 项。

（佟广军、刘澜晶）

【精心做好依法行政调研工作总结】为充分展示国务院《全面推进依法行政实施纲要》颁布以来法治机关建设取得的丰硕成果，市商务委从依法行政主要工作、特点及成效、问题及差距以及工作设想等四个方面对十年来全面推进依法行政工作情况进行全面总结和系统梳理，起草完成《市商务委依法行政工作情况总结》，并被选取列入全市依法行政成果汇编。

（佟广军）

【组织完成行政执法调研报告】按照《北京市人民政府办公厅关于开展行政执法调研活动的通知》要求，市商务委对 2010 年以来商务执法情况从行政执法基本情况、行政执法责任制落实、行政执法程序完善、行政执法监督及行政执法体制存在问题及建议等五个方面进行全面调研，起草完成商务执法调研报告。

（佟广军）

【扎实做好 2014 年度商务行政执法一般行政处罚案卷评查工作】此次案卷评查共抽取全市商务系统一般程序实施行政处罚案卷 20 本，同比增加 5 本，占评查期内全部行政处罚案卷的 39.22%，同比增加 18.39%。区（县）商务委参评案卷 15 本，优秀率 93.33%。市商务执法监察大队参评案卷 5 本，优秀率 100%。本年度案卷评查增加召开评查片会环节，包括区县案卷互评、经验交流、听取意见等几个方面，收到了良好的效果。

（佟广军、刘澜晶）

【组织全市商务行政执法人员行政处罚资格考试】为满足区（县）商务委的执法实际需求，北京市商务委员会 2014 年度共举办了 2 次全市商务行政执法人员行政处罚资格考试。全市商务系统共有 71 名同志报名参加考试，同比增加考试人数 39 人。其中，66 名同志一次性通过考试，5 名同志在补考中通过考试。

（佟广军、刘澜晶）

【深入开展地方标准复审工作】按照市质监局通知要求，市商务委对 2014 年以前发布的涉及市商务委的北京市地方标准开展了全面的复审工作；经与市质监局沟通，复审后，涉及市商务委的现行有效的北京市地方标准共 9 项，废止的 1 项。

（卓　娜）

【申请发布商场超市两项节能标准】按照市发改委、市质监局和市财政局关于《北京市百项节能标准建设实施方案（2012—2014 年）》的要求，经过前期向市质监局申报立项、公开征求意见、召开专家论证会等工作，市商务委于 2014 年年底向市质监局申请发布了被列入市商务委年度重点工作的《商场、超市能源消耗限额》（DB/T 1159－2015）、《商场、超市合理用能指南》（DB/T 1160－2015）两项北京市地方标准（节能标准），上述两项标准自 2015 年 5 月 1 日起正式实施。

（卓　娜）

【进一步开展行政规范性文件清理的有关工作】2014 年，市商务委继续深入全面开展对涉及市商务委的行政规范性文件的清理工作。经认真梳理并经市商务委主任办公会研究，2012 年 12 月 31 日前以市商务委（含原商务局、原市外经贸委、原市商委）名义制发的行政规范性文件保留的 60 件，废止、失效的 49 件。

（卓　娜）

【组织开展商务法制宣传进社区活动】 11月21日，为认真贯彻落实党的十八届四中全会精神，全面推进依法治国，市商务委会同丰台区商务委、丰台区方庄街道共同走进芳星园三区，组织开展了“市商务系统法制宣传教育暨党员进社区”活动。活动中共发放各种宣传资料200余份，接受群众咨询近百人次。通过此次宣传活动，进一步拓展了商务法制宣传的覆盖面，增强了在职党员服务群众、投身和谐社区建设的主动性和积极性。

（梅 焱）

【组织开展“12.4”普法宣传活动】 为认真贯彻落实党的十八大和十八届三中、四中全会精神，积极适应建设社会主义法治国家的新要求，市商务委紧紧围绕当前国际国内贸易面临的新常态，通过推进法律进机关、进社区、进学校、进企业，广泛宣传国家及商务领域政策法规，进一步提高了机关工作人员依法行政意识和企业诚实守信的法制观念，为全面促进首都经济转型升级营造良好的法制环境。

（梅 焱）

【12312举报投诉受理工作圆满完成】 2014年商务举报投诉工作实现新突破，在“集中受理，分散办理”模式基础上，北京市商务举报投诉中心调整12312市中心原有受理模式，形成“全员受理”的工作新模式，将12312初步打造成为北京市商务领域语言窗口。2014年累计接件7999件，其中咨询件5214件，举报投诉案件2785件，办结率95%，接通率93%，接件数量占全国同期的40%，工作走在全国各省市前列。

（余 丽）

【12312推动举报投诉积压案件办理】 2014年北京市商务举报投诉中心贯彻“全心全意为人民服务”的宗旨，强化案件办理力度，努力探索新路径、拓宽新渠道，维护举报投诉人的合法权益。通过下发函件督办、区县走访调研、现场答疑指导、专案研究指导、专题举办《单用途商业预付卡举报投诉的行政执法》、心理干预培训等方式，促进案件有效办理，共计处理积压案件599件。

（余 丽）

【12312热线并入12345非紧急救助综合服务平台】 根据建立统一高效非紧急救助综合服务平台的要求，2014年第三季度开始纳入12345北京市非紧急救助热线体系的工作，商务举报投诉中心制定了工作方案。并入后12312的电话接听业务交付12345完成，12312热线号码保留，商务举报投诉中心机构继续独立运行，人员编制不变，同时作为非紧急救助服务分中心，举报投诉中心负责12345受理人员培训，指导受理人员处理疑难问题，更新维护受理知识库等专业支撑工作，并入工作已于2015年1月6日正式完成。

（余 丽）

【12312加强内部规范管理和外部沟通联动】 北京市商务举报投诉中心2014年度先后出台了5部制度，修订10项内部规章，组织开展法规学习研究，下发《单用途商业预付卡举报投诉受理意见》等6部法规研究成果；同区县商务委、市商务委职能处室和市商务执法监察大队等部门加强联动协作，实现日常问题实时沟通、重大问题集中磋商。

（余 丽）

商务执法

【概况】2014 年，市商务执法监察大队紧紧围绕建设国际商贸中心的总体要求，巩固党的群众路线教育实践活动成果，主动改进作风，创新机制，全面提升队伍整体素质，打造和谐高效团队。稳中求进，实中求效，在依法行政方面亮点频出，商务行政执法不断向深度和广度迈进，为首都国际商贸中心建设提供了坚强的执法保障。

全年共出动执法人员 9119 人次，同比增加 20.2%，检查（复查）单位 3678 家次，同比增加 31.9%。实施一般程序行政处罚案件 54 件（其中 1 件处罚案件履行了行政强制执行手续），同比增加 157%，累计罚款 34.35 万元，同比增加 113%。处理举报投诉 35 件，没收违法盐产品 7928 千克。

（郭明学）

【安全生产执法成效明显】按照“全覆盖，零容忍，严执法，求实效”的工作思路，坚持“执法必严，违法必究”的原则，牢固树立“底线”思维，切实加大对全市规模以上企业安全生产的监管和处罚力度，督促企业提高安全生产意识，落实安全生产主体责任。2014 年，共检查（复查）企业 2471 家，同比增加 27.5%，实施一般程序行政处罚案件 31 件，同比增加 210%，累计罚款 21.9 万元，同比增加 179%，起到了很好的警示与教育的社会效果。行业监管责任落实到位，全年未发生重大安全生产事故。

紧紧抓住连锁企业这个“龙头”，每月确定一个连锁企业，采取先抽查，根据抽查情况再决定是否全面普查的方法，先后对永辉、欧尚、华联超市等 12 个连锁企业的 111 家门店进行了检查，发现并整改安全隐患 331 个，对 11 个连锁企业的安全生产负责人进行了约谈，通报检查情况，督促整改落实，有效促进了连锁企业安全生产工作意识和水平的整体提升，形成了连点成线、以线带面的良好局面。

（秦小方）

【省级执法进一步加强】重点对商业特许经营、拍卖、典当、对外承包工程和对外劳务合作等行业加强了监管。2014 年，共接举报、交办、移交案件 35 件。从加强拍卖企业拍卖现场检查和拍卖会前备案两方面入手，促进拍卖企业规范经营。共检查拍卖企业 62 家，实施一般程序行政处罚案件 7 件，罚款 2.3 万元。

稳步推进外贸领域执法。抽查具备外包工程资质的企业 20 家，对外劳务合作企业 23 家，处理机电产品招投标投诉 1 起，两用物项投诉 4 起。

（秦小方）

【食盐专营执法实现行刑衔接】充分发挥区（县）商务委属地监管职能，加大与区县工商、公安等部门开展联合执法的力度，强化行政执法与刑事司法的衔接，形成执法合力，严厉打击违法经营食盐行为。2014 年 3 月 25 日和 7 月 9 日分别会同昌平区商务委、顺义区商务委联合公安部门查处取缔两处非法食盐窝点，查获违法盐产品合计 115 吨。由于前期调查取证、沟通协调工作细致到位，顺利地完成了案件的移交，实现了行刑衔接。

（秦小方）

【商务执法领域取得新突破】先后开展了“北京市大气污染防治检查”“京津冀车

用汽柴油专项整治”等多项成品油市场专项执法检查活动，全年共检查210家成品油经营企业。6月份，检查中发现一家成品油零售经营单位未按规定购进汽柴油，经过先后6次调查取证，案件顺利办结，实现了北京市成品油行政处罚案件零的突破。

6月至8月，集中利用3个月的时间，对18家星级家庭服务业企业和3家连锁家庭服务业企业进行了检查，对1家违规企业进行了处罚，家政服务业行政处罚案件取得零的突破。

（秦小方）

【完成重大活动期间的执法保障】全国“两会”“十八届四中全会”期间，对涉会场所、政治敏感区周边规模以上企业进行了全面检查，检查企业126家，发现并整改安全隐患114件，隐患整改率达100%。

7月份，APEC会议召开前期，集中利用两周的时间，派出两个执法检查组共16人次，协同怀柔区商务委对区域内规模以上的66家企业进行了安全生产检查。10月份，对涉会场所周边的企业逐一进行排查，督促落实安全生产主体责任，确保不留死角，全面覆盖。

（秦小方）

【完成“京交会”“广交会”执法保障】认真做好京交会前期会场周边排查、展区布置安全保障、展区不间断巡查、会场外围人员车辆疏导等安全保障工作。派出4名同志参加了春、秋两季的“广交会”北京参展团执法保障工作，圆满完成了任务。商务部“广交会”会议组和委机关给予了高度评价。

（秦小方）

【参加环境整治专项行动】承担了首都环境联合整治检查工作，全年累计12次36天，覆盖全市所有区县，检查整治点位400余个。

（秦小方）

【拓展领域，实施新法规】市商务执法监察大队2014年新承接了2部法规，即《商品现货市场交易特别规定（试行）》（商务部令2013年第3号，1月1日起施行）和《餐饮业经营管理办法（试行）》（商务部、国家发展改革委令2014年第4号，11月1日起施行）。承接新法规后，积极开展学习研究，探索执法检查工作的思路和方法。

（秦小方）

【推动入区执法工作有序进行】结合年度重点工作，根据区（县）商务委执法力量、人员素质等实际情况，有针对性地安排执法人员到区县执法。2014年，向6个区县派出7批执法人员共24人次，累计77天。帮助区（县）商务委规范执法程序，统一执法文书，进行法规培训，指导区（县）执法人员完成一般程序行政处罚，使区县的综合执法能力得到有效提升。在入区执法人员的帮助指导下，延庆县商务委完成了首例安全生产行政处罚案件。

（秦小方）

【认真梳理商务执法相关法规】对商务执法主体、执法依据、执法职能进行了全面的梳理和责任分解，及时梳理行政执法依据，厘清权力清单，为统一全市商务综合执法职能、落实行政执法责任制、规范执法行为夯实了基础。通过梳理，并经委法贸处、市政府法制办审定，市商务执法监察大队具有处罚权的法规有33部，处罚权323项。

（秦小方）

【坚持标准，做好案件评查】注重质量，严格案卷审理，对执法人员承办案件适用法律法规、自由裁量权等情况严格进行把关，对每一份执法文书的格式进行规范，确保行政处罚案件适用法律法规准确，处罚幅度符合规定。2014 年，送市政府法制办参加评查的 5 份案卷，连续第 7 年全部获得了优秀的好成绩。

（秦小方）

【注重实效，提高执法效能】不断加强信息化建设，为各执法队配备了执法记录仪，在全市范围内统一和规范了执法文书的格式。电子文书初步形成了询问笔录的模板，开始在大队推广。协调市交管局，将执法车辆进行备案，取消了每周一天的限行，无形中增加了保障车辆，提高了执法效率。

（秦小方）

【首次进行检查督查】结合市委“四不两直”（不发通知、不打招呼、不听汇报、不陪同接待，直奔基层、直插现场）精神，分别集中对海淀区、朝阳区、丰台区商务委的安全生产执法落实情况进行了检查督查。抽查了朝阳区 68 家、海淀区 67 家、丰台区 25 家规模以上企业，并将检查情况分别向海淀区、朝阳区、丰台区商务委进行了通报，对存在的问题由市区两级联合抓整改落实，取得了较好的效果。

（秦小方）

【形成重疑难案件研究协作机制】针对在办理特许经营举报案件出现的疑难问题，以案例为载体，积极与商务部、市商务委法贸处和流通发展处进行沟通协商，形成了重疑难案件研究协作机制，在解决执法难题和提高办案效率方面取得新突破。

（秦小方）

【预判监管风险，主动介入】2014 年 6 月，在例行检查中发现一种名为“海盐调味料”的产品在市场销售，该产品氯化钠含量超过 93%，已经可以替代食盐使用。执法人员敏锐地意识到该产品可能会对食盐专营市场产生冲击，经请示上级领导后，通过联系属地主管部门，实地走访企业，向负责人明确行为风险和可能承担的法律责任等多方努力，企业最终停止了该产品的生产。

（秦小方）

【有效落实突发事件应急预案】制订和完善了突发事件应急预案，在家乐福 24 小时连续促销、世纪金源九头鸟后厨着火、新世界商场 60 小时不打烊、辣婆婆最低消费被媒体曝光、宣武庄胜百货烟道着火等事件的应急处置中，都能够第一时间做出反应，赶赴现场，了解上报情况并做出了合理的应急处置。

（秦小方）

【深化主承办人制度】一是进一步完善制度。针对主承办人制度试行两年来存在的问题，广泛征求意见建议，对制度进行合理完善，细化考核选拔标准，做好顶层设计，逐步形成“可操作性强、群众认可度高”，以考核为导向的人才管理机制。二是加大考核力度，做到三个“坚持”。坚持逢进必考。新晋主承办人必须经过测评、笔试、面试三个环节，择优录取。坚持跟踪考核。区分带队检查、业务考试、承办案件（审理案件）、培训授课、论文等 5 个方面对主承办人平日表现进行量化打分，结合平日考核和年终测评，及时公正地对主承办人一年的工作进行评估。坚持末位淘汰。三是保持制度的生命力。充分发挥主承办人的作用，要求行政执法案件中，必须有一名是主承办人。落实主承办人“一部法规一堂课”制度。将主承办人与岗位职位挂钩，通过这些规定，使制度永葆生机和活力。

（郭明学）

【完成重点课题调研】市商务执法监察大队成立了课题小组，立足执法实践，在广泛调研听取相关职能部门、协会、企业意见建议的基础上，对北京市商务行业安全生产执法中现存的难题及其原因进行了细致的分析，对影响执法效率和效果的典型问题进行了深入思考，完成了《北京市商务行业安全生产执法难题与对策》的调研报告。报告中提出了一些行之有效的对策建议，对提高商务执法效能、加强商务行业安全生产工作发挥了积极作用。

（秦小方）

【开展业务培训】以提高执法人员的“五种能力”为目标，结合市商务执法监察大队工作实际，严格按照年初制定的业务培训计划抓好落实。全年共组织4次全市商务执法人员业务培训、14次全大队执法人员业务培训、4次执法业务闭卷考试。第三季度，组织全体人员针对兄弟省市典型的商务行政处罚案例展开大讨论，使执法人员明确标准、拓宽视野，提升了综合执法能力。

（秦小方）

【召开执法联席会】2014年，共组织召开了3次执法联席会。对进一步整合执法资源，规范执法行为，推动执法重心下移，加强各区（县）执法队伍建设，确保商务行政执法工作稳步推进起到了积极的作用。

（秦小方）

【量化商务执法自由裁量权】为落实行政执法责任制，规范行政处罚裁量权，在前期制订的6部法规和规章的自由裁量权的基础上，对所执行法规的自由裁量权进行修订，并会同市商务委法贸处进行反复修改，全部按期完成任务。

（秦小方）

【加强队伍建设，突出提高行政执法能力】一是通过内部轮岗，培养执法骨干。综合考虑执法人员的年龄、文化水平、所学专业和知识结构，对7名同志进行了轮岗，努力做到人尽其才，才尽其用。二是通过挂职锻炼，强化锻炼干部。选派2名同志到市商务委机关学习锻炼，了解市商务委中心工作，学习机关办事规则。选派3名同志分别到市法制办、京交会安保组、APEC会议筹备组进行锻炼。选派1名同志到海淀区商务委执法所挂职，补充基层工作经历，学习基层工作经验；4名同志分别在代理队长岗位上得到了锻炼。三是坚持季度点评，激发工作动力。每季度结束后，对每名干部进行点评，主要点评工作完成情况、优缺点和下步努力方向，激发干部履职尽责的动力。

（秦小方）

二、商业流通规划与发展

流通规划

【概况】 2014年，流通规划处紧密围绕市政府和市商务委中心工作，大力推进农产品流通体系建设，强化特色商业，积极推进品牌工程，各项工作均取得积极成效。

一、农产品流通体系建设持续深入

农产品市场“双核”保障格局建设稳步推进。推动新发地农产品批发市场加快调整升级，河北分市场建设稳步推进。北京鲜活农产品流通中心项目筹备工作取得新进展，项目融资已经完成，政府相关贴息政策已落实。完成第二轮蔬菜零售网点建设区县绩效考核评价，督促区县政府深化“区抓零售”属地责任。各区县新建蔬菜零售网点336个，全市蔬菜零售网点累计2400余个。

二、完善流通业规划体系取得新成果

完成北京城市总体规划修编商贸流通板块专题研究。启动全市流通设施空间布局规划指南和全市汽车交易市场发展规划编制工作。启动了“十三五”时期全市商业流通发展规划前期研究。协助指导通州区商务部门完成首都副中心商务发展规划编制工作，协助指导亦庄经济技术开发区启动编制商务发展规划。

三、积极推动流通产业调整升级和功能疏解

积极配合完成北京市新增产业禁止和限制目录编制发布工作。完成全市流通业发展指导目录编制工作。启动全市商品交易市场调整升级行业调查摸底工作，为全面启动商品市场调整升级奠定基础。督促引导区县政府相关部门积极推动动批市场和大红门市场稳步实施功能疏解外移。

四、稳步推进特色商业街培育发展

顶秀美泉特色商街成为APEC会议外宾购物接待服务怀柔地区主要场所。

五、品牌引进与发展工作稳步推进

2014年，全市新审核零售外资店铺587家，新批准营业面积26万平方米，全市零售外资店铺累计5 467家。呈现出百货店发展放慢、便利店发展提速、发展重心向新城和郊区转移的新特点，丰富和发展了全市商业品牌，提高了全市居民的生活建立，加速了流通产业升级。

六、大型商业设施稳步发展

2014年新增大型商业（建筑面积5000平方米以上）设施21个，建筑面积191.6万平方米，营业面积103.7万平方米。

（丁　颖）

【北京鲜活农产品流通中心项目获市政府决议通过】 3月18日，市政府召开第34次常务会议讨论通过市商务委关于加快推进北京鲜活农产品流通中心项目建设的请示。会议决定流通中心要坚持服务首都的功能，突出公益性质；要建立现代企业制度和灵活的运营管理模式；要探索净菜进城的实现方式。

（褚志磊）

【《北京市新增产业的禁止和限制目录(2014年版)》发布】为深入贯彻落实“四个中心”首都城市战略定位，加快构建“高精尖”经济结构，切实推动京津冀协同发展，市政府发布了《北京新增产业的禁止和限制目录（2014年版）》，涉及批发、零售、仓储等商务领域相关行业。目录规定，全市范围内禁止新建和扩建矿产品、建材等区域性批发市场，其他未列明批发业中摊群式商品交易市场（符合规定的社区菜市场、农贸市场等蔬菜零售网点以及对城市运行及民生发挥重要作用的项目除外），未列入相关规划的区域性物流中心以及未列入相关专项规划的建筑面积在1万平方米（含）以上的物流仓储设施（粮食流通设施及规划的城市物流配送节点除外）。首都功能核心区禁止新建和扩建批发市场。东、西、北四环路和南三环路以内，禁止新设立营业面积在1万平方米以上的零售商业设施。

（李洪臣）

【新开业商业设施稳步助推消费增长】据市区商务部门跟踪调查，2014年全市新增大型商业设施（建筑面积5000平方米以上）21个，建筑面积191.6万平方米，营业面积103.7万平方米。按业态分购物中心10个，百货店2个，专卖店5个，家居建材1个，市场3个；按空间分大兴6家，顺义4家，通州5家，丰台3家，门头沟2家，朝阳1家。

（丁　颖）

【新设零售外资店铺超过五百家】2014年，全市新设立零售外资店铺587家，新批准营业面积26万平方米，涉及专卖店、专业店、便利店等业态。其中，专卖店400家，专业店148家，便利店26家，百货店1家。主要集中在朝阳区（111家）、西城区（51家）、东城区（43家）和丰台区（18家），四个区占全市总数的37%。

（丁　颖）

【特色商业发展工作进展顺利】重点培育顶秀美泉欧洲风情商业街。对金树街、高碑店国粹艺术商街、怀柔燕城等一批初具雏形的特色街区进行深化指导。探索建立更加科学完善的特色商业街动态管理工作机制，请专家讲课1次，召开特色商业街负责人座谈会1次，走访调研企业20余家。

（林英杰）

【协会加媒体联合开展北京品牌新品宣传推介活动】在市商务委引导推动下，北京品牌协会与北京商报社联合举办北京品牌新品展示发布推介活动。重点推介小米电视、酒美网、荣昌洗衣、菜百首饰等北京品牌新上市产品及电子商务发展情况。举办了北京品牌商品进社区活动，永和大王、新发地百舸湾农副产品物流有限责任公司、东方名剪、京客隆等20多家京城著名生活性服务企业在社区进行体验性活动，发挥了良好的宣传作用。发布了“聚美优品、京东、阿里巴巴登陆美国资本市场”“大悦城品牌注入中粮置地”等北京十大品牌年度事件，印发了北京品牌新品名录。组织北京主流媒体对北京品牌发展进行了集中宣传推介。

（林英杰）

流通发展

【概况】2014年，流通发展处（电子商务处）树立“便民利民、创新发展”的指导思想，积极推进商贸流通领域模式创新，促进了企业转型升级和生活服务业品质提升。

一、电子商务健康快速发展

制定出台促进网络零售健康发展促消费

政策，电子商务成为拉动首都经济增长的新引擎。全市限额以上批发零售企业网上零售额达1456.9亿元，同比增长69.7%；全国自营B2C前9名中，本市企业占据6席；4家电商企业先后在美上市；电商企业在农村、社区等方面积极开拓市场空间，与传统企业线上线下融合发展，扩大了营销渠道，提升了生活服务业品质。

推进电子发票及电子会计档案综合试点，降低企业经营成本，促进节能减排。2014年1月1日，北京市电子发票服务平台面向所有具备条件的电商企业开放；6月27日，中国人保财险会计档案管理系统与电子发票服务平台对接，在中国内地率先实现了电子发票开具、接收、入账、归档的全流程管理；12月3日，推动电子发票试点范围在中国内地率先扩大至大型零售、电信和金融保险业，试点对象首次面向线下企业和营业税纳税人推广。

二、"老字号"焕发新活力

开展老字号认定工作，规范老字号管理，推进老字号可持续发展。第一批共认定北京老字号企业145家，涉及151个品牌；指导老字号协会评选《北京老字号原汁原味代表性产品目录》，首批共有63家企业167个产品被认定为"北京老字号原汁原味代表性产品"。

组织老字号企业参展参会，拓展老字号发展领域，强化老字号知识产权保护。利用境内外展会资源积极开展展示交流活动，提升知名度和影响力；引导老字号企业应用电子商务实现创新发展，协调京东商城在首页设置了原汁原味北京老字号活动专区，搭建了老字号企业网络销售平台。加强对老字号商标的保护，支持老字号协会注册老字号集体商标。

三、协同推进社区商业发展

以推进连锁便利店向社区发展为核心，丰富社区商业模式，推进社区商业便民服务体系建设。召开便利店专题座谈会，邀请专家、企业、协会共同探讨进一步推动北京便利店健康发展的政策；开展24小时便利店调研；会同市食药局等相关部门规范便利餐管理，推进便利店多服务搭载工作；支持大众餐饮、洗衣等生活服务业开展电子商务，为居民提供便捷服务；鼓励企业在社区应用现代流通方式，开展连锁经营、电子商务等模式创新，优化服务品质。

四、深化农超对接工作

贯彻落实京津冀地区协同发展战略，扩大新鲜、优质、安全果蔬农产品的超市销售，为市民、农民带来实惠。扩大超市、电商平台与农产品骨干合作组织、企业的对接，拓展农产品销售渠道，完善农产品流通体系；组织农产品流通企业赴外省市参加对接洽谈会，搭建超市和电商企业与外省市有机绿色农产品对接平台，丰富市民的"菜篮子"和"果篮子"；支持超市企业和电商平台举办各地农产品展卖活动、开辟农产品专门频道，为市民提供各地优质、新鲜的果蔬。8月份组织19家超市赴张家口开展坝上蔬菜直采活动，帮扶当地农民解决"卖难"问题。

五、促进连锁经营创新发展

鼓励超市和便利店与电商、物流等企业跨界合作，发挥各自特点和优势，提升便利服务。京东商城、当当网等电商企业与7-11、好邻居等便利店企业达成自提点服务合作，实现了网上定购、便利店自提的新服务模式。

六、强化小微企业服务

积极调研建设中小商贸流通企业的公共服务平台，提出平台建设方案和服务机制。调研中小商贸企业融资情况，确定试点商圈、合作银行和担保机构，制定商圈融资支持方案，推动试点商圈的融资工作。

七、严格特许经营备案管理

认真开展企业特许经营备案工作，严格落实双人审核制，按照审批程序规定和备案期限的要求，审查书面备案材料。在完成备案的企业数量、从业人数和企业规模等方面，都居于全国首位。

（于　文）

【程红副市长到大兴区暨北京经济技术开发区调研电子商务工作】3月26日，程红副市长到大兴区暨北京经济技术开发区调研电子商务工作，并为该区“北京电子商务中心区”颁牌。

程红对该区重视电子商务产业发展，加强组织保障，落实配套政策，推动电子商务聚集区建设取得的成效给予充分肯定。她指出，此次授予该区“北京电子商务中心区”，标志着该区在推进国家电子商务示范基地建设基础上又迈上了一个新的台阶，对全面打造符合首都功能、突显首都水平的电子商务示范区具有重要意义。程红要求：一要充分发挥电子商务在首都功能调整、产业结构升级方面的示范引领作用；二要继续发挥大兴区暨北京经济技术开发区“北京电子商务中心区”优势，在区域协调发展中保持领军地位，力争在B2B领域有所突破；三是各部门和大兴区暨北京经济技术开发区要共同努力，不断优化电子商务发展环境，提高服务水平，加强行业规范，促进产业聚集，推动电子商务更好更快发展。

（李　威）

【北京市电子发票试点开始在电子商务领域深入推广】为降低企业经营成本，促进电子商务健康发展，市国税局、市商务委、市地税局、市工商局4部门联合发布《关于推广电子发票应用试点若干事项的公告》，明确自2014年1月1日起，北京市在电子商务领域深入开展电子发票应用试点推广，符合条件的电子商务企业均可申请加入试点。

公告明确，在北京市登记注册、有固定生产经营场所、发票使用量大、内部财税制度健全并具有良好经营信誉的从事电子商务经营活动的企业，持税务登记证向北京市国税局履行备案手续，经北京市国税局或授权的第三方技术机构评估后，可通过北京市国税局电子发票管理系统办理开户登记手续，开具电子发票。试点企业在具备条件的前提下，可以向北京地区以外的个人消费者开具电子发票。

（许　凯）

【中国内地电子发票接收、入账、归档全流程管理首次在北京企业成功实现】6月27日，在北京市成功开具中国内地首张电子发票一周年之际，中国人民财产保险股份有限公司会计档案管理系统与北京市国税局电子发票平台实现对接，成功接收了由京东商城开具的电子发票，这是中国内地第一张以电子化方式入账的电子发票，在中国内地首次实现了电子发票开具、接收、入账、归档、回传的全流程管理，标志着北京市电子发票推广应用工作取得新突破，在技术上为解决电子发票入账问题迈出了坚实的第一步。

（许　凯）

【北京电子发票试点向线下企业推广】

12月3日，市商务委会同市国税局、市地税局、市工商局等单位联合发布公告，电子发票应用试点范围在中国内地率先扩大至大型零售、电信和金融保险业。实现了电子发票首次在电子商务以外的领域推广应用，也是首次面向营业税纳税人开展试点。

此次试点范围的扩大，将使更多传统企业享受到电子发票的益处，电子发票的绿色环保效益将进一步得以释放。同时，为充分体现电子发票的便利性，本次试点创新运用“互联网思维”，开票企业申请电子发票从核定到开具全过程可在线自助完成，消费者可通过手机客户端实时在线接收、查验和管理电子发票。

2014年，北京市京东商城、小米科技、国美在线、快乐购、新七天、锤子手机、上品折扣、中国人寿等8家试点企业共开具电子发票4700万张。

（许　凯）

【举办2014中国（北京）电子商务大会】5月29日至6月1日，商务部电子商务和信息化司、市商务委共同举办2014中国（北京）电子商务大会。本次大会以“创新驱动·融合发展”为主题，分为论坛和展览两部分。论坛部分于5月29日至30日举行，包括主论坛及中外电商领袖对话、跨境电子商务、电子商务创新发展等分论坛。展览部分与整个“京交会”同期、同步，通过电子商务领军企业和聚集区的集中展示，展现我国电子商务发展整体形象。

大会吸引了来自全国24个省市的商务主管部门、500多家企业代表，累计参会代表超过4000人次。会上发布了《中国电子商务报告（2013）》；首次邀请到欧洲电子商务协会执委会主席维南特·荣根先生，作为国际性行业组织代表，发布有关欧洲电子商务的研究成果；国家电子商务咨询委员会、中国科学院研究生院企业创新研究中心负责人，京东、当当网、亚马逊（中国）等企业负责人分别发表主题演讲；沃尔玛、360电商、聚美优品等企业参加主题交流和互动讨论。大会成交额达12.7亿元人民币，比上届增长25%。会议期间，汪洋副总理巡视电子商务展区，并听取了京东专题汇报。

（李　威、许　凯）

【举办“点击消费2014”活动】9月1日至11月30日，由市商务委支持、北京电子商务协会主办的网络零售大型联合促销活动“点击消费2014”在京举办。

本次活动共有近40家电商企业及应用电子商务的传统零售企业参与，期间举办了品牌商品折扣促销、知名企业主题开放日、微博和微信互动及抽奖等多项活动。部分参加冠名周的企业销售额达到769亿元人民币，同比增长90%以上；评选出“点击消费2014消费者最喜爱的十大品牌”。

与往届活动相比，活动主要有四个特点：一是线上线下同参与，二是创新推出移动端，三是探索京津协作，四是多渠道扩大宣传。

（李　威、许　凯）

【举办“2013电商好客服”活动】3月11日，在市商务委、市工商局、市总工会、团市委共同支持下，由北京电子商务协会主办的“2013电商好客服”活动岗位技能竞技决赛和总结大会顺利举行。

作为由行业协会搭建的中国电商领域首个客户服务岗位团队和个人技能风采展示平台，为期三个月的“2013电商好客服”活动吸引了京东等30余家知名企业报名参赛。

活动以聚焦电商客服正能量为宗旨，通过网络投票、第三方机构评测、专家评审和体验者体验综合评定，评选出"2013电商好客服明星团队奖"和"2013电商好客服特色服务奖"，展现了良好的精神风貌，提升了从业人员的职业技能和行业整体服务水平。

（许 凯）

【北京市限上企业网上零售额突破1400亿元】2014年，全市限额以上批发零售企业网上零售额达到了1456.9亿元，同比增长69.7%，占全市社会消费品零售总额的比重达到15.1%；拉动社零额增长6.7个百分点，对社零额增量的贡献度提高到78.1%。

（许 凯）

【北京市重点电商企业"双十一"销售额116亿元】2014年"双十一"期间，北京市各大电商企业纷纷抢抓商机，销售额继续保持快速增长。京东、小米科技、当当网、国美在线、凡客诚品、聚美优品、酒仙网等重点电商企业和王府井百货、菜百、百花蜂业等应用电子商务的传统企业"双十一"实现国内销售额116亿元，同比增长113.8%。

（许 凯）

【北京老字号集体亮相APEC第三次高官会】8月6日至21日，市商务委组织老字号企业参加在APEC第三次高官会会场展览展示区举办的"品味北京"展示活动。本着突出首都特色和北京传统文化的原则，推荐了38家老字号企业参展，展出实物30余件、图片近70幅，涉及工商业、手工业、饮食业、传统医药业、民间艺术及文化等多个领域，向中外参会代表充分展示了北京老字号的优秀产品和传统技艺，受到了各国参会代表的广泛好评，展现了一张由首都老字号组成的靓丽名片。

（耿英贞）

【北京老字号闪耀在科隆】为深入落实《北京市与科隆市深化与拓展友城关系协议》，应科隆市政府邀请，9月20日至21日，市商务委主任卢彦率团组织北京市13家老字号企业和民俗企业赴德国科隆参加"2014龙舞科隆中国节"活动。这是北京老字号第二次参加龙舞科隆中国节活动。作为北京的城市名片，老字号通过产品展销、技艺表演、图文宣传、现场体验等多种形式向世界展示了中国优秀的传统文化和技艺，提升了北京老字号的整体形象，也为老字号走出国门、开拓海外市场奠定了良好基础。此次北京老字号集体亮相引起了科隆市民的极大兴趣。开幕式当天，科隆市市长罗特斯先生一行兴致勃勃地参观了中国集市上的老字号展位，还饶有兴致地品尝了庆丰包子铺的手工包子、张一元的茉莉花茶和老舍茶馆的盖碗茶，并在一得阁现场挥毫，留下了墨宝。原汁原味的老字号特色产品受到了科隆市民的热烈追捧，短短两天的中国集市现场销售额累计达到15500欧元。

（耿英贞）

【北京老字号集体亮相京东】在市商务委支持下，9月1日至8日，京东商城在首页显著位置设立了原汁原味北京老字号活动专区，首批共有18家北京老字号集体亮相京东商城，涵盖食品、茶叶饮料、服装配饰、工艺品等多个种类。

此项工作是市商务委开展"寻找原汁原味老字号活动"的一部分，借助电商平台，扩大老字号覆盖范围，提升北京老字号品牌影响力，加快老字号转型升级。同时，北京老字号的入驻也会进一步增强平台电商的用户黏性，为电商发展注入文化元素，形成老字号企业与电商企业共赢的局面。

（许　凯、耿英贞）

【美食文化薪火相传，北京老字号进校园】11月24日，由市商务委支持、北京老字号协会承办的“寻找原汁原味北京老字号”进校园活动在北大附中举行。老字号专家、畅销书《北京小吃——饮食文化小五》的作者陈连生先生向中学生们讲述了北京小吃烙烤、蒸煮、煎炸、烩氽炒等传统技艺及精细、讲究、精气神儿等文化内涵。学生们踊跃发言，交流美食文化观点。本次活动是“寻找原汁原味北京老字号”主题活动中的一部分，通过老字号进校园活动不仅有助于青少年一代更好地了解老字号文化传承，感受老字号情怀，也有助于老字号培养新的消费群体。

（耿英贞）

【5家老字号企业入选“北京十大商业品牌金奖”】在北京市商联会和北京报业集团联合主办的2013年度北京十大商业品牌评选活动中，北京稻香村、菜百首饰、全聚德、同仁堂、张一元等5家老字号企业荣获“北京十大商业品牌金奖”。

（耿英贞）

【首批北京老字号原汁原味代表性产品目录揭晓】5月19日，北京市老字号协会揭晓《北京老字号原汁原味代表性产品目录》，首批共有63家企业167个产品被认定为“北京老字号原汁原味代表性产品”。这是市商务委支持、老字号协会承办的“寻找原汁原味北京老字号”全年系列活动中的一项重要内容，通过宣传北京老字号这一文化符号，来保护和弘扬北京的优秀传统文化，让广大市民记得住、找得到记忆中的北京味儿。

（耿英贞）

【北京市老字号非物质文化遗产保护成果丰硕】2014年年底，北京市人民政府发布了《关于公布第四批市级非物质文化遗产代表性项目名录的通知》，北京风味小吃制作技艺等6项老字号非遗技艺位列其中。北京市老字号企业进入国家级“非遗”保护名录的累计达到32项，市级保护名录的有54项。老字号企业“非遗”保护意识不断增强，“非遗”保护取得丰硕成果。

（耿英贞）

【北京市14家企业入选中国连锁百强】根据中国连锁经营协会发布的《2013中国连锁百强》，北京市14家企业入选榜单，位列全国第一；销售额达到3348亿元，占全国的15.4%；企业达到千亿规模的有1家，达到百亿规模的有9家；平均增速为12.6%，略高于全国平均水平。其中，北京华冠商业经营股份有限公司、北京迪信通商贸股份有限公司、北京乐语世纪科技集团有限公司三家企业进入百强销售增幅十强，华冠和迪信通位居前两位。

（张　爽）

【举办2014年第19届北京商业科技周暨科普超市行活动】由市商务委和市科协支持、北京市连锁经营协会和北京科普发展中心承办的“2014年第19届北京商业科技周暨科普超市行活动”于5月份启动。本次活动以“科学消费、绿色生活”为主题，与北京科技周活动同期在全市展开。在金源新燕莎MALL的主会场和近40家企业参与的分会场，设立科普宣传展板、柜台，通过专人讲解和短信、微博、微信互动等方式，向消费者宣传推广绿色、低碳、环保的消费理念，提升科学健康的生活品质。

（张　爽）

【召开传统商贸企业和电商企业对接会】 2014年1月，市商务委组织召开传统商贸企业和电商企业对接会。邀请了百货零售、老字号、连锁超市（便利店）等近30家传统商贸企业，与京东商城、富基融通2家电商企业负责人进行交流，为传统商贸企业和电商企业实现优势互补搭建了交流和学习平台，促进了线上线下融合发展。市商务委相关处室、北京商业信息咨询中心、北京老字号协会、北京电子商务协会和北京市连锁经营协会相关负责人参加了会议。

（李　威、张　爽）

【组织典型电子商务企业统计年报培训】 3月14日，根据商贸流通业统计工作总体安排，市商务委组织典型电子商务企业统计年报工作培训会，近70家电子商务企业负责统计工作人员参加了培训。培训会通报了北京市商贸流通业统计总体情况，布置了2014年统计年报工作，并对新开通使用的电子商务信息管理分析系统进行了培训及答疑，为企业及时准确开展典型电子商务企业年报工作打下了基础。

（魏新宇）

【北京市特许经营备案数继续位居全国之首】 为推进商业特许经营健康发展，市商务委坚持依法规范引导商业特许经营企业备案。2014年，全市新增备案数51家，其中，零售业17家、教育培训业11家、居民服务业9家、餐饮业8家、中介服务业3家、其他商业服务业3家。全年共完成商业特许经营备案企业598家，备案数继续位居全国首位。

（魏新宇）

三、市场运行与管理

消费品市场

【概况】2014 年，全市商务部门认真贯彻落实中央关于“努力扩大消费需求，发挥好消费的基础作用”的要求，在市委市政府的领导下，针对严峻的市场形势，积极创新促消费工作方式，围绕“稳增长、促改革、调结构、惠民生”出台了一系列政策措施，为发挥消费的基础性作用、促进商品消费稳定增长营造了良好的政策环境，注入了新的动力。

一、消费品市场运行平稳

2014 年，全市共实现社会消费零售额 9638亿元，同比增长 8.6%，连续第七年成为全国最大的城市消费市场。按商品用途分，吃、穿、用和烧类商品分别实现零售额 1860.5亿元、783.3 亿元、6413.5亿元和 580.7亿元，同比分别增长 3.1%、0.8%、12.3%和 0.3%。按消费形态分，商品零售实现8808.3亿元，同比增长 9.6%；餐饮收入 829.7 亿元，同比下降 0.8%。

2014 年，网上销售继续保持强劲增长势头，限额以上批发零售企业实现网上零售额1456.9亿元，比上年增长 69.7%，对社会消费品零售额增长的贡献率超过八成，占社会消费品零售额的比重为 15.1%，比上年提高 4 个百分点。全市限额以上批发零售企业销售的 25 类商品中，增速较高的三类商品分别为通讯器材类、文化办公用品类、中西药品类，同比分别增长 93.8%、15.3%和 10.4%；电子出版物类、金银珠宝类和体育娱乐用品类等商品零售额减少，增速同比分别下降 8.7%、7.9%和 6.9%。

二、系列主题促消费活动促进消费增长

按照 2014 年促消费活动方案，统筹开展了三大系列、八项主题促消费活动，包括北京国际美食汇、点击消费、北京电子商务大会、寻找原汁原味北京老字号、各地商品网上大集、北京商业服务业服务技能大比赛等；搭建北京商务促消费统一宣传平台，以“炫彩北京·礼惠全城”为主题，借助多种媒体渠道，为全市商务领域促消费活动提供开放式宣传推广服务，陆续开展了“潮流热点惊喜季、乐淘潮拍特惠季、动感时尚暖心季、岁末约惠狂欢季”四期主题宣传，丰富活跃市场，拉动消费，营造了良好的消费氛围，取得了良好的经济和社会效益。

（万薇薇）

【优化样本结构，完善监测体系】2014 年，将“调结构”作为完善监测体系的重点，补充对社零额贡献较大的、成长性较好的、具有特色和行业代表性的企业，剔除部分销售规模较小或报送不积极的企业，重点流通企业监测系统样本企业达到了1290家，实现了对商业服务业重点行业的全面覆盖，进一步增强了监测样本的代表性和监测数据的科学性、权威性。

（万薇薇）

【监测工作直辖市排名第一】继续加强信息报送和市场分析工作。按照商务部要求，每月继续开展市场运行分析，每季度进行较全面的市场运行综合分析；继续加强对元旦、春节、清明、五一、端午、国庆、中秋等节假日市场的监测和分析；继续编纂《北京消费品市场监测月报》，加强监测成果转化和对监测数据的分析利用，为各级商务部门把握市场动态、进行宏观调控提供有效的参考。在商务部网站信息维护、各类市场分析报送工作中，北京市监测工作在全国各省市考核排名继续保持领先位置，在直辖市排名第一。

（万薇薇）

【开展100家固定早餐门店新建或改造试点】参照2013年早餐示范工程工作模式，2014年继续在海淀区、石景山区组织开展早餐示范工程。采取以固定门店式早餐经营网点为主、以便利店搭载早餐服务为辅的模式，在海淀区和石景山区新增或改造100家早餐经营固定门店，建设搭载早餐服务的连锁便利店40家，建设和改造主食加工配送中心2家，进一步完善了城区早餐便民服务体系。

（李志鹏）

【积极引导高端餐饮企业转型】在全市餐饮行业组织开展了节俭养德全民节约行动，倡导餐饮厉行勤俭节约、反对食品浪费。引导高端餐饮企业结合全民节约行动，积极发挥品牌与服务的优势，主动调整目标客户、菜品结构、服务模式，走亲民路线，引导消费者理性消费，减弱对餐饮消费市场的冲击。

（李志鹏）

【建立郊区商品流通网络供应链管理平台】在原有联合采购平台基础上，进行了面向供应链管理的平台系统功能开发，完成了市科委支持的“北京郊区流通网络供应链管理平台建设和应用”课题项目，实现了在线监管、食品追溯、新增供应商和注册店铺等预期的目标。截至2014年12月底，郊区商业连锁网络用户达到13186家。1－12月，10家骨干企业实现销售额49.12亿元，同比增长24.7%，商品配送额25.6亿元，同比增长46.3%，联合采购金额8.84亿元，同比增长28.1%。

（彭　峰）

【落实酒类流通行业管理工作】贯彻落实《酒类流通管理办法》（商务部令2005年第25号），采取突出重点、分类推进、委托服务等措施，推动酒类流通备案登记工作，2014年全市新增酒类备案4069户，累计完成酒类备案8.9万余户。加强酒类流通溯源宣传培训，提高酒类经营者酒类流通随附单使用率，全市推广机打酒类流通随附单企业累计180余户，2014年全市酒类批发企业购用酒类流通随附单124.1万份。据市商务委对62家大中型酒类流通企业监测，2014年北京市酒类商品销售量为225万千升，同比下降4.7%；销售额232亿元，同比下降2.5%。

（胡敬轩）

储备调控

【概况】2014年，储备调控处围绕市商务委中心工作，按照年初确定的工作思路与目标，围绕处室职责，以保障供应为出发点，加强生活必需品市场保障工作；围绕做好北京市及全国“两会”，特别是AEPC系列会议等重要会议服务保障，提升服务水平；以加强“放心肉”工程建设为重点，提升食品安全水平。

一、多措并举，保障生活必需品市场供应

（一）加强市场监测，做好分析预警。按照“准确监测、全面分析、科学预测、快速反应”的原则，进一步完善生活必需品市场监测制度。认真做好重点批发市场、大型连锁超市、规范化社区菜市场和直营直供新模式等样本企业蔬菜等生活必需品市场供应量的监测，及时报送信息，为政府决策提供可靠依据。根据工作需要，适时扩大监测商品范围和缩短监测时间，提高生活必需品市场波动的预测、预警和预报能力。2014年共报送相关信息、季度分析报告和专刊260余期（篇）。

（二）积极组织蔬菜货源，保障冬季市场供应。通过市商务委建立的蔬菜产销合作机制，指导批发市场、连锁超市、直营直供企业加强与供京主产地农合组织对接，积极组织货源，加大蔬菜调运，保障市场供应充足。2014年1月27日至3月31日，组织开展了第四届“十三省区市服务产区菜农服务首都市民蔬菜保供联合对接行动”。活动期间，累计增加蔬菜供应总量约18.08万吨，日均增加2825吨，增幅10.23%，保障了春节和全国“两会”期间蔬菜市场稳定供给。

（三）完善蔬菜储备管理，加大储备蔬菜轮换。落实国家发展改革委、商务部关于做好冬春蔬菜政府储备工作的有关精神，按照市领导批示要求，根据北京市现有蔬菜储备设施库容能力，两次增加北京市蔬菜政府储备规模，储备总量基本达到商务部等国家四部委规定的“储备规模不低于城区常住人员5至7天消费量”的要求。2013—2014年储备期间，8家承储企业蔬菜储备向市场轮换220余次，共约11万吨，有力地补充了市场货源，保障了市场供应稳定。此外，按照相关规定，2014年通过公开招标程序，完成了北京市2015—2017年度蔬菜政府储备承储企业的资质招标工作，确定了6家蔬菜政府储备承储企业。

（四）调整保供骨干企业，发挥主力军作用。根据生活必需品市场供应工作需要，及时调整补充生活必需品保供骨干企业，使骨干企业数量分别保持40家和80家。通过完善市区商务部门和生活必需品骨干企业的联动工作机制，进一步明确骨干企业在加强市场监测、充实企业库存、加强储备管理、建立应急预案、维护市场秩序等方面的责任，切实发挥骨干企业在保障市场供应、维护市场稳定的作用。

二、完善政府储备制度，提升应急响应能力

（一）完善生活必需品等政府储备管理。一是规范政府储备协议文本，按时与各项政府储备商品承储企业续签承储协议的工作。二是完善政府储备商品检查工作制度。督促各承储企业建立和完善管理制度和应急预案，储备商品数据定期报送，政府储备商品坚持专库（专区）存放、商品轮换“先进后出”，进一步加强政府储备管理。三是强化督导管理，加强对政府储备商品检查，确保储备商品数量到位、质量安全可靠。

（二）梳理核查应急投放体系。电话核查236个应急投放网点，实地检查12个应急投放集散地，确保应急投放网络畅通。完善应急商品数据库，样本企业达到了41家，超过了商务部规定的样本企业不少于34家的要求。应急商品数据库监测涉及食品、生活用品、救生器类、救灾物类等4大类31种应急商品。

（三）圆满完成防汛安全管理工作。汛前成立了市商务委防汛指挥部和防汛办，完善防汛工作方案和应急预案。汛期多次开展防汛储备物资检查，确保防汛物资储备到位和储备库安全。开展防汛物资调运应急演练，检验应急指挥和响应水平，提高应急处置能力。加强防汛值守，确保通讯畅通，信息传递及时，指令迅速落实。要求存储企业坚持主管领导带班，安排专人和车辆待命，确保能够快速调运防汛物资。

三、加强成品油监管，保障市场供应安全

（一）坚持依法行政，规范成品油市场管理。根据《行政许可法》和《成品油市场管理办法》等法律法规，认真履行职责，把好市场准入关口，坚持依法依规审批。全年完成125件成品油行政许可审批业务。进一步完善工作机制，细化审批程序，制定《成品油企业经营资格审批（审核）工作规范》《企业办理行政许可事项提交材料清单》，既方便企业办事，又提高了工作效率。做好成品油市场监测，密切关注市场动态。全年共完成成品油市场监测周报52期、月报12期和成品油市场运行情况月度分析12期。积极与中石油和中石化北京分公司等重点企业沟通协调，抓好油品货源组织，确保油品供应稳定。

（二）加强日常监督检查，确保市场供应安全。积极与政府相关职能部门沟通协调，加强对成品油市场安全管理。在重要会议和重大活动期间，参加市公安局等部门联合执法检查，出动检查人员近200人次，检查加油站110余座，确保了北京市成品油的供应和安全运行。认真落实北京市清洁空气行动计划，抓好京Ⅴ车用汽柴油标准供应。2014年检查成品油零售企业199家，批发企业40家，超额完成计划检查企业数量50%。

四、完善“放心肉”工程，继续推进试点建设

开展北京市肉菜流通追溯体系试点建设项目。北京市作为商务部确定的第三批肉菜流通追溯体系建设试点城市，要按照商务部制定的统一规范，建设符合北京市实际的肉菜流通追溯系统。整个项目范围覆盖全市11家生猪定点屠宰企业、8家大中型批发市场、21家大中型连锁超市旗下的522个超市门店、4家餐饮集团旗下的545个餐饮门店、106个肉品专卖店、99家社区菜市场及17家便民菜店、1家车载蔬菜直销车。通过近一年的试运行，整个试点项目系统运行平稳，数据上报稳定。

继续推进“放心食盐进社区”工作，大力推广低钠盐。为扩大放心食盐销售，确保广大市民方便购买健康食盐，指导和配合中盐北京市盐业公司，继续“放心食盐进社区”和大型餐饮企业、餐饮示范街食盐直达配送工作，巩固低钠盐推广成果，继续在全市范围开展推广使用低钠盐工作。

五、圆满完成重要会议和重大活动供应服务保障

圆满完成市“两会”、全国“两会”和APEC会议等十几项次重要会议和重大活动的食品供应和服务保障工作。安全、优质、优惠的食品商品供应和热情、细致、周到的服务保障，受到了上级部门和领导的肯定和表扬。全国“两会”总务组给市商务委发来感谢信，感谢多年来对大会服务保障工作的大力支持。程红副市长在市商务委报送的

APEC工作总结上批示“工作严谨细致，服务高效优质，向同志们和所有供应单位表示敬意”。

（杨世巍）

【圆满完成全国“两会”等重要会议的供应服务保障工作】 圆满完成了十二届全国人大二次会议及全国政协十二届二次会议的食品供应和服务保障工作，安全、优质、优惠的供应服务和细致、周到的服务保障，受到了全国“两会”总务组高度评价和表扬，并给市商务委发来感谢信，感谢多年来对大会服务保障工作的大力支持。

（邵　兵）

【完成2014年亚太经合组织会议供应服务保障工作】 根据《2014年亚太经合组织会议餐饮服务所需食品原材料供应工作方案》，完成了APEC领导人非正式会议会议周的供应服务保障工作。

（邵　兵）

【丰富食盐品种，满足市场多元需求】 在做好盐产品市场供应保障的同时，重点督促中盐北京市盐业公司加大新品种盐产品开发力度，丰富品种，满足消费者的不同需求。在“品种、品质、品位”方面做文章，进一步推动首都名盐、优盐荟萃和食盐消费升级，引领全国盐产品消费市场。围绕“绿色、低钠”和老字号等概念及原产地特征，突出“天然、营养、健康”消费理念，注入文化元素，提升产品附加值，加快开发清真盐、天然低钠盐，孕妇低钠盐，低钠海盐、湖盐等产品。为提高市民的生活品质，加大了对食用海盐理念的引导，扩大了海盐销售的规模。

（邵　兵）

【继续在全市范围内推广使用低钠盐】 为进一步改善北京市民的主要健康指标，逐步树立科学用盐意识，全面提升广大市民的健康水平，积极落实市政府《健康北京人——全民健康促进十年行动规划（2009—2018年）》。指导并督促中盐北京市盐业公司通过全市27家连锁超市所属的879家终端门店中所设置的低钠盐专柜，全面销售低钠盐产品，继续开展低钠盐推广工作。2014年全年销售低钠盐15438吨，比2013年增长13%。

（邵　兵）

【完成北京市2015—2017年度蔬菜政府储备资质招标工作】 为了有效应对突发事件造成的市场波动，确保应急保障能力，公开、公平、公正地做好蔬菜政府储备工作，完成了北京市2015—2017年度蔬菜政府储备资质招标工作。

（邵　兵）

【圆满完成防汛安全管理工作】 汛期前，成立了市商务委防汛指挥部和防汛办，建立了防汛工作制度和应急预案，修订了防汛工作方案，重新梳理了应急调拨流程，落实措施、责任到人。6月1日至9月15日汛期期间，严格执行蓝色预警委领导亲自带班、橙色预警防汛总指挥亲自带班、两名工作人员24小时值班制度，多次对防汛物资储备情况开展检查，高度重视承储企业自身防汛安全，积极组织开展防汛物资、应急物资投放演练，提高应急调拨处置水平，确保防汛物资“响应及时、供应顺畅”，圆满完成了汛期安全管理工作。

（叶卫东、庄　平）

【市商务委获商务部2014年度应急商品数据库省级考核排名第一】 在全国37个省、自治区、直辖市及部分计划单列市商务部门考核评比中，市商务委获商务部2014年度应急商品数据库省级考核总分排名并列第一。

（叶卫东、庄　平）

【进一步完善蔬菜产销合作机制】市商务委指导批发市场、连锁超市、直营直供企业加强与供京主产地农合组织对接，组织货源保障市场供应。1月20日至3月20日，市商务委和市农委、中国蔬菜流通协会开展了“十三省区市服务产区菜农服务首都市民蔬菜保供联合行动”，期间累计增加蔬菜供应总量约18.08万吨，日均增加2825吨，增幅10.23%。

（王云峰）

【完成成品油、原油行政许可审批工作】2014年，审批成品油零售经营企业行政许可107件，初审成品油批发、仓储及原油经营资格行政许可事项18件。

（王云峰）

【成品油销售量下降】2014年，全市成品油表观销售量下降2.57%。其中，汽油增长3.32%，柴油下降7.91%。

（王云峰）

【加强对成品油经营企业的执法检查】落实《北京市2013—2017年清洁空气行动计划》，严格要求经营企业供应京Ⅴ标准成品油，每月对成品油经营企业销售的成品油进行执法检查。年内出动检查人员700余人次，检查成品油经营企业239家。

（王云峰）

【开展专项整治活动，维护北京市成品油市场秩序】2014年4月，国家双打办组织开展“京津冀地区车用汽柴油专项整治”活动，市商务委按照活动要求，把成品油企业供油协议、购销台账、油品来源及证书管理作为重点，加大检查力度。为贯彻落实《商务部办公厅关于开展全国油库及加油站安全管理专项检查的通知》，市商务委从2014年9月1日至11月30日，集中开展油库及加油站安全管理专项检查活动。通过活动开展，进一步促进北京市成品油市场健康有序发展。

（王云峰）

【继续推进肉菜流通追溯体系试点建设】在2013年肉菜流通追溯体系试点建设的基础上，进行系统试运行。根据运行中出现的问题，在试点范围内，对系统加以改进和完善，使整个系统运行更加顺畅，继续推进北京市肉类蔬菜流通追溯体系试点建设，为系统的最终顺利验收打下良好的基础。

（侯学群）

【完善生活必需品市场监测信息报告制度】认真做好重点批发市场、大型连锁超市、规范化社区菜市场和直营直供新模式等样本企业蔬菜等生活必需品市场供应量的监测。根据工作需要，适时扩大监测商品范围和缩短监测时间。做好生活必需品市场供应日报、周报工作。撰写生活必需品市场季度运行报告，分析运行特点和市场走势，为市领导了解市场供应信息和市政府采取调控措施提供决策参考。全年共报送日报、周报、相关信息、运行分析报告等260余期（篇）。

（刘　璇）

【蔬菜上市总量增加】2014年，监测的8家批发市场蔬菜上市量达123亿公斤，日均3372万公斤，同比增长8.4%。

（刘　璇）

【生猪屠宰量持平】2014年，监测的12家定点屠宰企业生猪屠宰总量909.6万头，日均屠宰2.52万头，与2013年基本持平。

（刘　璇）

【牛羊肉交易量增加】2014年，监测的8家批发市场牛肉交易总量8367万公斤，日均交易量22.9万公斤，同比增加13.1%。羊肉交易总量7757万公斤，日均交易量为21.2万公斤，同比增加18.1%。

（刘　璇）

【鸡蛋交易量持平】2014年，监测的8家批发市场鸡蛋交易总量27770万公斤，日均76.1万公斤，与2013年基本持平。

（刘　璇）

粮食流通

【概况】2014年，全市粮食行业深入贯彻国家粮食安全战略，认真落实市委市政府工作部署，自觉承担维护国家粮食安全责任，全面深化粮食流通领域改革，落实“米袋子”重点工程，按照“抓粮源、保供给、稳市场”的要求，增加粮食储备，拓展粮源渠道，深化粮食产销合作，粮食购销顺畅，市场货源充足，价格保持基本稳定。完善应急保障机制，强化质量监管，加强物流体系建设，提高应急保障能力。推进依法治粮，加强行业监管，开展爱粮节粮宣传，提高社会化服务水平。加强基础设施建设，推进“粮安工程”，推广新技术的应用，全面提升粮食流通产业实力，为首都经济社会发展做出了新的贡献。

（张继红、梅　伟）

【粮价涨幅低于全国平均水平】发挥北京国家粮油交易中心的带动作用，全年举办交易会27场，粮油交易量114.3万吨，促进了大宗粮油贸易。落实粮食运费补贴政策，27家企业申领中央财政补贴1.24亿元，充分调动各类市场主体的积极性。择优选定6家企业承储5万吨市储备小麦，促进企业提高管理水平。坚持利用市储备粮轮换购销机制，全年购入粮油62.4万吨，销售粮油52.9万吨，有效调节了粮食市场供求和价格。1-12月，北京市粮价上涨2.2%，低于全国3.1%的平均水平。

（孔　晶、刘　钰）

【制定《粮食仓库仓储管理规范》地方标准】总结推广储备粮仓储管理经验，在“千分制”考评体系的基础上，制定了《粮食仓库仓储管理规范》，引导各类粮食仓库加快发展，为储粮安全提供了重要保障。该标准详细规定了粮食仓库的仓储设施及设备管理、粮食存储技术和管理及安全生产管理相关内容。有效解决了粮食仓储管理中存在的实际问题，完善了行业标准体系，标志着粮食行政管理部门在转变管理职能和方式方面迈出了坚实步伐。

（孔令文）

【稳步推进“粮安工程”】“粮安工程”3个粮库的改扩建项目获得市发展改革委批复；申报国家“2014—2015新建千亿斤仓容”项目8个，拟建仓容31万吨。粮食安全监测管理信息系统（一期工程）项目完成投资814万元，进入初步验收阶段。大兴产业园区5.8万吨油罐主体工程完工。4年累计完成粮食质量安全检验监测能力项目建设投资435万元，提高检化验设备现代化水平。

（于燕麟）

【开展全市粮食库存检查工作】按照企业自查、区县商务委核查、市粮食局复查的步骤，对所有中央储备粮、国家临时存储粮、地方储备粮，以及国有粮食企业的商品粮库存的数量、质量、储存安全等情况进行了全面检查。从检查结果看，北京市粮食库存数量真实，账实相符；储存安全；粮食补贴拨补情况良好；库贷对应，资金占用合理，库存管理较为规范。

（石红兵）

【梳理行政处罚职权25项】根据市委全面深化改革领导小组转变政府职能改革专项小组要求，开展行政处罚权力梳理工作，共涉及行政法规2部、政府规章1部、部门规章1部；行政处罚职权25项，涵盖粮食流通领域的收购、运输、仓储、出入库、加工等多个环节，最终形成了《行政处罚依据和主体汇总表》《行政处罚职权汇总表》《行政处罚权力运行流程图》。结合行政处罚权力事项梳理工作，对行政处罚裁量权基准相关规定进行调整，对尚未制定行政处罚裁量权基准的事项确定裁量基准。

（张继红）

【加强行政执法监管和行业安全生产监管】市和区县两级粮食行政管理部门加大监督检查工作，共出动执法712次，出动执法人员2134人次，检查企业1085家，为维护粮食市场秩序做出积极贡献。开展全市粮食行业安全生产大检查专项行动和全市粮食行业粉尘防爆专项整治工作。

（石红兵、于燕麟）

【应急网点建设和应急演练工作成果显著】市粮食局与19家粮油加工企业签订了粮食应急加工协议。粮油应急投放网点由673个增加到709个，网点布局进一步优化。落实《北京市粮食供给应急预案》各环节的工作要求，制定了市储备成品粮动用方案和投放流程图，修订了重要节假日期间粮食应急供应方案。加强市与区县两级应急预案的衔接，7个区县完成了应急预案修订工作。密云、大兴开展了应急演练，并将演练资料编成示范教材，促进全市应急管理水平的提高。

（孔　晶）

【开展储粮新技术研究和推广】加快成熟储粮技术推广应用，应用准低温储粮、惰性粉或硅藻土防虫等绿色储粮技术的市储备粮比例提高到63%，稻谷连续三年全部实现准低温储藏。推进《食用油脂绿色安全储存技术研究与示范》等课题研究，完善储备粮实时监测管理信息系统，启动“数字粮库”建设相关工作。加大对储备粮仓储科技应用服务和指导，进一步提高科技应用效果。

（于燕麟、孔令文）

【核销国有粮食企业经营性历史挂账4.0139亿元】积极推进北京市国有粮食企业经营性历史挂账的消化处理工作，农发行核销了北京市国有粮食企业经营性历史挂账4.0139亿元。经营性历史挂账的认定核销，减轻了企业历史包袱，促进企业改革与发展。

（张俊杰）

【国有粮食企业实现盈利5.65亿元】京粮集团按照“改革、调整、创新、规范、高效”的工作要求，以提高发展质量和效益为中心，坚持“做资本、做品牌、做市场”，改革调整迈出新步伐，转型升级取得新成效，粮油产业链不断延伸，不动产经营增效明显，实力跃居省级国有粮食集团前列。全市国有粮食企业连续8年保持盈利。

（张俊杰）

【首次将电商价格纳入市场价格监测范围】针对粮油产品网上交易量明显增长态势，市粮食局信息中心启动了粮油产品电商询价工作。主要采集7家著名电商5类市场占有率高的成品粮产品价格，每周发布价格及变化情况。

（张瑞忠）

【68人取得职业技能鉴定证书】根据市人力社保局《关于开展2014年度北京市机关技术工人职业技能培训与鉴定有关工作的通知》，组织开展机关、事业单位汽车驾驶员技师职业技能申报工作。举办初级粮油保管员和初级粮油质量检验员培训班，共有87人参加鉴定，68人合格并取得证书。

（李亚捷、宫玉富）

【针对京津冀粮油信息监测合作开展调研】市粮食局信息中心分赴河北省粮油信息中心、天津市粮油信息中心，就粮油信息监测工作现状及京津冀三地今后合作发展开展调研工作，为搭建首都经济圈粮油信息监测服务平台，共享圈内粮油信息资源，迈出重要一步。

（张瑞忠）

【粮食宣传活动丰富】开展以“尚德守法 提升食品安全治理能力”为主题的食品安全宣传周活动；举办“放心粮油宣传日”主题活动，结合行业特点，普及粮食质量安全知识，增强全社会的粮食质量安全意识和监督意识；会同农委、共青团和妇联等部门，围绕全国爱粮节粮宣传周活动主题“节约一粒粮 我们在行动”，举办10月16日世界粮食日宣传活动，组织开展“家庭在行动”“青少年在行动”“企业在行动”等系列活动。

（于燕麟、宫玉富）

【完成退耕还林补助粮供应任务】根据国家和市级林业部门验收确认，2013年度全市退耕还林工程二轮核定面积48.6万亩，涉及昌平等7个区县。截至2014年12月12日，全市退耕还林补助粮供应任务全部完成，累计供应小麦59.3万吨，玉米1.78万吨，面粉1.29万吨，大米0.25万吨，折合原粮共计2.23万吨。

（孔　晶）

【落实粮食质量安全监管责任】制定并实施粮食质量和原粮卫生抽查、监测计划，加强对收购、储存环节的粮食质量和原粮卫生监管。试行市储备小麦入库索取卫生检测报告制度，强化卫生指标管控，提高了发现粮食质量安全风险隐患的能力。

（于燕麟）

流通秩序

【概况】2014年，按照全市商务工作部署，流通秩序规范工作以健全市场秩序机制为重点，整顿和规范市场秩序，推进商务诚信建设，促进信用销售，提升商务服务业整体服务水平，各项工作取得了积极成效。

——规范和整顿市场秩序，构建和谐商业环境。全力推进商业零售企业诚信建设，完善商业零售企业促销活动事前网上备案制度，加强促销活动事中、事后监管；市、区县商务部门共出动检查人员1085人次，检查商业企业455家，现场纠正不规范促销行为23件，并对个别商业零售企业违规行为进行了责令整改。

推进单用途商业预付卡监管，对全市126家预付卡备案企业进行信息公示，审核预付卡备案材料、季度报告360多份，组织区县商务部门对120多家发卡企业进行现场检查，现场纠正部分发卡企业的违规问题，积极参与商务部《单用途商业预付卡管理办法》修订工作。

维护零售商供应商公平交易，协助商务

部开展《零售商供应商公平交易管理条例》立法调研，积极发挥12312举报投诉平台作用，2014年接受举报投诉5起，业务咨询电话120余次。大型零售企业自发完善举报投诉办理平台，主动调节零供矛盾、促进公平交易。王府井、京客隆等集团公司总部纪检委负责接待受理供应商提出的各类涉及违规操作问题的投诉事宜。

——开展信用销售，扩大消费需求。开展信用消费宣传推广工作，培育新的消费热点，鼓励大型零售企业与商业银行、消费金融公司的交流合作，先后开展“零首付、零利率、零手续费”“十二期返一期”“消费金融进万家”“消费金融服务下乡进村”等系列信用消费活动，有效扩大百姓的消费需求，为提升居民生活品质做出积极贡献。2014年参与信用消费宣传推广的12家集团企业信用消费额约98.2亿元，同比增长44.6%，推动了信用消费业务的快速发展。

扎实推进北京市中小商贸企业国内贸易信用保险融资工作，有效缓解中小商贸企业融资难题，降低中小企业投保成本，为促进流通、扩大消费发挥积极作用。中国出口信用保险公司、中国平安财产保险股份有限公司、中国大地财产保险股份有限公司、中国太平洋财产保险股份有限公司等4家本地保险分支机构负责承办中小企业国内贸易信用保险项目，共为378家中小企业提供信用保险融资，信用保险金额398.2亿元，同比增长95.1%。

——加强服务规范建设，改善消费环境。2014年商业服务业服务技能大赛活动坚持员工培训与实际工作相结合，竞技比赛与普遍练兵相结合，技能提升与岗位服务相结合，提升了员工队伍的整体服务水平和行业服务能力。一是竞赛内容更贴近百姓生活。设置了鞋品销售、餐厅点菜服务等12个竞赛项目。二是注重强化员工服务技能培训。承办协会聘请商业服务业传统技艺大师和全国劳动模范以及专家指导培训。专家们传授精湛的服务技艺，更传承优秀的服务品质，为员工技能的提升起到了重要的指引作用。三是增设了“岗位服务考核”环节。在对员工服务知识和服务技能考核的基础上，还对选手岗位的实际服务情况进行考核，激发了参赛选手的服务意识和参与热情。四是组织参赛选手开展公益活动。市摄影行业协会、市沐浴行业协会组织技能大师和参赛选手到养老院、社区为老年人和老百姓提供义务服务；市美容美发行业协会对参与“一元理发”公益项目的门店和员工进行表彰。2014年参与活动人员达到30多万人次，是历年活动中竞赛项目最多、涉及行业最多、参与人员最多的一次。

2014年市商务委组织开展商务系统评优工作。印发《北京市商务系统“三八”红旗奖章（集体）评选表彰活动的通知》，通过收集、汇总、评选和推荐，北京市商务系统共有10个集体、20名个人荣获北京市“三八”红旗集体称号和“三八”红旗奖章。同时还组织开展了“窗口行业社会主义核心价值观社会宣传环境布置”工作和首都学雷锋志愿服务站（岗）申报命名活动。

（郑　林、康　凯）

【开展商务领域反恐维稳工作】贯彻落实市维稳办、市反恐办等相关工作要求，制定印发了《北京市商务委员会关于贯彻落实专群结合的反恐维稳情报信息预警机制的通知》等系列文件，督促区县商务部门、商业企业配合属地公安部门做好反恐维稳工作，落实好人防、技防和物防反恐措施。2014年全市商务部门初步建立反恐维稳联络员机制，全市商务企业确定了1279名安全稳定信息员，期间共出动检查人员330余人次，对繁华商圈、特色商业街内的160余家商业企业进行反恐安全检查，发现并督促整改隐患问题60多起。

（齐国清）

【消除地区封锁、打破行业垄断工作】印发了《北京市商务委员会 北京市人民政府法制办公室关于集中清理在市场经济活动中实行地区封锁规定的通知》，对清理工作进行总体安排，同时积极探索举报投诉受理工作机制。2014年清理工作协调小组48个成员单位共梳理了27364件各类文件，包括58件地方性法规、95件政府规章、235件市政府和市政府办公厅规范性文件、946件区县政府和区县政府办公室规范性文件、9158件各部门规范性文件和16872件其他文件，扎实推进了京津冀打破行政壁垒工作。

（齐国清）

【规范大宗商品交易市场】按照《证监会、发展改革委、工业和信息化部、商务部、工商总局、银监会关于禁止以电子商务名义开展标准化合约交易活动的通知》要求和市领导相关批示精神，牵头市发改委、市经信委、北京证监局等8个部门在全市集中开展清理整顿以电子商务名义开展标准化合约交易活动工作，现场检查电子商务企业800多家，包括大宗商品交易市场15家。

（刘　伟）

【开展商业保理试点工作】推进石景山区、海淀区、顺义区开展商业保理试点工作，支持北京农投、兆通、启润等20家商业保理公司落户石景山区，对海淀区商业保理试点准备工作进行调研，协助区县建立健全保理业务监管制度，督促保理企业迅速帮助中小微企业疏通融资渠道，带动投资规模和融资额度的扩大，为促进流通起到积极作用。截至2014年年底，北京市商业保理公司为41家中小企业融资5.5亿元。

（刘　伟）

【开展节能减排工作】开展“三绿工程”示范项目试点工作，引导企业提升绿色低碳经济运行能力；制定并推行《北京市商场超市能源消耗限额》和《北京市商场超市合理用能指南》，构筑“技术引领、管理推行、行为支撑”三位一体的节能降耗模式，逐步形成以市场为导向的节能机制；大力开展绿色消费推广活动，活动期间共发放节能宣传图片、资料2000余册，环保购物袋3000多个，营造了良好的绿色消费氛围；继续开展“节能产品推广示范店”创建活动，鼓励零售企业举办节能知识公益宣传、节能产品免费咨询等活动，并加强节能产品售后服务。

（孙景东）

【北京石油交易所发布国内首个成品油价格指数】北京石油交易所成品油价格指数综合反映了市场上成品油价格的变动趋势，为成品油市场提供了客观、公正的评价指标。该指数综合了企业生产能力、供需情况等多种因素，选定23家地方炼厂作为价格采集对象并赋予不同权重，通过综合模型计算得出。该价格指数从5月12日起每日在央视二套滚动播出。

（刘　伟）

【大宗商品市场完成国家宏观调控任务】北京市全国棉花交易市场和北京华商储备商

品交易所着力服务于国家棉花、肉类等宏观调控政策，充分发挥稳定市场、平抑物价的功能，为促进行业持续健康发展，打造首都农产品和农业生产资料要素市场做出积极贡献。2014年全国棉花交易市场和北京华商储备商品交易所完成国家指令性计划，全国棉花交易市场采购国家政策性棉花146万吨，抛售政策性棉花194万吨，交易额634亿元；北京华商储备商品交易所收储猪肉、牛羊肉16.49万吨，投放猪肉、牛羊肉2.82万吨，交易额46.6亿元。

（刘　伟）

【北京市大宗商品市场交易数据】2014年北京市大宗商品现货市场涉及燃料油、钢铁、铁矿石、棉花、煤炭、食糖、农产品等多个交易品种，累计交易额5673.8亿元。

（刘　伟）

【推动餐饮行业女职工权益保护工作】9月1日，北京市餐饮行业部分连锁企业和特色美食街区工资协商及女职工权益保护专项集体合同签字仪式在北京职工服务中心举行。此次签订的两项合同覆盖了便宜坊、和合谷、湘鄂情、眉州东坡22家餐饮连锁企业，以及簋街、德胜餐饮美食街、方庄美食街、荣祥国际风情街12个特色美食街区的569个企业，21701名员工。餐饮行业部分连锁企业和特色美食街区工资协商专项集体合同包含了最低工资标准、加班工资基数、工资增长幅度和技能人才激励等内容；女职工权益保护专项集体合同着重从女职工“五期”需要特殊保护出发，包含了女职工妇科体检、女职工哺乳期保护等内容。这次专项集体合同的签订是一次有益的探索和尝试，对于协调商业服务业劳动关系，引导企业规范劳动用工、维护职工合法权益、稳定职工队伍，推动企业长期持续发展，推动商业服务业健康和谐发展具有深远意义。

（谢凤珍）

【加强商业零售企业刀具等管制器具管控】联合印发《北京市公安局等八部门关于加强刀具等管制器具管理工作的意见》，建立全市商务部门刀具销售管理联络员机制，督促区县商务部门加强对商业零售企业刀具销售工作的检查，指导商业零售经营单位严格落实敏感期间刀具管控措施，禁止销售工业管制刀具（匕首、三棱刮刀），对民用管制刀具销售采取“凭证购买、实名登记、三禁两报告”等特殊管控措施。

（刘　伟）

市场秩序协调

【概况】2014年在市委市政府和全国打击侵犯知识产权和制售假冒伪劣商品工作领导小组的正确领导下，市各相关部门和区县积极履行打击侵权假冒工作职责，开拓创新，进一步健全打击侵权假冒工作机制和制度体系，大力开展各项整治行动，推动全市打击侵权假冒工作上了一个新台阶，为维护首都公平的市场秩序做出了积极努力。

保持打击侵权假冒的高压态势。全市9家行政执法部门全年对侵权假冒行为共立案3320件；办结案件3094件，同比增长30%；涉案金额4712.3万元；捣毁制售假冒伪劣产品窝点252个，为2013年同期的4倍多。全市公安机关共破获侵权假冒案件3392件，抓捕犯罪嫌疑人1504人，涉案金额42.6亿元。全市检察机关共批捕侵权假冒案件355件，涉案犯罪嫌疑人434人；审查起诉案件1030件，涉案犯罪嫌疑人1221人。全市审判机关共受理侵权假冒刑事案件1223件，审结1222

件，生效判决人数1220人。

进一步健全打击侵权假冒制度体系和工作机制。市领导小组组长、副市长程红全年对打击侵权假冒工作做出重要批示12次，2次主持召开市领导小组全体会议，有力推动、指导了全市“双打”工作的深入开展。市、区两级覆盖全市的打击侵权假冒工作机制进一步完善。适时调整了市领导小组部分成员，并增补了市互联网信息办公室、市邮政管理局、市通信管理局、市政府新闻办4家成员单位，成员单位达35家，正式成立全国首家知识产权审判专业机构——北京知识产权法院。16个区县全部正式设立了打击侵权假冒工作领导小组及办公室。建立了统计信息报送工作的长效机制，采集各类信息近500余条，择优上报56条，中国打击侵权假冒工作网采用54条，全国打击侵权假冒工作简报采用5条（送中办、国办、中央有关部委和各省区市人民政府），制作市打击侵权假冒工作专报10期。积极配合全国领导小组办公室开展工作。8月26日，汪洋副总理主持召开全国打击侵权假冒工作领导小组全体会议，程红副市长代表北京市出席并发言。市领导小组办公室在全国宣传和信息工作培训班、两法衔接工作培训班上两次做大会交流发言。

大力开展各项整治行动。开展了京津冀车用汽柴油专项整治，完成互联网领域侵权假冒专项治理和电视购物专项整治，启动农村和城乡接合部市场假冒伪劣商品专项整治，筹备2015年车用燃油专项整治，开展APEC会议期间打击侵权假冒工作。市领导小组办公室在上述专项行动中积极发挥统筹协调作用。市领导小组组长、副市长程红对APEC会议期间打击侵权假冒工作给予肯定：“此次工作扎实有效，办公室很好地起到了统筹、督促的作用，望总结经验，形成重大涉外活动保障长效机制。”

落实侵权假冒行政处罚案件信息公开。按照国务院要求，自2014年6月1日起，9个行政执法部门公开按照一般程序办理的打击侵权假冒行政处罚案件，6－12月累计公开案件1885件。市领导小组办公室督促检查，对信息公开进展情况进行了3次通报，受到全国领导小组办公室的肯定，有关做法被全国工作简报编发推广。

初步建成打击侵权假冒两法衔接信息共享平台。市打击侵权假冒两法衔接信息共享平台7月初试运行，覆盖市、区两级行政执法部门、公安、检察、审判机关、打击侵权假冒工作办公室及市政府法制办等129个用户，11月28日与中央信息平台实现数据对接。

积极开展打击侵权假冒宣传工作。市领导小组办公室印发《宣传工作制度》，并印发了《2014年北京市打击侵权假冒工作宣传方案》，将宣传工作列入区县绩效考核。开通北京市打击侵权假冒工作网，作为对外宣传的门户网站，集中公布9家执法部门的监督举报电话，畅通举报渠道，接受社会监督。在4月26日世界知识产权日、12月4日全国法制宣传日等重要时间节点，举办知识产权保护状况新闻发布会，开展了知识产权海外维权宣传，开展了侵权盗版出版物集中销毁活动，发布了十大知识产权典型案例，并第一次发布反映知识产权前沿问题的十大创新性案例，以案释法；在京津冀车用汽柴油等专项整治中，结合整治初期、中期和后期的阶段重点，通过新闻报道、制作宣传标语、行政处罚案件信息公开的方式开展宣传，通报工作进展；领导小组办公室在《北京商报》等纸媒上连续发表多篇专题文章，介绍各部门打击侵权假冒的成效；发挥新兴媒体作用，拓宽发布渠道，引导网上舆论，利用政务微博“@北京发布”“@北京知识产权”举办世界知识产权日微访谈，权威解读知识产权保护相关问题；在北京电视台和区县电视台多次播放打击侵权假冒的公益宣传片《李逵打假》，其中北京电视台播放440余次，王府井、新世界等商业区利用电子显示屏播放1个月以上。北京市宣传工作的做法也受到全国领导小组办公室的肯定。

（张炳词）

【全国双打办对北京市进行现场考核】2月24日至25日，全国打击侵权假冒办公室第17考核组对北京市2013年工作绩效进行了现场考核，听取了2013年打击侵权假冒工作汇报，查阅了各成员单位的工作资料，随机抽查了海淀区、东城区、朝阳区、通州区的11家单位。25日考核组召开情况反馈会，对北京市打击侵权假冒工作总体表示肯定，并希望北京市双打工作始终走在全国前列。

（张炳词）

【召开打击侵权假冒领导小组全体会议】3月28日，北京市召开打击侵犯知识产权和制售假冒伪劣商品工作领导小组全体会议，市领导小组组长、副市长程红出席会议并讲话。市领导小组32家成员单位、全市各区县负责人和联络员参加会议。会议听取了全市“双打”工作报告，宣读了《关于调整北京市打击侵犯知识产权和制售假冒伪劣商品工作领导小组成员的通知》，市工商局、市公安局、海淀区分别代表行政执法机关、刑事司法机关和区县做了典型发言。

（韩建中）

【全国打击侵权假冒办公室调研秀水市场】5月6日，全国打击侵权假冒办公室副主任李振中带队对朝阳区秀水市场进行了专题调研，听取了秀水市场及周边地区近年来打击侵权假冒工作汇报，要求围绕秀水市场继续深入开展打击侵权假冒工作，在完善入驻标准、跨区域执法协作、社会监督等方面取得经验，力争建成国内一流的高端市场。同时总结秀水市场在转型升级方面好的经验和做法，上报国务院。

（张成成）

【组织两法衔接机制调研座谈会】7月29日至31日，全国打击侵权假冒办公室在京召开3场打击侵权假冒两法衔接机制调研座谈会。市打击侵权假冒办公室组织市工商、食药监、公安、检察院、政府法制办等单位的市、区及基层的15名代表参加调研座谈。参会代表结合本系统、本单位工作实际，从打击侵权假冒两法衔接机制建设现状、推进过程中遇到的困难和问题、下一步工作对策及建议等方面进行了畅谈。

（韩建中）

【完成打击侵权假冒工作区县考核】为进一步推动北京市打击侵权假冒工作的深入开展，从2014年12月初开始，组织各成员单位对全市16区县的双打工作进行2014年度绩效考核。考核前，进一步完善、细化了考核办法和评分标准，涵盖机制建立、两法衔接等双打工作重要内容；考核期间，市双打办主动协调、积极配合，并通过考核调研了解各区县在开展打击侵权假冒工作中的做法和经验，指导基层开展工作；考核后，注重考核成果运用，将考核成绩计入首都综治考核内容。

（韩建中）

【完成电视购物专项整治工作】按照全国统一部署，北京市2013年12月至2014年6月集中开展了电视购物专项整治。在市商务委牵头协调下，工商、食药监、广电等七部门加强信息沟通、执法协作和资源共享，形成监管合力，专项整治工作取得实效。通过商务部监测平台共监测北京市电视购物广告数31291条次，覆盖电视频道数49个，未发现违法犯罪行为。

（张成成）

【承办京津冀车用汽柴油专项整治座谈会】4月18日，受全国双打办委托，北京市双打办承办了京津冀地区车用汽柴油专项整治座谈会。会议由全国双打办副主任柴海涛主持，研究了推进京津冀车用汽柴油专项整治的有关事项。全国双打办、中宣部、公安部、工商总局、质检总局、环保部、商务部、国务院国资委八部委，京津冀三省市双打办、工商、环保、商务、质监部门相关同志参加会议。北京市双打办主任、市商务委委员王卫平同志介绍了北京市专项整治的进展情况。

（张炳词）

【启动农村和城乡接合部假冒伪劣整治】11月26日，北京市打击侵权假冒工作领导小组办公室召集市有关成员单位及各区县打击侵权假冒工作领导小组办公室召开会议，部署全市农村和城乡接合部市场假冒伪劣专项整治工作。根据全国打击侵犯知识产权和制售假冒伪劣商品工作领导小组的统一部署，自2014年12月至2015年6月，北京市将从六个方面集中开展北京市农村和城乡接合部市场假冒伪劣商品专项整治：加强对涉农重点商品监管；加强生产源头治理整顿；加强流通领域监督检查；加强行政执法与刑事打击配合；及时处理侵权假冒商品；广泛开展农村市场打假宣传活动。

（张成成）

【启动互联网领域侵权假冒专项治理】7月3日，市打击侵权假冒工作领导小组办公室召开北京市打击互联网领域侵犯知识产权和制售假冒伪劣商品工作会，市公安局、工商局、质监局、新闻出版广电局、文化局、文化执法总队、农业局、食药监局、知识产权局、网信办、通信管理局、邮政管理局、北京海关等相关单位出席。各单位通报了相关情况，研究了北京市互联网领域侵犯知识产权和制售假冒伪劣商品专项治理实施方案。会议对专项治理工作进行了布置，专项治理从即日开始，2014年年底结束。

（张成成）

【市商务委领导检查丰台区打击侵权假冒工作】9月29日，市商务委王洪存委员带队赴丰台区检查国庆和亚太经合组织会议前打击侵权假冒工作的落实情况，对天雅国际购物中心、新世纪服装市场进行了巡查，了解市场和商户把好进货关、保护消费者权益的做法，听取了有关部门加强市场监管、促进产业升级的介绍。王洪存委员要求，要以国庆65周年和亚太经合组织会议服务保障为突出内容，开展打击侵权假冒的集中行动，对侵权假冒商品露头就打。市商务委市场秩序协调处，丰台区打击侵权假冒办公室、工商局、质监局、知识产权局有关同志参加检查。

（张成成）

【市打击侵权假冒领导小组召开扩大会议】10月10日，北京市打击侵权知识产权和制售假冒伪劣商品工作领导小组召开扩大会议，贯彻落实全国打击侵权假冒工作领导小组第六次全体会议精神，推动全市下一阶段特别是亚太经合组织会议期间的打击侵权假冒重点工作。市打击侵权假冒工作领导小组组长、副市长程红出席会议并讲话。市打击侵权假冒工作领导小组35家成员单位和16个区县的主管同志出席会议，市工商局、朝阳区、秀水市场等9个部门、区县和企业代表做了交流发言。会议审议通过了《2014年第四季度北京市打击侵犯知识产权和制售假冒伪劣商品重点工作安排》。

（张炳词）

【完成京津冀车用汽柴油专项整治任务】 4－6月份，北京市按照全国打击侵权假冒办公室等国家八部门开展京津冀车用汽柴油专项整治的统一部署，车用汽柴油专项整治取得积极成果。市打击侵权假冒办公室组织工商、环保、商务、质监等部门加大执法检查力度，开展跨部门联合执法，重点对城市环线周边及京津冀交界地区的加油站、车用汽柴油批发企业进行检查。各部门共出动执法人员4236人次；工商部门共抽查检验油样717个，汽柴油抽验合格率99.6%，其中汽油抽验合格率100%；环保部门加大加油站污染排放监管，每月每站平均至少检查2次，共检查加油站8137座次，检查储油库和油罐车441座（辆）次。市公安局依法查处了朝阳区来广营地区地下油罐车偷卖车用柴油的违法行为，抓获嫌疑人6人，刑事拘留嫌疑人张某某。质监部门加大对炼化企业油品质量的检测频率，对加油计量装置进行了实地抽测。专项整治中，执法部门还主动公开行政处罚案件信息，环保部门对5家不按规定使用油气回收设施的加油站进行了曝光。

（张成成）

安全生产

【概况】 2014年行业安全生产工作在市商务委党组的坚强领导下，主要领导身体力行、分管领导靠前指挥，全市商务部门和各经营单位迎难而上、齐抓共管，认真落实行业安全生产监管责任和企业安全生产主体责任，年度各项工作任务落实到位，圆满完成了元旦、春节、“京交会”、建国65周年游园活动、APEC会议等重要节日、重大活动期间的商务行业安全保障任务。全市商务部门共出动执法检查人员23009人次，检查经营单位7014家次，发现并督促整改隐患、问题2464个，实施行政处罚14起，罚款11.9万元。行业安全生产形势总体平稳，未发生有影响的生产安全事故，并荣获2014年度“北京市安全生产工作先进单位”“北京市安全生产工作突出成绩奖”“北京市安全生产工作管理创新奖”，在北京市安全生产月活动中获得“优秀组织奖”等奖项。

一、安全生产责任体系建设

市商务委党组高度重视商务行业安全生产工作，全委工作一盘棋，把行业安全生产工作列入党组重要议事日程，主任办公会每季度定期听取安全生产工作专题汇报，明确安全工作对机关业务工作考核实行“一票否决”。按照市政府安全生产工作“一岗双责”要求，结合委“一岗三责”责任制，将安全生产责任落实到了每位领导和处室；制定了《区县商务部门安全生产监管工作综合评价实施细则》，对区县商务部门的安全生产监管工作进行量化评价；委机关各处室、各单位分别在各自业务和职责范围内加强了安全工作的调研指导、监督检查等工作，注重协同配合，形成了行业安全生产工作全委齐抓共管、市（区）商务部门联动推进的良好格局。

二、专项治理

深入开展安全生产大检查“回头看”活动。全市商务部门指导经营单位开展自查自纠，结合2013年安全生产大检查中发现的隐患和问题有针对性地开展全过程、全覆盖的安全检查，巩固安全生产大检查成果。巩固冬春季火灾防控工作成果，积极做好预防煤气中毒工作，全市商务部门充分发挥行业协会、企业安全生产联组的管理作用，广泛进行宣传发动，进一步提高经营单位的安全意识，对列为全市禁放点的239家大型商场、超市及全市规模以上使用燃气和炭火经营的餐饮经营单位建立了台账，并进行了及时检查督导。市商务委牵头组织市、区两级安监、消防、旅游、环保、商务等部门，对西单商圈、重点旅游景点等的部分经营单位进行了三个批次的安全生产专项联合执法检查，及时消除一批仅靠商务部门难以解决的隐患问题。

三、宣传教育与培训

2014年，全市商务部门积极组织开展了“两个安全生产规定”、“安全生产月”、新修订的《安全生产法》等各类安全生产宣传培训活动。9月17日，针对行业安全用电管理，市商务委对全市区县商务部门安全生产监管人员、45个大型连锁企业集团110余名安全生产负责人和管理人员进行了集中培训；9月25日，邀请新《安全生产法》的主要起草人，分两个批次分别对16个区县商务部门行业安全生产监管队伍和大型连锁企业集团安全生产负责人进行专题授课，有效提升了新法规的执行能力。2014年，全市商务部门制作发放各类宣传材料4万余份，开展教育培训、宣传咨询、应急演练等活动1000余次，参与并接受教育企业员工及群众38000余人次，进一步扩大了安全生产宣传教育的覆盖面和社会影响力，强化了全行业的安全生产意识。

四、重点时期安全生产保障

元旦、春节、五一、建国65周年国庆等节日期间，启动了市、区商务部门领导带队检查工作机制，全市商务部门以繁华商业街区、城乡接合部、高层建筑、地下空间和大型综合商业设施内的经营单位为重点，积极督促经营单位落实安全生产主体责任，做好安全生产、应急演练和事故防范工作，营造了节日期间“安全、稳定、祥和”的商务运行环境。全国“两会”、京交会、APEC系列会议期间，对代表、委员驻地周边500米范围内商业零售和餐饮经营单位进行调查摸底、建立台账。对会议场所、代表委员驻地周边规模以上商业零售和餐饮经营单位安全生产工作进行反复检查，实行动态管理，同时启动“两会”期间商务行业生产安全事故“零报告”机制，确保了全国“两会”期间行业安全生产平稳有序。昆明“3·01”事件后，市商务委迅速贯彻落实市委市政府领导指示精神，3月2日至15日期间，委领导轮流带队，会同属地政府和商务部门对西单、王府井、崇文门等13个商圈（地区）的商业零售和餐饮经营单位开展了安全督查，指导经营单位做好安全稳定和突发事件防范工作。安监处、储调处、服交处等统筹执法大队力量，出动了152个执法检查小组，对615家商业零售、餐饮、加油站和美容美发等经营单位进行了安全生产及应急防恐专项检查，执法大队成立了应急小分队，24小时待命，随时应对突发事件。5月26日至6月5日，市商务委针对不同的经营单位开展了安全生产和反恐工作检查，出动检查人员330余人次，检查商业零售、餐饮、加油站等经营单位160余家。市商务委相关处室组成联合检查组，每天出动4个小组，对82个繁华商圈、特色商业街内的商业零售和餐饮经营单位开展了不间断的安全检查，发现并督促整改安全生产隐患问题60个。

五、机制建设

对全聚德、北京华联、京客隆等连锁企业集团进行调研督导。听取企业集团年度安全管理工作情况汇报，座谈交流安全生产管理工作中的经验措施，会同企业集团一起对所属门店安全生产工作的落实情况进行实地检验，并帮助企业整改安全隐患问题；结合《北京市商业零售和餐饮经营单位安全生产规定施行七周年情况分析》调研课题，对《燃气安全使用条件》立法调研和北京市隐患排查治理监管工作意见等规范性文件进行梳理，并提出了加强行业安全管理的意见和设想；组织全市商务部门认真学习市政府《关于推进安全生产隐患排查治理体系建设的意见》等文件，认真总结和研究探索商务行业隐患排查治理办法；市商务委根据安全生产工作督查情况，对部分区（县）商务委和部分连锁企业集团有关负责人进行约谈，进一步堵塞安全生产监管漏洞，消除安全管理盲区、盲点。

六、协调联动

市商务委先后制发了《商务行业2014年安全生产工作指导意见》《2014年商务行业重点执法检查计划》《2014年亚太经合组织会议商务行业安全生产保障工作方案》等部署性文件20多份，对年度各项安全生产管理工作任务进行了细化分解。各区（县）商务委也都根据全市商务行业安全生产保障任务和属地政府统一要求，制定了本区（县）年度工作计划安排，对组织机构、职责任务和专项工作进行了明确、分解；每季度采取召开专题会议、视频会议、现场会等形式，认真总结行业安全生产工作情况，研判安全生产形势，交流区县商务委在宣传教育、隐患排查、执法检查、联组建设、标准化达标创建等方面的经验做法，对阶段重点工作和专项任务进行部署；对各区县商务委安全生产管理工作进行督查，实施区县商务部门安全生产工作半年综合考核评分，及时将考核结果反馈各区县商务委，促进行业安全生产监管责任落实。

（宋　军、陈玉全）

【举办“两个规定”施行七周年宣传月活动】“两个安全生产规定”施行七周年之际，以“落实主体责任，保障商务安全”为主题，集中开展了一次宣传日、一次集中培训和一次专项检查的安全生产月“三个一”活动。市商务委举办了以贯彻落实国家、北京市相关法律法规，建立健全安全生产责任制，开展安全生产标准化达标建设，集中组织观看《商业零售经营单位生活必需品抢购事件预防》应急处置教学片等为内容的行业安全生产培训班；全市商务部门通过贴标语、挂横幅、发放安全生产法律法规和安全生产事故图片、讲解安全生产知识和意外情况处置等形式，以鲜活的事例提醒广大消费者在购物及消费中增加安全自我保护意识；4月23日至4月30日，市商务委采取“四不两直”方式，对城六区的部分重点商业零售、餐饮经营单位的安全生产、规范促销情况进行了集中检查，抽查。

（宋　军、陈玉全）

【举办商务行业安全生产大课堂】 6月24日，市商务委举办了商务行业安全生产大课堂，区县商务部门主管安全生产相关负责人，市商联会、市餐饮行业协会有关负责人以及全市70余家大中型商业零售、餐饮连锁企业集团安全负责人参加。授课专家围绕安全生产的意义、我国安全生产的形势及产生的问题，并结合北京市发生的事故案例，就企业在安全生产事故中责任的认定，落实企业安全生产责任应该注意的几个问题进行了深入全面解析。

（宋　军、陈玉全）

【开展安全生产标准化建设】 4月份，市商务委围绕建立健全安全生产责任制，开展安全生产标准化达标建设为主题的安全生产培训，全面推动安全生产企业标准化达标创建工作。2014年，10家市级二级安全生产标准化在评企业已完成现场抽查复核，区县三级安全生产标准化达标企业已超过720家。

（宋　军、陈玉全）

【组织开展区县商务部门互查互访活动】 市商务委制定了《2014年区（县）商务部门安全生产互查互访活动方案》，组织各区（县）商务部门，分组开展相互学习交流活动。各牵头区（县）商务部门在形式和内容上不断创新，把互查互访单位选在安全监管相对薄弱的相邻两区城乡接合部地区，通过安全生产互查互访活动，加强了区（县）商务部门间安全生产工作的交流，促进了行业安全监管水平提高。

（宋　军、陈玉全）

【落实商务行业安全生产工作会议制度】 对全市区县商务部门划分为四个片区，每季度，市商务委分别深入四个片区召开各区（县）商务部门重点工作推进会，分析季度工作形势，听取区县重点工作进展情况和下一步工作打算，安排部署下季度重点工作；每半年，市商务委召开一次全市商务行业安全生产工作会。市安监局、消防局、商务执法监察大队、商联会、餐饮协会有关领导以及各区县商务部门主管领导参加会议，总结全市商务行业安全生产工作，部署下一步重点工作，全面指导各区（县）商务部门推动行业安全监管工作平稳发展。

（宋　军、陈玉全）

【开展连锁企业安全生产培训指导工作】 针对安全检查督查中发现部分商业零售和餐饮连锁企业门店安全生产隐患突出问题，采取“走出去”服务企业的方式，分别深入到九头鸟酒家、沃尔玛超市、幸福超市、麻辣诱惑餐饮和物美超市等商业和餐饮连锁企业一线，对连锁企业安全生产负责人、108个门店店长以及安全生产管理人员共200多人进行培训，收到了良好的培训效果。

（宋　军、陈玉全）

【开展安全生产月系列活动】 市商务委根据市安委会的统一部署，6月份组织开展了“安全生产月”活动。在全国第十三个安全生产月活动期间，制定下发了《商务行业2014年“安全生产月”活动方案》，以“坚守红线意识，保障商务安全发展”为主题，组织开展了警示教育周、隐患排查治理周、安全文化周、应急演练周等4个不同特点的主题周系列活动。通过系列活动，进一步提高了行业安全生产防范能力，促进了经营单位安全生产主体责任落实，在全行业营造了浓厚的安全生产工作氛围。

（宋　军、陈玉全）

四、生活服务业和特殊流通行业

生活服务业

【概况】2014年，生活服务业立足服务首都城市性质功能定位，以夯实便民利民基础和加强行业管理为工作重点，积极开展各项工作。根据商务部商贸流通业行业统计信息平台测算，全市美容美发、家政、洗染、沐浴、摄影、家电维修服务六类生活服务业从业人员超过110万人，年营业收入超过280亿元。其中，规模以上企业431家，从业人员38262人，年营业收入85.1亿元；连锁企业314家，年营业收入20.7亿元。

继续支持开展公益性便民服务。在全市生活服务行业推行公益性便民服务，理发行业"老人一元理发"、摄影行业"敬老惠民1+1"、沐浴行业"的士驿站"和"足美进社区"等公益便民服务项目，在全市起到了广泛的宣传和推动作用，提升了生活服务业的整体形象。

继续支持开展家政"春节保供"活动。为保障春节期间首都家政服务市场供应平稳，指导北京家政服务协会会同北京市社区服务中心、北京易盟天地信息技术有限公司组织家政服务企业开展了2014年春节家政服务市场保供活动。累计动员近5万名家政服务员错峰回家留京保供，组织1万余名外地服务人员进京补充北京春节家政市场。

加强正规废品回收站点规范管理。为落实重要实事和APEC会议环境保障规划方案，制发了《2014年再生资源回收站点规范整治工作方案》，在全市范围内集中开展再生资源回收站点规范整治行动。同时，以再生资源回收站点空白区域为重点，全市新建规范化回收站点35个。

（王喜艳、魏　拓）

【继续开展家政"春节保供"活动】为保障春节期间首都家政服务市场供应平稳，指导北京家政服务协会会同北京市社区服务中心、北京易盟天地信息技术有限公司组织家政服务企业开展了2014年春节家政服务市场保供活动。累计动员近5万名家政服务员错峰回家留京保供，组织1万余名外地服务人员进京补充北京春节家政市场。

（王喜艳）

【家政协会新评定19家星级门店】2014年共评定19家星级门店，其中四星3家，三星5家，二星11家，促进了家政服务行业规范化、规模化、连锁化、标准化管理。

（王喜艳）

【加强家政市场秩序规范和监管】会同市劳动监察大队、市工商局加强家政服务市场管理和执法检查，采取专项检查和不定期抽查等方式对家政企业进行检查，促进行业秩序规范。深化无证无照经营治理，严厉打击无证无照经营职介、家政服务等违法行为。全市查处取缔黑职介、黑家政47户。

（王喜艳）

【《家政服务合同》范本印发】北京家政服务协会联合吉林、广东等七个省、市的家政协会起草的《家政服务合同》（员工制、中介制、派遣制）三种示范文本于2014年5月由商务部印发，对规范家政服务经营，提升家政服务质量，减少服务纠纷，促进行业有序发展起到积极作用。

（王喜艳）

【组织生活服务行业参与“技能大赛”】 2014年6月至12月，组织美发造型、美容化妆、西服熨烫、保健按摩、电脑维修、半自理老人照料和创意人像摄影6个行业7个岗位10多万人次参加2014年商业服务业技能大赛，对推进商业服务业内涵的扩展和延伸，起到了积极的推动作用。

（王喜艳）

【支持开展公益性便民服务】 在全市生活服务行业推行理发行业的“老人一元理发”、摄影行业的“敬老惠民1+1”、沐浴行业的“的士驿站”和“足美进社区”等公益便民服务活动，在全市起到了广泛的宣传和推动作用，提升了生活服务业的整体形象。

（王喜艳）

【鼓励外资投资设立老年人服务机构】 2014年，全市有2家外商投资的养老企业，4家提供与养老服务相关的技术服务外资企业，投资金额共计1262万美元，可提供住宿、餐饮、护理、生活照料等老年养老服务及养老设施设计、老年护理和呼叫求助产品、远程医疗系统等技术支持和服务。

（王喜艳）

【规范正规废品回收站点经营行为】 配合首都环境建设，对废品回收站点进行规范化治理。2014年，全市商务主管部门共检查正规回收站点3320个，出动车辆次数1166车次，出动人员数4650人次，规范整改回收站点数1978个，配合有关部门清理无照经营废品回收点1132个，清退非法回收市场75个。

（魏 拓、曹 民）

特殊流通业

【概况】 加强拍卖、典当行业监管。北京市拍卖、典当企业总量增长较快，2014年批准设立拍卖企业111家、典当企业61家，截至2014年年底，全市拍卖企业536家、分支机构3家，典当企业339家、分支机构124家。2014年，开展了拍卖企业、典当企业2013年度核查，对70家拍卖企业、62家典当企业开展现场检查。通过年度核查和现场检查，进一步规范了企业经营行为。

加强行业宣传，继续开展拍卖季活动。2014年北京拍卖季通过媒体、网络发布拍卖季活动，进一步扩大了对拍卖季、拍卖行业的宣传作用。举办拍卖专场，天竺保税区举办了利氏兄弟工程机械车专场拍卖会，朝阳区残疾人联合会举办了残疾人书画作品专场拍卖会。专题拍卖会通过北广传媒城市电视联播平台进行了宣传；新浪“2014北京购物季”网络专题上开辟有“北京拍卖季”版块宣传；北京人民广播电台城市台《炫动下班族》栏目对部分拍卖公司进行了电话连线宣传。2014年共有143家拍卖企业参加拍卖季活动。通过宣传，进一步提高了社会和公众对北京拍卖业的认识，也提升了北京拍卖季品牌知名度。

加强信息化监管，建设北京市拍卖行业管理信息系统。为加强信息化监管，市商务委会同市工商行政管理局、市文物局建设完成了北京市拍卖行业管理信息系统。该系统搭建了北京市拍卖业整体服务平台，在系统上可以完成商务、工商、文物等部门要求的申报设立、变更、注销手续，年度核查，月报、年报上报，发布拍卖公告及拍卖会会前、会后备案等工作。各有关部门可通过该系统的数据归集功能，掌握行业发展动态，加强行业监管。2014 年，商务部门在系统审核了企业提交的拍卖设立、变更、注销、延续、补领、年度核查的资料3153次，通过了 515 家（其中，设立 111 家、变更 92 家、注销 3 家、核查 309 家）。目前基本实现了预申报、预审核，方便了企业。

加强汽车流通行业管理，促进行业稳步发展。2014 年，北京市报废汽车回收拆解企业 8 家、备案二手车交易市场 6 家。积极推动国家老旧汽车报废更新补贴政策和北京市老旧机动车淘汰更新政策实施，二手车交易量同比增长 6%，报废机动车回收量同比增长 58%。组织开展机动车安全隐患大检查，按照企业自查、区县全面检查、市里重点抽查三个步骤对报废汽车回收拆解企业和二手车交易市场组织安全隐患大检查，有效堵塞了安全漏洞，消除了安全隐患。

加强内资融资租赁行业管理。向商务部推荐内资融资租赁试点候选企业，2 家企业获得试点资格，全市累计有内资融资租赁试点企业 27 家，试点企业数量据全国各省市之首；积极贯彻商务部《融资租赁企业监督管理办法》，督促试点企业填报商务部融资租赁企业管理信息系统，实现内资融资租赁行业信息化监管；为进一步加强对融资租赁行业的监督管理，切实守住不发生系统性、区域性风险的底线，在全市开展融资租赁行业风险排查工作。

（魏　拓、曾　青、安玉新）

【新增拍卖企业 111 家】 2014 年，批准拍卖企业设立 111 家。

（魏　拓、曾　青）

【开展拍卖企业年度核查】 根据《中华人民共和国拍卖法》、商务部《拍卖管理办法》的有关规定，对拍卖企业 2013 年度经营资质、经营情况、拍卖人员情况及企业变更事项等进行了核查，共有 309 家拍卖企业通过了核查。

（魏　拓、曾　青）

【举办第八届北京拍卖季】 第八届北京拍卖季活动于 2014 年 10－12 月期间举办，134 家企业参加本届拍卖季活动。本届拍卖季纳入了第九届中国（北京）国际文化创意产业博览会系列活动。

（魏　拓、曾　青）

【文物艺术品拍卖业务收入占全市拍卖业务收入的 89%】 2014 年，北京市文物艺术品拍卖成交场次占全市拍卖场次的 38%；拍卖成交额占全市拍卖成交额的 68%；主营业务收入占全市拍卖主营业务收入的 89%。

（魏　拓、曾　青）

【北京拍卖行业协会换届选举】 北京拍卖行业协会组织召开了第三届会员大会，北京华辰拍卖有限公司董事长甘学军当选会长，中国嘉德国际拍卖有限公司等 15 家拍卖企业为理事单位。

（魏　拓、曾　青）

【新增典当企业及分支机构 61 家】 2014 年，北京市新增典当企业 41 家、典当分支机构 20 家。

（魏　拓、安玉新）

【典当总额同比增长 37.7%】 2014 年，北京典当企业达到 339 家、典当行分支机构 124 家、从业人员4640人。2014 年全市典当总额 418.8 亿元，同比增长 51.8%；典当余额83.9亿元，同比增长42.2%；利润总额4.1亿元，同比增长12.3%；应交税金1.9亿元，同比增长16%，充分发挥了面向小微企业和居民的融资服务功能。

（魏 拓、安玉新）

【开展典当企业年度核查】开展北京市典当企业及外省分支机构2013年度核查。278家典当企业和外省分支机构被评为A类企业，16家典当企业被评为B类企业，5家典当企业暂缓通过年审，10家典当企业限期整改，2家典当企业被收回《典当经营许可证》。

（魏 拓、安玉新）

【开展北京市典当企业验资银行遴选】根据《典当管理办法》《典当行业监管规定》及商务部有关要求，为加强北京市典当企业验资账户资金的监督管理，更好地方便企业，在2013年度已遴选验资银行的基础上遴选增加了中国银行北京市分行、华夏银行北京分行为北京市典当企业验资银行。

（魏 拓、安玉新）

【新增2家内资融资租赁试点企业】根据商务部、国家税务总局《关于从事融资租赁业务有关问题的通知》，北京鼎泰鑫机械设备租赁有限公司、世欣合汇租赁有限公司2家企业获得商务部、国家税务总局批准的内资融资租赁试点企业资格。目前，全市累计有27家内资融资租赁试点企业，是全国获批试点企业最多的省份。

（魏 拓）

【新增二手车鉴定评估机构5家】2014年，新增二手车鉴定评估机构设立5家。

（曹 民）

【新增汽车品牌经销商备案2家】2014年，新增汽车品牌经销商备案2家。

（曹 民）

【淘汰老旧机动车47.6万辆】2014年，积极配合相关部门推进北京市老旧机动车淘汰更新工作，共淘汰老旧机动车47.6万辆，完成任务总量的122%。

（周丽霞、曹 民）

【回收报废汽车量创历史新高】2014年，北京市8家报废汽车回收拆解企业回收报废汽车总量12.5万辆，同比增长58%，创历史最高水平。

（周丽霞、曹 民）

【发放国家老旧汽车报废更新补贴】根据《老旧汽车报废更新补贴资金管理办法》和《财政部、商务部2014年第6号公告》规定，组织开展本市老旧汽车报废更新补贴资金发放工作，共审核通过老旧汽车报废补贴13辆，13辆全部为半挂牵引车，预计发放补贴资金23.4万元。

（曹 民）

【开展机动车安全隐患大检查】按照公安部、商务部等六部局联合下发的《关于开展机动车安全隐患大检查工作的通知》和商务部市场建设司《关于认真开展机动车安全隐患大检查有关工作的通知》要求，市商务委下发了《北京市商务委关于认真开展机动车安全隐患大检查有关工作的通知》，按照企业自查、区县全面检查、市里重点抽查三个步骤组织了安全隐患大检查，有效堵塞了安全漏洞，消除了安全隐患。

（曹 民）

五、物流业

【概况】2014 年，北京市物流业在实现保障城市正常运行及民生消费需求的基础上，按照习总书记对北京市发展和管理提出的工作要求以及京津冀协同发展的国家战略方针，围绕首都核心功能定位，积极构建物流领域的“高精尖”经济结构，以信息化、标准化建设为先导，着力提升北京市物流业发展水平，加强与周边区域对接合作，促进京津冀物流协同发展，不断提升现代物流服务业的品质。

一、着力提升物流业发展水平，积极构建物流领域“高精尖”经济结构

大力推动物流标准化试点。按照财政部、商务部、国家标准委有关文件精神，积极研究推进北京市物流标准化试点工作方案。通过托盘标准化应用情况调查、专家座谈、到企业实地调研等方式，逐步明确标准化工作思路，制定了北京市物流标准化试点方案，将搭建标准化物流设备应用、运营管理与服务、运营标准规范及第三方认证等“三个体系”，采取配送中心主导、第三方物流主导、农产品产销物流一贯化、区域及国际物流一贯化等四种模式推广标准化物流设备，并力争实现现行交接货模式、订货模式变革等“两个突破”。推动物流金融公共信息平台建设。着力解决物流金融中由于信息不对称存在的虚开仓单、重复质押等问题，促进物流金融生态圈健康发展。推动城市物流末端共同配送发展。加快城市末端共同配送网点建设，依托信息化管理平台，整合末端物流配送需求和资源。加快提升冷链物流发展水平。成功申报成为两岸冷链物流产业合作第二批试点城市，依托平谷国际陆港口岸及冷链基础设施优势，积极开展京台冷链物流合作。

二、促进物流领域节能减排，加快推进物流车辆结构优化调整

推动实现全市物流园区使用第三阶段及以上排放标准车辆进行货物运输。制定印发工作通知，向通州马驹桥、顺义空港、平谷马坊、大兴京南等物流基地布置有关工作任务，建立工作联系和跟踪监督机制，督促引导物流基地货运及物流企业更新车辆，实现了进入物流园区的车辆达标率达到 100%。做好纯电动物流车运营示范的跟踪评价。根据首批 70 辆纯电动物流车示范运营情况，进一步了解物流行业对纯电动物流车的车型、性能需求，向汽车生产厂家提出改进建议。会同科技、财政、交通、公安等有关部门积极研究，为进一步推广应用纯电动物流车创造良好的政策环境。

三、推动京津冀协同发展，积极开展京津冀区域物流对接合作

召开城市商贸物流企业和大宗商品物流企业座谈会，了解不同类型企业开展区域物流合作的现状、愿望及政策需求。加强与津冀地区对接。与河北省发改委建立工作联系，参与京冀“共同推进物流业协同发展合作协议”的会商起草工作，该协议于 2014 年 7 月 31 日由京冀两地政府签署。与曹妃甸区政府、曹妃甸工业区管委会进行对接，双方共同探讨京冀物流协同发展空间，并就进一步加强合作达成共识。促进平谷马坊物流基地与曹妃甸区合作对接，平谷马坊物流基地管委会与曹妃甸工业区港口物流园区建设指挥部签署了战略合作框架协议。推动北京市企业在津冀地区建设以大宗商品、汽车等为主的现代物流园区，如北京中物华商国际物流有限公司在曹妃甸港投资建设“曹妃甸国际物流园”项目。促进区域物流公共信息平台的对接合作。北京市“物流中国”公共信息平台，已服务于京津冀区域干线运输和城际共同配送企业近5万家，超过100万辆的货运车辆。开展多方智力对接活动。建立三地物流协会联系机制，积极搭建三地物流企业合作平台，联合高校及研究机构，开展“京津冀区域物流一体化论坛”等智力对接活动。

（卓海静）

【举办国际货代行业“营改增”培训会】 2014年1月20日，市商务委联合中国国际货代协会、北京市国际货代协会对北京市货代企业进行了“营改增”专项业务培训，邀请市国税局有关业务负责人、中崇信会计师事务所专家详细解读了“营改增”政策、国际货代差额征税和免税政策以及相关财务处理方法，加深了货代企业对“营改增”政策的理解，引导企业关注国家“营改增”改革进程，帮助企业更好地适应财税政策调整。

（卓海静）

【物流金融服务平台上线运行】 2014年6月，中国物流金融服务平台上线运行。该平台可提供存货担保登记、智能仓储管理、仓单流转交易、供应链征信、物流金融评估、不良资产处置等物流金融业务全过程管理与增值服务。

（卓海静）

【举办京津冀物流一体化论坛】 2014年7月，北京市依托现代物流研究基地成立了京津冀一体化研究中心，并举办了“京津冀物流一体化论坛”第一次研讨，京津冀三地物流行业组织、政府相关部门、研究机构、20余家物流企业就区域物流一体化发展的规划基础、发展内容、服务对象和实现路径等进行了深入探讨。

（卓海静）

【京冀签署物流协同发展合作协议】 2014年7月31日，京冀两地政府签署“共同推进物流业协同发展合作协议”。该协议作为京津冀合作框架协议之一，将为推动京冀地区物流协同发展起到积极促进作用。

（卓海静）

【举办京津冀货物快运宣传对接会】 2014年8月13日，市商务委联合北京物流协会、北京市快递协会和北京铁路局举办了京津冀货物快运宣传对接会。这次对接会有利于促进北京市物流企业运输需求与铁路运输资源的有效对接，引导北京市物流企业积极利用铁路资源调整物流运输模式，提高物流配送效率，降低物流成本，实现节能减排。

（卓海静）

【北京市成为两岸冷链物流产业合作第二批试点城市】 2014年8月，北京市被商务部、国务院台湾事务办公室确定为两岸冷链物流产业合作第二批试点城市，将在冷链基础设施建设、冷链技术和管理模式应用、冷链标准化及信息化等方面，积极开展京台冷链物流合作。

（卓海静）

【举办城市物流服务保障体系构建与发展高级研修班】2014年9月24日至26日，北京市举办城市物流服务保障体系构建与发展高级研修班。来自北京市物流企业的高级专业技术人员和管理人员130余人参加了培训，围绕北京新机场建设及物流业发展新机遇、全球供应链发展趋势、冷链物流发展、物流金融、中国物流技术应用等主题进行了学习研讨，进一步提升了北京市物流骨干人才队伍的素质，为物流业升级发展注入了人才动力。

（卓海静）

【北京市成为首批物流标准化试点城市】2014年10月，北京被财政部、商务部、国家标准委确定为首批物流标准化试点城市，将在北京市连锁超市、第三方物流、生产企业等供应链不同环节选择试点企业和试点项目，逐步实现标准化托盘在上下游循环使用，带动相关设施设备的标准化改造以及交接货模式变革。

（卓海静）

【组织企业赴河北省曹妃甸开展物流项目对接】2014年11月，为加快推进京津冀商务部门共同推进市场一体化进程合作框架协议商务行动方案的落实，促进区域物流协同发展，市商务委组织物流协会和京城工业、京津港、中物华商等20余家物流企业到河北省唐山市曹妃甸区开展项目对接，并实地考察曹妃甸区的投资、物流环境。

（卓海静）

【召开纯电动物流专用车宣传对接会】2014年12月，按照《北京市电动汽车推广应用行动计划（2014—2017年）》要求，为加快推进纯电动物流车在城市配送领域的推广应用，市商务委组织北京市物流、电商和快递企业70余家与纯电动物流车制造企业对接，帮助企业了解了北汽新能源、北汽福田和北京智行鸿远公司的纯电动物流车技术性能，以及北京市推广纯电动专用车的财政鼓励政策和充电桩等用车环境建设情况。

（卓海静）

【新增11家A级物流企业】2014年8月，中国物流与采购联合会发布第18批A级物流企业名单，加之2月份公布的第17批A级物流企业，北京市2014年新增A级物流企业11家。截至第18批，北京共有A级物流企业63家，其中5A级物流企业22家，4A级企业14家。

（卓海静）

【北京市21家企业位列中国物流企业50强】2014年12月，中国物流与采购联合会发布“2014年中国物流企业50强名单”，其中总部设在北京的企业有21家，物流业务收入排名第一位的是中国远洋运输（集团）总公司，为1441.5亿元。

（卓海静）

【新增国际货运代理企业备案120家】2014年共完成国际货运代理经营资格备案123个，变更174个。另外，办理国际货运代理经营资格注销3个。

（卓海静）

六、对外贸易

货物贸易

【概况】2014年，市商务委深入贯彻落实党的十八大和十八届三中、四中全会及中央经济工作会议精神，紧密围绕首都城市战略定位，以转方式、调结构为主线，以贯彻落实国家促进外贸稳定增长政策措施为核心，坚持政策集成、业务集成、服务集成，积极推进京津冀区域通关一体化改革、大力发展跨境电子商务，不断完善口岸体系，着力提升贸易便利化水平，努力促进外贸稳定增长。总体上看，北京市货物贸易平稳运行，进出口规模实现数量稳定增长。

一、北京市进出口总体情况及主要特点

2014年，全市进出口总额4156.5亿美元，同比下降3.3%。其中，出口623.5亿美元，同比下降1.2%；进口3533.1亿美元，同比下降3.7%。主要特点如下：

（一）主要进出口商品量增价跌。主要出口商品中，成品油、钢材、集成电路、肥料和汽车的数量分别增长13.8%、21.7%、25.4%、12.7%和53.2%，价格分别下降2%、17.1%、21%、4.8%和11.8%；主要进口商品中，原油、铁矿砂及其精矿、集成电路、飞机和肥料的数量分别增长6.1%、37.2%、14.6%、139.2%和27.1%，价格分别下降5%、25%、22.3%、51.1%和18.7%。

（二）不同贸易方式进口和出口涨跌互现。一般贸易出口283.7亿美元，增长4%；加工贸易出口223.4亿美元，下降12.5%，对外承包工程出口货物80.1亿美元，占全市出口的12.8%，增长22.4%；一般贸易进口3051.9亿美元，同比下降6.7%；加工贸易进口250.8亿，同比增长21.4%。

（三）民营企业出口增长较快，国有、外资出口保持下降。2014年，国有企业出口337.3亿美元，下降0.1%；外资企业出口207.4亿美元，下降8.5%；民营企业出口78.2亿美元，增长18.2%。

（四）对新兴市场出口保持快速增长。对中东和非洲分别出口58.8亿美元和55.3亿美元，分别增长19.2%和12.6%，其中对伊朗、伊拉克出口分别增长70.7%和146.6%；对越南出口26亿美元，同比增长28.2%。

（注：数据摘自北京海关统计月报）

二、主要工作及措施

（一）认真贯彻落实《国务院办公厅关于支持外贸稳定增长的若干意见》（国办发〔2014〕19号）文件精神，出台北京市具体政策措施。积极加强协调和工作部署，推动各相关部门针对北京市实际情况出台落实国办文件的具体配套措施。在综合各部门意见基础上，市商务委牵头制定了《北京市关于支持外贸稳定增长的若干措施》，从深化管理体制机制改革、加强政策引导、完善监管和服务体系、创新外贸服务方式、发挥贸易枢纽优势、加强组织领导等6个方面，提出了18条具体措施。

（二）部门联动，创新服务，促进贸易便利化。一是认真贯彻落实中央关于京津冀区域协同发展战略部署，经市政府同意，市商务委会同海关、国检、国税、外管、口岸等部门制定了《北京市推进京津冀区域通关一体化改革实施方案》。2014 年 7 月 1 日，京津在全国率先启动运行区域通关一体化改革，9 月 22 日起正式扩大到石家庄海关。二是充分发挥北京市促进外贸发展联席会议机制作用，落实“一免两减”，提高进出口货物通关效率。会同国税部门完善出口退税快捷服务管理办法，力争将符合条件的企业全部纳入快捷服务范围。进一步深化货物贸易和服务贸易外汇管理体制改革，有效地提高了企业结收汇效率。大力推广实施跨境人民币结算，试点以来，北京地区结算规模位居全国前列。三是全面推进关检合作“三个一”（即“一次申报、一次查验、一次放行”），并于 11 月 14 日上线试运行，12 月 10 日在北京口岸全面推广，“三个一”优化了通关模式，录入、查验和放行时间节省 50%，费用节省 30%。

（三）加快推进口岸体系建设，拓展货物进出口通道。指导各口岸完善基础设施，拓展功能，促进首都口岸经济发展。目前，我市已形成北有天竺，南有亦庄，东有马坊、马驹桥、百子湾，西有北京西站、五里店，海、陆、空互联互通，综合保税区、保税物流中心、保税仓库等多元配套的口岸经济体系，为加快北京外贸发展奠定了良好基础。

（四）加强政策宣传和引导，促进外贸结构调整，助推企业开拓国际市场。召开中小企业及“双自主”企业国际市场开拓资金政策培训会，解读《外经贸发展专项资金管理办法》、讲解如何利用出口信用保险提升企业抵御国际贸易风险能力，全市 600 多家进出口企业近 800 人参加了培训。会同相关部门共同举办第九届、第十届“进出口政策服务咨询会”，向企业免费宣传各相关部门的进出口政策等内容，600 余家外贸企业1000多人参加了会议。

（五）创新外贸发展方式，推进跨境电子商务加快发展。市商务委牵头会同相关部门研究制定本市关于加快跨境电子商务发展的实施方案，2014 年 3 月，市政府办公厅印发《市商务委关于推进本市跨境电子商务发展的实施方案》；会同相关部门开展跨境电子商务公共信息平台相关工作，5 月 14 日召开北京跨境电子商务公共信息平台启动发布会；多次牵头会同相关部门积极推动跨境电子商务公共信息平台的开发建设，该平台预计 2015 年 6 月启动上线试运行，这将为北京市跨境电子商务进出口规模化发展奠定坚实基础。

（李　倩）

【北京市工业制成品出口占比超八成】 2014 年，北京市工业制成品出口 506.9 亿美元，占全市出口的 81.3%，其中机械及运输设备出口 331.6 亿美元，占全市出口总额的 53.2%。

（李　倩）

【北京市初级产品进口占比近六成】 2014 年，北京市初级产品进口2148.9亿美元，同比下降 1.5%，占全市进口的 60.8%，其中矿物燃料、润滑油及有关原料进口 1855.7 亿美元，占全市进口总额的 52.5%。

（李　倩）

【北京市出口和进口均以一般贸易为主】 2014年，北京市一般贸易出口283.7亿美元，占全市出口总额的45.5%，加工贸易出口占比为35.8%；一般贸易进口3051.9亿美元，占全市进口总额的86.4%，加工贸易进口占比为7.1%。

（李　倩）

【出口超10亿美元的商品有11种】 2014年，北京市出口超10亿美元的商品有11种，分别是手机、成品油、钢材、集成电路、汽车零件、服装及衣着附件、肥料、汽车、船舶、通断保护电路装置及零件和农产品。

（李　倩）

【对前五大贸易伙伴进出口占比31.5%】 2014年，北京市前五大贸易伙伴分别是美国、沙特阿拉伯、安哥拉、德国和伊拉克，五国的进出口占全市进出口总额的31.5%。

（李　倩）

【国有企业出口占比过半】 2014年，北京市国有企业出口337.3亿美元，占全市出口总额的54.1%；外资企业出口207.4亿美元，占全市出口总额的33.3%。

（李　倩）

【出口超10亿美元的企业有6家】 2014年，北京市出口超10亿美元的企业有6家，其中50亿美元以上的有1家。

（李　倩）

【原油是北京市首位进口商品】 2014年，北京市原油、汽车和农产品分列进口前三位，其中，原油进口1603.2亿美元，占全市进口总额的45.4%。

（李　倩）

【进口额超百亿美元的企业有5家】 2014年，北京市进口额超100亿美元的企业有5家，较上年增加1家。

（李　倩）

【市政府召开跨境电子商务专题会议】 1月10日，程红副市长主持召开研究推进跨境电子商务发展专题会议，确定由市发展改革委投资、市商务委作为立项和项目管理主体建设北京跨境电子商务公共信息平台。

（柏际平）

【北京口岸全面推行关检合作“三个一”】 “三个一”通关模式于11月14日上线试运行，12月10日在北京口岸全面推广。在全国率先实现“一次申报”环节企业申报数据的自动导入，大幅度压缩申报数据项，关、检、口岸部门联合在全国首次公开承诺实施“三个一”不增加企业通关费用。

（柏际平）

【平谷口岸成为国内首个同时具备两项资质的内陆口岸】 11月，平谷口岸获批国家临时开放口岸和国家进口肉类检验检疫指定口岸，成为国内首个同时具备这两项资质的内陆口岸。

（柏际平）

【百子湾获批海关特殊监管场所并成功发运进出口专列】 1月，北京百子湾海关特殊监管场所获北京海关批准设立，3月开始对外发运货物。3月，成功发运一列至哈萨克斯坦货运专列，共计41个集装箱，此为8年来我市首次发运货运专列。11月底，中国铁路对外服务北京公司成功将北京企业进口的汽车配件生产材料从欧洲启运，经由亚欧大陆桥铁路运抵郑州，然后转关至百子湾海关监管场所进行清关。全程运行距离12000公里，运行时间23天，比海运快近一倍，清关时间为1天，比海港清关快近2个工作日。

（柏际平）

【丰台货运口岸铁路专用线恢复运营】丰台口岸铁路专用线于5月正式恢复运行，10月，丰台货运口岸铁路专用线集装箱业务恢复运营。全年丰台货运口岸海关监管量达到1.73万吨。

（柏际平）

【出台《关于推进本市跨境电子商务发展的实施方案》】为加快北京市跨境电子商务发展，市商务委牵头会同相关部门研究制定本市实施方案，3月，市政府办公厅转发《市商务委关于推进本市跨境电子商务发展的实施方案》。

（柏际平）

【申报跨境贸易电子商务试点资质】起草《关于申报国家电子商务示范城市跨境贸易电子商务服务试点的函》，5月，市政府向海关总署申报。

（柏际平）

【启动建设跨境电子商务公共信息平台】1月10日市政府专题会议后，市商务委会同相关部门抓紧开展跨境电子商务公共信息平台需求调研、编写平台建设可行性研究报告，4月上旬通过市信息化专家组评审，并获得市发展改革委立项批复，4月底完成招投标工作，5月16日正式启动北京跨境电子商务公共信息平台建设。

（柏际平）

【召开跨境电子商务公共信息平台启动运行发布会】5月14日，市政府在首都机场快件监管中心召开北京跨境电子商务公共信息平台启动发布会，程红副市长和商务部、海关总署、国家质检总局、国税总局、国家外汇管理局领导出席活动。

（柏际平）

【朝阳区雅宝路市场开展转型升级】会同海关、国检、国税、外汇等部门到雅宝路市场调研，指导朝阳区商务委完成对雅宝路市场转型升级的调研工作，并向朝阳区委区政府上报了《关于雅宝路外贸服装市场转型升级工作方案的报告》，得到区领导的高度肯定。

（柏际平）

【短期出口信用险拉动北京市出口】据国务院发展研究中心测算，2014年短期出口信用保险拉动北京地区出口208.5亿美元，约占全市出口总额的33.4%，促进和保障了与出口相关的就业岗位约54.7万个。

（刘均环）

【北京市出口信用险保单项下贸易融资额达7230万美元】2014年，北京福田国际贸易有限公司等11家公司分别与中国银行股份有限公司等6家银行合作实现保单项下融资额7230万美元。

（刘均环）

贸易管理

【农产品进口关税配额企业情况】2014年，北京市羊毛、毛条进口关税配额企业10家；食糖农产品进口关税配额企业2家。

（谢　江）

【原油、燃料油非国有贸易进口企业情况】2014年，北京原油非国有贸易进口允许量企业4家；2014年新增燃料油非国有贸易进口企业2家，截至2014年年底北京燃料油非国有贸易进口企业达到22家。

（谢　江）

【出口配额、出口许可证管理商品出口企业情况】2014年，新增铁合金出口企业1家，北京共有铁合金出口企业13家；柠檬酸出口企业1家；稀土出口企业1家；甘草出口配额招标中标企业3家；锯材出口1家；磷矿石出口企业1家；水镁石出口配额招标中标企业1家；供港活牛企业1家。

（谢　江）

【焦炭出口、钒土、碳化硅出口许可证改由地方签发】根据商务部配额许可证事务局通知，2014年焦炭、碳化硅和矾土三种商品的出口许可证签发机构由特办调整到地方商务主管部门。

（谢　江）

【煤炭进口关税进行调整】根据国务院关税税则委员会“关于调整煤炭进口关税的通知”（税委会〔2014〕27号），自2014年10月15日起，取消无烟煤（税号：27011100）、炼焦煤（税号：27011210）、炼焦煤以外的其他烟煤（税号：27011290）、其他煤（税号：27011900）、煤球等燃料（税号：27012000）的零进口暂定税率，分别恢复实施3%、3%、6%、5%、5%的最惠国税率。

（谢　江）

【进口关税配额外食糖纳入自动进口许可管理】根据商务部、海关总署2014年第71号公告，公布《纳入自动进口许可管理货物目录（食糖）》，将进口关税配额外食糖纳入自动进口许可管理，自2014年11月1日起执行。

（谢　江）

【办理各类货物进出口许可证12664件】2014年，市商务委为北京市进出口企业办理各类货物进出口许可证12664件（不含机电产品）。其中，农产品进口关税配额证签发99件；进出口商品配额管理15件；易制毒化学品进出口审批（核）205件；货物自动进口许可管理（非机电类）7713件；授权范围内出口许可证签发4632件。

（谢　江）

机电产品进出口

【概况】2014年全年，全市机电产品进出口总额累计1158.3亿美元，同比增幅4.7%，较全市进出口累计额同比增幅（－3.3%）高出8.0个百分点。其中，进口累计779.3亿美元，同比增幅8.7%，较全市进口累计额同比增幅（－3.7%）高出12.4个百分点；出口累计379.0亿美元，同比降幅2.7%，较全市出口累计额同比降幅（1.2%）高出1.5个百分点。

一、机电产品出口情况

2014年，全市机电产品出口企业已达到5244家，出口累计值379.0亿美元，同比降低2.7%，占全市出口总额60.8%。其中，出口超过亿美元的企业59家，共实现出口267.2亿美元，同比增长5.0%，占全市机电出口总额70.5%；出口超过千万美元的企业306家，共实现出口340.1亿美元，同比增长1.7%，占全市机电出口总额89.7%。

1. 从企业注册类型看，外资企业同比总体下降；国有企业同比保持增长，但增幅总体呈下降趋势，日显增长乏力；民营企业同比保持增长。

2. 从典型企业看，前20名企业出口累计值占全市机电出口总额51.9%。其中出口增幅居前三位的企业分别是小米科技有限责任公司、中国路桥工程有限责任公司、中国中原对外工程公司。

3. 从贸易方式看，一般贸易、对外承包工程出口货物同比一直保持增长态势，加工贸易出口同比呈总体下降趋势。

4. 从机电产品种类看，机械设备类出

口同比增幅最大，运输工具类出口同比降幅最大。其中，汽车（包括整套散件）、电动机及发电机同比增幅较大，船舶、二极管及类似半导体器件同比降幅较大；汽车及汽车零件同比持续增长，手机、集成电路、船舶同比均持续降低。

5. 从出口市场看，全市机电出口已遍布五大洲217个国家（地区）。对欧洲、非洲、拉丁美洲出口同比增长，对其他洲出口同比下降。其中出口额居前三位的国家（地区）分别是美国、日本、中国香港。出口同比增幅居前三位的国家依次是伊拉克、委内瑞拉、伊朗。出口同比降幅前三位的国家依次是泰国、印度尼西亚、中国香港。

二、机电产品进口情况

2014年，全市机电进口企业已有7974家，进口累计值779.3亿美元，同比增长8.7%，占全市进口总额22.1%。其中，进口超过亿美元的企业有94家，共实现进口601.8亿美元，同比增长14.9%，占全市机电进口总额77.2%；进口超过千万美元的企业有497家，共实现进口718.2亿美元，同比增长12.9%，占全市机电进口总额92.2%。

1. 从企业注册类型看，民营企业进口逐月同比保持增长，外资企业进口逐月同比总体保持增长，国有企业进口逐月同比增减不一。

2. 从典型企业看，前20名企业进口累计值占全市机电进口总值56.1%。其中进口同比增幅居前三位的企业分别是日产（中国）投资有限公司、梅赛德斯—奔驰（中国）汽车销售有限公司、克莱斯勒（中国）汽车销售有限公司。

3. 从贸易方式看，一般贸易进口同比持续增长，加工贸易进口同比持续下降

4. 从机电产品种类看，除机械设备、电器及电子产品同比下降外，其他类机电商品同比均有所增长，运输工具类增幅最大。其中，进口额同比增幅最大的是航空器零件，进口额同比降幅最大的是船舶，进口额所占比重最大的是汽车。

5. 从进口市场看，2014年，全市机电进口市场遍布五大洲140个国家（地区）。除亚洲、非洲市场同比下降外，其他各大洲进口市场同比均有所增长，其中大洋洲增幅最大。进口额居前三位的国家分别是德国、美国、日本。进口额同比增幅居前三位的国家分别是比利时、德国、美国。进口额同比降幅居前三位的国家分别是意大利、新加坡、菲律宾。

（杜　磊）

北京地区出口汽车产品质量安全示范区专题

【示范区双品牌建设和政策支持力度加强】2014年，示范区在原有品牌基础上，又发展成为北京市外贸转型示范区基地，成为示范区+示范区基地的双品牌产业集聚区。2014年，利用中央进口贴息政策主动向示范区聚焦，支持企业数量和金额分别比上年增长了1.8倍和7倍。2014年，2014年，组织20余家企业参加国内外汽车行业专业展览会，开拓国际市场。目前，示范区已形成涵盖整车、改装车、零部件、贸易物流、检验检测等全业务链共41家企业的品牌基地。

（杜　磊）

【组织示范区企业政策服务宣贯会】4月，市商务委组织召开了示范区商务政策宣

讲会。以北汽集团为代表的示范区企业、北京汽车行业协会和有关单位及区县商务委负责人约 110 人出席会议。会上，市商务委介绍了内贸外贸、对外经济合作、服务贸易、促进现代服务业发展等方面的政策，邀请了中国进出口银行北京分行介绍有关进出口金融政策。参会企业反应热烈，认为宣讲会内容丰富、含金量高，表示愿意在政策引领下更好地开展生产经营，积极拓展业务活动。

（方耀华）

【出台进一步加强示范区建设工作意见】 11 月，北京市商务委员会会同北京出入境检验检疫局等单位出台了《关于进一步加强北京地区出口汽车产品质量安全示范区建设工作的意见》，提出从 10 个方面加强示范区的建设，特别是支持企业建立境外营销网络和科技研发，为推动本市汽车产业升级和结构优化、提升本市汽车产业国际竞争力、创造本市外贸竞争新优势奠定了基础。

（方耀华、孙　诺）

【京津冀三地大力推进机电产业国际化发展合作】 12 月，“京津冀商务机电产业国际化发展研讨会”在京举办，三地机电办分别介绍了各地机电产业现状、进出口现状特点和鼓励机电产品进出口政策措施。三地机电办共同签署了《关于大力推进京津冀机电产业国际化发展合作工作方案》，明确了五个方面的内容：推进京津冀汽车及零部件出口示范区（基地）建设；深化三地产业和外贸交流合作；加强信息、培训、研发、检测、物流、国际性展览展示活动等外贸公共服务平台建设；推动提升区域贸易便利化水平；建立三地商务机电部门联系机制。

（孙　诺）

【示范区企业出口业绩大幅增长】 2014 年，进一步加强了对示范区企业的重点服务，包括：协调中信保为示范区企业完成 3 个出口项目融资需；协调商务部给予北汽福田、北汽国贸等企业临时出口资质，扩大自主品牌整车出口7000余辆；完成了促进汽车示范区国际化发展课题研究；制定对第二批入区企业质量管控辅导方案。2014 年，示范区企业累计出口 9.3 亿美元，同比增长 23.8%，高于全市出口增幅 25 个百分点。

（孙　诺）

整车口岸专题

【北京整车进口口岸总体运营情况良好】 2014 年首都机场整车进口口岸共以一般贸易方式空运进口整车 223 辆，进口总额 2.52 亿元人民币，海关实征税款 2.91 亿元人民币。进口汽车主要包括兰博基尼（91 辆）、宝马（43 辆）、特斯拉（28 辆）、路虎、奔驰、捷豹、劳斯莱斯、野马、保时捷等国际著名品牌，车辆平均申报单价为 113 万元人民币。

（钟　源）

依法行政专题

【配合商务部产业安全与进出口管制局完成敏感物项案件调查工作】 两用物项出口管制工作旨在通过审查、限制和控制机制，防止本国限定的商品或技术通过各种途径流通或扩散至目标国家，从而实现本国的安全、外交和经济利益。其中敏感物项案件调查工作具有关系重大、涉及企业情况复杂、调查时间紧等特点，历来是两用物项出口管制工作的重中之重。2014 年共配合商务部产业安全与进出口管制局完成敏感物项案件调查9起，均按期予以调查回复。

（钟　源）

【简政放权加强机电产品国际招投标事中事后监管】2014年，市商务委根据现行法律法规梳理了52项行政处罚职权，纳入《行政处罚权力清单》；梳理了49种涉及行政处罚自由裁量权的行为，纳入《行政处罚自由裁量权实施细则》，明确了权力边界，规范了权力行为。建立了对正在进行中的招标投标项目进行事中监督核查机制，发现问题随查随处，并建立检查档案；通过信用记录有效实施事后监管；通过商务部中国国际招标网信用管理系统，加强信用统计和管理；对违法违规的当事人进行信用公示曝光和依法处理。

（方耀华）

【规范机电产品国际招投标投诉处理】为进一步加强依法行政能力建设，提高投诉处理效率和水平，妥善处理矛盾，降低行政风险，市商务委从制度机制入手，在投诉处理方面打开了局面。一是在遵照上位法精神的前提下，总结经验，结合实际，制定了内部执行的《机电产品国际招标投标活动投诉处理办法（试行）》，为高效规范地处理投诉奠定了制度基础。二是建立了投诉处理会商制度。通过涉及业务、法制、行政执法等处室共同参与投诉的受理、处理，确保投诉处理的科学性、严谨性。

（方耀华）

产业竞争力提升工作

【北京市企业获得亿元国家进口贴息资金支持】2014年，北京市共有65家企业获得进口贴息资金1.16亿元人民币，带动4.93亿美元的先进技术设备等产品的进口。其中，先进技术和重要装备进口获得的贴息资金占总资金的99%，主要涉及新型电子元器件制造、汽车及汽车零部件制造、新能源等产业。2014年获得的贴息资金是北京市7年来首次突破1亿元。2008年贯彻执行国家进口贴息政策以来，北京市累计获得进口贴息资金达3.59亿元人民币，带动近20亿美元的进口。进口贴息政策不仅降低了企业进口的成本，在企业进行结构调整、提高自主创新能力方面也起到很好的推动作用。

（安　琪）

【组织医疗器械“双自主”企业参加德国国际医疗器械展】11月，市商务委组织医疗器械企业组成“北京展团”参加在德国杜塞尔多夫举行的德国国际医疗器械展览会（MEDICA）。“北京展团”由20家全部拥有自主知识产权和自主品牌的“双自主”企业组成，超过80%的企业位于中关村科技园区并通过了高新技术企业认定。据不完全统计，“北京展团”发放各种宣传资料2300余份，收到近1200余张客户名片，签订意向合同79份，意向金额2300余万美元，签订合同35份，合同金额360万美元。

（钟　源）

【赴中央企业调研，稳定北京市外贸发展】8月，为主动加强与在京央企的联系和沟通，进一步扩大外贸型央企对北京市的贡献，稳定全市外贸发展，市商务委开展了央企系列调研活动。市商务委先后前往中国南车股份有限公司、中国北车股份有限公司、中国石油天然气公司、中国航空技术国际控股有限公司、中国技术进出口总公司调研，主动对接服务，送政策上门，为央企扩大在京外贸业务创造良好的营商环境。相关央企也表达了进一步发挥和提升企业总部功能，整合外贸资源，不断扩大在京外贸业务，加强与地方商务部门联系并争取支持的意愿。

（杜　磊、方耀华）

【机电产品国际招标业务大幅增长】 2014 年，北京市全年共受理备案机电产品国际招标项目1153包，同比增长 46.3%；涉及委托金额 25.8 亿美元，同比增长 43.6%；中标金额 20 亿美元，同比增长 33.1%；节汇率 22.6%，较上年提高了 6.1 个百分点。国际招标业务重点突出，着力服务中央单位和民生工程，全年累计服务 213 个招标用户单位，其中中央在京单位 50 家，占总量的 30.1%，卫生、社会保障和社会福利等事关民生的招标项目同比增长 29.5%。通过职能的转变和工作创新，北京市机电产品国际招标市场活力进一步得到激发，业务量大幅增长。

（安　琪、方耀华）

【组织机电产品国际招投标机构开展业务培训】 9 月，市商务委举办了北京市机电产品国际招投标培训会，在京的 41 家招标机构约 120 余人参加。培训会分析了商务部新《机电产品国际招标投标实施办法（试行）》实施以来和中国国际招标网新平台上线运行之后出现的一些新问题、新情况；进一步明确了机电产品网上监督平台的要求、标准；邀请了相关专家就当前的国际招投标形势和发展趋势进行了深度解读。培训会增强了招标机构依法从业意识，规范了网上操作行为，也是市商务委加强监督、及时总结、主动服务的体现。

（安　琪）

【办理机电产品自动进口许可证24686份】 2014 年，共审核和转报机电产品自动进口许可证24686份，累计金额 557 亿美元，其中为中央企业办理5543 份，累计金额 28.6 亿美元。

（钟　源）

【办理《最终用户和最终用途说明》初审 559 份】 2014 年，共审核《最终用户和最终用途》559 份，累计金额 12.7 亿美元，其中为中央企业办理 34 份，累计金额 2.7 亿美元。

（钟　源）

【办理两用物项出口业务 629 份】 2014 年，共办理两用物项申请 588 份，其中中央企业 128 份；办理两用物项经营资格登记 38 份；办理两用物项咨询函 1 份；办理两用物项通用许可申请 2 份。

（钟　源）

【北京市 13 家生产企业获得 2015 年度汽车和全地形车出口资质】 12 月，商务部、海关总署等 5 部委公布了 2015 年度符合申领汽车和全地形车出口许可证条件企业名单。北汽福田等 13 家本市汽车、全地形车生产企业获批具备年度出口资质，涵盖乘用车、轿车、大中型客车、载货车、低速汽车和全地形车等各类型，这将积极推动本市汽车产品出口。

（孙　诺）

【积极协调为北汽福田公司出口项目提供融资支持】 北汽福田汽车股份有限公司出口业务近年来实现逆势增长，亟需政策性保险公司的支持，进一步开拓国际市场。市商务委多次与相关部门协调中信保等单位探讨支持方案，推动 3 个出口大项目顺利进行。经中信保核准，俄罗斯和巴西项目分别获批 180 万和 800 万美元金融支持限额，并按计划推进肯尼亚项目。

（孙　诺）

贸易促进

【概况】根据《国务院关于加强进口促进对外贸易平衡发展的指导意见》（国发〔2012〕15号），促进北京进出口贸易发展，帮助进出口企业开拓国际、国内两个市场。全年办理新备案外贸经营企业5188家；核发外国人来华邀请函33804份，邀请人数为36585人；审批在京举办的对外经济技术展会176个。

（王　孜）

【参加广交会情况】第115届广交会北京交易团共有参展企业307家，展位1266个，其中品牌展位119个，累计成交1.87亿美元，同比基本持平。第116届广交会北京交易团共有293家企业参展，展位1267个，其中一般性展位1148个，品牌展位119个，累计成交1.81亿美元，同比下降3.2%。2015年北京交易团将进一步完善相关工作制度、方案和预案，细化各项职责，优先安排“双自主”企业和出口规模大、有实力、有潜力的企业，以及高新技术、高附加值产品参展。

（吕　娜）

【举办2014侨商北京洽谈会】2014年5月31日至6月1日，“2014侨商北京洽谈会”作为“京交会”系列展洽活动之一，在国家会议中心举办。“侨洽会”由北京市商务委、市政府侨办、中关村管委会、北京经济技术开发区管委会、市投促局、市贸促会等6家单位共同主办，旨在服务北京对外贸易，充分发挥海外侨务资源优势，努力打造促进北京产品“走出去”、海外优质资源“引进来”的综合性服务平台。本届“侨洽会”吸引来自全球34个国家和地区的130位海外侨商和嘉宾参会。本市老字号企业、高科技民营企业和海外参展企业等53家企业参展，参展领域涉及高科技、信息化、教育、环保、医疗、金融、贸易、物流等多个行业。北京金隅集团、中国东方民生投资有限公司、俄罗斯华盛国际集团、英国李贞驹律师行、罗马尼亚玛丽亚鲁丝蒂克公司等11家海内外企业就金融服务、国际市场开拓、国际农业合作、综合性建筑产业服务等领域6个项目进行了现场签约，签约金额约为5.33亿元人民币。

（王　孜）

【举办进口商品购物节】2014年6月6日至16日，北京市商务委员会、商务部外贸发展局和英中贸易协会联合主办2014年“英国进口商品购物节”。本次活动历时10天，来自英国的36家企业为京城消费者带来汽车、婴幼儿用品、食品饮料、家居用品、服装服饰、皇家御用品等六大品类800余种商品。中英双方领导对此次活动高度重视，商务部部长高虎城以及英国商业、创新与技能国务大臣文斯·凯布尔均发来书面贺辞。活动期间举办了“英国零售精华——中英零售商互动研讨会”，英国品牌负责人在现场与北京市新增的大型商业设施负责人、代理商等进行了面对面的交流和对接。本次活动现场共售卖商品240万元，为2013年“英国进口商品购物节”活动现场销售总额的4倍左右。

（王　孜）

【开展外贸培训】针对外贸企业的实际需要，市商务委与市进出口企业协会组织了多种培训，开展各类专题讲座28期，覆盖企业1520家次、受众1851人次。市商务委围绕外贸实务、外贸会计、专题、政策法规等四个方面继续开展外贸培训工作，在外贸实操内容中增加机电产品整车和零配件进出口过程中应把握的政策和规范的操作程序，在专题培训中将国际贸易促进、参加境外展会的有关工作融入其中，并计划举办利用网络平台开展电子商务、促进进出口业务的专题讲座，使培训起到有应时性、针对性、实效性的作用。

（王 孜）

【组织北京市企业参加境内外展会情况】2014年，组织北京市70家次企业参加境外国际展会5次，其中包括美国广播电视设备展、荷兰广播电视设备展、莫斯科秋季国际服装展览会、危地马拉中华人民共和国贸易展览会、东京产业交流展；组织北京市企业参加上海“华交会”、“渝洽会”、“俄罗斯博览会”、“南亚博览会”、“东盟博览会”、“亚欧博览会”等6场境内展会，北京市参展企业达73家次，企业参展效果良好。

（王 孜）

服务贸易

【概况】2014年，全市实现服务贸易进出口总额1106.1亿美元，同比增长9.4%，在本地的对外贸易中的比重达21%，在中国对外服务贸易中的比重达18.3%。其中，北京服务贸易出口435.0亿美元，同比增长12.6%，占全国服务贸易出口的19.6%；服务贸易进口671.1亿美元，同比增长7.4%，占全国服务贸易进口的17.6%。离岸服务外包合同执行金额达53.27亿美元，提前完成“十二五”规划目标，同比增长10.4%；技术贸易合同登记合同总金额117.5亿美元，同比增长56.5%，其中技术出口合同金额达88.5亿美元，同比增长147.3%，占我国技术出口总额的比重为31.1%，排名全国第一；文化贸易进出口总额达29.44亿美元，同比增长4.0%。

（张华雨）

【第三届京交会成功举办】第三届京交会于5月28日至6月1日在北京举办，共有117个国家和地区15.3万人次参展参会，比第二届13.8万人次增长10.9%，首次实现全球服务贸易20强国家和地区均有客商参会，共达成签约项目236个，意向签约额818.3亿美元，比第二届增长4%。第三届京交会的成功召开向世界传递了中国坚定不移扩大服务业开放的决心，拓展了服务贸易国际合作的空间和领域，推动了各行业跨界融合和服务业转型发展，促进了企业务实合作和交易对接。

（于新成）

【市离岸服务外包执行额突破50亿美元】2014年，全市在商务部“服务外包业务管理和统计系统”上登记的离岸服务外包合同执行金额达53.27亿美元，提前完成“十二五”规划目标，同比增长10.4%。其中，信息技术外包（35.67亿美元）、业务流程外包（8.75亿美元）和知识流程外包（8.85亿美元）执行金额占离岸服务外包执行总额的比重分别为66.95%、16.43%和16.62%。发包额位居前5位的国家为美国、爱尔兰、日本、新加坡与瑞典。

（于新成、许 鑫）

【技术贸易同比增长56.5%】根据商务部技术进出口信息管理系统数据统计：2014年，全市技术贸易合同登记1788项，合同总金额117.5亿美元，同比增长56.5%。其中，技术进口合同859项，合同总金额29亿美元，同比下降26.2%；技术出口合同929项，合同总金额88.5亿美元，同比增长147.3%。技术出口以技术咨询、技术服务为主，出口行业主要为制造业，信息传输、计算机服务和软件业，电力、燃气及水的生产和供应业，主要出口国家和地区为马来西亚、美国和委内瑞拉。技术进口以专有技术的许可或转让为主，进口行业主要为制造业，主要进口国家和地区为韩国、美国和德国。

（郑　勇、巨振乐）

【文化贸易同比增长4.0%】北京海关、国家外汇管理局北京外汇管理部初步统计数据显示（自4月份调整的新统计口径），2014年，全市文化贸易进出口总额达29.44亿美元，同比增长4.0%。其中，进口18.53亿美元，同比增长7.0%；出口10.91亿美元，同比下降0.9%。全市核心文化服务1－12月进出口总额22.40亿美元，同比增长1.9%。其中，进口13.17亿美元，同比增长5.3%；出口9.23亿美元，同比下降2.5%。全市核心文化产品1－12月进出口总额7.04亿美元，同比增长11.0%。其中，进口5.36亿美元，同比增长11.6%；出口1.68亿美元，同比增长8.9%。全市核心文化服务中，视听和相关服务出口同比增长34.4%，增长显著。核心文化产品中印刷品、视觉艺术品、乐器、声像制品进出口总额占北京核心文化产品进出口总额的比重较大，其中印刷品进出口总额占比达67.4%。核心文化产品出口市场主要集中在美国、中国香港和俄罗斯。

（车欣薇）

【成功举办第三届北京馆日活动】北京馆展览与第三届京交会同期举行，北京馆展示内容主要聚焦“北京华章”“北京风采”“北京足迹”三个板块。展览期间，众多来自海内外的政要、客商、企业代表参观了北京馆。北京主题日活动于6月1日上午在北京国家会议中心成功举办，活动分为《聚·力量，同·发展》《享·资源，共·成长》《畅·梦想，展·硕果》等三个篇章，领导讲话、项目签约、现场访谈、行业信息发布、找定位·谈梦想、成果发布等六个环节。活动中签订合作项目协议29个，协议成交额138.51亿美元。整个京交会期间，北京市在第三届京交会上共达成签约项目175个，意向签约额428.7亿美元。

（李家旭）

【首次组团参加德国科隆国际游戏展】8月中旬，科隆国际游戏展在德国科隆市举办，市商务委首次组织市文资办、市贸促会、幸星数字娱乐公司、完美世界（北京）公司、趣游科技集团、艾格拉斯科技（北京）有限公司等单位参加，并设立5个展位。通过组织参加德国科隆游戏展等，共发放京交会及服务贸易等宣传资料近500份，使文化贸易企业了解到全球、特别是欧洲游戏产业最前沿的发展动态，为其寻找潜在合作伙伴创造了良好条件，同时进一步宣传展示了京交会及“北京服务”的良好形象。

（车欣薇）

【试点北京市服务外包及软件出口下放区县审核】为进一步做好服务外包及软件出口合同登记管理和方便企业报送合同备案，实现管理关口前移，形成区县商务委审核、市商务委审定、商务部核查三级负责制的管理体系，在研究商务部《服务外包统计报表制度》等相关文件的基础上，结合全市服务外包及软件出口工作实际，市商务委起草并印发了《北京市服务外包及软件出口合同登记管理说明》（京商务服贸字〔2014〕26号），自10月1日起，海淀区、丰台区、石景山区及远郊区县作为第一批试点区县已试点执行。年终，下放区县业务量占全市总量的55%，执行效果良好。

（刘树民）

【扩大服务外包公共平台资金支持内容】根据国家相关文件要求，与市财政局相关处室深入探讨，在2014年印发的《北京市外经贸发展专项资金管理实施细则》中扩大了服务外包公共服务平台建设资金支持范围，新增了对信息安全及知识产权体系、国际市场品牌推广等平台给予支持，支持形式由仅事前支持变为事前支持和事后支持两种形式。

（刘树民）

【推出服务外包发展指数】立足北京，加深并拓宽与国际机构及跨国企业的合作，推出服务外包行业成长性指数，其中行业包括信息服务业、金融业、政府与教育、卫生与健康等，通过对宏观综合、行业采购、市场信心等分指标分析，对行业发展做出研判，引导服务外包向行业解决方案等高端业务发展。完成《中国服务外包发展指数分析报告》，并在《国际商报》刊发核心研究成果。

（于新成）

【推出北京服务外包国际化发展战略研究（日本篇）】以探索行业发展规律为重点，立足北京，针对全市服务外包行业发展，对日本市场进行了专题研究，完成了《2014北京服务外包行业国际化发展战略研究——日本篇》，针对日本离岸服务外包市场自身发展情况，对北京承接对日服务外包业务的优势、劣势、机遇和挑战进行了深入解析，针对政府、企业、协会等提出具体建议16条。通过专题研究，进一步提升全市服务外包国际化水平，促进行业整体发展。

（于新成）

【联合出台落实增值税减免税零税率政策】为促进全市服务贸易相关行业发展，积极协调北京市国税局，在调研外省市落实政策相关做法的基础上，结合北京市实际情况，与市国税局联合下发了《关于落实增值税零税率应税服务退（免）税政策的通知》，推动实施“增值税零税率应税服务退（免）税政策”，方便技术出口企业及时享受和办理退（免）税，降低了企业成本，增强了企业国际竞争力。自4月份实施以来，为保诺科技（北京）有限公司等13家技术出口企业共办理了57项零税率退（免）税申请，合同总金额约20亿美元，研发内容主要包括生物医药、通信、新材料等技术。

（郑　勇、巨振乐）

【积极为北京中医药服务贸易发展营造良好环境】5月，经组织申报，国家相关部门评审通过，北京市被纳入首批中医药服务贸易先行先试重点区域建设名录；中国中医科学院广安门医院、北京中医药大学、北京同仁堂（集团）有限责任公司等3家机构被纳入中医药服务贸易先行先试骨干企业（机构）建设名录，北京中医药服务贸易迎来了新的发展机遇。

（车欣薇）

世贸事务

【概况】2014年，本市共遭受13个国家和地区发起的贸易救济调查32起（涉案企业270余家），案件数量同比减少3起；涉案金额1.7亿美元，同比增长88.9%，涉及冶金、化工、机电、建材、金属制品、轻工、纺织等行业。美国、澳大利亚、欧盟、加拿大等发达国家共发起12起，占比达37.5%，以反倾销反补贴合并调查为主要形式；印度、巴西、南非、哥伦比亚、墨西哥、印度尼西亚等发展中国家共发起20起，占比达63.5%，以反倾销、反补贴、保障措施为主要形式。贸易摩擦呈现出单起案件金额增大，且发起方趋于集中等特点。

（一）国际贸易摩擦仍然多发且形势严峻。美国、澳大利亚和印度分别对我国清洁能源产品启动贸易救济调查，涉及晶体硅光伏模块、风力发电机组铸件、晶体硅光伏产品等。北京市涉案2700万美元，占上半年涉案总额的77%。其中，印度对华风力发电机组铸件反补贴案，成为继墨西哥之后第二个对华发起反补贴调查的发展中国家，也是第一起由金砖国家发起的对华反补贴案。

（二）首都产业预警机制建设稳步推进。在商务部的帮助指导下，紧紧围绕首都产业发展实际，以保障和促进产业结构转型升级为目标，通过不断加强与区县商务部门、行业协会和重点企业的联系互动，北京市产业安全维护工作稳步推进。一是在保障国家产业安全监测系统有效运行的同时，依托北京科研机构资源优势，着手开展了重点敏感商品的区域、国别分析，及时反映本市产业、贸易、市场监测信息和重要情形变化情况，推出了《北京对外贸易环境监测及贸易壁垒分析》等研究报告，为领导决策和产业发展提供服务。二是积极转变工作作风，先后赴怡和嘉业、北汽福田及北京市商联会医疗器械商会开展调研服务，并初步完成了《北京市产业预警工作体系框架设计》等课题。同时围绕首都新功能定位，邀请北京国际经济贸易发展协会、北京国际经济技术合作协会、北京汽车行业协会、中关村高新技术企业协会等行业协会从产业安全维护实际出发，共同为首都产业转型升级出谋划策。三是为促进北京市产业安全维护工作的协调发展，市商务委连续第五个年度举办全市维护产业安全培训会。各区县商务委、北京国际经济贸易发展协会及150余家样本企业参加了本次培训。

（三）知识产权海外维权体系日臻完善。一是加大预警力度，妥善化解知识产权纠纷。通过完善“案件预警、快速响应、跟踪协调、服务支撑”的工作模式，做好政府公共信息服务和重大案件应对，为“双自主”产品出口和企业“走出去”创造更好条件。二是加强统筹协调，做好重大案件应对工作。重视发挥行业组织和企业应对的主体作用，鼓励和引导北京企业有效应对贸易摩擦，通过搭建知识产权法律援助服务平台、专人负责案件的跟踪对接、共同研究应对策略、通报应对进展情况等多种方式，首次指导民企在美国“337调查”案件中胜诉。三是积极开展知识产权海外维权援助，帮助企业提高知识产权海外纠纷处理能力。针对企业普遍存在不敢打、不愿打、不会打的现实顾虑，大力开展宣传培训，让广大企业及时了解海外知识产权动态，了解WTO规则，掌握应对方法。四是注重加强典型案件和重点问题研究，探索维护本市高新技术企业利益的新途径。

（阎竞新）

【加大信息服务，助力企业“走出去”】按照商务部统一部署，年初会同北京助邦商务中心及海淀、通州等区县商务委遴选出50家重点外贸企业，定期推送“国别贸易投资环境信息”，帮助引导企业及时获取国外贸易投资信息，更加主动地参与国际竞争。

（梅 焱）

【4月中旬北京贸易摩擦涉案企业座谈会圆满召开】会上，听取了怡和嘉业、颖泰嘉和、奥美达、蓝星化工、燕山石化、中达联合等近年参与申诉和应诉的北京企业的生产经营情况和面临的现实困难，初步掌握了企业当前的贸易救济诉求，为今后有针对性地开展贸易救济工作奠定了基础。

（梅 焱）

【开展全市2013年度贸易救济效果跟踪调查】2014年年初，对全市涉案企业同方威视、燕山石化、蓝星化工等进行了跟踪调查。调查发现，通过实施贸易救济措施，企业实现了规模扩张，经营和就业形势良好，涉案产业通过加大研发和环保投入，促进上下游产业链协同发展，增强了产业整体竞争力。

（梅 焱）

【北京企业涉及美国“337调查”案件数量居全国第五】自1986年美国启动首起涉华“337调查”以来，截至2014年年底，在美国将中国出口企业列为被告的139起涉华案件中，共涉及来自中国18个省份的200多家出口企业。其中，涉及广东的“337调查”高达60起，占比43.2%，位列首位；浙江位居第二，33起，占比23.7%；上海26起，占比18.7%；江苏25起，占比18.0%；北京21起，占比15.1%。

（梅 焱）

【美国FDA拒绝进口的北京产品以医疗器械为最多】2014年，美国食品和药物管理局（FDA）拒绝原产地为北京的产品共48批次，同比增加11批次，增幅为29.7%。从产品类别来看，2014年，美国FDA拒绝北京产医疗器械共有29批次，数量最多，占同期美国FDA拒绝进口北京产品总量的60.4%，比2013年增加4批次。产品主要包括：阴茎环、球囊导管、血压测量仪、兽医牙科设备、太阳镜、激光设备、按摩器、超声皮肤渗透设备、磨皮刷、除皱仪、去纤颤器、凝血设备、成像系统、聚焦超声设备以及电子血压计等。

（梅 焱）

【机械、化学、建筑材料成为北京市遭遇反倾销的主要目标】2002—2014年，在全球对华发起的反倾销调查（783起）中，北京企业参与应诉的案件有39起，占同期全球对华反倾销案件总数的5.0%。从涉案行业来看，涉及机械工业的案件最多，共9起，占同期北京企业参与应诉的反倾销案件的23.1%；其次是化学工业，共6起，占比15.4%；建筑材料工业，共5起，位列第三，占比12.8%。

（梅 焱）

【北京市民企首次打赢美国“337调查”案件】高新技术企业怡和嘉业2013年下半年遭遇全球行业巨头澳大利亚瑞思迈公司指控，并先后在美国ITC（国际贸易委员会）、德国慕尼黑法庭提起“337调查”和知识产权诉讼。市商务委充分发挥“四体联动”机制作用，会同商务部贸易救济调查局鼓励和引导企业有效应对，经过近18个月的双线应诉，在初裁十分不利的情况下，积极提请重新审议，最终反败为胜。

（梅 焱）

七、口岸通关

综合业务

【概况】2014年，北京口岸客货吞吐量均实现稳中有升。出入境人员2214.0万人次，同比增长4.8%；海关监管货物2101.7万吨，同比增长363.1%；海关征收关税及代征税482.7亿元，同比增长8.5%。

一、内地居民是北京口岸出入境人员增长的主要拉动力

2014年，北京首都国际机场旅客吞吐量达8612.8万人次，同比增长2.9%，其中口岸进出境人员达2204.8万人次，同比增长4.9%，占首都国际机场吞吐量的25.6%，较上年提高了0.5个百分点。过境旅客63.0万人次，同比增长1.8%。

内地居民出入境人数的大幅增长是北京口岸出入境人员增长的主要拉动力。全年，北京口岸内地居民出入境人数1286.3万人次，同比增长11.7%，对北京口岸出入境人员增长的贡献率达131.5%；港澳台居民出入境人数128.6万人次，同比增长0.2%，对北京口岸出入境人员增长的贡献率为0.2%；外籍人出入境人数789.9万人次，同比下降4.0%，对北京口岸出入境人员增长的贡献率为−31.7%。

二、北京口岸海关监管货物大幅增长

2014年，北京口岸海关监管货物2101.7万吨，增长363.1%；其中海关监管进口货物1959.8万吨，增长528.2%，海关监管出口货物142万吨，同比增长0.1%。大幅增长的主要原因是京津冀通关一体化实施后，北京首都国际机场口岸海关监管跨关区通关货物大幅增长，为1802.1万吨，同比增长917.9%，占北京口岸海关监管货物总量的85.7%。

（谭　峰）

【北京电子口岸建设取得阶段性成果】与关检部门共同推动“三个一”项目在北京口岸全面推广，在全国率先实现了“一次申报”环节企业申报数据的自动导入，并将申报数据项从169个压缩到88个，比其他省市版本少若干数据项。通关时间成本节约近50%，费用成本节省30%左右。

（田　颖）

【机场法制建设取得突出成果】《北京市民用运输机场管理办法》已经市政府第55次常务会议审议通过，于2015年1月1日起施行，该规章重点围绕机场规划建设、安全管理、公共秩序和执法监督等进行了规范，为本市大型国际航空枢纽建设提供了制度保障。

（张竞天）

【深入落实机场净空保护管理规定】为更好地落实机场净空保护管理规定，加大净空保护宣传工作，正式启用“首都机场净空保护”微信平台，进一步创新宣传手段、拓展宣传渠道，使净空保护宣传工作由单向发布拓宽为双向互动，引导更多公众参与首都机场净空保护工作。

（张竞天）

空港口岸

【概况】2014 年，首都机场旅客吞吐量达8612.8万人次，连续五年稳居世界第二，增长 2.9％。其中进出境旅客达2204.8万人次，同比增长 4.9％，占首都国际机场吞吐量的 25.6％。72 小时过境免签旅客20310人次，同比增长 48.3％。首都机场口岸监管能力不断增强，口岸通关效率进一步得到提升，大型活动抵离保障能力显著增强。

（李亚平、董星君）

【2014 年 ACI 满意度首都机场稳居全球第三】2014 年，国际机场协会（ACI）旅客满意度首都机场以 4.93 的成绩稳居全球第三。与 2013 年相比，首都机场总体满意度从 4.9 升至 4.93。在分项满意度成绩方面，首都机场共有 29 项跻身全球排名前十，占比 87.9％。

（董星君）

【加强“72 小时过境免签”政策宣传】市口岸办加强“首都机场免签协调小组”内的沟通协调，协助市旅游委做好免签政策在口岸各个平台的宣传解读。为加大首都机场“72 小时过境免签”政策的海外知晓度，在美国航空公司、达美航空公司官网设置了专题宣传界面，并与美国芝加哥机场合作，利用其官方网站推广该政策；另外，在首都机场航站楼内设置多处印有“72 小时过境免签”标识的防撞条，利用 LED 显示屏滚动播放该政策进行广泛宣传。

（董星君）

【离境退税工作取得新进展】为进一步落实北京市离境购物退税政策实施前的各项准备工作，尽快确定首都机场离境退税办公场所，口岸办协调市旅游委、北京海关、首都机场海关、首都机场股份公司等单位召开了离境购物退税首都机场选址专题工作会，并进行了多次现场踏勘。按照与政策实施同步推进，先行启用，之后根据退税旅客数量和业务发展变化逐步完善验核场所的原则，经我处反复沟通协调，海关、机场股份公司已对先期选址方案基本达成一致。

（董星君）

【首都机场地区文明服务水平明显提高】首都机场地区文明办（航空港处）按照首都文明办的工作部署，以社会主义核心价值观为主线，积极推进首都机场地区各项精神文明工作。2014 年度机场地区推荐评选出 3 家全国文明单位、6 家首都文明单位标兵和 9 家首都文明单位；积极开展“首都学雷锋志愿服务站（岗）”和“北京榜样”的推荐评选工作。加强对首都机场旅客依法出境、文明出行的政策宣传，提升出境旅游公民的文明素质取得新成效。

（范　硕）

【严格口岸管控】驻场相关单位密切配合，多措并举，通过科技强警、排查安全漏洞隐患，不断严密口岸管控。2014 年，首都机场口岸共查获违法出入境人员 216 起 301 人次，首都机场海关共立案走私案件1076起，结案1196起。2014 年违法入境和走私案件比 2013 年均有所下降。

（吕宛颗）

【推进落实首都机场地区综合治理责任制】2014 年 2 月，首都机场地区综合治理委员会召集 26 家成员单位共同签署了《综治责任书》，对上年度工作进行总结并部署 2014 年相关工作安排，有力地落实地区综治责任制度。

（魏　增）

【整合各部门力量形成首都机场反恐新格局】 2014年3月，市政府口岸办通过构建“党政主责、公安牵动、行业监督、部门联动”的防恐反恐工作格局，组建成立机场地区推进综合执法促防空反恐工作领导小组及办公室，整合各行政执法部门力量，全面提升航站楼人员密集场所秩序维护和综合管控力度。

（魏 增）

【强力推进APEC首都机场地区环境整治】 2014年4月至7月期间，首都机场地区综治办（航空港处）多次召开APEC首都机场地区环境整治工作系列会议，协调各成员单位开展地区环境整治工作，其中修复路面、墙壁面积共计25928平方米，对交通护栏油饰或更新14100延米，货运北路及滑行桥周边绿化景观施工面积26600平方米，为APEC系列会议营造良好有序的环境氛围。

（魏 增）

【做好首都机场地区食品安全工作】 2014年重点开展工作：一是针对APEC会议等重大活动，做好活动期间首都机场地区的食品安全保障；二是指导辖区内相关单位和企业，推广和应用食品安全现场快速检测技术，强化食品安全监控；三是有效处置防控埃博拉疫情等各类突发公共卫生事件，使得机场地区食品安全工作平稳开展，确保了机场地区没有一起重大食品安全事故发生。

（张津瑞）

【完成APEC第三次高官会来宾机场迎送任务】 由市政府口岸办牵头组成的抵离迎送部于8月4日启动APEC第三次高官会机场迎送工作，至8月23日结束。期间共为1898人次参会来宾提供了服务，其中为1052人次代表提供了接机服务，为846人次代表提供了送机服务。为51批144人次的各经济体贵宾提供了接机服务；为39批130人次的贵宾提供了送机服务。

（李亚平）

【完成南京青奥会首都机场中转保障工作】 8月10日南京青奥会首都机场保障工作全面启动，市政府口岸办积极协调边检、海关、检验检疫、口岸签证等口岸有关职能部门开通了青奥会专用通道。协助南京青奥会北京保障团队圆满完成了约1737名运动员和官员的中转保障，快速妥善处理了注册卡入境、口岸签、超规行李、特殊器材和摄影设备通关、客户中转紧急登机等应急事件30余次。同时，市政府口岸办积极参与首都机场口岸埃博拉病毒防控工作，8月18日凌晨，按照国际奥委会要求，及时中转来自埃博拉疫区的尼日利亚代表团19名运动员，保障首都机场安全。

（李亚平）

【圆满完成APEC会议周机场抵离迎送工作】 2014年亚太经合组织（APEC）领导人会议周活动于11月5日至11日在北京举行。市政府口岸办按照市筹备领导小组指示，自10月31日到11月13日全面启动机场迎送工作，累计迎送参会代表1409人，其中抵京513批851人，离京237批558人。协调完成成员单位车辆通行保障、APEC境外媒体设备顺利通关、重要活动物资快捷通关等15项重要任务。按照市政府要求，完成对T2、T3航站楼及专机楼的环境布置以及各项后勤服务保障工作。

（李亚平）

铁路口岸

【概况】 2014年，北京西站铁路口岸处在市政府口岸办党组的正确领导下，在北京西站铁路口岸和北京丰台货运口岸各查验单位、运营单位的全力配合下，较好地完成了全年工作任务。北京西站铁路口岸开放整体进程加快：口岸正式开放整体施工改造完成；北京西站口岸成为核心能力达标口岸。西站铁路口岸全年运送出入境旅客9.2万人次，同比下降6.8%，其中外籍人员0.6万人次，同比下降26.1%。丰台货运口岸集装箱业务恢复取得初步成效，整体运营与2013年比较基本持平。丰台货运口岸全年累计海关监管进出口货物1.73万吨，同比下降1.7%；海关征收关税及代征税9699.0万元，同比增长92.7%；百子湾海关监管场所首次办理整列出口，并打通进口欧洲货物铁路运输通道。

（宋自力）

【北京西站铁路口岸正式开放施工改造完成】 北京西站铁路口岸正式开放改造施工顺利进行，施工涉及的华夏明珠宾馆二层综合办公用房、西公寓边检办公用房、联检大厅改造全部完成，并完成了工程预验收工作。

（荀丽亚）

【北京西站铁路口岸核心能力建设达标】 按照《国际卫生条例（2005）》和国务院相关文件要求，北京西站铁路口岸完成了医学排查隔离设施关键项的方案设计、施工和工程改造工作，通过了国家质检总局考核专家组验收，成为核心能力建设达标口岸。改造后的西站铁路口岸具备了开展疑似或感染人员医学排查、评估、隔离和转运的能力，可以满足口岸卫生应急准备和应急处置能力的要求，提供了卫生安全的口岸环境。

（荀丽亚）

【北京铁路口岸八年来首次办理整列出口】 2014年3月7日，中国铁路对外服务北京公司在北京丰台货运口岸申报，在百子湾车站发运整列货车。这是近8年来货代企业首次在北京丰台货运口岸申请办理火车整列出口业务。此次整列货物为出口至哈萨克斯坦的援建活动房屋组件，共计41个集装箱，重434吨，货值314万元人民币。

（宋自力）

【铁路口岸集装箱业务恢复取得初步成效】 2014年10月，北京铁路局丰台货运中心与北京外运陆运公司就北京丰台货运口岸铁路专用线集装箱恢复运营达成共识：丰台货运中心和北京外运陆运公司开展合作，以开办集装箱办理站的模式，办理丰台货运口岸铁路专用线的集装箱业务；集装箱办理站具体业务运作设在丰台货运口岸内，依托口岸内原有的铁路专用线发运集装箱，向社会提供国际和国内集装箱发运服务。

（宋自力）

【打通进口欧洲货物铁路运输通道】 2014年11月底，百子湾海关监管场所的运营主体中国铁路对外服务北京公司，成功将货物从欧洲启运，经由亚欧大陆桥铁路运输至北京。本次承运的货物从德国汉堡启运，经过波兰、白俄罗斯、俄罗斯、哈萨克斯坦，抵达中国的郑州，然后转关至北京，最后在百子湾海关监管场所进行清关。全程运行距离12000公里，运行时间23天，比海运快近一倍，清关时间为1天，比海港清关快近2个工作日。

（宋自力）

【协办第九、十届进出口政策服务咨询会】2014年6月和11月，市政府口岸办协助市商务委分别举办了“第九、十届进出口政策服务咨询会”。会上市政府口岸办对百子湾海关监管场所、丰台货运口岸以及北京市的铁路进出口运输通道的相关情况、通关环境、服务措施等向与会企业进行了介绍，并接受了企业咨询。

（宋自力）

陆港口岸

【概况】2014年，北京市人民政府口岸办公室陆港管理处在办党组的正确领导和办机关相关处室的大力帮助下，在陆港口岸各查验和运营单位的全力配合下，紧紧围绕京津冀协同发展国家战略的总体要求，大力开展口岸合作，协调推进区域通关一体化改革，积极争取内陆口岸地位，进一步完善陆港软硬件设施，不断推进北京陆港口岸健康快速发展。2014年，北京朝阳口岸海关监管货物114251标箱，海关征收关税及代征税122.9亿元；平谷口岸海关监管货物31142标箱，海关征收关税及代征税21.1亿元。

一、协调推进通关一体化改革，实现京津口岸直通

天津港是北京重要的出海口，经过多年的合作与发展，从在天津清关到转关、区域通关，通关模式不断优化，在天津口岸办的积极协调下，两地口岸管理部门始终保持着良好的合作关系，为北京企业海运进出口通关提供了极大便利。十八届三中全会提出了“推动内陆和沿海沿边通关协作，实现口岸管理部门间信息互换、监管互认、执法互助”，为京津口岸合作明确了方向。3月27日，天津市副市长任学锋到北京与李士祥常务副市长召开座谈会，会上提出了要协同推进京津通关一体化建设。根据京津通关一体化的要求，陆港管理处通过召开座谈会、走访、电话等多种方式，对北京市39家进出口（A类19家，B类20家）和7家货代共46家企业进行调研，并与天津口岸办、北京海关等单位积极沟通，初步了解北京进出口企业对优化通关模式的需求，对比分析了北京海运集装箱进口通关模式，形成了《关于京津通关业务一体化有关情况的报告》，提出了推动京津通关业务一体化的建议，配合海关完成了京津口岸区域通关一体化改革初步方案，并向程红副市长作了专题汇报。

2014年7月1日，京津通关一体化顺利实施，贸易便利化水平明显提升。改革实施首月，京津两地海关共接受一体化报关单40.3万票，在北京办理报关，在天津放行货物的企业由原来的80余家增加到300余家。

二、推动京津口岸运营企业合作，加快实施通州口岸建设

通州口岸建设项目是市政府重点工程，也是实现京津口岸合作的重要通道，2014年3月27日，程红副市长再次主持召开专题会明确要求通州口岸作为首都口岸经济体系构建的重要组成部分要加快建设，并要着力发展跨境电子商务、进口冷链、绿色安全食品保税等功能，建设符合首都功能定位的现代化口岸经济区。为落实市领导指示，加快朝阳口岸外移至通州马驹桥的工作进度，陆港管理处积极协调市发改委、市住建委、市规划委、市商务委、市国土局、通州区政府等相关单位在立项、规划、土地、建设和资金安排等工作上给予了大力支持。

为合理利用土地资源，加快推进通州口

岸建设，陆港管理处协调市规委、市交通委、通州区等相关部门，完成了由市交通委组织进行的交通影响评价分析和市规划院组织进行的交通承载力分析，为保证周边区域交通条件能完全满足本次规划调整，在口岸建设区内增加一纵一横两条市政道路，规划建设面积由 40 万平方米调整为 63.57 万平方米。目前，通州口岸规划指标调整工作已经市政府同意，并取得市规委规划意见书，目前正在办理土地挂牌上市手续。

根据京津冀协同发展的工作要求，为进一步强化北京内陆港与天津港的合作，经过与天津口岸办共同协调，天津港集团有意通过股权投资的方式参与通州口岸建设，通州口岸建设主体北建通成国际物流有限公司也计划在天津港投资建设一个北京企业进出口专用集装箱堆场。两市口岸运营企业通过股权互投的方式，建立起京津两地口岸共同发展的利益纽带，为下一步港口政策向内陆港延伸，合理分配口岸资源，提高通关、物流效率提供了保障。目前，双方已就合作事项签署了合作意向书。

三、争取国家政策支持，推动平谷国际陆港特色口岸建设

平谷国际陆港不断加强口岸基础设施建设和口岸运营管理，在市区两级政府和口岸管理部门、海关、国检的共同推动下，外贸货运量实现快速增长。目前，平谷国际陆港已服务北京市 14 个区县，共 252 家企业在此开展通关业务，货物种类涉及汽车配件、食品、红酒、机电设备及化妆品等。按照市领导发展首都口岸经济的要求，市口岸办积极协调相关部门支持平谷国际陆港建设特色口岸，大力发展口岸经济。

一是帮助平谷国际陆港争取国家口岸资质，建设京津口岸合作的新载体。7 月 18 日，市口岸办邀请国家口岸办领导到北京平谷国际陆港调研，国家口岸办主要领导在调研时表示，建设对外开放的口岸是北京市扩大对外开放的重要举措，对京津冀协同发展也有重大意义。国家口岸办原则上支持北京平谷国际陆港申请成为国家正式开放口岸，在编制“十三五”国家口岸发展规划时予以考虑。目前，在海关、国检人员编制不增加的基础上，可由市政府办公厅向国家口岸办申请临时开放口岸资质，解决口岸建设中遇到的困难。市口岸办分别致函北京海关、北京国检局征求平谷国际陆港申请国家口岸资质的意见，得到了两家单位复函支持。同时代市政府办公厅草拟了《北京市人民政府办公厅关于商请支持北京平谷国际陆港升级为北京平谷口岸并临时开放的函》，2014 年 11 月 17 日，国家口岸办正式复函北京市人民政府办公厅，同意平谷国际陆港作为临时口岸对外开放，北京平谷口岸成为国内首家获批开放的内陆港口岸。

二是支持平谷国际陆港申报进口肉类海运内陆口岸，为实现京津口岸肉类冷链直通，进一步深化口岸合作。经过市口岸办多次协调，平谷国际陆港申报肉类口岸工作得到了各级领导的大力支持。2014 年 5 月 21 日汪洋副总理在平谷国际陆港调研时，指示有关部门认真研究平谷国际陆港申请肉类进口指定口岸的要求，参加调研的国家质检总局支树平局长表示积极支持平谷国际陆港作为肉类进口指定口岸的改革试点。据此，市口岸办代市政府草拟了致国家质检总局的申报函件，市政府正式致函国家质检总局，并获得国家质检总局准予筹建的回复。2014 年 11 月 3 日，经国家质检总局专家组审核验收后，国家质量监督检验检疫总局复函北京市政府，同意将北京平谷国际陆港列为进口肉类指定查验场，平谷国际陆港成为国内内陆陆港口岸首家肉类指定口岸。

三是依托“国家级出口食品农产品质量安全示范区”，形成以平谷国际陆港为核心，以高品质进出口食品农产品贸易为特色的口岸经济体系，充分发挥口岸功能，为示范区产品出口创造便利条件，并持续扩大示范区产品品种，逐步将蛋品、蔬菜等农产品纳入示范区。

（赵　亮）

【国家质检总局进出口食品安全局赴平谷国际陆港调研】2014 年 5 月 30 日上午，国家质检总局进出口食品安全局毕克新副局长一行到北京平谷国际陆港调研。毕克新副局长指出，总局领导对平谷国际陆港建设发展非常重视，内陆无水港成为进口肉类指定口岸确实需要有改革创新的思路和办法，总局也会组织专家进行认真的研究和论证。希望平谷国际陆港能够在软、硬件建设上严格按照相关要求，高标准、高起点，各项设施能够科学管理维护，高效运转，确实发挥特色口岸作用，更好地服务首都发展的需求。

（赵　亮）

【国家口岸办主任黄胜强到北京平谷国际陆港调研北京口岸工作】2014 年 7 月 18 日上午，海关总署党组成员、国家口岸管理办公室主任黄胜强一行到平谷国际陆港调研北京口岸工作，北京市政府副秘书长马林等陪同。

黄胜强主任对平谷国际陆港建设运营情况和市、区关于建设以冷链商品、食品、化妆品等消费品为特色的特色口岸建设思路给予了肯定。黄主任表示，平谷国际陆港是首都对外开放的重大战略资源，建设好平谷国际陆港也是落实京津冀一体化协同发展的重要措施，国家口岸办原则上支持平谷国际陆港申报国家口岸资质，在编制“十三五”国家口岸发展规划时予以考虑。目前，市政府办公厅可向国家口岸办申请临时口岸资质，解决口岸建设中遇到的困难，促进北京口岸快速健康发展。

马林副秘书长对国家口岸办多年来对北京口岸工作的支持表示感谢，要求各部门按照国家口岸办要求做好工作落实，抓紧口岸定位研究，加强沟通联系，积极争取海关总署、国家口岸办对北京口岸工作更多的指导和支持。

（赵　亮）

【京津一体化通关改革实施首月，北京市内陆口岸区域通关货物增长较快】7 月，北京市内陆口岸（平谷国际陆港和朝阳口岸）以“属地申报、口岸验放”“属地申报、属地放行”等区域通关模式通关的集装箱量达10057标箱，同比增长 17.0%，比前 6 个月累计增幅高 12 个百分点。区域通关集装箱量占内陆口岸总集装箱量的比重达73.5%，比前 6 个月累计占比高 6.9 个百分点，通关一体化带来的贸易便利化效应逐步显现。

（赵　亮）

【平谷国际陆港顺利通过国家质检总局进口肉类指定口岸审核验收】9 月 16 日下午，受国家质检总局进出口食品安全局的指派，由天津检验检疫局毕玉国副局长担任组长，带领天津、广东、山东、辽宁检验检疫局专家一行五人对北京平谷国际陆港进口肉类指定口岸进行了现场审核验收。

审核验收组专家听取了平谷区关于北京平谷国际陆港进口肉类指定口岸项目建设情况的汇报，并通过听介绍、看现场、查制度、看资料、看记录和现场提问相结合的方式对北京平谷国际陆港进口肉类指定口岸进行了审核验收。

审核验收组认为北京平谷国际陆港建设进口肉类指定口岸的战略意义重大，并对平谷国际陆港在部门联动、软硬件建设、制度建设、检测能力等八个方面的工作给予了充分的肯定，同时也提出了进一步完善监管措施的六项建议。

最后，对照国家质检总局《进出口肉类检验检疫监督管理办法》和《进口肉类指定口岸资格认定条件》等有关规定，审核验收组通过综合考核，认为北京平谷国际陆港进口肉类指定口岸条件基本符合国家质检总局要求，一致同意向国家质检总局推荐平谷国际陆港为进口肉类指定口岸。

（赵　亮）

【市口岸办谋划新举措扎实推进京津口岸合作】为进一步推进京津口岸合作，提升内陆港航运服务水平，经认真谋划，近日，市政府口岸办与天津市口岸办达成航运指数信息合作共享的意向，即将天津港航运指数在平谷国际陆港同步发布使北京外贸进出口和仓储货代、物流运输等企业可以在平谷国际陆港实时了解天津航运指数，及时掌握北方航运市场及相关市场的供需态势和航运市场景气状况，更方便企业在天津口岸开展业务。

（赵　亮）

【平谷国际陆港获批临时口岸对外开放】11 月 15 日，国家质检总局批准北京平谷国际陆港为进口肉类指定查验场。11 月 17 日，国家口岸管理办公室正式批复北京平谷国际陆港为临时口岸对外开放。这意味着平谷国际陆港成为全国首家获批的国家海陆联运口岸和进口肉类指定口岸。这使得北京陆路口岸延伸到天津市，更方便北京市外向型企业办理相关海运进出口业务。这是北京市落实十八届三中全会精神，扩大内陆对外开放的一个重大突破，也是北京市推进内陆口岸建设的一个重大成果，是北京市口岸建设史上一个标志性事件。下一步，北京市相关部门将抓紧完善检查检验场地及监管设施，确保其符合监管要求，尽早对外正式开放，更好地服务于京津冀协同发展重大国家战略的要求。

（赵　亮）

八、利用外资

外资发展

【概况】2014 年，北京市不断优化引资结构、扩大引资领域、完善引资环境，全年利用外资保持平稳增长，质量和水平进一步提高。全年实际利用外商直接投资 90.4 亿美元，同比增长 6.1%，连续 13 年实现增长，再创年度引资规模新高。截至 2014 年年底，本市累计引进外资项目 3.8 万个，实际吸收外资达到 875 亿美元。

一是继续优化以服务经济为主的引资结构。服务业利用外资增长 13.1%，占全市实际外资 87.7%。其中以商务、信息、科技、金融、物流等服务为主的生产性服务业实际外资增长 31%，占全市的 65.5%；投资型总部、金融租赁、科技研发项目实际外资分别增长 1.4 倍、54.2%和 43.8%。共有 138 个千万美元以上大项目入资，占全市实际外资八成以上。其中服务业大项目 125 个，入资金额占全市七成以上；亿美元以上项目 21 个，入资金额占全市四成以上。

二是进一步聚集高端企业形态。新增外资总部企业 11 家，累计达 259 家，其中 153 家为本市认定的跨国公司地区总部；新增外资研发机构 37 家，累计达 503 家。本市跨国公司总部企业和研发机构达到 762 家。新增世界 500 强企业投资项目 19 个，累计有 287 家世界 500 强企业在京投资了 698 个项目。

三是不断拓展引资方式和领域。全年跨境人民币直接投资 9.7 亿美元，占实际外资的 10.7%。股权转让及股权并购企业 612 家，占合同外资 66%。金融服务业加快发展，新批融资租赁企业 43 家，累计达到 142 家；生活服务业利用外资活跃，全年引进医疗健康服务项目 15 个，文化、体育和娱乐项目 42 个；电子商务、专业服务、网络技术、环保科技等领域发展迅速。

（韦　肖）

【2014 年全市外商投资企业联合年报顺利完成】根据商务部等五部委有关通知精神，为进一步转变政府职能，加强对外商投资企业的事中事后监管，推进企业诚信制度建设，2014 年起在全国范围内开展外商投资企业年度经营状况联合申报工作。市商务委首次牵头组织全市外资企业联合年报工作，积极争取商务部支持，与市财政、外管、统计等部门密切配合，加大联合宣传、监督及催报力度，全市参加年报外商投资企业达到13626家，申报率为 90.6%，在全国名列前茅。

年报数据显示，申报企业累计投资额达到2051.7亿美元，其中实际外资 912.2 亿美元。2013 年企业营业收入27653.2亿元，同比增长 15.4%；纳税总额2831.6亿元，同比增长 4.6%；从业人数 130.4 万人，同比增长 5.1%。

（焦　刚）

【城市功能拓展区和城市发展新区引资近九成】2014 年，北京市城市功能拓展区和城市发展新区实际入资分别增长14.2%和33.3%，占全市的66.9%和20.7%。朝阳区、丰台区、通州区实际入资分别增长14%、1.4倍和2倍，占全市的43.1%、5.0%和4.0%。

（马俊杰）

【近七成实际外资来自亚洲】2014年，来自亚洲实际投资63.1亿美元，增长29.1%，占全市的69.8%。其中中国香港和新加坡实际投资分别增长50.2%和83.8%，占全市的59.9%和3.9%。

（马俊杰）

【中国香港等国家和地区企业对北京市税收和就业贡献明显】根据2014年北京市外商投资企业联合年报数据，2013年中国香港、奥地利、韩国、日本、德国、美国、维尔京群岛、新加坡、荷兰、法国等10个国家和地区投资企业纳税占全市的90.1%，从业人数占全市的83.9%。其中中国香港、奥地利和韩国投资企业纳税分别占全市的34.6%、15.3%和11.8%，中国香港、美国和日本投资企业从业人数分别占全市的40.4%、8.1%和7%。

（崔晶雪）

【外商投资性公司对北京市贡献较大】根据2014年北京市外商投资企业联合年报数据，2013年具有跨国公司地区总部性质的外商投资性公司企业数仅占全市的1.1%，实际外资占全市的21.2%，营业收入占全市的19.1%，净利润占全市的22.7%，纳税总额占全市的15.2%。

（崔晶雪）

【中国香港是北京市最大的外商投资来源地】根据2014年北京市外商投资企业联合年报数据，本市外资来自140多个国家和地区，其中来自中国香港、维尔京群岛、日本、德国、开曼群岛、美国、韩国、新加坡、西班牙、荷兰等10个国家和地区的企业数和实际投资分别占全市的78.6%和89.5%，中国香港企业数和实际投资分别占全市的34.8%和40.4%，是本市最大的外商投资来源地。

（崔晶雪）

【北京市组团参加第十八届中国国际投资贸易洽谈会】第十八届中国国际投资贸易洽谈会（简称“投洽会”）于2014年9月8日至10日在厦门成功举办，来自境外126个国家和地区的670个团组15000多名境外客商参会。北京市组成代表团赴厦门参展参会，代表团由市政府副秘书长马林任团长，市商务委、市投资促进局以及有关区县、开发区等14家单位共72人组成政府团，72家在京知名企业共79人组成企业团参加了本次活动。会议期间，通过网上发布招商项目178个，与210家企业进行了交流对接洽谈；共参加活动56场次，现场推介项目117个，一对一洽谈项目90个；收集投资项目线索60个，达成意向投资项目15个。

（刘小骥）

【京港总部经济发展暨双向投资合作研讨会成功举办】作为第十八届北京·香港经济合作研讨洽谈会重要专场活动之一，“京港总部经济发展暨双向投资合作研讨会”11月26日上午在北京饭店成功举办。本次活动以“总部经济，提升城市国际影响力”和“资源共享，深化两地双向投资合作”为主题，由北京市商务委、市投促局、市工商联、香港贸易发展局、香港总商会、京泰实业（集团）有限公司共同主办，由北京市商务委联合京泰实业（集团）有限公司共同承办，来自京港两地政府部门、商协会、中介机构和企业的180多名代表参会，北京商务服务业联合会与香港贸易发展局、北京国际经济技术合作协会与京泰国际商务中心签署了合作协议。本次活动突出三大亮点：一是突出高端产业引领，紧紧围绕首都大力转型发展“高精尖”经济和产业，专题推介北京总部经济政策和总部经济聚集区，促进京港两地总部经济互补合作，提升京港国际影响力；二是突出京港双向投资，坚持“引进来”与“走出去”相结合，搭建两地双向投资合作综合服务平台，开展双向投资领域专业服务交流，加大京港两地双向投资合作力度；三是突出企业主体地位，创新办会模式，鼓励和支持企业办会，首次由北京在港双向投资的重要平台京泰实业（集团）有限公司共同牵头主办专题活动，促进北京企业海外发展和境外资本投资北京。

（刘小骥）

【赴美开展经贸交流活动】2014年12月，为落实商务部会同北京等8个城市与美国芝加哥市签署的《关于建立“中国市与美国芝加哥市贸易投资合作联合工作组”的谅解备忘录》，配合汪洋副总理出席第25届中美商贸联委会相关活动，市商务委组团随商务部赴芝加哥开展一系列经贸交流活动，与芝加哥市政府、市长办公室、芝加哥招商局、“选择芝加哥”办公室、芝加哥商会及芝加哥工商界企业进行商务交流与对接，促进双方经贸往来。

（马俊杰）

【北京市世界500强上榜企业数连续两年位居世界城市首位】在2014年《财富》世界500强排行榜中，中国100家企业上榜（含香港地区4家、台湾地区5家），仅次于美国（128家）继续位居全球第二位，排名第3位至第6位的国家依次是日本（57家）、法国（31家）、德国（28家）和英国（27家）。北京市有52家企业入围（2013年48家），再次超过东京（43家），上榜企业数继续保持全球城市第一。排名第3位至第5位的城市分别为纽约（18家）、巴黎（18家）和伦敦（17家）。

（马俊杰）

【北京入选全球影响力十大城市】美国财经杂志《福布斯》“全球最具影响力城市”榜单8月揭晓，英国首都伦敦位列榜首，中国城市香港、北京分别位列第6位和第8位。排名前十的其他城市依次为纽约、巴黎、新加坡、东京、迪拜、悉尼和洛杉矶。上海排名第19位。此次评选考虑八大因素：吸引外资数量、企业总部聚集程度、控制细分行业数量、航空运输便捷度、制造业实力、金融业状况、科技和媒体发展水平等。香港地区位列第6位，是由于相比其他中国城市享有更大的金融自由。北京进入前十则是因为中国大多数大型国企、顶尖教育机构和最有创新能力的公司都聚集于此。

（马俊杰）

外资管理

【概况】一是强化服务理念，规范、高效完成审批。2014年，外资管理处严格按照《外商投资企业审批程序和审批事项执行手册》规定的审批流程及时限，严格执行书面一次性告知制度，将“规范”“高效”贯穿于审批工作的全过程。对在北京市设立地区总部的跨国公司、央企返程投资及有特殊需求的企业，通过采取“一对一服务”“审批绿色通道”等形式，做好个性化服务。全年共受理各类外资企业企业设立及变更行政许可申请1631件，非行政许可申请163件。

二是立足首都定位，梳理服务业开放清单。2014年，按照北京市商务委员会促进北京市服务业进一步扩大开放的整体设想，立足首都定位，梳理本市服务业开放清单。通过学习借鉴上海自贸区在服务业领域的开放内容，筛选出本市相对成熟，有利于促进“国际一流的和谐宜居之都”建设，提升生活服务业品质的若干开放行业目录，并梳理了相应的法律依据、拟开放措施、涉及业务管理部门等内容。在征询本市相关委办局、商务部各司局意见的基础上，经过数次调整修改，最终形成了《在京开展国家服务业扩大开放综合试点工作建议开放清单》，共有11项拟开放措施，涉及科学技术、互联网和信息、文化教育、金融、商务与旅游、健康医疗等6个重点服务领域。

三是落实改革任务和措施，将外资格式化审批推广到全市试行，提高审批效率。2014年，北京市商务委、北京市工商局联合制定了《外商独资公司章程》《中外合资公司章程》《中外合资公司合同》《中外合作公司章程》《中外合作公司合同》五种格式化示范文本，并在市级和东城区、朝阳区、海淀区试行取得阶段性成果的基础上，积极与商务部保持沟通，根据新公司法的调整内容，修改合同章程内容，修订格式化文件，并与工商部门共同印发，在全市试行。试点工作开始后到2014年年底，有近1800家外商投资企业设立采用了格式化文本，占新设企业总数的77%。

四是主动服务企业，延期提示工作制度化。2014年4月和9月，分两批对营业期限即将到期的企业开展延期提示工作，共涉及企业431家。在各区县商务部门的配合下，按照“市商务委确定名单，区县商务委负责通知，市商务委进行督促落实”的工作制度，此项工作顺利开展，并逐步日常化、制度化、规范化。

五是转变政府职能，加强对外资融资租赁行业的事中事后监管。2014年，根据《商务部办公厅关于开展融资租赁行业风险排查的通知》（商办流通函〔2014〕135号）有关要求，外资管理处认真组织落实。通过制定《北京市融资租赁行业风险排查工作方案》、开会动员部署、企业开展自查、行业协会初查、商务委复查、重点约谈、总结上报等环节，如期完成排查工作。通过开展排查工作，提高了企业对风险排查工作的重视程度，增强了企业规范经营的意识，有效控制和降低了风险。

此外，为增强与企业的沟通，建立了网络咨询服务平台，截至2014年年底，平台成员企业140家，基本涵盖所有本市外资融资租赁企业，通过该平台对企业进行了政策普及、答疑解问。鼓励促进行业协会发挥中间桥梁的作用，督导企业使用“全国融资租赁企业管理信息系统”，进一步完善了统计监测及管理手段，促进行业管理。

六是成功举办北京台湾名品博览会。2014年11月13至16日，2014北京台湾名品博览会在北京全国农业展览馆新馆再度成功举办。本次博览会由北京市政府主办，北京市商务委员会、北京市人民政府台湾事务办公室和台湾贸易中心共同承办，展出规模13000平方米，严选250家有出口业绩或得奖记录的厂商参展，展出万余种商品。博览会采用展销结合、展洽结合的方式，展会4天客流量12万人次，现场销售额超过千万元，许多展台前出现市民排队购买的情况，部分商品销售一空，特别是食品类商品全部售罄。此外通过组织数十场厂商对接活动，达成明确采购意向的金额突破12亿元人民币，比上届博览会增长22%。

（侯明迪、郭亚天）

【促进投资贸易便利化专项小组会议召开】根据北京市商务委员会全面深化改革有关工作的部署安排，为启动和细化各项改革任务和措施，促进投资贸易便利化专项小组于2014年2月26日召开了第一次小组会议。专项小组的领导程玉华、许康、倪跃刚、宋建明及各相关处室的负责人参会。市商务委各处室简要汇报了工作任务的主要内容、进度时间表、目前进展、存在的问题和解决思路等情况，会议讨论并通过了《市商务委促进投资贸易便利化专项小组机构设置和工作规则》。最后，市商务委领导传达了主任卢彦关于全面深化改革相关工作的四点要求，并希望小组成员在下一步工作中，相互支持配合，增强沟通，善于挖掘配置内外部资源，共同完成好各项任务。

（杨　洋、郭亚天）

【商务部外资司调研外资企业相关问题】为落实近期商务部和北京市领导座谈会精神，2014年3月28日，由商务部外资司副司长苏晶、黄峰带队，外资司综合处、服务业处相关人员组成的调研组来北京市商务委员会调研企业在外汇管理和高端人才签证等方面遇到的问题和意见，听取了在京开展国家服务业扩大开放综合试点的有关情况。北京市商务委员会委副主任程玉华以及外资管理处、外资发展处、综合处、外经处等处室的相关负责人参会。会上，中关村管委会金融处和人才处分管负责人及5家企业代表，分别汇报了外汇管理和高端人才签证方面的相关情况。调研组认真听取了意见，并就部分疑问现场进行了解答，对重点问题表示将进一步汇总研究上报。此外，调研组对在京开展国家服务业扩大开放综合试点的总体思路进行了肯定，对报告的内容、路径、开放措施等具体环节，给予了宝贵的意见和建议。

（杨　洋、郭亚天）

【微软收购诺基亚获得市商务委批复】微软并购诺基亚案在顺利通过商务部反垄断审查后，2014年4月17日，诺基亚（中国）投资有限公司股权由芬兰投资者Nokia Corporation（诺基亚公司）转让给芬兰投资者Microsoft Mobile Oy（微软移动设备有限公司）事项已获得市商务委批复同意。微软公司及诺基亚公司2013年9月3日宣布，经双方董事会决定，微软公司将收购诺基亚设备及服务业务部门，并获得诺基亚专利及地图服务授权，总共收购价格为54.4亿欧元。针对此次全球关注的并购事项，北京市商务委员会采取提前沟通，专人辅导，预审材料，快速办理的办法，仅用3个工作日就完成了诺基亚（中国）投资有限公司股权变更手续。

（张　岩、郭亚天）

【北汽股份上市问题协调会召开】北京汽车股份有限公司上市已列入北京市重点项目。北京市市长王安顺曾主持了关于北京汽车股份有限公司上市的专题会，要求大力支持北京汽车股份有限公司的上市工作。因北京汽车股份有限公司上市前需要调整其公司治理结构，并对公司章程进行修改。2014

年7月23日，北京市商务委员会召集商务部外资司、北京市工商局等相关处室负责人，围绕该公司章程修改有关问题，进行了专题协调。北京汽车股份有限公司首先向各个部门汇报了修改其公司章程的主要需求及所遇问题。各相关部门均表示将给予大力支持，并依照相关法律法规，提出了意见和建议。北京汽车股份有限公司感谢各部门对其工作的大力支持。

（陈　廓、郭亚天）

九、对外经济合作

【概况】 2014年，对外投资合作工作以党的十八大和十八届三中全会精神为工作方针，认真落实市委、市政府相关工作部署和委党组工作要求，努力推动实施国家“走出去”战略，以培育参与和引领国际经济合作竞争新优势为目标，大力推动北京市企业“走出去”工作深入开展，把保持经济平稳较快发展和加快经济发展方式转变有机统一起来，取得显著成效。

一、境外直接投资突破50亿美元再创历史新高

北京市企业境外直接投资累计额达54.61亿美元，同比增长77.59%。一是投资主要集中于拉丁美洲和亚洲地区，累计直接投资额分别占全市境外投资总额的38.57%和49.03%；二是大额投资企业数量持续增加，累计直接投资额过千万美元的企业达77家；三是租赁和商务服务业、房地产业、批发和零售业累计直接投资额分别占北京市境外直接投资总额的56.71%、10.03%和7.6%，居行业投资前三位。

二、对外承包工程保持稳步增长态势

北京市对外承包工程完成营业额35.74亿美元，同比增长6.43%，对外承包工程业务呈稳步增长态势。主要业务特点：一是亚非地区仍是北京市对外承包工程业务的主战场。2014年完成营业额中，亚洲占总额的28.06%，完成营业额10.03亿美元，同比增长10.66%；非洲占总额的65.97%，完成营业额23.58亿美元，同比增长7.57%。二是行业优势突出。北京市对外承包工程完成营业额第一位是房屋建设类，共14.42亿美元，占总额的40.35%；第二位是交通运输建设类，共9.7亿美元，占总额的27.15%；第三位是水利建设项目，完成3.54亿美元，占总额的9.9%。北京市在承揽房屋建设、公路、铁路、水利、电力工程等方面优势突出。三是大项目规模显著。新签合同额5000万美元以上大项目21个，累计合同额25.99亿美元，其中1亿美元以上项目7个，为2015年对外承包工程业务的发展奠定了坚实的基础。

三、对外劳务合作平稳发展

2014年1－12月份，北京市累计派出各类劳务人员17031人，12月末在外各类劳务人员29457人，劳务人员实际收入总额（完成营业额）7926万美元。

四、京津冀协同发展、对口支援和区域商务合作扎实推进

2014年，积极做好京津冀协同发展的对接工作，加强了与河北、天津方面的联系，会同天津市商务委、河北省商务厅在廊坊市联合召开推进京津冀市场一体化发展商务工作对接会，交流商务工作情况，并签署《落实京津冀共同推进市场一体化进程合作框架协议商务行动方案》；持续推进对口支援和区域商务合作工作，与西藏、四川、湖北、河南、内蒙古、山西等地共同举办了相关推介活动。

五、工作措施

一是加强部门协调，强化主动服务意识。我们积极跟进、做好指导，协调了国家商务部、市发改委、国资委等相关部门，加强与中关村管委会、中国进出口银行北京分行、中国出口信用保险公司等部门的联系，主动服务支持了一批在调整结构和转变经济发展方式上具有引导意义的企业利用优势开展对外投资合作。二是积极推动境外投资管理制度改革，简化行政审批手续。10 月 6 日，《境外投资管理办法》（商务部令 2014 年第 3 号）正式实行，遵循深化改革、简政放权，落实企业对外投资主体地位的思路，对现有管理体制进行了大胆改革，并结合企业“走出去”过程中出现的问题，加强了对企业境外投资行为的指导和规范。三是发挥政策杠杆作用，引导企业积极转变发展方式。积极利用对外投资合作专项资金的引导作用，鼓励企业加快对外投资和经济合作步伐，积极参与国际分工，提升北京市企业在全球市场的份额和影响力。经市商务委初审、第三方审核，对符合条件的 28 家企业共 135 个项目进行了支持，共拨付支持资金 12154万元。四是充分利用多种交流合作平台，促进企业“走出去”加快发展。充分利用政府代表团互访机会，组织双边企业开展经贸投资洽谈活动，为北京市企业开拓国际市场搭建对接平台。积极发挥好行业协会的作用，在整合优势资源、实现差异化联合、实现资源共享互通等方面加强企业间合作，增强北京企业的整体竞争力。五是加强培训检查，强化企业境外安全发展的意识和能力。根据商务部、安全监管总局、外交部、国家发展改革委、国资委印发的《关于进一步加强境外中资企业安全生产监督管理工作的通知》（商合函〔2014〕226 号），在网站发布通知精神，并提出北京市落实工作的具体要求。同时，通过北京市对外投资合作手机信息平台以短信的方式，通知到一千余家对外投资、承包工程、劳务合作和援外企业。各企业结合自身工作实际贯彻落实，进一步建立、完善本企业的境外安全生产、质量管理体系和相关管理制度，发现并及时整改了一些问题，建立了具有针对性的措施，取得了明显实效，全年北京市无重大境外安全事件。

（唐永宏）

【简化境外投资审批管理】根据新修订的《境外投资管理办法》（商务部令 2014 年第 3 号），遵循深化改革、简政放权，落实企业对外投资主体地位的工作思路，对现有管理体制进行了大胆改革，并结合北京市企业“走出去”过程中出现的问题，加强了对企业境外投资行为的指导和规范，明确了北京市企业到境外投资的核准及备案范围，调整了相关办事流程。改革后，境外投资由核准制变为备案、核准制，由省级以上商务主管部门实施管理；取消了对特定金额以上境外投资、在境外设立特殊目的公司实行核准的要求；将备案时限缩减为 3 个工作日。

（周　煊）

【大额投资企业数量稳步增长】2014 年，北京市累计对外直接投资额过千万美元的企业达 77 家，直接投资额 48.09 亿美元，同比增长 85.96％，占全市对外直接投资总额的 88.06％。大额投资数量的持续增加，促进了全市对外投资的平稳发展。

（周　煊）

【泛海控股收购和记港陆】2014 年 12 月 19 日，泛海控股以港币约 38.3 亿元正式完成收购香港联交所上市公司和记港陆有限公司。泛海控股通过全资子公司泛海控股（香港）有限公司在英属维尔京群岛全资设立的泛海控股国际有限公司持有和记港陆约71.58%的股份。和记港陆为香港联合交易所主板上市公司，主营业务为物业投资等。

（周　煊）

【中兴能源签署在巴基斯坦建设900兆瓦地面电站项目合作协议】 2014年7月23日，中兴能源与巴基斯坦旁遮普省政府签署合作协议，将在旁遮普省Quaid-e-Azam太阳园投资建设900兆瓦的光伏地面电站项目，总投资为931354万元人民币。该项目地点位于旁遮普省南部巴哈瓦尔布尔市Lal-Sohanra国家公园附近，总安装容量900兆瓦。900兆瓦项目拟分四期执行，其中第一期投资规模100兆瓦，后续四期每期投资规模为200兆瓦。

（周　煊）

【对外承包工程模式取得新突破】 泛华建设集团有限公司承接的安哥拉DUNDO社会住房项目是采用中国规范实施的EPC建设项目，包括后续增加的基础设施施工，合同额预计能达到14.5亿美元。截至2014年12月，安哥拉DUNDO项目报统数据为13.5亿美元；出口物资约为1.6亿美元，为我国工人提供了4000个就业机会，为项目所在国提供了近5000个就业机会；安哥拉DUNDO项目受到了安哥拉政府的高度赞扬，安哥拉总统多斯桑托斯表示："泛华创造了安哥拉最快的速度，震惊了安哥拉。"

（李　恩）

【对外承包工程向质量效益型转变】 2014年，北京市对外承包工程企业承建海外多个中高端项目和经贸园区，成为海外工程项目的新亮点，中地海外集团有限公司承建的SAPELE-SGBOR公路项目和泛华建设集团有限公司承建的安哥拉罗安达住房项目是北京市技术含量高、附加值高的高端建筑项目的典范。

（李　恩）

【对外承包工程大项目规模显著】 2014年，北京市新签合同额5000万美元以上大项目21个，累计合同额25.99亿美元，其中1亿美元以上项目7个，为2015年对外承包工程业务的发展奠定了坚实基础。

（李　恩）

【外派劳务项目审查工作开展顺利】 按照商务部的相关规定，全年共审核北京市对外劳务合作项目24件；开具劳务人员出境证明11件；审核备案登记输澳劳务项目1306件。

（袁　渤）

【颁布实施《北京市对外劳务合作经营资格暂行管理办法（修订）》】 为加强北京市对外劳务合作管理，规范对外劳务合作经营，保障劳务人员的合法权益，促进对外劳务合作健康发展，根据《对外劳务合作管理条例》（国务院2012年第620号令）、《商务部关于对外劳务合作经营资格管理有关工作的函》（商合函〔2012〕644号）及《对外劳务合作风险处置备用金管理办法（试行）》（商务部、财政部令2014年第2号），市商务委在原《北京市对外劳务合作经营资格暂行管理办法》的基础上制定了《北京市对外劳务合作经营资格暂行管理办法（修订）》，并于2014年12月25日起施行。

（袁　渤）

【贯彻落实《对外劳务合作风险处置备用金管理办法（试行）》（商务部、财政部令

2014年第2号)】根据《对外劳务合作管理条例》、《对外承包工程管理条例》、《对外劳务合作风险处置备用金管理办法（试行）》（商务部、财政部令2014年第2号）、《商务部关于加强对外劳务合作管理的通知》（商合函〔2014〕733号）的相关规定和要求，市商务委与市财政局联合下发了《关于执行〈商务部、财政部令2014年第2号对外劳务合作风险处置备用金管理办法（试行）〉有关事宜的通知》（京商务经字〔2014〕478号），并依此开展了对外劳务合作风险处置备用金缴存工作。

（袁　渤）

【快速反应积极处置越南突发事件】 5月13日部分越南民众针对我国企业砸、抢、破坏事件发生后，经了解北京市在越南投资合作企业共8家、驻越工作人员共计140人。市商务委迅速启动应急机制，成立了由主要领导任组长、主管领导任副组长的"在越投资合作企业人员安全工作领导小组"，并要求企业立即启动相关应急预案，建立日报告和零报告制度，帮助企业协调解决善后工作中的问题和困难。市商务委与8家企业建立了24小时联系工作机制，准确收集前方实时动态，全力做好统计安抚工作。每天专人负责向上级报告事态的最新进展情况，密切关注善后工作进程，贯彻落实有关工作要求，及时帮助企业解决困难，做好了维稳工作。

（郝晓星）

【迅速解决沙特劳务纠纷事件】 9月3日，收到我国驻沙特吉达总领馆"关于拖欠劳务人员工资事"的明码发电，9月12日收到驻吉达总领馆的秘电，通报关于北京江河幕墙股份有限公司沙特分公司与上海风火金属构件有限公司在项目履约和结算问题上出现纠纷，导致相关劳务人员连续数次集体到总领馆进行上访事件。市商务委及时与驻吉达总领馆、上海市商务委、市外办、北京江河幕墙公司等部门进行联系，了解项目、纠纷情况，协调各方平息事态，提出解决方案，形成三方争议解决协议。确保了21名涉纠纷人员上访人员情绪稳定，事态没有进一步扩大，最终在国庆节放假前夕纠纷及时得到解决，并形成报告向商务部、外交部、沙特使馆、市政府等部门以密电形式进行了汇报。

（郝晓星）

【签订推进京津冀市场一体化商务行动方案】 9月12日，市商务委会同天津市商务委、河北省商务厅在廊坊市联合召开推进京津冀市场一体化发展商务工作对接会，签署《落实京津冀共同推进市场一体化进程合作框架协议商务行动方案》。该行动方案对京津冀三地政府间相互签署协议中涉及商务领域工作进行了梳理，明确了三方共同推进事项、双边协作推进事项及三省市商务委各自应推进的相关工作；在此基础上三地商务部门将抓住重点领域，在生产性服务业、生活性服务业服务水平一体化、口岸和物流体系建设、营造法制化营商环境及推进电子商务一体化发展等方面率先取得突破，积极推动区域间优惠政策互惠共享。

（郝晓星）

【做好对口支援工作】 在落实区域商务合作、对口支援工作机制基础上，巩固扩大了京津冀协同发展的合作成果，深化了与西藏拉萨、四川什邡、湖北十堰、内蒙古赤峰的工作对接。赴天津参加第二十一届津洽会暨第十届PECC博览会，陪同市政府党组成员夏占义赴廊坊参加2014中国·廊坊国际经济贸易洽谈会。协调相关处室共同组织了“川货全国行·北京站”“北京·兴安盟绿色有机产品博览会”“赤峰品质推广中心”的专题推介，“晋京产业协同发展对接会”、“武当珍品汇”首家品牌店揭牌、“饮长江水吃湖北粮品荆楚味，2014湖北农产品北京行”及“中线渠首南阳有机农产品进京对接会”等活动，通过积极为企业搭建平台，充分发挥企业的主体作用，把区域合作落实到企业、落实到项目，在积极支持对口支援地区农产品开拓北京市场的同时，对丰富本市消费市场、促进本市消费增长发挥了重要作用。

（郝晓星）

十、商务服务

【概况】2014年，商务服务业坚持综合协调、搭建平台、拓展空间、创新发展的总体工作思路，着力在创新发展模式、搭建商务服务业发展促进平台、加强商务服务业集聚发展、推进“会展之都”建设、拓展国际国内两个市场等方面下功夫，促进商务服务业向国际化、高端化、规模化发展。

一、全市商务服务业运行情况

2014年北京租赁与商务服务业实现增加值1700.2亿元，增速5.8%；北京租赁与商务服务业在地区生产总值中占比为7.97%，在第三产业中占比为10.2%。

全市限额以上租赁和商务服务企业法人单位数4674个，营业收入7265.9亿元，同比增长5.9%。实现利润总额3147.9亿元，同比增长10.2%。从业人员平均人数67.4万人，同比增长6.7%。

二、继续支持商务楼宇公共服务平台的升级改造

按照支持和引导商务楼宇走“特色发展、品牌发展、集群发展”的总体要求，遵循公开、择优、后奖励的项目安排原则，从申报的39个项目中，遴选20座商务楼宇拟对其进行升级改造支持，有7座商务楼宇升级改造经评审符合财政奖励，奖励资金总额为1247.59万元。7座商务楼宇建筑面积共38.49万平方米，驻楼企业523家，平均入住率98.5%，商务服务业企业占企业总数比例65.62%。驻楼企业实现营业总收入4623.35亿元，楼均收入660.48亿元；纳税总额192.55亿元，楼均纳税27.51亿元；驻楼企业从业人员19662人，楼均从业人员2808人。

三、开展商务服务业集聚区建设

工作中结合商务楼宇公共服务平台的升级改造促进集聚区的发展，探索在海淀区玉渊潭商务服务业集聚区、大兴区国基园商务服务业集聚区通过商务楼宇升级改造带动提升集聚区的建设，与集聚区管理机构协商，将集聚区整体纳入商务服务业企业运行监测和公共服务信息平台，延伸政府服务渠道，建立服务制度等，为集聚区营造良好的政策环境和发展条件。

四、会展业运行情况

2014年，全市7家主要展览场馆共举办展览431个，同比增长3.1%。其中，大型展会163个，同比下降6.4%，国际展会207个，同比增长11.9%，大型国际展会128个，同比增长15.3%。从运行数据看，北京市商业会展业促进政策效果初步显现，会展业国际化、规模化、品牌化建设进一步加强。

（胡　滨）

【商务服务业运行监测与公共信息服务平台正式上线运行】经过两年多的开发建设，2014年8月北京商务服务业运行监测与公共服务平台正式上线运行，首批233家商务服务业重点企业纳入信息服务平台，并对相关区县商务委和企业进行了两次培训。逐步实现面向全市商务服务业重点联系服务企业的动态数据监测、分级管理和发展动态分析，为相关政府部门、行业协会、企业提供多元化服务，促进商务服务业发展。

（胡　滨）

【打造商务服务业“走出去”境外发展服务平台】 为促进北京市商务服务业向国际化、品牌化、高端化发展，实现北京市商务服务业在拓展国际市场上有新突破的工作目标，制定了《北京市商务委员会关于进一步促进本市商务服务业企业拓展国际市场工作方案》，建立了市商务委促进本市商务服务业拓展国际市场处室联系会议工作制度，召开了北京商务服务业“九环峰会”论坛，发布了8家“走出去”企业和20家商务服务业企业需求信息，并举办了需求双方对接会，通过境外投资的企业促进带动本市商务服务业进一步开拓国际市场。

（胡　滨）

【北京商务服务业“九环峰会”论坛召开】 8月8日，北京商务服务业“九环峰会”论坛召开，来自业内的专家学者同仁180多人参加了论坛。论坛围绕“扬帆远航，走向世界——北京商务服务业‘走出去’战略”进行深入研讨，发布了“走出去”企业和商务服务业需求和服务信息，并对有合作意向的企业开展对接并跟进服务。

（胡　滨）

【建立引导会展业国际化、规模化、品牌化发展政策服务平台】 建立政府间协作推进会展业发展机制，完善本市会展业发展促进工作联席会议制度。与市贸促会、市发改委、市旅游委、市统计局等部门协商，由市商务委与市贸促会共同召集会展业企业联席会议，会同市贸促会、市统计局共同编制《2014北京展览目录》和《会展业发展报告2013》。

（范　启）

【加强国际宣传推广，提高北京会展业的知名度和影响力】 制作了北京市会展业宣传片、宣传册，委托制作公司派人赴德国科隆、西班牙马德里、台湾国际文化创意产业博览会开展国际宣传推广活动，发放宣传册2000多册，循环播放宣传片累计30多小时；在广交会、京交会期间开展国内宣传推广活动，发放宣传册1000多册，循环播放宣传片，进一步提高北京会展业的知名度，增强品牌展会的影响力和业界的关注度。

（范　启）

【引导支持商业品牌展会】 开展商业会展业项目申报，专家论证、评审，发布2014年北京市引导支持品牌展会名录37个，5个2013年北京市引导支持品牌展会奖励项目通过财政评审，共奖励资金500万元。对1个引进大型国际展会项目进行持续跟踪服务。

（范　启）

十一、总部经济

【概况】2014年，总部经济工作紧紧围绕优化总部经济发展环境，服务总部企业在京发展，落实市政府2013年印发的《关于加快总部企业在京发展的工作意见》（京政发〔2013〕29号），积极建立总部企业重大项目投资发现机制和总部企业跟进服务机制，搭建总部企业多样化服务平台，全力助推北京市“高精尖”经济结构的构建。

一、总部企业总体情况

第三次全国经济普查结果显示：2013年全市总部企业3937家，资产82.7万亿元，占全市的67.7%；营业收入9.1万亿元，占全市的66.8%；利润总额1.8万亿元，占全市的89%；吸纳从业人员309.8万人，占全市的27.9%。

从经济类型看，央企总部1207家，资产占全市总部企业的82.2%，利润总额占76.3%，营业收入占56.1%，从业人员占30.2%；市属国企总部584家，营业收入占全市总部企业的7.2%，从业人员占17.6%，资产占2.7%，利润总额占3.1%；跨国公司地区总部146家，营业收入占全市总部企业的5.6%，从业人员占4.2%；民营企业总部275家，营业收入占全市总部企业的1.6%，从业人员占6%。

二、总部企业高端化趋势明显

据美国《财富》杂志公布的2014年世界500强企业榜单，北京拥有的世界500强企业总部由2013年的48家增加至52家，蝉联全球城市第一。新增的4家世界500强企业分别是国家开发银行（排名第122位）、中国能源建设集团有限公司（第465位）、中国通用技术（集团）控股有限责任公司（第469位）和中国农业发展银行（第491位）。除了数量增加外，北京拥有的世界500强企业还呈现出整体位次继续前移、营收实力不断增强与所涉领域进一步拓宽等特点。总部企业显著提升了城市品牌和形象。

三、总部企业服务化特征明显

2013年，北京拥有金融总部366家，具资产达62.3万亿元，为北京提供了充足的资金支持。管理型总部企业563家，其资产占总部企业的9.8%，业务主要涉及投资和管理，获得投资收益占总部企业的22.2%。研发总部339家，主要从事工程技术、技术推广等，营业收入占总部企业的3.9%。营销总部企业750家，营业收入占总部企业的39.1%。

四、总部企业集聚化程度提高

总部企业主要集中在中心城区，以朝阳区、海淀区、西城区、东城区和丰台区为主。

朝阳区拥有总部企业925家，营业收入占总部企业的23.6%，其中，跨国公司地区总部98家。海淀区拥有总部企业997家，营业收入占总部企业的21.3%，其中IT总部233家，研发总部126家。西城区是全市最大的金融总部聚集地，拥有总部企业525家，营业收入占总部企业18.1%，其中金融业总部企业135家。东城区拥有总部企业

367家，东城区以文化为特色，保利文化、中国对外文化集团、中国出版集团、北京光线传媒等4家企业入选文化企业30强。丰台区拥有总部企业252家，其中中关村科技园区丰台园聚集了一批央企总部和上市公司总部。

（殷惠龙）

【发挥市发展总部经济工作部门联系会议作用】为落实《关于加快总部企业在京发展的工作意见》（京政发〔2013〕29号），市发展总部经济工作部门联席会议办公室（设在市商务委）先后两次邀请市财政局、市人力社保局、市交通委、市统计局、市国税局、市地税局等联席会议成员单位参加协调会，就落实新政策所涉及配套服务事项的操作流程进行专题研究，积极争取相关委办局的支持，为总部企业在投资、用地、租房及员工落户等方面切实提供便利。进一步明确了工作居住证办理等操作流程，共同推进了全市总部企业外汇资金集中运营管理的试点运行，进一步促进了全市总部企业财务结算中心的设立。

（申　玖、杜大琳）

【建立总部企业重大项目投资发现机制】先后建立健全《北京市重点总部企业名录》和《北京市总部经济中介组织机构库》。确认全市第一批重点总部企业356家（其中央企及国有企业133家、民企81家、外企139家、其他类型企业3家），其所管理或支配的资产总计76.8万亿元，约相当于全市总部企业在京资产规模，纳税约占全市的四分之一，并与市发展总部经济工作部门联席会议成员单位实现信息共享，进一步明确了全市总部企业的服务重点。先后征集并公布两批共93家总部经济中介组织。通过服务重点总部企业和中介机构，吸引总部企业在京投资落户。

（殷惠龙、杜大琳）

【建立总部企业跟进服务机制】组织开发建设了“北京市总部企业管理服务信息系统”，搭建起了与总部企业的便捷沟通渠道、提高了政策兑现申报工作的透明度和审核工作效率，增强了跟进服务总部企业的能力和手段。该系统已于2014年6月1日上线试运行。通过该系统，相关委办局可以实现总部企业奖励补助的联审、相关数据的共享和相关服务的共通。

（殷惠龙、申　玖）

【北京市跨国公司地区总部达到153家】截至12月31日，认定跨国公司在京地区总部11家，累计认定153家。

（申　玖）

【宣传政策，引导总部企业实体化经营】组织召开两次总部经济中介组织座谈会，宣讲总部经济最新政策，同时鼓励中介组织发挥优势，广泛宣传北京市总部经济政策，据不完全统计，2014年各总部经济中介机构共引进落户投资额1亿元以上的总部企业46家，其中民营企业20家，总投资246.4亿元；先后联合市国资委、市工商联、市投资促进局等单位，面向国有企业、民营企业等不同所有制企业1000余家开展了10余场有针对性的总部经济新政策宣讲。

不断加强政策引导，总部企业实体化经营取得明显成效。据不完全统计，有108家总部企业开展了新的实体化经营业务，其中，央企中国石化化工销售有限公司通过增设财务结算等职能，税收较上年度增加1.8亿元；外资总部企业三星（中国）投资有限公司和梅赛德斯—奔驰（中国）汽车销售有限公司通过进一步扩充销售中心职能，税收较上年度分别增加15.5亿元和13.2亿元；民营总部企业北京融创恒基地产有限公司、小米科技有限责任公司通过增设销售、财务结算等职能，税收较上年度分别增加6.2亿元和2.8亿元。

（殷惠龙、申　玖）

【搭建总部企业多样化服务平台】建立健全了包括市政府相关委办局在内的总部经济发展促进工作网络体系，搭建总部企业之间、总部企业与政府部门之间的交流平台，形成总部经济的“生态系统”，从根本上促进总部经济的良性发展。进一步优化了在京总部企业公共服务环境。

支持在京总部企业进行相互交流，实现企业间资源共享，先后促成眉州东坡与中粮肉食、爱农网与顺丰嘿客等多家总部企业开展全方位战略合作，提升了总部企业在京实体化经营业务。

加强市区联动，突出区域特色，先后组织60余家有意向总部企业参加在朝阳、怀柔等区县举办的专场投资洽谈会（项目推介会）。实现总部经济集聚发展与差异发展，促进尽快形成“中介招引有目标、企业落户能发展、政府企业得共赢”的联动效应。

（殷惠龙）

【改革优化外国非企业经济组织代表机构审批管理】紧紧围绕“简政放权”和“该管的要管好”，做好外国非企业经济组织代表机构审批管理工作。截至12月31日，办理外国非企业经济组织驻京代表机构设立、变更、延期等行政审批事项98件。同时，对工作机制进行改革优化，规范审批表格名称，优化有关申请材料模版，以利于进一步把握代表机构的有关情况；压缩现行审批办理时间，改进相关材料提交方式，提高外国和港澳地区非企业经济组织在京常驻代表机构设立、延期、变更等事项的审批效率；适当延长驻在期，为代表机构办理其他手续和开展活动提供便利。促进了外国非企业经济组织驻京代表机构在增加进出口、吸引国外投资等方面发挥积极作用。

（殷惠龙）

【加快推进总部企业奖励补助工作】完成2013年度跨国公司地区总部奖励资金拨付工作，开展2014年度总部企业和中介机构奖励补助征集和审核工作。市商务委对通过区县初审后的包括跨国公司地区总部在内的223家总部企业申报材料进行了严格复审。在复审的基础上，市商务委召开全市发展总部经济工作部门联席会议，会同市发改委、市财政局、市委组织部、市人力社保局、市统计局、市国税局、市地税局对申报材料进行联合审核，并书面征求联席会议成员单位意见。经审核，2014年共有92家总部企业的160项补助和奖励申请符合相应条件，涉及实收资本补助、经营贡献奖励、租用办公用房补助、增设功能奖励、增设基地奖励、总部提级奖励、入选权威机构排名奖励、战略提升奖励、高管综合奖励、高管增量奖励共10类补助和奖励，申请金额总计22044.78万元。

（殷惠龙、申　玖）

【协助办好第十八届北京·香港经济合作研讨洽谈会和第六届投资北京洽谈会】第十八届北京·香港经济合作研讨洽谈会11月25日在北京举行，市商务委介绍了总部企业在京发展的相关政策，鼓励香港地区投资者在京设立高效、集约、低碳型地区总部；同时，邀请典型园区和企业代表分别作了“北京总部经济聚集区推介”和“香港在京总部企业经验分享”的主题演讲，并组织20余名总部企业代表参加洽谈会。该洽谈会开启了京港两地经济合作的新篇章。12月9日，以“聚社会资本、促高端项目、稳经济增长、助转型升级”为主题的第六届投资北京洽谈会在京成功举办。市商务委申金升副主任做了“促进总部企业在京发展鼓励政策及实施情况”的主题演讲，介绍了本市总部经济发展概况、北京发展总部经济的独特优势、北京总部经济新政策的特点等内容，帮助投资者进一步了解北京的投资环境和总部政策，鼓励投资者利用北京的独特优势，寻找商机、拓展业务，加快在京发展。会后，总部经济发展处参加了投资咨询活动，为30余家企业代表就总部企业相关政策、外商在京设立投资性公司等问题进行了解答，受到企业一致好评。

（殷惠龙、杜大琳）

十二、商务领域社团组织

截至2014年年底，由市商务委作为业务主管单位的社团组织58家。按照市社团登记管理部门的分类统计，学术性社团4家（北京国际经济贸易学会、北京市对外经济贸易会计学会、北京商业经济学会、北京市商业文化研究会），联合性社团7家（北京外商投资企业商工联合会、北京市商务企业法律顾问协会、北京国际志愿人员协会、北京外企海外联谊会、北京服务贸易协会、北京市商业联合会、北京老字号协会），专业性社团9家（北京国际商会、北京市国际技术贸易协会、北京国际投资促进会、北京服务外包企业协会、北京中外企业人力资源协会、北京市商业企业管理协会、北京市供销合作经济组织协会、北京中国饮食文化研究会、北京中华茶艺协会），民办非企业单位1家（北京京商流通战略研究院），行业性社团37家（除上述四类以外的社团组织）。

市商务委按期完成了社团组织的年度检查工作，指导9家社团组织完成了换届工作，新成立2家（北京国际经济贸易发展协会和北京京商流通战略研究院）。

（谢凤珍）

附：商务领域社团名录

北京市商务领域社团名录

序号	社团名称	会长/理事长	秘书长	联系人	联系电话	传真	单位地址	邮编
1	北京国际商会	熊九玲	张　钢	张芳芳	88070379/0303	68061030	西城区南礼士路头条3号	100045
2	北京国际会议展览业协会	刘　洋	张学山	张　玲	88070431/0324	68061030	西城区南礼士路头条3号	100045
3	北京国际经济贸易学会	张　钢	康乃馨	康乃馨	88070425	68014008	西城区南礼士路头条3号	100045
4	北京市国际技术贸易协会	林云生	张　涛	韩翼龙	82825690	82825690	海淀区东北旺西路8号中关村软件园1号楼信息中心C座一层	100731
5	北京市国际货运代理行业协会	李建华	李　荣	李小蕾	64621398/99	64615507	朝阳区亮马桥路44号海昌大厦209室	100016
6	北京国际志愿人员协会	王　粤	刘　军	闫　颖	84000561/0562	64097913	东城安定门东大街28号庸和大厦C座11层	100007
7	北京国际经济技术合作协会	马铁山	王晓兰	周京华	63927887	63927830	西城区广莲路1号建工大厦1201室	100055
8	北京国际经济贸易发展协会	王大路	谭成海	董小华	87211326	87211326	丰台区芳星园三区16－17号楼207室	100078
9	北京国际投资促进会	孙长泰	李保卫	张　桐	65546203	65543161	朝阳门北大街8号富华大厦F座406室	100027
10	北京外商投资企业协会	幸公杰	周卫民	庞　博	65543163/3164	65543163	朝阳门北大街8号富华大厦F座408室	100027
11	北京市对外经济贸易会计学会	徐小溪	赵京娥	赵京娥	65280245	65280245	丰台区芳群园四区21号楼450室	100078
12	北京服务贸易协会	李露霞	杨丽君	赵运宽	88070414	88070414	西城南礼士路头条3号南楼325室	100045
13	北京服务外包企业协会	钟明博	李　劲	宋国彪 刘　双	82825690－1820	82825690－1073	海淀区东北旺西路8号中关村软件园1号楼信息中心C座一层	100094
14	北京市进出口企业协会	陈　伟	叶长有	陈　红	84289882/9001	84289902	朝阳区和平里小黄庄北街2号C座	100013
15	北京外企海外联谊会	霍晨光	肖林光	束　燕	67772614	67772655	朝阳区西大望路15号外企大厦B座11层	100022
16	北京市商务服务业联合会	刘建华	曹　磊	杨雪松	52656250	52656250	石景山区石景山路20号中铁大厦1713室	100131
17	北京中外企人力资源协会	刘振兴	范莉莉	张　钰	57041999	57041998	朝阳区西大望路15号外企大厦B座703室	100022
18	北京百货商业协会	孟卫东	施燕青	赵志毅	64070692	64010352	东城区魏家胡同20号	100007
19	北京市商业企业管理协会							

续表

序号	社团名称	会长/理事长	秘书长	联系人	联系电话	传真	单位地址	邮编
20	北京焙烤食品糖制品协会	高　波	张　漪	刘俊欣	63265499	63265499	宣武区广安门外广华轩6号楼	100052
21	北京市餐饮行业协会	汤庆顺	胡　颖	冯　颖	66035722	66039210	东城区安定门外大街183号京宝花园M201室	100050
22	北京市茶业协会	白文祥	付光丽	刘秀荣	68337903	68337903	西城区北礼士路甲98号阜成大厦A座4层421号	100037
23	北京典当行业协会	杨　永	郝凤琴	郝凤琴	84544366	84544368	东城区永内东街中里13号	100050
24	北京电子商务协会	丁同歆	林　亚	朱红霞	63435415	51814650	西城区莲花池东路丙1号312室	100045
25	北京市豆制品协会	张振山	卢桂芳	金桂华	63521149	63521149	丰台区桥南马场138号	100071
26	北京蜂产品协会	杨寒冰	赵增莲	钟一鸣	67869258	67869021	北京经济技术开发区同济中路7号兴盛工业园3栋	100176
27	北京市供销合作经济组织协会	任　军	刘甫强	吴　涛	63520898	63520898	朝阳区小营北路11号和泰大厦7层710室	100101
28	北京市化工商业协会	邓五一	刘志刚	王海红	87612660 67603818	87612660	丰台区永外宋家庄顺八条1号	100078
29	北京家政服务协会	庞大春	张明辉	张明辉	63432818/5414	63432818	西城区莲花池东路丙1号	100006
30	北京健身器材流通协会	彭石英	陶瑞军	曹　洋	87861315	87861315	丰台区大红门西马场甲14号	100068
31	北京老字号协会	姜俊贤	张　健	李　菲	62002277 62370448	62002277	西城区西绒线胡同51号北门四川饭店内	100029
32	北京礼品流通协会	郑康淳	谢　辉	谢　辉	64529406	64529406	朝阳区林萃桥北200米路东	100101
33	北京市连锁经营协会	卫停战	李秀珍	李卫红	62262236 62218069	62262236	海淀区北三环西路明光北里2号	100088
34	北京美发美容行业协会	卢连德	李瑞明	张佳祺	63188435	63188437	西城区珠市口西大街120号太丰惠中大厦1137室	100050
35	北京农业生产资料协会	吴　山	陈永峰	杨　静	83828769	83828769	丰台区西四环南路30号院8－1供销农资大厦12层	100161
36	北京品牌协会	孟卫东	夏　明	夏　明	58260938	58260938	朝阳公园西里南区6号楼副楼503室	100125
37	北京拍卖行业协会	甘学军		张　瑾	68334469	68337868	西城区北礼士路甲98号阜成大厦B座305室	100083
38	北京肉类食品协会	司京成	刘金英	吴　萍	63266413/26	63324813/26	宣武区广安门外广华轩6号楼	100055

续表

序号	社团名称	会长/理事长	秘书长	联系人	联系电话	传真	单位地址	邮编
39	北京市商业联合会	于学忠	丁淑芬	田旭升	63435421/22/29	51814665 63435416	西城区莲花池东路丙1号	100045
40	北京商业经济学会	臧洪阁	赖　阳	魏　刚	65130390 65231127	65128343	东城区礼士胡同41号	100010
41	北京市商业服装行业协会	陈普照	朱名华	曾　龙	65136644 63032991	65123749	宣武区前门大街掌扇胡同甲2号	100051
42	北京市商业文化研究会	张连登	胡庆平	胡庆平	89532213	89532213	东城区东四南大街礼士胡同41号	100010
43	北京市石油流通行业协会	赵振生	王顺增	赵秋萍	85835928	85836509	朝阳区十里堡1号恒泰大厦七层7002－7006室	100054
44	北京市摄影行业协会	朱秀英	高鸣时	高凤玲	66039982	66039982	西城区大酱坊胡同甲26号	100032
45	北京市调味品协会	杜吉信	陈尤太	陈　杰	63863799	63863799	西城区北礼士路8号	100044
46	北京文化用品行业协会	张　军	周文安	田秀丽	67226062	87297093	崇文区永外东革新里42号	100077
47	北京物流协会	王国丰	林友来	黄少阳	63435426	63435428	西城区莲花池东路丙1号	100045
48	北京西餐业协会	魏　青	许　萌	许　萌	64810867	64810615	海淀区羊坊店路18号光耀东方广场s座505室（西客站北广场东北角）	100038
49	北京市洗染行业协会	汪学仁	高云丽	高云丽	63972756	63972756	丰台区莲花池西里20号宝辰洗衣厂四楼	100073
50	北京市眼镜行业协会	孟卫东	刘多宁	钱　铮	67059782	67059782	东城区天坛路57号院内东楼4层401	100062
51	北京市印章行业协会	张宝平	王　立	王　立	63030462/7984	63035640	宣武区珠市口西大街258号	100051
52	北京孕婴童用品行业协会	邓正学	孟宪忠	孔金焕	84602486	84440576	朝阳区曙光西里甲6号院8号楼时间国际708室	100028
53	北京市租赁行业协会	张巨光	史国立	高　明	87289242 67150700	67150700	东城区法华南里26号404室	100061
54	北京京商流通战略研究院	赖　阳	黄爱光	黄爱光	65230718	65594609	东城区礼士胡同41号	100010
55	北京外商投资企业商工联合会	姜仲群	刘贻长	刘贻长	65056010	65056110	建外大街1号国贸西楼516室	100004
56	北京中国饮食文化研究会	李士靖	赵振华	孙淑萍	65193131	65193259	北京市正义路2号市政府2号楼	100744
57	北京中华茶艺协会	郝　莹	李延海	崔克萍	66056287	66056287	西城区八宝胡同5号	100033
58	北京市旅店行业协会	丁同欣	张　宏	张惠云	63156367	63156367	宣武区棕树斜街42号	100051

十三、2014年度京交会情况

【概况】

一、第三届京交会成功举办

第三届京交会于2014年5月28日至6月1日在北京国家会议中心成功举办，共举办3类133场活动，洽谈展览总面积5万平方米，共有117个国家和地区15.3万人次参展参会，达成签约项目236个，意向签约额累计818.3亿美元。

多方积极参与京交会。京交会组委会在境内外开展了多场次推介活动，并积极跟踪落实推介成果，吸引了业界广泛参与京交会。第三届京交会首次实现全球服务贸易20强国家和地区均有客商参会，三大永久支持单位、世界贸易网点联盟、联合国采购司等8个国际组织参展参会，国际设计联合会、国际展览业协会等21个国际行业协会和外国商协会组团参展参会，17个境外国家和地区以及31个省区市、新疆建设兵团、5个计划单列市组团参会。17家国家部委和中央单位成为第三届京交会支持单位。

媒体、业界关注度提升。第三届京交会得到了中外媒体的广泛关注。会前媒体预热集体采访27次，会中媒体集体参访50次，会期共有262家媒体的1437名记者参与报道，原创新闻报道908篇，转载4131篇，微博话题近15万条，网站总访问量281.5万。第三届京交会期间的2014中国（北京）电子商务大会、中国快递行业（国际）发展大会、中国国际会展业发展大会等实际参会人数大幅超过报名人数。

圆满完成各项会展工作。对电子商务等6个重要专题进行3届规划，并签署了合作协议；确定了24个专题及32家承办机构；举办了高峰会系列活动、公众开放日、签约仪式、联合国贸发会议小型部长级会议、9场专业大会及120场洽谈交易活动，高质量完成了展览会议规划、场馆管理、搭建管理、展场整体环境布置等会展工作。

高标准完成嘉宾接待工作。京交会期间共有91位国内外政要、政府部长、驻华大使、国际组织和行业协会负责人及跨国公司全球负责人出席。会期共接待3大国际组织负责人、7位正部级嘉宾、10位副部级嘉宾以及行业协会负责人，近80位省区市代表；接待24个境外团组，36个省区市和计划单列市代表团团组，其中副省级领导任团长的代表团2个。周到、细致、便利的接待服务获得了与会嘉宾的一致好评。

力促项目签约和落地。首次推出线上“贸易匹配系统”，共有1042家企业申请贸易匹配服务，其中有国际贸易意愿的企业531家，累计形成2011条贸易匹配确认记录；现场设置3500平方米贸易匹配大厅，会期共有682家企业、1596人次客商进行了面对面深入沟通洽谈，客商普遍反映收获良多。会后对签约金额500万美元以上的重点签约项目进行跟踪调查，积极促进项目落地实施。

二、第四届京交会筹备工作有序推进

研究制定2015年筹备工作安排。根据中央外办关于机制性大型涉外展会举办周期的指示精神，京交会由每年举办一届调整为每两年举办一届，第四届京交会举办时间定于2016年5月28日至6月1日。经与商务部所属京交会执行机构中国国际经济技术交流中心共同研究，在轮空年重点围绕京交会品牌维护、提高筹办水平、夯实发展基础，开展京交会策划、宣传推介、招商招展、完善客商数据库等18项筹备工作。

初步策划完成总体方案。广泛征询专业咨询公司、会展专家、参会客商、参会代表团及服务贸易企业等各方意见和建议，结合国家服务业发展大局和全球服务业及服务贸易发展趋势，坚持“精、专、权”，初步策划完成第四届京交会总体方案，为京交会科学决策提供智力支持。

启动京交会调研工作。启动了服务贸易发展趋势和会展业发展态势、国内外服务贸易专业展会基本情况、国内外展会市场运作情况的调研工作和“服务贸易重点领域及拓展策略”研究工作，为做好两年一届京交会的筹备工作和更好地举办服务贸易类型展会提供支撑。

积极开展境内外推介活动。随商务部组织的中国政府交流团赴捷克、塞尔维亚开展了京交会推介活动，举办了美国商协会推介会；在第十二届中国国际软件和信息服务交易会、中国一俄罗斯博览会、中国国际投资贸易洽谈会、2014中国国际设计师作品展示交易会、中国一东盟博览会和中国西部国际博览会等展会上进行了6次推介，取得了良好成效。

有序推进宣传推广工作。制作完成了第四届京交会宣传片及推介稿，调整完善了第四届京交会宣传册，以客商需求为导向进行官网内容更新，积极开展京交会相关媒体的走访调研工作，对京交会进行不间断的宣传。

加强京交会信息化建设。开展京交会官方网站、注册系统、贸易匹配系统及客商数据分析系统升级改造工作，以最大程度提升系统的便利性及人性化程度。开展京交会客商数据库建设工作，以实现在非会议期间发布相关服务贸易企业的供需信息，为实现服务贸易网上洽谈、网上签约奠定基础。

（卢　娜）

【第三届京交会高峰会召开】5月28日上午，京交会组委会、经济合作与发展组织共同主办的第三届京交会高峰会在国家会议中心举行。高峰会以“服务贸易在全球价值链中的作用”为主题。国务院副总理汪洋发来书面致辞，向国际社会清晰传递了中国政府坚定不移地扩大服务业开放的信心和决心。全国人大常委会副委员长张宝文、拉脱维亚议长索尔薇塔·阿博尔京娜、英国商业创新和金融大臣文思·坎布尔、联合国贸发会议秘书长穆希萨·基图伊、经济合作与发展组织副秘书长威廉姆·丹佛斯、世界贸易组织副总干事易小准等出席会议并做主题演讲，北京市人大常委会主任杜德印、北京市政协主席吉林、北京市副市长程红等出席会议。

（卢　娜）

【WTO与中国：北京国际论坛召开】5月28日，由中国世界贸易组织研究会、北京市国际服务贸易事务中心联合主办的“WTO与中国：北京国际论坛”成功举办。本届论坛以“服务贸易创新与产业结构升级”为研讨主题，是第三届京交会重要的专业大会之一。中国商务部部长助理童道驰，世界贸易组织副总干事易小准，中国商务部服务贸易和商贸服务业司司长周柳军，世界贸易组织服务贸易司司长阿卜杜勒·哈米德·马姆杜，日内瓦国际贸易和可持续发展中心总裁梅林德，中国美国商会主席葛国瑞等国内外政府官员、国际组织负责人、驻华使节、知名专家、企业家等演讲嘉宾围绕主题畅所欲言，吸引与会听众200人。

（卢 娜）

【世界贸易网点联盟秘书处进驻北京】 6月1日，在第三届京交会签约仪式上，世界贸易网点联盟主席布鲁诺与联合国贸易网络北京中心代表、市商务委副主任宋建明签署了在北京建立联盟秘书处的授权承诺书并为新秘书处授牌；同时，布鲁诺还与联合国贸易网络北京中心、上海中心负责人分别签署建立商务发展中心、技术中心的授权承诺书并为两个中心授牌。北京和上海将成为世界贸易网点联盟在全球的总联络站，这一协议预计将撬动千亿元人民币级规模的分销服务市场。

（卢 娜）

【贸发会议小型部长会议成功举办】 5月28日至29日，联合国贸易和发展会议在第三届京交会期间举办部长级闭门研讨会，该研讨会是京交会的重要国际性专业大会之一。联合国贸发会议秘书长穆希萨·基图伊和中国商务部部长助理童道驰在研讨会开幕式上致辞，围绕着“全球经济环境对发展中国家及最不发达国家的影响”和“中国式发展：发展中国家的必修课”两个专题，来自老挝、莱索托、马达加斯加、坦桑尼亚、肯尼亚、埃塞俄比亚、柬埔寨、加纳、尼泊尔、博茨瓦纳、安哥拉11个国家贸易或经济领域的部长级嘉宾、联合国贸发会议高级专家与中国知名经济学者发表了学术性演说并展开讨论。

（卢 娜）

【北京市11个委办局成功举办相关活动】 在第三届京交会上，北京市知识产权局、市体育局、市商务委、市金融局、市旅游委分别承办了知识产权服务、体育服务、电子商务、金融服务、旅游服务5个专题板块。市科委、市文资办举办了“双轮驱动”的科技创新和文化创新板块。市知识产权局继续设立京交会知识产权保护办公室，联合市工商局、市文化执法大队等成立知识产权保护执法大队现场执法，同时还举办知识产权国际发展态势及政策宣讲会等3场活动。市旅游委举办了北京国际旅游博览会，市贸促会举办了北京市市长国际企业家顾问会议，市侨办等单位举办了2014侨商北京洽谈会。

（卢 娜）

【北京市16区县全方位参与京交会】 北京市16个区县积极参与第三届京交会北京展区、北京日等相关活动。朝阳区重点参与了分销服务板块等活动；海淀区与组委会联合主办了“知名企业家北京对话会”；西城区在文化贸易板块集中以非物质文化遗产和文化创意为主要内容，展示了在服务贸易领域的文化实力和产业前景。

（卢 娜）

【运用“六化”提升京交会服务品质】 第三届京交会按照“六化”工作要求提升京交会的专业水平和服务品质。展场管理智能化，充分利用国家会议中心现有自动化控制系统，首次试运行在线报馆系统，使会展管理更加便捷、高效、有序。现场服务菜单化，通过多种载体，以菜单形式，将各类专业服务和公众服务展现给参展参会客商。展览展示方案化，规范展览展示内容，统一专题承办机构工作方案，实现设计方案与现场执行一致。洽谈交易标准化，统筹安排各类活动，分类归集，规范洽谈交易的组织方式、流程安排等。展场环境绿色化，合理设计，简化活动环节，探索利用可装卸的模块组装方式搭建展位，加大可重复使用物品的延续使用。线上线下互动化，按照“客商注册、申请匹配、匹配确认、线下洽谈”的流程做好供求双方交易撮合。

（卢　娜）

第四部分

海关、检验检疫

北京海关

基本职能

北京海关是海关总署直属的正局级海关，依据中华人民共和国海关法和其他有关法律、法规，负责监管北京关区进出境运输工具、货物、行李物品、邮递物品和其他物品，征收关税和其他税费，查缉走私，编制海关统计和办理其他海关业务。

内设机构

缉私局、办公室、法规处、关税处、监管通关处（行邮监管处）、加工贸易监管处、综合统计处、稽查处、风险管理处（企业管理处）、技术处、财务处、关务保障处、人事处、教育处、督察内审处

内部工作机构

机关党委（思想政治工作办公室）、监察室、政治部办公室、离退休干部办公室

隶属海关

首都机场海关、中关村海关、北京经济技术开发区海关、天竺海关、北京西站海关（筹）

派驻机构

审单处、驻邮局办事处、驻朝阳办事处、驻平谷办事处、驻顺义办事处、现场业务一处、现场业务二处、现场业务三处（海关总署北京印刷品音像制品监控办公室）

海关总署外脑机构

海关总署北京加工贸易单耗管理办公室、进出口商品归类办公室

事业单位

机关服务中心、中国电子口岸数据中心北京分中心

临时机构

基建办公室

群众组织

机关工会

人员编制

北京海关共有人员1807名（其中从事海关业务人员1565名，从事缉私业务人员 242名）

业务工作

【概况】2014 年，在海关总署和北京市委、市政府的正确领导下，北京海关深入贯彻落实全国海关关长会议各项部署，以“5·13署市领导座谈会议”精神为指导，努力推进“政治大关、业务大关、文化大关”三大关建设，圆满完成了各项工作任务，整体工作成效显著，再上新台阶。全年累计实现税收入库 597.8 亿元人民币，同比增长6.8%。审核进出口报关单 165.3 万票，同比增长 3.2%；监管进出口商品总值5576.4

亿元人民币，同比增长6.1%；监管进出境人员物品1914.7万人次，同比增长7.2%；监管进出境飞机12.1万架次，同比增长3.2%；监管进出境邮递物品9892.3万件，同比增长17.4%；监管进出境印刷品、音像制品5304.1万件，同比下降43%。2014年，北京海关坚持以支持京津冀协同发展和首都“四个中心”建设为着力点，全面助推首都开放型经济持续健康发展，为首都经济社会平稳健康发展做出了积极贡献，得到了北京市委、市政府领导和地区广大进出口企业的充分肯定。

（杨　帆）

【京津冀区域通关一体化改革在全国率先实施】7月1日区域通关一体化改革在京津两关率先启动，9月22日石家庄海关加入。截至2014年年底，京津冀海关区域通关一体化报关单共计234万份，贸易额2507.5亿美元，税收1424.8亿元人民币。改革惠及了京津冀地区2.6万家进出口企业，取得了明显成效。改革实施后，三地海关执法统一性明显提高，监管服务标准更趋一致，实现了审单资源优势集成和标准化作业，归类、估价、原产地认定一地结论、三地互认；地区贸易便利化水平显著提升，跨关区货物通关的时间成本、经济成本均大幅降低，企业跨关区进口平均通关时间为28.4小时，较改革前节省超过1天；跨关区出口平均通关时间为3.8小时，较改革前节省超过一半，跨关区通关仅运费一项平均节约三成以上。8月18日，郭金龙书记批示指出：“感谢海关总署及时、有力推进区域通关一体化改革，积极支持京津冀协同发展。我市要主动做好工作，争取更大成效。”

（杨　帆）

【关检合作“三个一”全面推行】为贯彻国务院领导关于全面推进关检合作“三个一”的指示精神，落实海关总署、质检总局联合下发的《关于全面推进关检合作“三个一”的通知》要求，北京海关与北京出入境检验检疫局、北京市人民政府口岸办公室联合签订了《全面推进关检合作“三个一”工作方案》。11月14日，关检合作“三个一”通关模式调试成功；12月10日，在北京口岸推广运行。2014年，北京地区所有通关现场均已开通“三个一”通关模式，关检合作“一次申报、一次查验、一次放行”报关单量分别为1213票、125票、13354票，企业录入申报数据较改革前的169项减少至88项，通关时间成本节约近50%，费用成本节省30%左右，在全国率先达成了企业ERP系统与关检“一次申报”系统的直接对接，实现了关、检、口岸部门关于“三个一”改革不增加企业通关费用的联合承诺，取得良好开局。

（杨　帆）

【关区通关无纸化率提升至84%】全面实行企业报关单证电子化，积极研究改进报关单随附单证“瘦身”等配套制度，进一步简化手续、提高效率。截至2014年年底，北京关区通关无纸化率已从2013年的51%提高至84%，低风险报关单最快放行时间仅需12秒。同时，现代化空运监管查验场所示范区建设收效明显，新舱单系统应用和运输工具管理系统试点稳步推进。

（杨　帆）

【侦破大案要案取得突破】2014年，共查办刑事案件38起，涉嫌案值16.1亿元，涉嫌偷逃税额1.84亿元；查办行政案件1464起，案值4.5亿元。切实发挥市打私办平台作用，汇集打私领导小组30家成员单位执法合力，构筑起反走私立体防线。2014年，加强与公安、安全、外交、工商、食药监、检验检疫、环保等部门的执法协作，联合破获了武器弹药、外交车辆、冻品等多起重大走私案件，开展了电子产品走私集中整治行动，有力维护了北京地区的进出口秩序。

（杨　帆）

【统计分析职能有效发挥】积极为各级政府和社会各界提供高质量的统计信息服务。针对地区外贸发展趋势变化，及时强化出口先导指数企业调查，有针对性地做好贸易走势预测，每月面向80多家企业开展问卷调查，利用大数据挖掘未知风险，为市政府及相关部门在复杂经济形势下有效掌握外贸发展动向和趋势提供重要依据，2014年共向北京市政府报送《统计专报》20余篇。进一步完善统计数据新闻发布制度，通过电视媒体、报刊、互联网等渠道，加强进出口统计数据宣传及对外发布工作，扩大海关统计的社会影响力。

（杨　帆）

【审批减免税款94.1亿元】2014年，多次开展企业调研、关企座谈和政策宣讲，帮助企业及时获知并用好用足国家优惠政策。积极推动国家中小企业公共技术服务示范平台建设，加强政策宣传推广，引导符合条件的企业积极申报有关资格，使更多中小型企业享受到税收优惠政策。充分发挥减免税等税收优惠政策作用，支持企事业单位和科研院所、大专院校科技创新和结构调整。全年审批减免税款总货值91.9亿美元，审批减免税款94.1亿元，为首都重大制造业项目和在京教育、科研、医疗事业发展做出了贡献。

（杨　帆）

【多项举措助推中关村创新发展】针对产学研机构和研发类企业实际需求，为进口科研设备、试剂和用品设立通关专用通道，依托中关村生命科学联合创新服务中心，构建了“随到随检、随检随放、分批出库、集中报关”的关检联合监管制度。为中科院“设备共享平台”和清华大学“CERS系统”等科研教学单位免税设备的共享使用制定了具体管理办法，明确开放共享的条件、范围和模式，提高国家大型科学装置和引进科研教学设备的使用效能。在全国范围率先开展了集成电路设计企业保税监管业务试点，为下一步改革的全面深化打下了扎实基础。打造高端人才引进服务平台，全力支持中关村实施“高聚工程”，整合监管、通关、税收等配套政策，对专家人才入境安家物品通关、海外人才归国创业提供便利。

（杨　帆）

【运用保税政策支持文化产业发展】充分发挥海关特殊监管区域政策和功能优势，推出文化保税展示交易、拍卖、修复、文化融资租赁、“先入区后报关”等多项海关监管流程的整合创新和便利措施，增强对回流文物和国外艺术品来华交易的吸引力。2014年，为苏富比春拍、中法建交50周年“龙马”巡演等多个项目的顺利举办提供了有力的通关保障；研究制定了针对保税图书、保税期刊按需印刷的全新监管模式，共通过上述模式监管进口保税图书282万本，价值3481万美元，同比分别增长2.65和2.21倍；全力支持国家对外文化贸易基地北京天竺文化保税园建设；将首都博物馆、中国美术馆、中华世纪坛和一十一艺术中心作为首批保税展馆试点单位，为促进文化保税业务发展打下了良好基础。

（杨　帆）

【促进会展、旅游等特色经济发展】优化会展监管信息平台，简化会展担保模式和行政审批环节，为参展参会客商及展品展柜通关提供便利。全力做好第三届京交会、第四届北京国际电影节、北京国际汽车展等重点展会的通关服务工作，全年共备案各类展览会442个，监管进出境展品40.7亿美元，同比增长14%。以世界一流旅游城市为标准，进一步做好72小时过境免签海关监管工作，积极推动境外旅客购物离境退税政策在北京地区落地实施。

（杨　帆）

【平谷国际陆港获批对外开放临时口岸】按照5月20日汪洋副总理视察平谷马坊国际陆港时的指示精神，积极协调海关总署及全国口岸办，全力配合开展对外开放临时口岸审批工作。11月17日，国家口岸办下发了《关于同意北京平谷国际陆港作为临时口岸对外开放的批复》（国岸发〔2014〕28号），同意平谷国际陆港作为临时口岸对外开放。全年共监管平谷国际陆港各类进出口货物4.6万标箱，同比增长13.2%；进出口货值14.9亿美元，同比增长4.2%。

（杨　帆）

【助推航材、宝石交易等业务在天竺综保区落地】不断优化完善“直通式分拨＋分送集报”通关模式，支持鼓励进口医疗器械代理商在区内设立医疗器械分拨、集散中心，促进区内医药产业的多元化可持续发展。同时，积极支持区内开展现代服务业，研究推动建立集“航材贸易、航材租赁、航材交换、航材共享、航材维修”为一体的区域性航材保税中心，探索利用保税功能优势，开展飞机拆解、飞机区内静态展览等新兴保税服务项目的海关监管模式。积极走访北京宝石贸易中心、国家珠宝玉石质量监督检测中心，了解宝石交易相关政策，推动由北京歌华美术公司牵头设立的“北京宝石贸易中心”正式挂牌运营。2014年，共监管天竺综保区进出口货物19.4万吨，总值279.4亿美元。

（杨　帆）

【亦庄保税物流中心开展第三方国际物流配送业务试点】优化了7×24小时预约通关模式，稳步扩大“分送集报”模式覆盖范围，积极拓展新型业务模式，开展了第三方国际物流配送业务试点，帮助企业构建“零库存”模式，大幅降低了经营成本。2014年，共监管亦庄保税物流中心进出口货值20.2亿美元，同比增长63.4%，监管货运量6.4万吨，同比增长52.4%。

（杨　帆）

【实施新的企业信用管理办法】按照《中华人民共和国海关企业信用管理暂行办法》（海关总署令第225号）规定，自2014年12月1日起，适用AA类管理的企业过渡为高级认证企业；适用A类管理的企业过渡为一般认证企业；适用B类管理的企业过渡为一般信用企业；适用C类、D类管理的企业，按照信用管理暂行办法重新认定企业信用等级。2014年，进一步优化企业注册登记管理，严格企业分类年审，加强与商务、检疫、工商、税务、外汇、银行等部门以及行业协会的协作配合，积极引导高资信企业参与认证，享受通关便利。截至2014年年底，北京关区共有高级认证企业143家，较2013年AA类企业增长19%；一般认证企业751家，较2013年A类企业增长25%。

（杨　帆）

【知识产权海关保护专项执法行动取得良好成效】在“保护2014年世界杯足球赛知识产权专项执法行动”期间，共查获侵犯国际足球联合会及其赞助商知识产权货物、物品1478批次，查获侵权商品3784件。在“邮递快件渠道知识产权保护重点执法”工作中，共查获涉嫌侵权邮包1106批次，扣留侵权商品1538件。全年共扣留侵权货物3051批次，5.6万件，同比分别增长34.8%、15.5%，合计保护知识产权权利项139项，有力地打击了进出口侵犯知识产权货物行为。

（杨　帆）

【受理业务咨询同比增长44%】继续通过12360服务热线、互联网咨询等方式向关区进出口企业和管理相对人提供及时、准确的咨询服务，充分发挥北京海关12360政务微博的平台作用，拓宽海关与社会的沟通渠道。全年共受理各类业务咨询4.9万条，同比增长44.1%，即时答复率达到99.5%，回访满意率为100%。

（杨　帆）

2014年北京海关主要业务情况一览表

序 号	项 目	数 额	比2013年同期增减（%）
1	进出口货物总值（亿元）	5576.38	6.07
2	进出口货运量（万吨）	2111.96	341.16
3	出入境人员物品（万人次）	1914.68	7.23
4	监管印刷品、音像制品（万件）	5304.1	−43.04
	监管进出口快件（万件）	1853.09	21.69
5	查办刑事案件（起）	38	−13.6
	案值（亿元）	16.1	90
6	查获行政案件（起）	1464	4.9
	案值（亿元）	4.5	−88
7	税款入库总金额（亿元）	597.76	6.76
	其中：关税税款（亿元）	112.76	9.38
	代征税款（亿元）	485	6.16
8	审批减免税总货值（亿美元）	91.93	−35
	审批减免税总金额（亿元）	94.08	−36
9	备案加工贸易电子手册总金额（不含E账册，亿美元）	75.2	−10.8

（杨 帆）

2014年北京地区进出口总值一览表

项 目	价值（万亿元人民币）	比2013年增减（%）
进出口总值	2.6	−4.4
出口总值	0.4	−2.3
进口总值	2.2	−4.7
出口差额（+出大于进；−进大于出）	−1.8	−5.2

（杨 帆）

名 录

单位名称：北京海关

法人代表：高融昆

通讯地址：北京市朝阳区光华路甲10号

邮政编码：100026

电　　话：85736789

传　　真：85736080

网　　址：beijing. custom. gov. cn

（杨 帆）

北京出入境检验检疫局

基本职能

中华人民共和国北京出入境检验检疫局（以下简称“北京检验检疫局”）是国家质量监督检验检疫总局设在北京并授权依法管理北京地区出入境检验检疫工作的行政执法机关和涉外经济监督部门。

机构概况

目前北京检验检疫局机关内设17个处室，主要业务处有通关业务处、卫生检疫监管处、动植物检疫监管处、食品安全监管处、检验监管处、认证监管处、风险管理处、稽查处，并根据工作需要分别设立了首都机场出入境检验检疫局、丰台出入境检验检疫局、北京经济技术开发区出入境检验检疫局、顺义出入境检验检疫局、通州出入境检验检疫局、海淀出入境检验检疫局、北京西站出入境检验检疫局、北京朝阳出入境检验检疫局、国际展览检验检疫办事处、平谷办事处、天竺综合保税区办事处、中关村办事处、邮件办事处、特种检疫办事处。下属有检验检疫技术中心、国际旅行卫生保健中心、机关服务中心、动物隔离场、北京出入境检验检疫协会等技术检测和服务单位，配合行政执法的需要，形成了全方位的出入境检验检疫监督管理体系。

业务工作

【概况】截至2014年12月31日，北京检验检疫局共检验检疫出入境货物20.01万批，同比减少10.04%；货值148.04亿美元，同比减少24.00%。其中出境1.93万批，同比减少76.60%；货值15.23亿美元，同比减少82.22%。入境18.08万批，同比增加29.21%；货值132.81亿美元，同比增加21.69%。查出不合格进出口货物5052批，同比增加53.46%；货值2.39亿美元，同比增加110.37%。其中不合格进口货物4860批，同比增加50.46%；货值2.21亿美元，同比增加117.26%。不合格出口货物194批，同比增加252.7%；货值1731万美元，同比增加484.80%。

共查验出入境人员2208.48万人次，出入境航空器11.50万架次，出入境国际列车364车次，查验入境集装箱5.33万标箱。签发各种原产地证书4.52万份，累计为北京地区出口企业减免进口国关税9545万美元，免收货物检验检疫费5415万元。

（唐茜茜）

【助推京津冀一体化，提升口岸通关效率】2014年，根据国家质检总局《京津冀检验检疫一体化建设方案》，北京检验检疫局落实总体组织和协调职责，与天津检验检疫局、河北检验检疫局建立组织协调机制。5月12日，三方召开首次联席会议，确定推进一体化工作的10项研究方向。制定《京津冀检验检疫一体化实施方案》和12项一体化工作规范。深化检务业务改革，实施申报、通关、产地证签证、审批等流程无纸化作业，实现通关单跨省互认，大幅度提升放行速度。深化通关业务改革，对进出口货物实施属地报检属地放行，打造双向快车道。深化监管模式改革，将工作重心由批批检验向过程控制转移，由前置审批向事中事后转移，建立多种放行模式。对出口食品实施全程监管、监督抽检和追溯放行的模式，对进口食品引入标签检验采信第三方，对出口成品油等工业品检验引入实验室检测采信第三方，对进口直通货物建立“定点监管”措施。同时，完善统一配套措施，根据检验检疫一体化工作需要，对审单规则、业务规范、风险防控、信用管理和统计规则等配套管理措施进行统一。统一京津冀报检数据申报和报检数据审核要求，对三地进出口企业实施企业信用等级一地采信、三地共用。北京地区 59 家 A 级以上企业在天津、河北两地通关时可以享受当地的便利措施。

截至 2014 年 12 月 31 日，京津冀检验检疫一体化体系构架已基本成型，三地信息互换监管互认执法互助基本实现。北京可以享受无纸申报、无纸通关和出口直放政策的进出口企业达到 100%。全年共实施无纸申报、无纸通关、直通直放 16.8 万批，其中无纸通关、直通直放 3.9 万批，节省费用 70.3 万元，产地证签证成本降低 80%，签证时间缩短 50%。

（唐茜茜）

【食品监管模式改革取得新进展】 2014 年，北京检验检疫局进一步固化“过程控制＋企业自检＋监督抽检＋追溯放行”监管模式，在出口食品监管过程中引进 ERP 管理系统，开发“全过程生产数据采集申报系统”，大幅提升出口验放速度，平均节省 5 天时间。积极开发试用二维码追溯系统，扩大“北京口岸进口食品检验管理系统”应用范围，对进口食品实施全过程监管。科学有效的食品安全监管工作得到北京市副市长程红的充分肯定和专门批示。

（唐茜茜）

【全力做好埃博拉出血热疫情防控工作】 2014 年，北京检验检疫局多措并举，严防埃博拉出血热疫情传入。在全国率先探索开发国境口岸入境人员信息采集系统。通过护照阅读机、光标阅读机、红外测温仪三位一体的采集系统，在 4 秒内形成包括旅客个人信息、申报信息、现场测温图像的电子档案，确保入境人员信息高效追溯和快速通关。以航空器电子申报为核心，提前获知重点航班和疫区国家国籍旅客信息，对航空器进行实时监控和重点布控，将防控工作前移。同时，要求来自非洲及中转的入境国际航班途中播放埃博拉出血热防控告知，提示来自疫区或有过疫区旅行史的旅客，或与疫区患者、野生动物有过接触的人员或有发热等不适症状人员要主动申报。通过来自疫区人员及发现有症状人员数据分析，对疫情传入风险进行科学评估，对入境航班实施分类管控，多渠道获取来自疫区重点人员信息，建立埃博拉出血热疫情防控风险管理模式，提升疫情防控效果和防控资源利用效率。对来自非洲的重点航班百分之百登机查验和卫生处理，对有疑似症状的人员、能识别出来自疫情发生国家的人员全部进行排查和流行病学调查，对来自疫情发生国家的货物及快件实施百分之百检疫查验及消毒处理。监督相关单位对有关重点航班的客舱、货舱、行李、货物、固/液体废弃物和航空食品回收物实施严格的卫生和无害化处理。

对列车废弃物加强监管，禁止分拣，严格进行消毒处理。与边检、海关、首都机场等相关单位建立并落实联防联控机制。与卫生行政部门、应急部门、疾控中心共同进一步完善疫情信息通报、可疑病例判定、实验室检测、移送指定医院等工作机制。建立实时联络和日报制度，对西非疫情国家入境者做医学排查，并及时掌握西非入境人员在京信息，切实落实防控要求和保障标准。

2014 年 8 月 4 日至 12 月 31 日，北京检验检疫局共对1609架次重点航班实施检疫和卫生处理，排查来自疫区人员5653人。另处置 1 例由马里回国的埃博拉病例间接接触者。排查转送埃博拉留观病例 37 人，居全国口岸第一，并圆满完成 APEC 会议期间口岸卫生检疫保障工作以及 3 架次援塞拉利昂、利比亚中国军队医疗队回国包机检疫保障任务。共查验来自疫区邮件 544 件，快件 648 件，货物 5 批，先后在来自疫区快件中发现 3 个装有少量不明液体的塑料水瓶和 1 包人发，均已进行卫生处理。

（唐茜茜）

【完善进出口工业品检验监管】 2014 年，北京检验检疫局引入第三方检验机构，搭建预评估网络平台，构建以预评估为基础、事中事后监管为保障的进口服装全链条检验监管模式，提高通关效率。完成对朗姿股份有限公司、北京朗姿服饰有限公司、北京卓可服装有限公司、北京莱茵服装有限公司等 4 家进口服装企业的预评估工作。

完善进口汽车特殊检测认证监管工作程序，发布《特殊用途进口汽车工作指南》。加强进口汽车口岸建设，将国检口岸查验前移到检验检疫出具通关单到海关完税放行之间，大幅提升整车进口通关速度。2014 年全年，首都机场整车进口口岸共检验 203 台进口汽车，其中一般检验项目合格为 174 台，不合格为 29 台，合格率为 85.71%。

（唐茜茜）

【提升动植物检验检疫监管水平】 2014 年，北京检验检疫局共截获动植物疫病疫情 166 种1356批次。其中检出动物疫病 4 种 9 批次，种数与 2013 年持平，批次同比增长 125%；截获植物疫情 162 种1347批次，与 2013 年同比分别增长 15.71%、32.45%。动植物疫情截获和有毒有害物质检测突破性地实现 10 个首次：全国口岸首次在进境智利羊驼中检出 Q 热，首次在加拿大樱桃中检出氧乐果超标，首次在荷兰鲜切花上检出南芥菜花叶病毒；北京口岸首次从澳大利亚胎牛血清中检出 BVDV，首次从美国油菜种子中检出转基因成分，首次从荷兰灌木苗木中检出菊花滑刃线虫，首次从意大利李树苗中检出桃潜隐花叶类病毒，首次从美国柿树苗中检出里弗斯剑线虫，首次从菲律宾芒果中检出菲律宾实蝇，首次从新加坡入境旅客的行李箱中检出活体褐斑大蠊。2014 年，国家质检总局采信北京检验检疫局上报动植物疫情截获信息 5 篇，占全国动植检预警信息的 10.8%。

（唐茜茜）

【加强口岸卫生检疫监管工作】 2014 年，北京检验检疫局开发完成“国境口岸传染病疫情风险评估预警系统”软件，转变传染病风险管理模式，进一步巩固和提高口岸主动式传染病查验模式成效，提高重点人群、重点疾病的排查效率。积极应对埃博拉出血热、中东呼吸综合征以及中非地区的脊髓灰质炎等疫情，突出“科学防控”理念，严守安全底线。探索性地对入境航班实施分类管控，构建起“8＋10”疫情防控体系，开发国境口岸入境人员信息采集系统，实现人员信息可追溯。

积极协调北京市口岸办、北京铁路局，深入调研，根据口岸传染病排查工作要求，参考卫生部门传染病排查区域设置及隔离消毒标准，拟定西站口岸医学排查隔离设施改造方案，实现“三区两通道”。同时，建立“一纵一横”京九直通车突发公共卫生事件联防联控机制。10月，国家质检总局发布《国家质检总局关于公布〈国际卫生条例(2005)〉口岸核心能力达标口岸的通知》(国质检卫〔2014〕558号)，北京西站铁路口岸达到世界卫生组织口岸核心能力的要求，成为达标口岸。

(唐茜茜)

【采取有效措施，促进首都对外贸易发展】2014年，北京检验检疫局持续深化产品质量安全示范区建设。拓展示范区企业类型，吸收禽蛋类、蔬菜类农产品企业及示范区外的种桃基地进入平谷国家级出口食品农产品质量安全示范区。新增32家汽车改装、零部件生产、专业贸易型和第三方认证服务型企业进入出口汽车产品质量安全示范区，形成北京地区汽车行业的全链条化管理。获批全国首家内陆海运进口肉类指定口岸，延伸口岸功能，促进地方经济发展。

全力推动进境特殊物品和生物材料监管模式改革。在出入境特殊物品全流程监管模式的基础上，积极搭建“追溯体系”和“诚信体系”双维体系，实现“产品监管”向“体系监管”的转化。构建“一条底线、两个重点、三个目标、四个到位”的进境动植物生物材料改革试点模式，通过下放简化审批、监管模式创新、便捷高效通关、搭建监管平台等措施，助推首都生物产业创新发展。

(唐茜茜)

【开展新型通关模式改革】2014年，北京检验检疫局与北京海关、北京市口岸办共同制定推进关检合作“三个一”的工作方案和通关作业模式实施细则，明确具体通关流程、工作模式及责任义务，完善信息化操作平台，确保“一次申报、一次查验、一次放行”通关模式改革取得实效。

推进跨境电子商务发展，逐步完善管理规范，起草《北京地区跨境电子商务检验检疫监督管理办法》(草稿)。编写《北京跨境电子商务操作指南》，明确了北京地区跨境电子商务检验检疫业务管理思路和基本业务流程。2014年5月14日，正式启动跨境电子商务平台。2014年，实现了服装、电子产品等跨境电商产品的快速通关。

(唐茜茜)

2014年北京地区部分出入境法检商品质量情况一览表

项目		检验批次	批次合格率（%）	合格率比上年增减（%）
总计	出　境	19300	98.99	－0.94
	入　境	180835	97.31	－0.38
出境	动物及产品	2598	99.15	－0.81
	植物及产品	1925	98.70	－1.16
	食品及化妆品	6637	99.55	－0.21
	纺织品	87	97.70	－2.18
	轻工品	3073	99.25	－0.75
	矿产品	106	99.06	－0.94
	金属及制品	207	97.10	－1.82
	化工品	1231	98.62	－1.34
	机电产品	1569	97.13	－2.83
	特殊物品	2424	99.09	－0.85
	其他货物	42	97.62	－2.38
入境	动物及产品	12209	98.24	－1.14
	植物及产品	8205	95.15	－0.07
	食品及化妆品	19561	90.28	－2.33
	纺织品	7579	92.47	4.84
	轻工品	8800	98.69	1.11
	矿产品	729	99.04	－0.13
	金属及制品	3692	99.35	－0.59
	化工品	20414	99.36	－0.10
	机电产品	109823	98.68	－1.05
	特殊物品	10395	98.90	1.66
	其他货物	183	100.00	0.00

（唐茜茜）

名　　录

单位名称：北京出入境检验检疫局
局　　长：刘德平
通讯地址：北京市朝阳区甜水园街6号
邮政编码：100026
电　　话：58619900
传　　真：58619014
网　　址：www.bjciq.gov.cn
电子信箱：fazhi@bjciq.gov.cn

（唐茜茜）

第五部分

开发区、区县商务

北京经济技术开发区

概　况

2014年，北京经济技术开发区经济运行稳中有进，工业产值、投资总量、社会消费品零售额、财政收入、招商引资等主要指标均保持稳定增长。规模以上工业企业完成工业总产值2380.3亿元，同比增长3.6%。其中四大主导产业实现产值2111.1亿元，同比增长3.7%。固定资产投资增势稳定，消费市场持续繁荣。全社会固定资产投资完成391亿元，同比增长4.2%，其中基础设施投资完成68.6亿元，同比增长1.5倍，成为开发区投资主要增长点，对固定资产投资增长的贡献率达260.3%，拉动开发区投资增长超过11个百分点。消费市场持续繁荣稳定的发展态势，社会消费品零售额增速一直保持在10%以上，全年实现社会消费品零售额325.1亿元，同比增长13.3%。

（平　原）

商业流通

【开展商业规划调研编制工作】为完善商业布局，提升配套服务功能，对社区商业的缺项情况进行了调研，并与大兴区商务委积极对接，促进了便民商业的快速发展。结合实际情况，从商业街、商业综合体、便利店、便民菜点等各种业态的布局出发，综合研究了开发区现有商业配套现状，并针对存在的问题提出了具体的规划方案。

（平　原）

【实现便民工程规范管理】开展便民菜点、便利店的选址及软硬件升级改造工作。一方面将便民菜点选址纳入开发区商业规划编制工作中。另一方面将2013年年底布局的便民菜点的店面升级改造工作纳入零星工程统筹考虑，同时加强现有菜点从业人员培训，树立便民服务的理念，提升业务素质和管理水平。再一方面，与长子营镇、青云店镇签订合作协议，实现开发区便民菜点的规范管理。

（平　原）

【华联力宝购物中心如期开业】协调解决了华联力宝购物中心开业前相关审批手续办理过程中遇到的困难，7月31日购物中心如期开业。

（平　原）

【推进一刻钟社区服务圈工作】引入社区便民综合店，由城乡集团开设的“城乡118生活汇”在瀛海名居、林肯公园小区内开业试运营，提供放心早餐、社区养老、城乡网上商城、家政服务、旅游咨询、金融服务六大服务功能，家政服务、送餐送水、洗衣、皮具护理、旅游咨询、代办票务、代收发快递、24小时自动取款机、水电气自助缴费、报纸期刊销售等16项特色服务项目。社区便民综合店为社区居民提供了多层次、多元化的便民服务，真正实现了为社区居民打造一刻钟社区服务圈的目标要求。

（平　原）

【促进区域经济结构转型升级】开展4S

店综合经营状况调研分析。在调研基础上，提出相关政策建议，推动调整落后业态，提升黄金地段综合价值，促进区域经济结构转型升级。

（平　原）

【强化商业安全生产】企业安全生产监管和市场秩序整治力度进一步加大。通过完善制度、落实措施、建立机制、监督整改等方法确保了安全。

（平　原）

【强化行业管理，确保底数清楚】建立了商业零售和餐饮经营单位信息台账，及时摸清了企业底数。对每一个企业都建立了“两本账”——基本信息账和安全隐患账，并实行动态管理。做到了底数清、情况明。

（平　原）

【强化安全宣传】通过定期宣传、检查时机宣传、媒体网络宣传等时机，向相关企业发放了1000余份安全知识材料，使企业从管理层到员工层进一步增强了安全意识。

（平　原）

【强化制度落实质量，确保实际效果】在督促企业建立各项安全制度的同时，对企业制定的制度和落实情况进行逐一检查，对应付检查，制度制定操作性不强，落实不到位的单位责令整改，对不懂不会的单位，手把手地组织指导企业开展各项制度的落实，有效地提高了制度落实的有效性和实效性。

（平　原）

【强化安全检查，重在消除安全隐患】为切实发现和解决企业存在的安全隐患，每半年联合消防、安监、卫生等部门对所有企业进行一次拉网式检查，完善档案管理的“两本账”；每季度分行业进行一次集中的安全隐患整治；每月对重点企业和重点部位进行一次定点检查，对存在一般问题的现场整改，对存在较大问题的限期整改，并每天一查。对存在重大安全隐患的停业整改。定人定点监督整改。做到不消除安全隐患不撤手，不做到百分百安全不收兵。通过以上措施，上半年共检查餐饮、商超企业150家，有效消除安全隐患100多处，确保了企业的安全生产。

（平　原）

【开展安全生产教育培训】与安监局联合举办了针对区内使用罐装液化石油气的餐饮企业及工业企业的燃气专项培训，共70多家企业80余人参加。专家从燃气事故案例入手，结合区内专项整治中发现的问题就相关法律法规、购买及使用灌装液化石油气应注意事项，以及事故应急处理等进行了详细深入讲解。此次培训提高了灌装液化石油气使用单位从业人员的安全管理水平和安全责任意识，受到了参训人员的一致好评。

（平　原）

对外经贸

【货物进出口情况】2014年，货物进出口总额190亿美元。其中完成进口总额101.4亿美元，出口总额88.6亿美元。建区以来，进出口总额累计已达1493.2亿美元，其中，进口总额累计已达1174.6亿美元，出口总额累计已达1128.5亿美元。

（平　原）

【利用外资情况】2014年，新批企业投资总额（含增资）119.5亿美元，同比增长27.4%，新注册内资企业注册资本和内资企业增资额继续保持成倍增长。

（平　原）

2014年北京经济技术开发区招商引资情况

	单位	本期	同比增减（%）
新入开发区企业	个	2736	93.5
三资企业	个	44	25.7
内资企业	个	2692	95.2
新批企业投资总额（含增资）	亿美元	119.5	27.4
三资企业	亿美元	6.6	−83.6
新注册内资企业注册资本	亿元	231.9	246.7
内外资企业增资	亿美元	74.8	75.4
三资企业	亿美元	6.5	−67.1
内资企业	亿元	416.3	191.0
合同外资金额	亿美元	5.0	−37.4
外商实际投资	亿美元	6.4	1.5

（平　原）

【加工贸易审批工作情况】2014年审批加工贸易手册198份，进出口金额共计653889.8万美元，进口金额275884.3万美元，出口金额378005.5万美元。其中进料加工277877.6万美元，来料加工376012.2万美元。

（平　原）

【组织企业参加进出口政策服务咨询会】为搭建北京市进出口企业业务促进平台，帮助企业了解北京市外贸管理相关职能部门最新政策信息和管理措施，组织10家企业参与了第九届进出口政策服务咨询会，使企业更直接有效地与各相关部门沟通，有效地解决进出口相关政策问题。

（平　原）

【推进服务外包工作】协助2家企业270人，申报财政部、商务部2014年度承接国际服务外包业务发展资金，申报金额共计796.6万元人民币；协助2家企业259人，1家企业1个项目申报2014年度北京市服务外包发展配套资金，申报金额共计151.8万元人民币。

（平　原）

【开展政策宣讲，推动企业出口增长】根据2014年稳增长工作和为民办实事工程的总体部署和要求，召开稳增长促出口政策宣讲会。会议邀请市商务委、开发区海关、开发区国税局、开发区检验检疫局等职能部门负责人介绍进出口方面的最新政策，并邀请中国国际电子商务中心、中国出口信用保险公司、小笨鸟公司、北京国际邮政局等企业介绍拓展企业进出口业务的手段和拓宽进出口物流的渠道。开发区进出口重点企业奔驰汽车、诺基亚、京东方、拜耳医药、航卫通用、SMC、安迅等70多家企业的业务负责人参加了宣讲会。通过宣讲，企业深入了解了上海自贸试验区“14项创新制度”的内涵、适用条件和京津冀一体化通关、简化的退税审核模式以及检验检疫京津冀一体化、特殊物品凭网上批号报检等最新政策。同时，企业还可以通过使用贸易数据分析平台、跨境电子商务平台和跨境物流服务促进进出口业务增长。

（平　原）

【在第三届京交会上聚焦电商发展】第三届京交会北京主题日上，新区共签约8个项目，签约总额达到215.4亿元，跨境电商在线成交额共计2亿元。2014年1月市商务委等四部门授予新区“北京电子商务中心区”称号，受到广泛关注。这次京交会更是被电商企业瞩目聚焦，一个充满活力、电商企业乐在其中的电商生态圈日趋成熟。共有包括腾讯电子商务华北运营总部项目、葛洲坝能源系统项目、中船海洋装备科技创新基地项目、金融谷项目、京东方TFT－LCD面板合作项目等八个项目进行了签约。其中相当一部分来自企业与企业之间，这充分体现了京交会促进服务贸易发展的功能。今后，新区将致力于打造最好的发展环境，聚焦电商发展实际需求，着力汇聚人才培训、互联网数据中心、一站式解决方案、公共服务平台等电商高端发展要素，为电商企业增力减负，打造领军型电子商务示范区。

（平　原）

名　录

单位名称：北京经济技术开发区商务局
局　　长：刘　力
地　　址：北京经济技术开发区荣华中路15号
邮　　编：100176
电　　话：67857527
传　　真：67881476
网　　址：www.bda.gov.cn

（平　原）

北京天竺综合保税区

概　　况

北京天竺综合保税区（Beijing Tianzhu Free Trade Zone，以下简称“天竺综保区”）于2008年7月23日由国务院批复设立。2009年7月28日，一期通过海关总署等国家十部委联合验收，正式封关运营。天竺综保区是全国首家空港型综合保税区，是北京市三个国家级经济功能区之一。天竺综保区总规划面积为5.944平方公里，依照功能划分为口岸操作区和保税功能区。北京市委、市政府将天竺综保区定位为：完善北京中国特色世界城市功能、提升“四个服务”水平的重要战略性基础设施，扩大对外开放、提升外向型经济发展水平的重要平台，北京融入全球经济一体化的崭新窗口。

（郑　杰）

经济指标

2014年，天竺综保区实现进出口总值790.5亿美元，增长7.8%；完成关税及代征税409.0亿元，增长7.1%；其中，保税功能区实现进出口总值41.4亿美元，增长23.4%。入区企业实现营业收入160.9亿元，增长9.7%；完成属地税收7.0亿元，下降2.4%。截至12月末，入区企业共212家，企业资产总计248.8亿元，增长14.3%；从业人员2.5万人，增长1.6%。

（郑　杰）

功能政策

综合保税区是设立在中华人民共和国关境内，被赋予承接国际产业转移、连接国内国际两个市场的特殊功能和政策，以海关为主实施封闭监管的特定经济功能区域，具有口岸、物流、贸易、加工、研发、维修、展示、金融等功能。政策优惠主要体现在三个方面：

（一）税收政策。国外货物入区免税、保税；国内货物入区退税；区内生产企业生产出口货物耗用的水、电、气退税；区内企业之间的货物交易不征增值税和消费税。

（二）外汇政策。区内企业外汇账户不实行限额管理；货物贸易项下，区内企业和境内区外企业可以人民币结算，也可以外币结算。

（三）地方政策。对符合条件的企业和重点发展行业提供综合服务、人才引进等其他优惠政策。

（郑　杰）

投资环境

【地理位置优越】天竺综保区位于北京东北方向，与首都机场实现无缝对接，距离市区15公里，距天津港160公里，往来北京城区、天津港口、环渤海地区顺畅便捷，交通路网发达，具有得天独厚的区位优势。

（郑　杰）

【区港一体化】天竺综保区与首都国际

机场口岸无缝对接，真正实现了区港一体化。北京海关创新推行“先入区后报关”的“直通式分拨”模式；北京商检局突破性地开展进口货物“集中报检、集中查验、分批核销、后续监管”的查验模式；货物通关时间缩短至2～6小时，最快只需30分钟，通关速度在全国海关特殊监管区域中首屈一指。

（郑　杰）

【一站式综合服务】天竺综保区一站式服务大厅正式服务大厅本着提升服务效率和服务水平，优化办事流程和政务环境的原则，为来访企业提供一站式、全方位服务。所有来访企业，从洽谈入区到入区运营涉及的所有业务，均可在服务大厅内受理。

（郑　杰）

【国家对外文化贸易基地】北京天竺综合保税区·文化保税园是我国北方地区唯一、全国仅有的三个国家级对外文化贸易基地之一。规划用地235.3亩，建筑面积45万平方米，其战略定位是成为首都文化创意产业功能区的示范区、国家对外文化贸易体制的创新实验区、国际化文化贸易市场、中国文化走出去的能力培养区。发展目标是成为集文化贸易口岸、协同创新平台、企业集群式发展于一体的国家级对外文化贸易基地。

（郑　杰）

【汽车整车进口口岸】首都国际机场汽车整车进口口岸作为全国首个依托空港型综合保税区设立的汽车口岸，一期目标年周转进口汽车1000辆，二期目标年周转进口汽车1万辆。汽车整车进口口岸的投入运营有助于促进北京经济总量的提升，是带动豪华汽车研发、贸易、加工等全产业链发展的一片新沃土。

（郑　杰）

招商引资

【招商成果突出】天竺综保区新批复入区项目共43个，注册资本总额约32.2亿元，其中注册资本1亿元以上（含）的项目7个，包括民航投资管理有限公司、北京市文化科技融资租赁股份有限公司、中亚联合国际能源有限公司、朗姿国际贸易有限公司等。

（郑　杰）

【产业格局形成】截至2014年年底，天竺综保区已经形成了航空、医药、文化、电子四大特色为主的产业格局，四类企业的营业额占到总量的60%。医药进口量已占全国的15%，航材进出口量占到全国的12%。跨境电子商务、保税拍卖、云计算等新兴产业发展良好，实现了从出口加工向服务贸易为主导的转型升级，服务贸易营业收入所占比重高达90%。

（郑　杰）

发展亮点

【北京天竺综合保税区·文化保税园开园】2014年8月25日，国家对外文化贸易基地（北京）暨北京天竺综合保税区·文化保税园正式开园运营。基地建设了文化保税综合服务中心、北京国际文化艺术保护中心、国家对外文化贸易基地信息中心、国际文化贸易金融服务中心、口岸型文化交易平台、人力资源服务中心六个服务平台及服务体系，为基地内外企业提供文化贸易综合服务。当天，文化保税园启动了宝石、艺术品、影视、设计四个贸易中心商业模式，并召开新闻发布会：一是发布了《文化部北京市人民政府关于加快国家对外文化基地（北京）建设发展的意见》；二是海关、检验检疫、顺义区及天竺综保区管委会等监管及服务部门分别发布了关于推动基地发展的支持政策；三是发布了基地关于宝石的交易标准，该标准是我国积极探索构建既符合国际规则又充分体现中国市场特点的宝石交易标准体系的一次有益尝试。

（郑　杰）

【一般纳税人试点工作启动并顺利推进】 为更好地支持区内企业发展，提高属地税收，经与税务、海关、工商等部门联合深入调研后，管委会在一站式服务平台设立增值税发票开具试点，并由综合服务中心承担基础保障职责。2014 年 8 月 1 日，入区企业（北京）国际医药分拨中心有限公司开具“第一票”，标志着此项业务正式启动。第一批试点企业为 6 家，试点范围计划于 2015 年根据入区企业实际需求进一步扩大。

（郑　杰）

发展方向

天竺综保区将围绕“一核三基地”的发展思路进行战略调整、产业升级和创新发展，将以打造“北京服务业投资与贸易便利化试验区”为核心，围绕首都城市战略定位和“四个中心”，着重抓好“三个专业化基地”建设，即“国家对外文化贸易基地”“国家科技创新对外贸易基地”“国家商贸服务示范基地”。同时，天竺综保区将大力推进与北京临空经济核心区、北京新机场临空经济区的融合发展，深度参与京津冀海关特殊监管区域协同发展，争取成为京津冀协同发展的先行示范区。

（郑　杰）

名　录

管理机构：北京天竺综合保税区管理委员会（正局级）

内设处室：办公室、政策法规处、规划建设处、经贸发展处、保障处、信息处、机关党委、团工委

事业单位：综合服务中心

国有独资公司：北京综合保税区开发管理中心

党组书记、主任：卢映川

党组副书记、常务副主任：林向阳

副 主 任：庄　杰、李燕凌

委　　员：杭金亮、吴耀新

【招商部门】

责任部门：经贸发展处

联系电话：69478588

负 责 人：陶黎黎

联系电话：69475362

（郑　杰）

东城区

概　　况

东城区商务委员会是主管辖区国内外经济贸易和对外经济合作的工作部门。内设办公室、规划发展科、社区商业科、流通管理科、商务服务科、外资管理科、外经外贸科、市场监管科、粮食酒类管理科、人事监察科。在编人员43人，其中公务员42人，公勤人员1人。

2014年，以构建国际商贸中心示范区和国际知名商业中心为目标，举行美食体验季、金秋购物节、“双十一”“双十二”线上营销、岁末购物周等促销活动，推动“百年商贾、悠购世界”东城商业品牌建设。全区实现社会消费品零售额913.3亿元，同比增长8.8%；新设外商投资企业106家，其中合资13家，独资93家；实现合同外资14.4亿美元，同比上升128.8%；实现实际利用外资5.1亿美元，同比下降22.9%；实现进出口额150.9亿美元，同比下降8.9%。

（贺蔚蔚）

商业流通

【定义“五圈六街”】定义“五圈六街”概念，并收录到百度百科。“五圈”包括王府井商圈、崇外商圈、东直门商圈、前门商圈、永外商圈。“六街”包括前门大街、鲜鱼口、簋街、南新仓、南锣鼓巷、红桥地区。

（贺蔚蔚）

【参与第三届京交会】5月28日至6月1日，组织区内约40家企业参与第三届京交会旅游、中医药等5个领域8个板块活动，集中展示东城区服务贸易发展成果。

（贺蔚蔚）

【举办2014东城美食体验季】6月5日至7月5日，支持东城区商联会举办2014东城美食体验季，推出各类打折促销活动。便宜坊送出限量“美食志”，全聚德前门店举办“毕业季”优惠活动，花家怡园推出半价桶装德国啤酒，炸糕辛送出大杯酸梅汤和特色菜杏仁豆腐等。主办方依托东城区商联会官方微博，发起“镜头里的美食东城”“民间私房菜”等微博活动，发布微博72篇，微博粉丝量达176949人，粉丝增长29913人，日活跃粉丝80000人以上，最高博文曝光量达110001次。此外，平面媒体发稿9篇，网络媒体发稿24篇，数字东城专题页面总访问量达61590次。活动期间，炸糕辛每日限量10份的特色菜杏仁豆腐受到消费者青睐；便宜坊200份限量“美食志”菜谱全部送出，共实现销售收入2589.5万元。

（贺蔚蔚）

【制定七大特色街业态发展指导目录】制定七大特色商业街区业态发展指导目录，包括《前门大街业态发展指导目录》《鲜鱼口老字号美食街业态发展指导目录》《南锣鼓巷特色商业街业态指导目录》《南新仓文化休闲街业态指导目录》《簋街特色商业街区业态指导目录》《五道营特色商业街区业态指导目录》《红桥市场业态指导目录》，经7月7日第54次区政府常务会议审议通过，于9月10日印发。

（贺蔚蔚）

【制定东城区平房区商业服务业发展禁止与限制目录及实施细则】制定《北京市东城区平房区商业服务业发展禁止与限制目录及实施细则（试行）》，经7月7日第54次区政府常务会议审议，修改后经10月9日区政府专题汇报会通过，于2015年2月3日印发。

（贺蔚蔚）

【成立东城区老字号协会】8月18日上午，由东城区信息化办公室和东城区商务委联合主办的“东城区信息化协会和东城区老字号协会成立大会暨信息化助力传统商业高峰论坛”在台湾会馆成功举办，标志着东城区老字号协会成立。老字号协会采取市场化运作模式，首批入会会员33家。

（贺蔚蔚）

【举办2014东城金秋购物季】9月8日至10月7日，支持区商联会举办以“悠购盛礼、情满金秋”为主题的2014东城金秋购物季。王府井商圈百货大楼推出“925”品牌低价促销，工美大厦推出“中秋团圆情意浓”珠串文化节，东安市场推出“925·我就爱·大放‘价’”，北京利生体育商厦举办第五届购物节、全民运动·挑战时间者系列户外主题活动；崇外商圈国瑞购物中心举办保护小天使公益亲子活动，天雅珠宝城推出九种快乐活动，红桥市场举办“爱在红桥享十一”活动；东直门商圈东方银座推出“哈尼我们去旅行吧！”主题活动。此外，同升和、吴裕泰、北京珐琅厂、亿兆等老字号均参与促销优惠活动。百工坊举办非物质文化遗产项目推广系列专项金秋酬宾暨第二届民间传统文化艺术节，全聚德王府井店为购物季推出三款特别菜品，盛锡福举办非遗传承人技艺表演和争当“老字号达人”等活动。活动期间，平面媒体发稿6篇，网络媒体发稿2篇，引发37篇新闻转发及内容引用，8家商家提供微博礼品，19家商家提供二维码，微博粉丝数从活动开始前的17.8万人增至19.9万人，44家零售企业实现销售收入86.2亿元，同比增长7.9%。

（贺蔚蔚）

【举办提升生活性服务业管理水平培训班】10月30日至31日，东城区委组织部、区委社会工委、区商务委、区人力社保局联合举办“东城区2014年提升生活性服务业管理水平培训班”。区委社会工委、国资委、城管委、财政局、安监局、民政局、工商分局、食药局、规划分局、发改委、环保局、行政服务中心、城管执法局、城管监督中心、17个街道办事处、东方奥天、东方信达、崇远公司、崇远万家、便宜坊、商业网点管理处等单位的相关领导约110余人参加此次培训。

（贺蔚蔚）

【首次开展老字号线上营销】11月9日至11日，首次开展东城区老字号线上促销，盛锡福、吴裕泰、珐琅厂等19家老字号企业参与活动。活动期间，北京青年报、新京报、新浪等12家知名媒体对活动进行报道，百度搜索达4.17万条，手机终端点击量达57万多次，营销效果显著。其中，吴裕泰、同升和、盛锡福、月盛斋、珐琅厂等老字号营业额增幅在50%以上。吴裕泰“双十一”当天电商销售额达到50万元，平时吴裕泰网店的销售额为每天2万元左右。

（贺蔚蔚）

【举办“乐享双十二”老字号促销活动】 12月10日至12日，支持东城区老字号协会举办“乐享双十二”老字号促销活动。吴裕泰、便宜坊、月盛斋、东来顺、红都、金漆镶嵌、新中国儿童用品商店、同仁堂等13家老字号企业参与活动。活动采取线上、线下、微信、微博同步促销，除天猫、京东旗舰店促销外，借助工行“融E购”平台和手机微信平台进行促销。活动期间，智慧东城手机平台页面总访问人数达18.4万人，页面总访问量达40.2万次，微信分享达4.2万次；同升和微信关注数增加30%，京东店铺销量增加30%；同仁堂健康微信关注数增加10%左右，线上销量比平时增加约20%；便宜坊微信关注数增加10%左右。

（贺蔚蔚）

【举办2014东城岁末购物周】 2014年12月24日至2015年1月1日，支持区商联会举办以“悠购盛礼、狂享岁末”为主题的2014东城岁末购物周。活动期间，“X MAN”&“X WOMAN”神秘使者现身百货大楼、利生体育商厦、北京apm、便宜坊、新世界百货、国瑞购物中心、工美大厦、天雅珠宝城、儿童商店9家商场及特色商户。百货大楼推出“圣诞欢乐巡游大趴”活动，国瑞购物中心推出“年度巨献，圣诞女郎DIY”活动，天雅珠宝城推出“岁末来天雅大抽奖”活动等。活动期间，策划微博活动7个，区商联会微博粉丝量增至22万人，新增粉丝超过2万人，影响力粉丝（微博达人、蓝V、黄V）近500人，日粉丝增长达1800～2100人，7项大微博活动粉丝参与1833人。

（贺蔚蔚）

【推动商品交易市场转型升级】 对全区46个商品交易市场进行调研，制定《东城区商品交易市场转型调整实施方案》，推动百荣世贸商城、世纪天鼎、永外城文化用品商城等市场实施转型升级。百荣世贸商城对内部环境进行改造，并升级调整鞋业市场；世纪天鼎完成内部升级改造，外迁商户350家；永外城文化用品商城从6月1日起实现进驻商户公司制；清退7家菜市场，涉及商户214家。

（贺蔚蔚）

【优化社区商业网点布局】 全年新建崇远万家便民菜店3家，升级改造规范化社区菜市场3家，蔬菜体系建设全市考核居核心区第一位；新建连锁固定早餐门店3家，连锁品牌超市便利店5家；实现“一刻钟社区服务圈”全覆盖，社区商业连锁化率达到30.8%。

（贺蔚蔚）

【推动社区商业电商化建设】 全年新布设电子自助缴费终端100台，总数达到700台；在70个社区搭载181电商综合平台，建立50个配送中心；在15家规范化社区菜市场、17家天镇蔬菜直营店、39家崇远万家便民菜店、17家奥世凯连锁超市推广使用菜篮子管理系统，实现蔬菜价格的实时监测和信息分析。

（贺蔚蔚）

【宣传推介老字号】 组织盛锡福、便宜坊、吴裕泰等知名老字号企业参加“北京地坛文化庙会·台北之旅”、“第四届王府井国际品牌节·东城区老字号美食传统技艺展”、北京文博会等活动，提升老字号品牌影响力。

（贺蔚蔚）

【培育特色商业街】 2014年新增1条市级特色商业街，即全国知名高端艺术会展中心——北京天坛古玩城。全区共有各类综合及特色商业街12条，即王府井著名商业街、前门大街、银街、金宝街、南锣鼓巷、红桥市场、簋街、南新仓文化休闲街、五道营文化休闲街、台湾文化商务区、鲜鱼口老字号美食街、北京天坛古玩城，商业总建筑面积超过120万平方米。其中，中国著名商业街2条（王府井大街和前门大街），中国特色商业街1条（南锣鼓巷），北京市级特色商业街7条（前门大街、南锣鼓巷、红桥市场、簋街、南新仓、鲜鱼口、北京天坛古玩城）。

（贺蔚蔚）

【加大行业监管】 全年出动检查人员2500人次，累计检查企业1085家次。实施行政处罚2起，处罚金额1万元，受理12312商务举报投诉65件，完成酒类经营者备案登记293家，推广酒类随附单12.9万余份，保障区域商务环境优化。

（贺蔚蔚）

【完成175家规模以上企业标准化达标】 全年完成175家规模以上企业安全生产标准化达标工作，占全区总指标的50%。

（贺蔚蔚）

【典当行业规模不断扩大】 全区共有经批准注册的典当法人单位43家，分支机构14家，实收注册资本14.6亿元，全行业资产总额20.5亿元，全年典当总额136.8亿元。

（贺蔚蔚）

【提升生活必需品市场应急保供能力】 重新制定《东城区生活必需品市场供应应急预案》，建立健全应对生活必需品市场供应突发事件的预警和应急机制；健全区域政府储备与企业代储相结合的储备制度，通过财政补贴方式委托奥士凯连锁公司代储生活必需品，初步建立东城区生活必需品应急储备基地。全区共有应急网点42个，形成17个街道全覆盖的应急投放网络，确保应急情况发生时应急物资顺利投放。

（贺蔚蔚）

【南新仓“北延南扩”项目基本完成】 2014年，南新仓“北延南扩”改造项目主体工程基本完成。

（贺蔚蔚）

【集中办公区服务管理平台上线运行】 崇文商务大厦企业集中办公区管理系统作为东城区智慧商务综合服务平台的八大管理系统之一，于1月正式上线运行。该系统通过网络平台，对入驻崇文商务大厦的企业实现统一管理和一站式服务。目前，该系统已与637家企业实现有效对接。主要功能包括政策发布、在线审批、企业管理、企业展示、短信通知等。通过该系统，企业可随时进行网上申报、留言咨询、发布业务合作意向；政府部门可以进行政策宣传、信息服务、入驻审批、数据统计等。

（贺蔚蔚）

对外经贸

【39家企业入选市总部企业名录】 区内39家企业入选第一批《北京市重点总部企业名录》，占全市总数的11%。

（贺蔚蔚）

【兑现跨国公司地区总部补助奖励资金5233.5万元】 大力发展总部经济，完成兑现2012和2013年度跨国公司地区总部补助和奖励资金共计5233.5万元。

（贺蔚蔚）

【审核境外投资项目 11 亿美元】 支持有条件的企业"走出去"，审核境外投资项目审核 25 个，对外投资 11 亿美元，是 2013 年度的 3 倍。

（贺蔚蔚）

【审核国际服务外包业务发展资金 136.4 万元】 完成 2013 年 4 月 1 日至 12 月 31 日国际服务外包业务发展资金初审，涉及金额 136.4 万元。

（贺蔚蔚）

【审核市服务外包发展配套资金 1054 万元】 完成 2014 年度北京市服务外包企业发展配套资金初审，涉及金额1054万元。

（贺蔚蔚）

【审核中小企业国际市场开拓资金 188.8 万元】 支持中小企业开拓国际市场，完成 2013 年度第二批中小企业国际市场开拓资金初审，涉及金额 101.8 万元；完成 2014 年度中小企业国际市场开拓资金初审，涉及资金 87 万元。

（贺蔚蔚）

名　录

单位名称：北京市东城区商务委员会
党组书记：杨春发
主　　任：刘　健
地　　址：北京市东城区永内东街中里 13 号
邮　　编：100050
电　　话：67116188
传　　真：67142224
网　　址：shwj. bjdch. gov. cn

（贺蔚蔚）

西城区

概 况

西城区商务委员会是西城区政府主管全区内外贸易和对外经济合作的工作部门。2014年，西城区实现社会消费品零售额887亿元，同比增长5.5%；建成百姓生活服务中心4个、新建和改造10家蔬菜零售网点、新增10家早餐规范店。新批外商投资企业43家，吸收合同外资5.93亿美元，实际利用外商直接投资4.34亿美元，实现进出口总额1143.26亿美元，占全市进出口总额的27.5%。

（柴晓虹、白春伶）

商业服务业

【促消费工作情况】成立2014年促消费、保增长领导小组。领导小组结合西城区商业环境特点，按照“政府搭台、商会牵头、企业唱戏”原则，在元旦、春节、五一等重点节假日，开展促消费活动。利用商业消费淡季和重点档期，开展“欢天喜地过大年”、“金树街金融商务休闲节”、“2014北京西单时尚节”、西单商业街品牌景展、“缘情系中秋，回馈教师节”、“国庆欢乐购，消费在西城”等主题促销活动。组织企业利用现代电子商务平台，将传统的线下购物体验与现代的线上购物结合，带动商业消费。发挥区商联会、西单商会等社团组织作用，牵头组织相关促消费活动，建立“西单GO”微信平台进行宣传。在北京日报、法制晚报、北京青年报等主流媒体进行专版宣传。

（张锐军）

【早餐示范工程建设试点工作情况】按照《北京市商务委员会关于做好2012年早餐示范工程建设试点工作的通知》要求，完成了新建或改造主食配送中心2家，早餐固定门店92家，便利店搭载早餐60家网点的评审工作及资金拨付工作，总合计拨付资金3315.89万元。

（赵杰平）

【2014年项目资金申报工作情况】完成2014年市商业流通发展资金项目与2014年市支持中小企业发展专项资金项目审批工作，共41个项目。项目种类涵盖老字号创新发展项目、商业流通领域信息化提升及发展电子商务项目、生活服务业发展项目等。

（李祎珊）

【2014年加油站安全管理专项检查联合检查工作情况】按照北京市商务委下发的《北京市商务委员会关于开展油库及加油站安全管理专项检查的通知（京商务调字〔2014〕19号）》，区商务委联合西城公安分局、西城工商分局、区安监局、区环保局、区消防支队等相关部门对辖区内北京西城平安大街加油站、北京广铁兆元石油制品有限公司、北京宣武南下路加油站、北京北青阳光石油化工有限公司、北京北汽出租汽车集团有限责任公司宣武门加油站等15家正常营业的加油站进行了安全管理专项检查。

（李祎珊）

【举办老字号时尚创意大赛】2014年，西城区商务委与中国商联会中华老字号工作委员会共同举办了中华老字号时尚创意大赛。共有15个省、区、市70多家企业的160余个作品参赛。西城区菜百、张一元、荣宝斋等8家企业12件作品分获金银铜奖。在大赛总结会上，西城区张一元、菜百两家企业作为中华老字号企业代表介绍了创新发展的成功经验。

（杨缜钊）

【典当行业稳定发展】2014年，西城区典当企业累计达57家，其中典当行39家，分支机构18家。全年共开展典当业务24839笔，典当总额41亿元，同比增长51%。典当余额10.7亿元，同比增长37%。总实收资本10.7亿元，同比增长33%。发放贷款和垫款余额总额10.7亿元，同比增长40%。房地产典当5.9亿元，占比55%；动产典当3.4亿元，占比32%；财产权利典当1.3亿元，占比13%。业务结构保持稳定。

（杨缜钊）

【重点商业企业获资金支持】2014年，全聚德集团提升老字号服务水平在线服务平台建设、北京远洋大厦有限公司节能减排系统工程改造、北京国际矿业产权交易所有限公司中国铁矿石现货交易平台建设等6个项目得到503.1万元市商业流通发展资金支持。

（柴卫红）

【编制《西城区生活性服务业三年行动计划（2014.7—2017.7）》】2014年，西城区商务委开展生活性服务业发展情况调研，深入15个街道256个社区调查走访，摸清存量资源，辖区现有菜篮子、早餐、便利店等七类业态生活性服务业网点7669个。在此基础上，牵头开展《西城区生活性服务业三年行动计划（2014.7—2017.7）》研究编制工作，经过全区30多个部门、15个街道、企业及专业研究机构等20余次专题研究和反复沟通，明确了工作思路和发展原则，提出了行动目标和具体工作任务，并将生活性服务业发展工作纳入群众路线教育实践活动立行立改重要内容，将具体任务分解到各相关部门和街道落实。经区委常委会和区政府常务会分别研究通过，该行动计划于2014年7月29日印发全区范围实施。

（戚秀艳）

【推进百姓生活服务中心建设】2014年，西城区商务委落实《西城区生活性服务业三年行动计划（2014.7—2017.7）》，推进区域各街道百姓生活服务中心建设，建成百姓生活服务中心4个。通过试点探索出四种主要模式：一是集聚式百姓生活服务中心建设模式，即在原有菜市场基础上进行提升，将原有摊商淘汰，不仅在蔬菜、肉、水产品等各种商品销售上引入品牌化企业和连锁经营，而且增加了便利店、家政、洗衣、理发等便民服务业态；二是片区式商业街提升改造模式，即整体打造社区商业一条街，淘汰和提升商业街内低端业态，增加便民服务业态和功能，引入品牌化企业开设连锁网点；三是社区商场、超市服务功能延伸模式，即在商场超市内增加家政、便利店、洗染、美发等便民服务业态，同时引导商场超市发挥区位优势，走入社区实施配送等多项服务；四是连锁化网点定项对接建设模式，即针对居民需求，结合空间资源有限的区域特点，通过招投标等方式引入连锁化、品牌化企业统一打造，提升现有网点服务水平。

（戚秀艳）

【推进“菜篮子”系统工程建设】2014年，西城区商务委继续推进便民菜店建设和规范化菜市场提升，坚持以公司化为基础，加大品牌化和直营直供模式建设力度，走连锁化、组织化、规模化发展道路，新建和改造10家蔬菜零售网点、新增5辆蔬菜直通车，全区流通新模式便民蔬菜网点数量达到40处。

（谢　莉）

【推进早餐规范管理】2014年，辖区有商务部早餐示范工程固定门店92家；市级早餐示范店120家；区级早餐规范店119家，其中新增10家；规范早餐车174辆，形成以聚德华天、翔达公司、和合谷、嘉禾一品等大型连锁企业为主，社会早点规范企业及早餐车为补充的格局。

（谢　莉）

【开展再生资源回收行业管理】4月8日至7月30日开展了再生资源回收行业集中整治行动，组织专项联合检查32次，出动人员230余人次；组织开展“再生资源回收日”及“回收周”活动，在70多个社区回收站点开展5次回收日和7次回收周宣传活动。

（王　健）

【打击侵犯知识产权和制售假冒伪劣商品工作】2014年，按照市“双打”领导小组统一部署，召开西城区2014年打击侵犯知识产权和制售假冒伪劣商品工作部署会。开展APEC会议期间和各重要节日期间专项检查，同时各成员单位加大了日常检查力度，共查办侵权假冒案件立案359件，其中行政执法部门立案295件，办结344件，公安机关立案59件，抓获嫌疑人20人，检察机关批捕5件，起诉案件46件。

（张晓燕）

【两会期间安全保障】2014年，西城区商务委在全国“两会”前和“两会”期间，召开重点企业安保负责人动员部署会，开展再生资源回收、菜市场、早点摊等相关领域安全检查，建立全国“两会”代表驻地200米和500米范围企业基础信息档案，督促并严控重点企业开展隐患排查整改，确保全国“两会”期间区域商务行业未发生安全事故，总体平稳。

（马　前）

【APEC期间安全保障】2014年，西城区商务委通过成立领导小组、召开联组座谈会、组织培训、督促企业自查整改、加大执法检查力度等途径，圆满完成APEC期间区域商务行业安全保障工作。

（马　前）

【开展安全生产月活动】2014年，西城区商务委组织及企业自主开展“安全生产月”各项活动达10余项，主要包括：召开2014年西城区商务行业“安全生产月”活动启动动员会；参与全区安全生产宣传咨询日活动，现场发放宣传品500多份并解答100余名群众提出的各类安全生产问题；组织针对餐饮企业负责人和安全生产联组长的专业培训；推动企业参与安全生产心语短信发送活动；启动西城区商务行业第八届安全生产知识竞赛活动并进行初赛；组织开展多科目应急演练；各安全生产联组内企业开展“我是安全一员”演讲比赛；组织企业观看应急处置演练教学片；结合落实《商务行业安全生产隐患排查整治工作方案》，对主要商业街区商业零售和餐饮经营单位开展多部门联合检查；企业内部进行安全警示教育、全员岗位安全培训、安全生产隐患自查及各种宣教活动等取得良好效果。

（马　前）

【组织第二届安全生产技能比赛】2014年，西城区商务委举行第二届安全生产技能比赛，提高区域商务行业安全生产技能水平，加强应对安全事故等突发事件的应急处置能力，项目内容为男子消防水带单人连接、女子提5公斤灭火器60米跑，共有17家企业33名选手参赛，西单商场、长安商场、翔达公司等企业分别获得男子项目一、二、三等奖，西单购物中心、全聚德和平门店、金座公司分别获得女子项目一、二、三等奖。

（马　前）

【组织第七届安全生产知识竞赛】2014年，西城区商务委组织“西城区商务行业第七届安全生产知识竞赛”，全面贯彻落实商务行业“两个规定”和新修订的消防和安全生产条例，提升企业和从业人员安全生产积极性。全区400多家企业和57个联组先后进行初赛、复赛，金源投资管理公司获一等奖；菜百公司、庄胜商场获二等奖；金融街购物中心、帕米尔食府、峨眉酒家获三等奖。全区各规模以上商业行业企业联组派代表到现场观摩学习。

（马　前）

【组织大型应急演练现场观摩学习】2014年，西城区商务委进一步宣传贯彻落实“两个规定”，加强经营单位应急处置能力，有效提高各部门员工的安全生产意识及消防安全四个能力，分别于4月1日和6月26日在北京花亭湖餐饮有限公司以及七彩云南月坛店组织开展大型应急处置演练活动，区相关部门现场指导，40余家重点餐饮企业现场观摩。两次应急演练观摩学习均采用多科目演练，包括不法歹徒店内抢劫事件处置、可疑物排查处置、火灾扑救和人员疏散、现场灭火实操等科目，并聘请专业摄像团队进行现场摄像，增强了演练的直观可视性，有利于观摩企业对演练各步骤的学习借鉴。

（马　前）

【开展食盐专项检查】2014年，西城区商务委进一步强化食盐专营管理，维护食盐市场经营秩序，按照市商务委相关工作要求，于7月1日开始在全区范围内开展夏季食盐市场专项执法检查，配合市商务委执法队，结合年度工作安排和夏季食品安全工作特点，联合西城区食品药品监管局对润得力菜市场进行食盐专项执法检查，通过对两家食盐销售商家的现场抽样检查情况未发现违法现象。

（马　前）

【完成安全生产标准化达标评审任务指标】2014年，西城区商务委继续推进商务行业企业安全生产标准化建设。4月初对120余家企业进行企业安全生产标准化专业培训，5家评审公司与90余家企业就标准化达标工作进行了对接并签订合同。为保证评审达标质量，企业与评审公司对接开展标准化创建过程中，区商务委进行全过程监控，指派专人跟踪标准化达标全过程，深入各企业进行现场指导、培训、整改、评审，对评审中发现的隐患问题要求企业认真进行整改，对评审结果严格审核把关，确保达标质量。共有88家企业完成2014年三级达标创建工作。同时配合市区安监局对2013年标准化三级达标企业进行抽样核查，取得良好成绩。

（马　前）

【加强反恐防暴工作】2014年，西城区商务委按照市、区政府相关工作精神，成立商务行业反恐防暴领导小组，制定具体防恐预案和工作方案，通过短信平台，召开重点企业会议、联组分别开会等多种形式对全区商业企业干部员工进行动员部署，加强对重点街区、重点领域、重点企业及相关工作落实情况检查督促，确保各项措施落实到位。积极采取措施督促企业做好反恐防暴工作。6月2日，菜百公司率先组织开展防恐防爆演练，同时针对外出押运工作，聘请公安方面专家进行安保押运培训，有效增强了安保人员日常防护意识和处理突发事件能力。

（马　前）

对外经贸

【利用外资情况】2014年，新批外商投资企业43家，同比下降4.44%；合同外资额5.93亿美元，同比增长8.06%；实际利用外资4.34亿美元，同比下降13.34%。

（章建平、郝家莹）

【大项目以增资为主】2014年，新设500万美元以上项目9个，吸收合同外资1.82亿美元；增资500万美元以上项目12个，吸收合同外资4.32亿美元。两项累计吸收合同外资6.14亿美元。实际利用外资1000万美元以上项目8个，共计3.48亿美元。

（章建平、郝家莹）

【第三产业情况】租赁和商务服务业，金融业，科学研究、技术服务和地质勘查业，合同外资分别为2.75亿、2.24亿和0.39亿美元，占合同外资比例分别为46.32%、37.81%和6.58%，位居前三；租赁和商务服务业，电力、燃气及水的生产和供应业，金融业，实际利用外资分别为1.58亿、1.22亿和1.05亿美元，占实际利用外资比例分别为36.42%、28.23%和24.21%。

（章建平、郝家莹）

【外资来源以中国香港为主】合同外资分国别和地区位列前三的是中国香港（项目数27家）、英属维尔京群岛（项目数1家）、新加坡（项目数2家），其中中国香港6.04亿美元，占全部合同外资的88.87%；实际利用外资分国别和地区位列前三的是中国香港、英属维尔京群岛、科威特，实际利用外资分别为3.58亿、0.5亿和0.06亿美元，占比分别为82.61%、11.53%和1.48%。

（章建平、郝家莹）

【外商独资企业比例增大】2014年，新批外商投资企业项目43个，其中外商独资企业33家，占比76.74%；吸收合同外资5亿美元，占比84.33%。

（章建平、郝家莹）

【举办外资企业法规培训会】5月14日，与北京市工商管理局西城分局共同组织开展外资企业法律法规宣传培训会。宣传企业工商登记注册制度改革的有关内容，邀请中国人保公司就企业短期出口信用保险保费支持政策及货物贸易信用保险进行培训和说明。

（章建平、郝家莹）

【进出口总额全市排名第二】2014年，西城区进出口总额1143.26亿美元，同比递减11.52%；占全市进出口总额的27.50%，16个区县中位居第二。其中，进口额为1056.29亿美元，同比下降11.34%，占全市进口总额的29.89%；出口额为86.97亿美元，同比下降13.71%，占全市出口总额的13.95%。

（李小丽、章建平）

【境外投资总额同比增长】1－9月（2014年10月转为市级审核，取消区县初审权限），西城区商务委办理企业境外投资初审23家；总投资额2.49亿美元，同比增长442.56％；注册资本1.29亿美元，同比增长487.98％。主要投向澳大利亚、莫桑比克、美国、加拿大、俄罗斯、新加坡、德国、中国香港等国家和地区。投资行业为市场开发、投资管理、项目投资及货物进出口等数十个行业。

（李小丽、史　倩）

【办理商务邀请】2014年，西城区商务委为来自德国、英国、瑞士、印度、俄罗斯、迪拜、阿联酋等多个国家的外商，办理来华商务邀请11件14人次。

（李小丽、史　倩）

【受理外贸进出口权备案登记】2014年，西城区商务委共受理对外贸易自营进出口备案登记333件。其中企业新备案186件，备案表变更147件。

（李小丽、史　倩）

【加工贸易业务情况】2014年，西城区商务委为2家企业办理6件加工贸易业务，实现进出口料件总值48.54万美元。

（李小丽、史　倩）

【完成商务服务业主题示范升级改造项目】2014年，北京远洋大厦有限公司的远洋大厦主题示范楼宇升级改造项目，通过了北京市商务委员会验收，并获得资金奖励。

（李小丽、张贯中）

【支持总部企业发展】2014年，区商务委为十余家企业办理北京市总部企业奖励补助申请初审业务，最终3家企业6项申请通过市区两级审核，奖励补助总额711.02万元。12月2日，区商务委为入选北京市重点总部的48家企业（第一批）颁发证书并组织总部政策培训。

（李小丽、李佳狄）

【参加第十九届京澳会】10月23日至26日，代表北京市参加并承办第十九届澳门国际贸易投资展览会北京展区展览、展示和展演活动，与市港澳办、市贸促会共同主办北京·澳门·葡语国家合作项目对接圆桌会，推出14个精品项目，总投资310亿元。

（李小丽、章建平）

名　录

单位名称：北京市西城区商务委员会
党组书记：王　毅
主　　任：袁　利
地　　址：北京市西城区北滨河路9号
邮　　编：100055
电　　话：68012353
传　　真：68012342
网　　址：sww.bjxch.gov.cn

（白春伶）

朝阳区

概　况

朝阳区商务委员会是负责本区内外贸易、对外经济合作和现代服务业发展的区政府工作部门，挂北京市朝阳区人民政府口岸办公室（简称“区口岸办”）牌子。2014年，朝阳区商务委积极适应经济发展“新常态”，进一步发挥和强化国际化优势，促进国际交往和区域合作，统筹推进消费市场、开放型经济、服务业发展，有效推动了商务经济提质增效。2014年实际利用外资39亿美元，同比增长14.0%；进出口总额1868.7亿美元，同比增长6.1%；社会消费品零售额2079.8亿元，同比增长6.0%。

（张维民）

【入选北京市重点总部企业情况】2月26日，《北京市重点总部企业名录》发布，朝阳入选总量居首。经企业自主申报、市总部经济联席会议办公室审核，北京市首批重点总部企业名录正式确认，首批共有356家各类型总部企业（中央及国有企业133家，外资企业139家，民营企业81家，其他3家）入选。其中，朝阳共有80家企业入选，占全市的22.5%，居全市首位。按入选企业的所有权划分，朝阳拥有外资企业62家，占全市的44.6%，居全市首位。

（张维民）

【举办2014朝阳时尚消费节】4月17日，由区商务委主办的2014朝阳时尚消费节在爱琴海购物中心开幕，4月17日至4月25日为本届消费节活动启动周，消费节持续到年底。消费节期间，除在爱琴海购物中心等商业企业、商圈举办启动周活动外，还陆续开展“凤凰汇台湾生活用品展销会”“华贸中心精彩五月”“北辰购物中心五一欢乐购”“华膳园明媚五月，浪漫满园”“德万隆北京中汽南方路虎发现之旅”“蓝色港湾餐桌上的复活节”等系列活动，既丰富了市场供应，又促进了区域消费。

（张维民）

【举办2014（第九届）朝阳国际美食文化节】6月20日，2014（第九届）朝阳国际美食文化节在爱琴海购物中心广场拉开帷幕。同时，在蓝色港湾、凤凰汇、悠唐等重点商区设立了分会场，促销活动持续到10月。朝阳国际美食文化节作为一年一届的餐饮行业盛会已逐步成为凝聚餐饮人心、汇聚业界智慧、促进行业发展的有效平台。活动期间，在爱琴海购物中心、蓝色港湾、凤凰汇、悠唐等重点商区开展了足球之夜、啤酒节等多种不同形式、不同内容的促销活动和主题活动，活动吸引力和参与性比往年进一步增强，使朝阳国际美食文化节成为京城一大亮点，成为饕餮的盛宴，也成为激活消费的又一引擎。

（张维民）

【完成第三届京交会分销服务板块的具体筹备运营工作】5月28日至6月1日，第三届京交会在国家会议中心举办，朝阳区负责京交会分销服务板块的具体筹备运营工作。会议期间，组织了34场推介和46项签约活动，板块内有200余家企业与来自40多个国家的企业、国际组织以及商协会开展了项目对接与洽谈活动，实现签约额1208亿元，比上届增长了15.3%，占京交会签约总额的23.5%；对朝阳区重点功能区、总部经济、服务业和服务贸易等优势资源进行了集中展示，进一步加快了区域服务业开放发展步伐；举办了3场新闻发布会和2次集中采访活动，邀请中央、市、区各层面媒体40余家，媒体报道及重要网络转载超300篇次，进一步提升了朝阳区服务贸易、服务业发展在全国和国际上的影响力。

（张维民）

【利用外资情况】2014年，实际利用外资39亿美元，同比增长14.0%，占全市总量的43.1%。全区新批千万美元以上大项目27个，累计合同外资金额232.98亿美元；存量企业增资势头不减，合同外资增资千万美元以上的企业48家，累计合同外资增资金额28.70亿美元。

（张维民）

【外贸进出口情况】2014年，累计完成进出口总额1868.7亿美元，同比上升6.1%，占全市总量的44.95%；其中，进口完成1700.62亿美元，同比上升5.49%，占全市总量的48.12%；出口完成168.08亿美元，同比增长12.65%，占全市总量的26.96%。三项指标均稳居全市第一。

（张维民）

【经贸交流情况】与国际组织和国际商会建立长效合作机制，深化经贸交流合作。开展捷克、罗马尼亚等国家专场对接会等交流活动；组织企业参与“中加贸易洽谈会”，促进两国企业双向投资；召开中美绿色技术专场对接会，由洛杉矶绿色科技孵化园相关企业与区内绿色环保科技类企业进行专业项目洽谈对接。加强区域交流合作，与江西等12家各省驻京办加强联系，共享资源，形成优势互补。还组织区内总部企业参加朝阳与贵阳深化合作恳谈会，创新探索“总部在朝阳，基地在贵阳”的发展模式，强化区域在产业分工上的主导作用。

（张维民）

【引进国际高端会展活动】多措并举促进会展产业融合发展，提升会展国际化水平，完善区域会展发展环境，推动朝阳区会展产业实现全面发展。区域国际高端会展资源实现加速聚集，全区共有国际展览联盟（UFI）会员20家，占全市的74%；国际大会及会议协会（ICCA）会员9家，占全市的81%；2014年累计引进了包括第26届国际医疗仪器设备展览会、2014中国国际云计算技术和应用展览会等在内的国际高端展会55个。帮助会展企业申报市区各项鼓励政策，协助朝阳区16个国际展会申报入围了2014年引导支持品牌展会目录，占全市的43%；组织多家主办方申报了北京市商业会展业发展项目；支持区内重点会展场馆企业升级改造，促进朝阳区会展产业发展环境持续优化。加大重点展会的服务保障力度。京交会期间，区政府领导牵头并协调相关部门，从场地保障、搭建施工、招商招展、媒体宣传等多环节提供了强有力的支持，确保会议圆满举行。

（张维民）

【总部经济发展情况】在促进总部企业集聚的同时，引导鼓励总部企业提升能级。根据企业意愿和条件成熟度，有针对性地鼓励和引导符合条件的公司认定为地区总部。

为驻区总部企业，特别是跨国公司地区总部做好相关服务保障工作，引导企业落户并逐步形成规模化和实体化的发展。新引进北京京奥港能源股份有限公司、中科海联环保产业有限公司等20家总部企业；在既有的总部经济集聚优势基础上，提升了总部能级，协助凤凰新媒体、利洁时、乐天超市、浦项建设等6家总部企业提升成为跨国公司地区总部。朝阳区累计认定跨国公司地区总部107家，占全市总量的70%。

（张维民）

【功能疏解情况】完成18个有形市场的疏解工作，共涉及11个街道，占地面积20万平方米，5319个摊位，1.5万从业人员，完成全年任务目标。

（张维民）

【社会消费品零售额】在消费增长整体放缓的大背景下，通过进一步完善工作机制，实施促消费政策，鼓励支持网络购物等新型业态发展，积极搭建促消费活动平台，发挥商业设施对时尚消费的承载作用，促进区域消费增长。全区全年累计实现社会消费品零售额2079.8亿元，同比增长6.0%，占全市的比重为22.9%，总量继续稳居全市首位。

（张维民）

【电子商务发展情况】加大了对电子商务的政策引导，制定出台了《朝阳区促进电子商务发展的若干意见》。加快电商企业引入，引进迪信通电子商务、挖酒网、和信电子商务等8家电商企业。为电商企业搭建服务平台。组织辖区企业参加了2014第五届中国电子商务博览会，促进电商企业交流沟通。在博览会评选活动中，亚马逊中国第三方平台被评为2013—2014年度最佳中国电商创新成长奖；致力于电商培训的北京网商动力教育科技有限公司被评为2013—2014年度最佳电子商务培训企业。

（张维民）

【推进“菜篮子”工程】大力推广以直营直供为主的蔬菜流通新模式，引导企业不断深化“农超对接”“农餐对接”“农社对接”等蔬菜流通新模式。新建、改造各类蔬菜零售终端47家，其中建设直营直供蔬菜零售终端19家，进一步满足了百姓日常生活需求。

（张维民）

名　录

单位名称：北京市朝阳区商务委员会
主　　任：朱　晟
地　　址：北京市朝阳区日坛北街33号
邮　　编：100020
电　　话：65099185
传　　真：65094325
网　　址：sww.bjchy.gov.cn

（张维民）

海淀区

概　　况

海淀区商务委员会是区政府负责内外贸工作的行政主管部门，主要负责贸易促进、商业服务业行业管理、社区商业建设、商务综合执法等内贸工作，以及利用外资、对外经济合作、对外贸易、服务外包产业发展等对外经贸工作；负责指导并促进内外贸领域行业协会等社会中介组织的发展等。海淀区商务委员会于2004年7月组建，原名商务局，2009年9月更名为海淀区商务委员会。海淀区再生资源回收行业管理办公室、海淀区打击知识产权领导小组办公室、海淀区创建全国文明城区市场环境建设指挥部办公室设在区商务委。下属北京市海淀区商务综合执法监督检查所、中国国际贸易促进会海淀支会（中国国际商会海淀分会）2个事业单位。

2014年海淀区商务委继续营造全区良好消费环境，增强消费吸引力，满足多层次消费群体需求。支持行业协会开展岁末购物季、品牌消费节、汽车置换节、国际美食节、火锅节等丰富多彩的促消费活动；通过政策引导等方式，大力发展新型消费模式，培育新的消费热点，推动时尚消费、文化消费、品牌消费、体验消费等延伸性消费发展，满足消费者多元化需求，增强消费增长后劲。实现社消额1764.8亿元，同比增长9.3%，总量和增速均居全市第二，超额完成区人代会确定的7%左右的任务指标。信息消费、网络消费等新型消费增长迅猛，小米科技、国美在线和欧迪办公等成为互联网零售的主力军。

（丛　颖）

商业服务业

【海淀区商业联合会工作情况】北京市海淀区商业联合会成立于1999年9月。2005年3月，中国贸促会海淀区支会、中国国际商会海淀区分会和海淀区商业联合会合并办公。商联会会员分为会长单位、副会长单位、常务理事单位、理事单位和个人会员五个级别。商联会会员由不同所有制、不同业态的民营企业、外资独资企业、中外合资企业、高新技术企业构成，基本涵盖海淀区大中型各种所有制的零售企业，现有会员单位近200家。2013年12月24日，根据行业发展需求成立海淀区商业联合会电子商务行业专业委员会，主要致力于服务海淀区内的电子商业企业及相关单位，通过开展行业调研，制定行业标准，开展教育培训及其他相关活动，推动海淀区电子商务企业的对外交往、企业内部自身的规范建设和行业的整体有序发展。

2014年，海淀区商联会围绕文明城区创建等中心工作，发挥联合优势，积极搭建平台，全年工作以“一赛、两节、三级培训”为主线，秉承“四个服务”的办会宗旨，通过构建“五大宣传平台”，促进信息交流沟通。第八届职业风采大赛期间，在多家商业企业开展海淀商业图书流动站活动，进一步提升了商业企业文化氛围，丰富了企业职工的业余文化生活。选送部分优秀选手代表海淀区参加北京市商业服务业服务技能大赛鞋品销售项目的比赛，取得了全市第二名和第五名的成绩。开展高、中、基层等多层级教育培训，拓宽人才输送通道，创新人才培养模式。

（丛　颖）

【提升政务服务和综合执法水平】重新修订外商投资企业合同章程变更流程，加强窗口服务管理，全年接待咨询来访29254人次。利用会议、网络和短信等形式加强宣传力度，为600家企业1200名员工开展贯标培训。深入企业进行检查督导，累计出动执法人员1740人次，检查各类企业870家次，执法检查覆盖率达到70%，行政处罚案件8件，处罚金额3.75万元，全年未出现重大安全事故。

（丛　颖）

【举办第六届汽车节】第六届汽车节期间在海淀区首次举办了纯电动车为主的试乘试驾体验会，特斯拉、宝马之诺、北京汽车等多车型集体亮相，让消费者与电动汽车有了近距离的接触。在为期三天的鉴赏会期间，20多家4S店、50多款紧俏车型吸引了众多消费者。三天车展期间，共销售376台汽车，销售金额高达1.13亿元，有815名消费者填表登记购车信息，持续效应超过2亿元。

（丛　颖）

【举办第十届海淀品牌消费节】在“金九银十”期间举办的品牌消费节，紧紧把握消费热点，服务民生，倡导家庭消费理念，通过“城市商业发展与零售经营创新研讨会”“网络消费节”“时尚辣妈秀”“魅力宝宝T台秀”“文明广场舞”“商企、IT精英鹊桥会”“商业便民服务队社区行”等丰富多彩的活动，提升海淀区消费环境，拉动区域零售额提升。品牌消费节期间，区内重点监测企业共实现销售额30.71亿元，同比增长29%，共服务1265.5万人次。

（丛　颖）

【推进“菜篮子”工程建设】2014年，引入优质蔬菜连锁企业雨泽润众，新建蔬菜零售网点39个，基本形成“综合性超市、社区便民菜店、流动售菜车”三级“菜篮子”体系，区域蔬菜终端网络供应体系不断完善。

（丛　颖）

【创新思路解决早午餐问题】在全区写字楼推广电子自助配送柜白领就餐新模式，在软件园、翠湖科技园等园区支持引进湘鄂情、金丰等专业化团餐企业服务园区。2014年市区两级共投入资金3000万元完成152家规范化早餐网点的建设工作。

（丛　颖）

【鼓励社会企业参与社区商业建设】引导超市发开展区域新建小区配套商业网点建设工作，填补消费空白、方便居民生活。积极推动北部地区新型社区商业中心落成，通过推荐、指导企业申报相关项目资金等措施搭建商业企业与项目开发方交流平台，华联购物中心与西北旺唐家岭新城达成初步合作意向。

（丛　颖）

【加快低端业态调整和首都非核心功能疏解】立足首都发展战略，对海淀区272家市场进行了摸底汇总，制定了调整疏解方案，关停东升镇明光寺市场、海淀镇西苑市场等有形市场58家，其中商品交易市场32家，再生资源回收市场26家。支持商品交易市场向商场化、大摊位制和电子商务方向调整，目前调整提升商品交易市场5家。低端有形市场的腾退和调整，一定程度上拓宽了区域“高精尖”经济结构的承载空间。

（丛 颖）

【保障撤调市场周边居民基本消费需求】积极引导周边现有超市、便民菜店等蔬菜零售网点扩大规模、提升品质；增设流动售菜车作为临时过渡性措施；合理布局，建设规范化社区便民菜店，发挥主渠道作用。引导各街镇在回迁小区拿出不少于1000平方米的配套商业用房，采取引入连锁超市、便民菜店或由村镇建设统一管理的规范社区菜市场等形式，满足周边居民的购菜需求。撤调后共新增、扩建蔬菜零售网点39处。

（丛 颖）

【打造多层次、多业态、多梯度的商业格局】鼓励各大商圈依据自身功能定位进行经营、业态、品牌的结构调整，打造规模结构、业态组合、功能配套、环境空间等各元素协调配置的生态商圈，提升区域整体商务环境。公主坟、世纪城、清河等地区大型商业设施功能趋于完善，聚集效应明显，辐射消费半径逐渐扩展。清河五彩城和世纪城金源购物中心向城市商业综合体方向发展，打造高品质现代城市服务圈。翠微、当代、甘家口三家区属商业企业重组上市，增强区属商业企业整体实力，在全市国有企业改革中起到了良好的示范作用。以甘家口、华联为代表的社区商业中心建设改造逐步展开，覆盖广、便利度高的社区便民商业格局初步形成，社区居民生活便利度和满意度得到提升。

（丛 颖）

【引导商业服务业转型升级】组织商业企业进行城市商业发展与零售经营创新专题研讨；邀请行业专家共商商业企业创新经营、转型发展之路。针对传统消费普遍降温的态势，积极引进满足多样化消费需求、有发展潜力的新兴业态，引导百货、餐饮等企业创新发展、转型升级，突破传统模式束缚。当代商城向微型购物中心转型，翠微、五彩城等开通了微信服务，甘家口大厦构建移动互联网时代新型顾客关系，提升消费者店内体验。奇点同舟餐饮管理（北京）有限公司凭借互联网营销迅速扩张，已发展到5家分店。鼓励企业利用互联网技术等创新经营模式，利用线下开辟体验、展示店等优势开展线上服务，提高消费者购物便利和实惠，实现线上线下协同发展。目前，区域企业积极探索转型发展，西郊食品冷冻厂、绿安农展通过移动和PC端，建设B2B、B2C、O2O电商平台，打造线上线下服务模式。

（丛 颖）

对外经贸

【概况】2014年，海淀区新批外商投资企业337家。全区进出口总额342.13亿美元，同比减少14.78%，占北京市的8.23%。其中进口总额237.11亿美元，同比减少23.73%，占北京市的6.71%；出口总额105.02亿美元，同比增长15.91%，占北京市的16.84%。吸引合同外资32.63亿美元，同比增长114.03%；实际利用外资16.02亿美元，同比增长0.09%。新增取得外贸经营权的企业992家，累计达到10228家。

（丛 颖）

【**参加第三届京交会**】海淀区政府联合京交会组委会办公室举办“知名企业家北京对话会”，邀请亚马逊、京东、小米、搜狐等国内外知名企业高管出席，进一步加强移动互联网领域国际与区域的交流合作，打造国际化品牌会议形象。继续举办“软件与信息服务国际企业对接会”，促进软件与信息服务业国际市场合作。

（丛　颖）

【**企业审批情况**】继续推进“一科制”审批，全年共接待咨询、业务办理29254人次，其中电话咨询15279人次；为1057家外商投资企业办理变更事项；审核加工贸易合同71个，合同变更52个；初审新设境外企业76家、代表处7家，变更49家；为992家企业办理对外贸易经营者备案登记手续；为540家酒类经营者办理备案登记；为24人次办理外商来华邀请函；为2家直销企业出具确认函。全年窗口服务“零”投诉。

（丛　颖）

【**推进服务外包业务**】承接服务外包合同登记，实现管理关口前移，完善三级负责制的管理体系。2014年，有193家企业进行离岸服务外包业务登记，执行金额22.61亿美元，同比增长12.98%，占北京市的42.4%。支持38家企业获得商务部国际服务外包业务发展资金2749.17万元；43家企业获得北京市服务外包扶持资金3892.95万元；6个项目获得区商业服务业发展资金535万元。7家企业入选2014年中国服务外包领军企业，9家企业入选2014中国服务外包成长型企业。

（丛　颖）

【**跨国公司总部增至13家**】积极落实总部经济发展政策，申请总部奖励资金2807.85万元，75家企业入选《北京市重点总部企业名录》，跨国公司地区总部数量增至13家，加快形成总部经济的集聚效应。

（丛　颖）

【**推动外贸服务与金融创新发展**】加强与秦皇岛市商务局的沟通，为企业、园区沟通搭建对接平台，有序推动服务外包产业转移与转型。研究制定《海淀区支持外贸稳定增长工作方案（2015—2016）》，推动外贸稳定增长与转型升级。进一步加强典当行业日常监督管理，全区31家法人企业通过年审，均被评为A级。制定《海淀区开展商业保理试点工作试行办法》，开展商业保理试点工作。

（丛　颖）

名　录

单位名称：北京市海淀区商务委员会
主　　任：王　澎
地　　址：北京市海淀区四季青路6号招商大厦
邮　　编：100195
电　　话：88496768
传　　真：88496790
网　　址：hdsww.bjhd.gov.cn

（丛　颖）

丰台区

概　　况

丰台区商务委员会围绕“转方式、促增长、建机制”工作主线，全面推动完善便民商业、发展高端商务、建设营商环境等任务的开展，商务经济运行平稳，总体态势向好，商务经济对区域经济的贡献不断增加。2014年全区共实现社会消费品零售额963.4亿元，同比增长8.3%，总量连续多年居全市第三。商贸行业实现留区税收25亿元，同比增长12.8%，占全区的31.2%。新设外商投资企业28家，实际外资4.53亿美元，同比增长143%，创历史最高水平。

（杨卫丽）

商业流通

【规划政策情况】2月7日，《北京市丰台区商业发展规划（2013—2020)》正式颁发实行。根据规划，丰台区未来商业将按照“三区、八圈、六街、多点”的立体架构优化布局。建设丽泽、南中轴、总部基地三个都市商业聚集区，培育方庄—蒲黄榆、马家堡—公益西桥、六里桥—西局、梅市口—大成路、大红门—木樨园、东高地—南苑、青龙湖—王佐、园博园—长辛店等八大商圈，打造万丰餐饮街、方庄餐饮街、草桥花卉街、靛厂路商业街、梅市口路体育文化街、长辛店老镇文化街等多条特色商业街，构建多点品质社区商业。2014年，制订了《北京市丰台区加快电子商务创新发展的实施意见》及相关鼓励性政策，明确了打造“三区”的发展目标，即打造国家电子商务融合应用示范区、北京电子商务民生服务引领区、品类电子商务服务聚集区。

（杨卫丽）

【调整疏解非首都核心功能】对大红门市场功能进行调整疏解，1000家商户转移到白沟经营，方仕集团在白沟投资建设的一期项目白沟大红门国际服装博览中心正式开工建设。仓储物流疏解35万平方米，白盆窑物流中心（15万平方米）全部腾退，首钢钢材公共物流园区（20万平方米）停止营业。新发地初级加工、简单包装等功能将迁往河北高碑店。推动市场撤并升级，天海市场、七里庄建材市场、金色晨光花园农贸市场等7家关停，新发地市场、集美家居卢沟桥店等2家升级。

（杨卫丽）

【推进便民商业网点建设】2014年，全区拥有社区商业网点5000余个，每千人拥有社区商业服务业网点2.2个，人均拥有面积0.46平方米。共有规范化菜市场42家，便民菜店65家；蔬菜直销车覆盖17个街乡镇，出动32辆菜车定时定点服务64个社区。注册再生资源回收企业120余家，共有再生资源回收站点300余个，设立全市首个再生资源电子交易与公共服务平台。

（杨卫丽）

【开展商业促销活动】开展三个促消费活动，为百姓提供更多消费实惠，带动企业销售额增长。“欢乐购、社区行——名优商品进社区”活动为回迁房、保障房等小区居民提供服务。“2014 首届北京《淘点点》——丰台电子商务美食节”带动餐饮企业营业收入提升 5%～10%。“第五届丰台购物节”突出 O2O 网上购物模式，线上优惠促销与线下美食巡展结合，提升消费者参与热情。

（杨卫丽）

【推动高端商业项目建设】2014 年，新增商业设施开业 50 万平方米，协调推动赛尔奥特莱斯、六里桥大厦、宝苑科技等商业设施的建设和招商。类金融业态实现新突破，引进丰台区首家商业保理公司（北京富达国际商业保理有限公司）。

（杨卫丽）

【引导存量商业转型升级】引导国美生活广场项目从传统批发型业态转为购物中心。协调集美家具卢沟桥店转变经营方式，实现零售额纳统。推动花卉、服装等传统产业与顺丰、百度等公司对接，探索传统商业与电商合作模式。累计投入市级流通发展资金 700 万元支持商业设施改造，推动福海国际停车引导系统改造，支持科园信海第三方物流自动化设备示范项目建设等。

（杨卫丽）

【电子商务发展情况】推动资和信百货、文轩网、中企欣源、大红门天雅服装市场、北京城乡超市等传统企业加快电子商务应用。推动香港新亚洲娱乐集团有限公司旗下的潮尚网络科技有限公司注册丰台区，打造 B2C 时尚服饰电商网站平台。推动地大物博打造农产品现货交易平台。推动以中东在线、我爱我家网为代表的建材品类电商与实体融合发展。组织区内企业参加第三届京交会电子商务版块展览展示活动，突出线上线下融合互促发展和丰台品类电商的特点优势，促进公众社会提高对电商的认知度、接受度。截至 2014 年年底，丰台区共有 56 家从事电子商务的企业，其中电子商务应用企业 16 家，电子商务专业企业 8 家，电子商务服务企业 32 家。

（杨卫丽）

【开展百日整治·促商务环境提升行动】7 月到 10 月，牵头组织百日整治·促商务环境提升领导小组各成员单位在全区开展了市场环境百日整治工作，对丰台区建材、农产品、小商品等各类专业市场进行了专项整治，共检查近 170 余家市场，出动人员2000 余人次，消除安全隐患 50 余处，削减违规摊位 80 余个，查扣不合格物品 50 余件，拆除违规设置的广告牌匾 60 余块，取缔无照游商 120 余起，取缔 22 家非法摊商聚集区，170 余家市场升级改造。

（杨卫丽）

【行业监管情况】2014 年，办理酒类备案登记 306 户，变更 32 户。完成辖区 22 家典当企业经营管理情况的核查工作，报批新增典当行 6 家，分支 3 家。安全生产检查共出动 600 余人次，检查单位 276 余家次，发现并整改问题 150 余件；对 200 家经营单位的主要负责人和安全管理人员近 400 人进行安全生产培训；推动 45 家商务行业规模以上经营单位开展安全生产标准化工作。受理并办结 12312 投诉 100 余件，促进商业企业规范经营。完善生活必需品市场情况和应急投放网点监测，确保保障供应。

（杨卫丽）

对外经贸

【利用外资情况】2014 年，丰台区新设外商投资企业28家，新增合同外资1.94亿美元，同比下降60.23%；实际外资4.53亿美元，同比增长143%。实际外资超千万美元大项目5家，外商累计实际到位资金4.3亿美元，占总量的95%。功能区是吸收外资主要区域，丽泽金融商务区和科技园区共完成实际利用外资4.38亿美元，占总量的96%。12家外资企业实现增资，外商累计追加投资1亿美元，同比增长233%。

（杨卫丽）

【新兴金融产业吸引外资情况】2014年，新引进了中鑫企融国际融资租赁有限公司、中通融信（北京）融资租赁有限公司、中水开元国际融资租赁有限公司、中煜国际融资租赁有限公司等四家新兴金融外资企业。

（杨卫丽）

【跨国公司地区总部情况】积极落实北京市促进总部企业发展政策，协助银龙水务投资有限公司申请跨国公司地区总部认定，20家企业入选北京市重点总部企业名录库，争取优惠政策资金支持1700万元。

（杨卫丽）

【对外贸易情况】2014年，全区进出口总额实现146.50亿美元，同比下降0.12%，居全市第七位。其中，进口总额128.48亿美元，同比增长3.64%；出口总额18.02亿美元，同比增长2.89%。

（杨卫丽）

【境外投资情况】2014年，新批境外投资项目8个，累计对外投资金额4000万美元，同比增长近50%，主要从事矿产勘探、图书出版、资产管理等，涉及非洲、美国、加拿大、俄罗斯、中国香港等国家和地区。

（杨卫丽）

名　录

单位名称：北京市丰台区商务委员会
主　　任：刘怀生
地　　址：北京市丰台区东安街三条6号
邮　　编：100071
电　　话：63832350
传　　真：63838670
网　　址：sww.bjft.gov.cn/

（杨卫丽）

石景山区

概 况

石景山区商务委员会是负责石景山区内外贸易和对外经济合作的区政府工作部门。2014年，石景山区商务委开拓创新、砥砺奋进，圆满完成了市、区折子工程、拟办实事等重要工作任务。

石景山区商务委按照北京市“四中心、一目标”发展定位，围绕石景山区委“八个高端”体系建设要求，凝心聚力求创新，着力稳增长、谋发展、惠民生、保稳定，破解人口环境资源矛盾，服务区域经济转型升级，扎扎实实地推动各项工作取得了新的成绩。

2014年石景山区实现社零额232.1亿元，同比增长12.1%，增速稳居城六区首位。

创新举办2014京西消费节，汇集商超、汽车、电商、餐饮、特色街等众多业态近百家企业、300余项折促活动。与北京市商务委总部工作平台密切衔接，发挥市级总部新政引导作用，促进驻区总部企业实体化经营和战略提升。

成立领导小组，率先出台《石景山区设立商业保理公司试行办法》《石景山区商业保理试点监管暂行办法》，建立以政府监管、银行监督、专业审计、行业自律为主，商业保理业务信息监管平台为辅的商业保理“4+1”监管工作机制。与50余家拟在北京市设立商业保理企业接洽设立事宜，其中20家已完成注册入驻并逐步开展业务，产业集聚效应初显。

加速石景山区蔬菜网点布局和业态升级，引入二商股份、食全食美等蔬菜连锁品牌参与网点建设，建成老山西里、远洋山水等一批规范化连锁菜店；以“农超对接”带动生鲜超市蔬菜平价专区建设，实现全区千平以上超市蔬菜销售全覆盖。跟踪方圆六合、福民超市等社区菜市场（菜店）规范化改造，促进传统市场业态升级。围绕五里坨定向安置房菜店和便利店建设，搭载家政服务、代收代缴、快递柜等综合便民服务项目，集成综合便民服务功能。推动“乐智屋”建设试点，引导实体经营与网上销售相结合，带动优质社区服务进社区。依托家政龙头企业推进呼叫中心、网络、手机客户端、社区服务站等多网融合的家政服务体系建设，促进传统家政与社区电子商务融合发展，实现线上线下联动。

全面实施早餐示范工程建设试点。通过公开招标，引入和谐一家、首钢饮食、物美集团3家优质连锁企业，全面实施40个固定式早餐规范店和10个搭载早餐销售的便利店建设，进一步引导主食加工配送中心优质服务向商务楼宇、产业园区、社区延伸，支持、引导中小学校增加早餐服务。推进再生资源回收体系建设。选取鲁谷社区为试点，确定了27个回收站点。落实回收市场清理整治任务，多次组织各相关单位对辖区再生资源回收市场开展安全生产专项整治工作，取缔无照经营、违章建设、非法经营的回收市场，已关停8家。

整治规范消夏露天餐饮。制定《2014年消夏露天餐饮经营管理和整治工作实施方案》，组织召开“石景山区消夏露天餐饮文化广场申报情况”汇报会，与北京俄斯科餐饮管理有限公司等8家企业签订了经营消夏露天餐饮文化广场承诺书。

（郝　响、张　焰）

【积极参与第三届京交会】5月28日至6月1日，第三届京交会在国家会议中心举行。石景山区商务委联合区相关委办局，重点推介石景山区两块“金字招牌”——国家服务业综合改革试点区和国家可持续发展实验区。通过京交会平台，全方位、宽领域、多角度展现石景山区“全面深度转型、高端绿色发展”的战略、建设国家级绿色转型发展示范区的奋斗目标以及着力构建“八个高端体系”的工作推动情况。石景山区重点电子商务服务项目——北京华录北方电子有限公司与日本松下签署蓝光工程录像机采购合同，北京新七天科技公司与深圳创维签署电视天猫运营服务年度电视采购合同，在本届京交会实现签约金额达5亿元人民币。

（徐　沫）

【完善“数字商务”系统，支撑高端商业民生体系建设】石景山区商务委依托“数字商务”平台建设，构建高端商业民生体系。在全市率先提出“数字商务”理念，2014年“数字商务”项目二期实现一期工程C/S结构向B/S结构转换，进一步完善社区商业数据库，从三个方面全面客观地掌握了社区商业总量、结构、覆盖现状、未来规划等情况。一是科学谋划社区商业布局。以信息化技术手段为支撑，以“一刻钟服务圈”覆盖空白点和居民需求为重点，按照“提”“转”“补”“建”的发展思路，分类推进老旧小区、新建小区、待建小区社区商业便民服务体系建设。二是加快早餐便民服务体系建设。实施早餐示范工程，科学规划网点布局，采取“固定早餐门店为主、便利店搭载为辅”的模式，实现早餐网点的合理配置。三是科学规划构建蔬菜零售网络新格局。利用“一刻钟”分析和叠加区域规划功能，将蔬菜零售网点布局与城市规划、公共服务设施配套相衔接，实现科学规划、合理布局。

（徐　沫）

【跨境电子商务平台不断涌现】石景山区内企业趣游集团、华录百纳获“2013—2014年度国家文化出口重点企业”称号。趣游集团作为石景山区文化创意总部企业，积极开展跨境电子商务，建立“中国轻游戏产品版权出口服务平台”，为中小企业提供全球游戏出口运营服务，引领中国游戏企业“走出去”。截至2013年年底，该平台已经有106家中小企业用户，个人用户超过500个，平台收入突破6000万元，创造税收1200万元。

（徐　沫）

【石景山区企业获批全市电子发票试点资格】石景山区重点网上零售企业新七天电子商务公司成为区内首家获批北京市电子发票试点企业。该公司是国内领先的家电类电子商务营销服务商，为创维等数十家知名家电企业提供天猫旗舰店托管运营服务。2014年，该公司预计销售额8亿元，开具电子发票占比超过60%。

（徐　沫）

【石景山区获批北京市首个开展商业保

理业务试点区县】2014年年初，市商务委正式函复石景山区，要求在明确商业保理试点企业经营范围的基础上可作为北京市首批商业保理试点区县开展相关工作。自试点工作开展以来，石景山区成立商业保理联合推进领导小组，在去上海、天津等地充分调研的基础上，经2014年4月14日第八次石景山区长办公会议审议通过，出台了北京市商业保理行业第一个规范性的政策性文件——《石景山区设立商业保理公司试行办法》，北京农投商业保理（首创集团）、京西启润商业保理（京西创投）、兆通置地商业保理（兆通置地集团）、北京康平商业保理（物美集团）4家公司已作为北京市首批获得商业保理试点企业正式在石景山区注册登记。随后，石景山区在全市率先出台了商业保理区域性监管办法——《石景山区商业保理试点监管暂行办法》，创新推出以政府监管、银行监督、专业审计、行业自律为主，商业保理业务信息预警系统为辅的“4＋1”监管工作机制，并研发了国内首个商业保理业务信息预警系统，提高了商业保理企业的监管水平。截至2014年年底，石景山区共审批商业保理企业20家，注册资金达21.71亿元。

（董　华、陈　雷）

【促消费保增长工作情况】2014年，在全国经济换挡、汽车限购指标收紧等不利因素下，石景山区积极采取组织特色活动、推动品牌提升、优化购物环境、落实资金政策、完善应急体系等措施，促使全区消费品市场保持较快的增长趋势，年底实现圆满收官。全年累计实现社会消费品零售额232.1亿元，同比增长12.1%，累计增速在城六区中保持第一。

（刘　颖、滕小宇）

【举办2014京西消费节】创新开展2014京西消费节活动，烘托市场氛围，繁荣活跃市场。本届消费节于9月6日至10月12日期间举行，突出“请进来、走出去、动起来、沉下去”的宗旨，即请外区企业参与，去外区拓展宣传，进社区开展活动，尝试突破地域限制，辐射周边区县，深入百姓社区，近距离服务消费者。在此主旨下，沿用“惊喜在京西·京西GO惊喜”活动主题，通过快乐时尚购、台湾美食汇、电商体验购、汽车欢乐购、节庆实惠购、活动连环动六大主题板块，积极整合京西地区商业、文化、体育、旅游等优势资源，汇集商超、汽车、电商、餐饮、特色街等众多业态近百家企业、300余项折促活动。同时，组织万达、环球国广等企业进入八角、苹果园街道社区开展宣传推广活动，并邀请社区居民走进旺顺阁美食大讲堂，使本届消费节更加贴近消费者，有效地促进和推动了京西地区社会购买力的提升。本届消费节共实现商品零售额12.49亿元，同比增长13.6%。

（刘　颖、滕小宇）

【推进蔬菜零售网络建设】依托区蔬菜零售网络建设工作推进小组，进一步完善支持政策，加速蔬菜网点布局和业态升级。印发《关于新建改建居住区社区菜市场（菜店）建设管理的意见》，强化新建居住区菜市场（菜店）配建，推动五里坨定向安置房菜店建设；印发《石景山区蔬菜直销车管理暂行办法》，规范车载直销车管理；支持连锁化、公司化经营进社区，引入二商股份、食全食美等蔬菜连锁品牌参与网点建设，建成老山西里、远洋山水等一批规范化连锁菜店；以“农超对接”带动生鲜超市蔬菜平价专区建设，全区千平以上超市蔬菜销售实现全覆盖。

（刘 珊）

【推进早餐示范工程建设试点工作】获批北京市早餐工程建设试点资格，承接40个（以上）固定早餐门店、10个（以上）连锁经营搭载早餐服务的便利店和1个（以上）主食加工配送中心的新建或改造任务。通过公开招标，确定北京和谐一家餐饮管理有限公司、北京首钢饮食有限责任公司、北京物美商业集团股份有限公司三家试点企业承接建设任务。

（刘 珊）

【典当企业设立情况】经批准石景山区新增典当企业1家，分支机构2个，分别为北京祥瑞通典当有限公司、北京市华夏典当行有限责任公司阜石路分公司和北京万国典当有限公司石景山分公司。2014年，北京融通典当有限公司被收回《典当经营许可证》，北京迪升典当有限责任公司由石景山区迁往西城区。截至2014年年底，石景山区共有典当企业17家，分支机构3个。

（刘 珊）

【完成粮食平衡调查】3月，完成2013年度石景山区粮食供需平衡调查，共调查城镇居民64户、粮食经营及转化企业28家、餐饮企业及单位食堂30家，基本掌握了全区2013年粮油产品供给量、需求量、库存量等基础性数据，形成《2013年度石景山区粮油供需平衡调查报告》，为进一步提升石景山区物资保障水平及应急响应能力提供了依据。

（刘 珊）

【完成典当行业年审】6月，石景山区全面完成2013年度北京市典当企业年审工作，17家典当企业通过审核，其中13家被评为A类企业（最高级），3家被评为B级，北京融通典当有限公司被收回《典当经营许可证》。2014年全区典当企业共开展业务3358笔，典当总额累计241696.49万元，同比增长87.3%，业务范围涵盖动产质押、房地产抵押、财产权利质押等。

（刘 珊）

【扎实做好行业安全监管工作】一是完善商务安全管理数据基础。调研摸清石景山区商业场所分布数量、规模、业态等基本现状，建立商业场所基础数据库。二是逐步从被动管理向主动管理转变。借助“大城管”工作机制，合理划分监管范围。集中信息反馈与处理，进行统一监督、调度、跟踪和评价，对不同规模、不同业态的商业经营场所进行分类管理。三是深入履行安全监管职责。通过召开全区安全生产工作大会，与全区83家规模以上的企业签订《安全生产责任书》；积极组织行业企业参加“安全生产月”主题活动；组织31家试点企业参加安全生产标准化达标等措施，努力创建行业安全生产大环境。四是落实市、区两级指示要求，深入做好商业经营单位和人员密集场所反恐工作部署，从方案制定、人员配备、培训演练、技防器材配备等各个方面进行对照检查，逐项落实。

（张 弋）

【规范消夏露天餐饮经营行为】为贯彻落实石景山区委“全面深度转型，高端绿色发展，建设国家级绿色转型发展示范区”发展目标，区商务委提早着手、开拓思路、科学谋划、多措并举，创新石景山区消夏露天餐饮经营管理整治，维护餐饮市场秩序，努力营造和谐、整洁的城市环境，确保石景山区消夏露天餐饮经营活动规范、有序、整洁。一是成立消夏露天餐饮经营管理和整治工作领导小组，研究制定《2014年消夏露天餐饮经营管理和整治工作实施方案》。组织召开“2014年石景山区消夏露天餐饮经营管理和整治工作动员会”；协助各街道（鲁谷社区）按照属地管理原则组织召开辖区内餐饮企业消夏露天餐饮经营管理和整治工作会，将《致全区餐饮企业的一封信》发放到每一家餐饮企业手中。二是利用石景山区电视媒体、石景山报等宣传资源，开展“消夏露天餐饮经营管理和整治工作”系列宣传活动，营造工作氛围。三是规范文化广场，组织召开“石景山区消夏露天餐饮文化广场申报情况”汇报会，与北京俄斯科餐饮管理有限公司等8家企业签订了经营消夏露天餐饮文化广场承诺书。四是组织城管、公安、环保、食药等职能部门多次进行联合执法检查和巡查。4月份以来，共组织各部门联合检查10余次，定期巡查25次，共出动执法检查人员500余人次，纠正规范各类违规经营行为170余起。

（张　弋）

【进一步推进再生资源回收体系建设】紧紧围绕“开拓建设新思路、提升行业规范度、形成回收产业链、树立回收新形象”的总体目标，按照“政府推动、企业运营、行业规范、社会参与”原则，规范建设与清理整治相结合，通过“主体企业＋规范化回收站点、统一物流运输体系、专业分拣中心”的“一带三”模式，加大安全生产整治力度，规范再生资源回收市场，促进再生资源回收体系的健康发展。2014年组织召开石景山区再生资源回收体系建设和整改工作动员部署会，全面部署《石景山区再生资源回收体系建设实施方案》和《石景山区集中开展再生资源回收市场安全生产专项整治工作实施方案》。至8月份，完成区再生资源行业专有形象标识、回收站点围挡和回收车辆等设计方案，撰写了《石景山区再生资源回收体系建设文件汇编》等配套文件材料。并以鲁谷社区为试点，确定了27个回收站点。落实回收市场清理整治任务，多次组织各相关单位对辖区再生资源回收市场开展安全生产专项整治工作，取缔无照经营、违章建设、非法经营的回收市场，已关停6家。

（张　弋）

对外经贸

【概况】2014年，石景山区吸纳合同外资额4.5亿美元，同比增长177.5%，占全市总比重的1.3%，完成实际利用外资9370万美元，同比增长7.1%，占全市总比重的1%。新设外商投资企业41家，同比增长24.2%；实现投资总额2亿美元，同比增长100%；注册资本1.5亿美元，同比增长237.3%。开业外商投资企业增资27家，同比增长42%；实现新增投资总额6.2亿美元，同比增长287.5%；注册资本4亿美元，同比增长185.7%；合同外资3.1亿美元，同比增长181.8%。投资总额1000万美元以上的大项目3个，合计投资总额6625万美元，注册资本3390万美元，合同外资总额3390万美元，分别占全部新批项目的33.1%、22.6%和24.2%。完成进出口总额7亿美元，同比下降0.2%，地区生产总值390亿元人民币，外贸依存度11.1%。全年缩短承诺审批率77%。

（刘　斌、王凯蒂）

【外贸进出口情况】2014年，完成进出口总额7.1亿美元，同比下降0.2%。其中，出口额 4 亿美元，同比增长 16.6%；进口额 3.1 亿美元，同比下降 16%。出口商品以工业制成品为主，主要销往美国、中国香港、南非、日本、新加坡、荷兰、英国、德国等国家和地区。

（刘 斌、王凯蒂）

【外资结构情况】截至 2014 年年底，开业外商投资企业 367 家。按企业生产方式划分，生产型企业 56 家，非生产型企业 311 家；按合作方式划分，合资企业 96 家，独资企业 266 家，合作企业 3 家，股份制合资企业 2 家。累计投资总额 25.2 亿美元，注册资本 17.5 亿美元，合同外资 14.2 亿美元，企业平均投资规模 686 万美元。

（刘 斌、王凯蒂）

【外资来源情况】2014 年，石景山区累计外资主要来源于全球 24 个国家和地区。其中企业数量最多的为中国香港，共设立“三资”企业 206 家，外资额为 16.4 亿美元；英国（含维尔京群岛和开曼群岛）位居第二，共设立“三资”企业 22 家，外资额为 2.6 亿美元；美国位列第三，共设立“三资”企业 21 家，外资额为2426.4万美元；三个国家和地区的投资企业数分别占全区外资企业总数的 56.1%、6.0%和 5.7%。

（刘 斌、王凯蒂）

【新批外资规模情况】2014 年，新设外商投资企业 41 家，投资总额 2 亿美元；注册资本 1.5 亿美元；合同外资 1.3 亿美元。开业外商投资企业增资 27 家，同比增长 42%；实现新增投资总额 6.2 亿美元，同比增长 287.5%；注册资本 4 亿美元，同比增长 185.7%；合同外资 3.1 亿美元，同比增长 181.8%。

（刘 斌、王凯蒂）

【新批外资结构情况】石景山区新批“三资”企业中，从企业类型上分，合资企业 6 家，投资总额6119.7万美元，注册资本6087.3万美元，合同外资总额3376.7万美元；独资企业 35 家，投资总额 1.4 亿美元，注册资本 8957.3 万美元，合同外资总额 8957.3万美元。从产业结构上分，新批“三资”企业全部符合石景山区产业发展定位。其中，商务服务类企业占新批企业的 93%。投资涉及的主要行业有科技研发、商业批发、商务咨询、外贸进出口等。

（刘 斌、王凯蒂）

【外资大项目情况】2014 年，引进外资项目在规模和质量上不断扩大和提升，为推动石景山区外商投资企业高质量发展注入了新的活力。投资总额1000万美元以上的大项目 3 个，合计投资总额6625万美元，注册资本3390万美元，合同外资总额3390万美元，分别占全部新批项目的 33.1%、22.6%和 26.1%。

（刘 斌、王凯蒂）

【支持中小企业开拓国际市场】支持中小企业走出国门，开拓国际市场，是北京市实施“走出去”战略的重要支持政策。2014 年申报，石景山区共有 26 家企业报送资料，共申报待审批项目 83 个，其中，拥有自主知识产权和自主创新产品 4 家。2014 年第一批共受理 17 家企业申报的 34 个项目，涉及拨付金额 64.6 万元，同意项目 33 个，实际合计拨付金额 60.8 万元；第二批申报共 22 家企业申报了 49 个项目，涉及拨付金额 112.2 万元。共办理“中小开”企业资质审核 22 家，其中资质注册 15 家，资质变更 4 家，密码重置 3 家。

（刘 斌、王凯蒂）

【搭建实用型服务平台】针对金融危机以来国际市场持续低迷，造成外经贸企业出口压力，通过搭建企业与企业之间、企业与金融机构之间、企业与政府之间沟通互动服务平台，旨在帮助企业在逆境中练内功、调结构，推动企业的对外投资，推动石景山区外经贸企业的良性发展。2014 年 8 月石景山区商务委陆续走访调研区内重点外资外贸企业，了解企业存在的实际困难，通过分析制定今后工作计划及相关政策，及时解决企业面临的问题。通过政策引导，帮助企业挖掘潜力，提升外贸出口优势。

（刘　斌、王凯蒂）

【加强外资企业调研】深入企业调研，及时了解企业动态，推进企业全面、健康发展。通过走访和座谈，对石景山区重点外资外贸企业北重阿尔斯通（北京）电气装备有限公司和北京巴布科克·威尔科克斯有限公司外经贸工作进行全面了解和调研，实时沟通重大外贸进出口项目进展情况，了解企业最新动态，做好沟通协调和服务，确保重点企业平稳发展。

（刘　斌、王凯蒂）

【重视外资企业安全生产工作】9 月中旬，司马红副区长带领区商务委、区安监局、区质监局、区消防支队、区环保局、区经信委、八角街道、八宝山街道，对石景山区外商投资企业巴布科克·威尔科克斯公司、阿尔西制冷工程技术公司等单位进行了安全生产联合检查。针对存在的问题，督导企业要进一步加强安全生产工作，做到早安排、早行动、早落实，要求相关部门加大执法力度，突出重点，明确责任，狠抓落实，将一切隐患消灭殆尽。

（刘　斌、王凯蒂）

【提升台湾街影响力】区商务委借助八大处庙会平台优势，不断提升台湾街影响力。1 月 31 日至 2 月 14 日，为丰富八大处首届新春祈福庙会内容，提高北京台湾街在京知名度，区商务委借助八大处首届新春祈福庙会的平台，在庙会设立 25 个台湾街展示区域，通过台湾特色工艺品、台湾百货商品、台湾土特产品等台湾商品展卖展示、台湾街形象展示及现场互动活动等形式，运用庙会现有的资源及宣传力度，不断提升北京台湾街在京市场影响力，为北京台湾街企业与商户带来更多的实惠及经济效益。

（刘　斌、王凯蒂）

名　录

单位名称：北京市石景山区商务委员会
主　　任：宋世媛
地　　址：北京市石景山区石景山路18 号
邮　　编：100043
电　　话：68607227
传　　真：88683281
网　　址：sjsswj. bjsjs. gov. cn

（郝　响、张　焰）

门头沟区

概　　况

2014年，门头沟区商务委按照门头沟区委、区政府的工作部署，紧紧围绕“惠民生、保稳定、促发展”的工作思路，以服务民生、服务企业、服务经济和社会发展为指导思想，克服门头沟区经济总量小、商业体系不健全等诸多不利因素，从服务全区拆迁大局出发，多措并举拉动内需，加大服务民生力度，优化投资环境，提高应急处置能力。2014年全区累计实现零售额52.8亿元，同比增长8%，全区商业流通领域发展稳中有进，受到市商务委表彰及专项资金奖励。按照“商业聚集打造区级中心、社区配套以便民为先”的原则，编制门城地区商业网点规划。继续做好新建和老旧社区配套商业设施建设工作，石门营地区的6个社区便民菜店建设完工，便民菜店的委托经营企业已选定，2家菜店已投入使用。完善早餐工程建设工作，门城地区累计设置便民早餐车57辆。继续推进再生资源建设工作，已在石泉地块、小园地块建成6个再生资源回收站点。按照“月月有活动，节日有促销，百姓得实惠”的工作目标，以情人节、妇女节、母亲节、父亲节等节庆日为抓手，组织企业开展了形式多样的促销活动。积极构建商旅结合消费新模式，挖掘和宣传区域特色饮食文化及农副产品，先后组织京西特产协会进入丰台小屯城乡超市开展为期四天的展卖活动、名店名菜活动、农超农餐对接、流动超市菜车、年货大集、送货下乡等多场促销活动。不断优化贸易投资环境。强化粮食应急管理，保障供应平衡，完善应急体系建设，重新修订《门头沟区粮食供给应急预案》，增加了粮食应急预警级别。加大安全执法检查力度，及时消除各种安全隐患，全力完成全国“两会”、APEC峰会等重大活动安全维稳任务。2014年入统的实际利用外资额为805万美元。2014年门头沟区进出口5.73亿美元，同比增长30.08%。其中，出口3.54亿美元，同比增长44.54%；进口2.19亿美元，同比增长12.01%。进口、出口增速均为全市第一。积极筹备参加第三届京交会，大力宣传推介门头沟区首都西部综合服务区（WSD）的特色功能区。做好企业引进和扶持工作。协调相关部门帮助国泰百货做好开业前后的各项工作。积极帮助企业申请总部经济资质，通过努力，门头沟区有三家企业入选第一批北京市重点总部企业。鼓励外贸企业利用多种渠道开拓国际市场。完成了2013年外经贸专项资金项目审核工作，为10家企业的24个项目申请资金100余万元，组织符合条件的企业进行2014年项目申报，获得扶持资金57.61万元。

（石蕾蕾）

商业流通

【完成为民办实事工程】2014年，完成了门头沟区区政府为民办实事项目：全年组织开展5次“送货下乡及进社区活动”。

（石蕾蕾）

【推进便民利民工程】2014年，完成了9个便民菜店的建设任务（石门营6个，石泉3个）并逐步投入运营。

（石蕾蕾）

【完善早餐工程建设】2014年，完善早餐工程建设工作，加强规范管理，提高从业人员素质，定期组织开展业务培训，不定期抽查日常经营情况，确保食品安全。现有57辆早餐车覆盖全区门城主要交通枢纽和社区，基本可以满足城镇居民早餐需求。

（石蕾蕾）

【增强门头沟区生活必需品应急保障能力】加强生活必需品市场监测和三级联动应急机制，提前做好应急物资储备工作。与门头沟区相关企业签署了应急物资调运、存储责任书，确保分工有序，责任到位，物资储备充足、人员随时到岗，车辆整装待发，全力做好应急物资保障工作。

（石蕾蕾）

【完成再生资源回收站点体系建设】2014年，完成石泉地块A4区、A7区、B9北区以及小园二地块、三地块、七地块6个回收站点建设任务。在行业企业和百姓中积极开展“垃圾减量，垃圾分类”和“光盘行动”等主题活动，开展再生资源宣传日活动，营造“反对浪费，低碳环保”氛围。

（石蕾蕾）

【加大流通发展资金扶持力度】2014年，开展了2013年市级商业专项资金核查工作，对获得支持的鑫维康、灵之秀、鑫源市场3家企业开展了项目绩效考核，考核情况良好。完成2014年市级商业专项资金项目申报及资金争取工作，推进门头沟区市场的升级改造和企业特色创意项目发展，三个项目共92万元扶持资金已拨付到位。完成2014年批发企业发展资金申请，市级50万元专项资金已拨付企业。完成2015年市级商业专项资金项目申报工作。“2014年度促消费、保增长”奖励资金管理办法制定、公示已完成，现正推进实施。

（石蕾蕾）

【行业促进工作成效显著】2014年，根据年初工作计划，积极组织促消费活动，组织年货大集（大台办事处、清水镇、雁翅镇）、京西特产协会进丰台小屯超市展卖等多主题促销活动，印制了相关的宣传用品。连续五年组织“食在门头沟”餐饮比赛活动，拉动作用显著。据统计，规模以上餐饮企业分别从负增长实现小幅正增长。组织“鲜花入膳”菜肴制作推广活动，现场教授玫瑰入膳菜肴的制作。举办“2014年门头沟区收银员技能比赛”，检验收银员实操技能，进行岗位练兵。

（石蕾蕾）

【推进重点流通企业信息监测工作】2014年，剔除已停业样本企业6家，新增重点流通样本企业1家，现样本企业54家。全年开展报送总结和信息员培训3次，评选出优秀信息员5名，全年月报报送率达到百分之百。

（石蕾蕾）

【完成商贸流通业统计报送工作】2014年，组织门头沟区40家企业完成季报4次，年报1次。召开培训总结会2次。

（石蕾蕾）

【完成直销企业网点确认及核查】2014年，完成对3家直销企业（北京北方大陆生物工程有限公司、保罗生物科技园股份有限公司、宝健（中国）日用品有限公司）在门头沟区设立直销网点的确认及地址变更核查工作。

（石蕾蕾）

【推进非首都核心功能产业调整疏解】2014年，根据区三产疏解办公室职能，协调各成员单位开展门头沟区第三产业调整疏解工作。根据汇总，全年第三产业共计列出拟疏解企业15家，接待咨询56次，疏解外来人口307人。

（石蕾蕾）

【扎实做好行业安全工作】2014年，根据市区两级安全生产工作部署，全面推进安全生产标准化建设，安全执法检查共出动310余人次，检查规模以上商业企业、餐饮企业270余家（次）。发现安全隐患33处，全部整改完毕。

（石蕾蕾）

【加强全区酒类、食盐监督检查】2014年，贯彻落实食品安全责任制，加强对酒类流通、食盐市场监督检查力度，食品安全执法累计检查190余人次，共检查各类食品经营户600余家次。配合区疾控中心完成了2个乡镇8个村居委会120户村居民食用盐入户抽样调查，达到了全市碘盐食用合格率。

（石蕾蕾）

【做好安全防范工作】门头沟区商务委会同区消防支队、区安监局在石龙大厦开展了消防演练，并组织门头沟区各商务行业单位安全生产负责人进行了现场观摩。组织召开门头沟区商务行业安全生产工作观摩及座谈会，组织门头沟区31家规模以上商务行业单位安全生产负责人对物美大卖场安全生产工作进行了观摩，并召开了座谈会。

（石蕾蕾）

【开展八一拥军慰问活动】组织门头沟区粮油军供站开展“八一”拥军慰问活动。一是走访门头沟区66282部队和66446部队，通过召开座谈会，深入了解部队军粮供应的现状，探索改善军粮供应的措施，妥善解决军粮供应的难题。二是向部队赠送了微波炉、大米、食用油等物品，受到了官兵们的一致欢迎。

（石蕾蕾）

【开展全国爱粮节粮宣传周活动】开展“节约一粒粮，我们在行动”为主题的世界粮食日和全国爱粮节粮宣传周活动，采取悬挂横幅、发放宣传资料、张贴宣传画、现场讲解等多种形式，宣传爱粮节粮、合理膳食、科学营养方面的知识。

（石蕾蕾）

对外经贸

【加强对外宣传】积极筹备参加第三届京交会。围绕京交会北京馆“北京服务、全球共享”的主题，门头沟区以“绿色、生态、发展”的形象亮相京交会，大力宣传推介门头沟区首都西部综合服务区（WSD）的特色功能区，以文字、图片、视频等形式进行宣传推介。

（石蕾蕾）

【帮扶企业发展】积极搭建融资平台，助力企业发展。完成了2013年外经贸专项资金项目审核工作，为10家企业的24个项目申请资金100余万元，为符合条件的企业进行2014年项目申报，20个项目获批，获得扶持资金57.61万元。

（石蕾蕾）

名　录

单位名称：北京市门头沟区商务委员会
主　　任：王立宇
地　　址：北京市门头沟区双峪路 39－1
邮　　编：102300
电　　话：69842571
网　　址：sww. bjmtg. gov. cn

（石蕾蕾）

房山区

概　况

2014年，房山区商务工作以贯彻习近平总书记视察北京重要讲话精神为基础，在区委、区政府和市商务委的正确领导和指导下，以深入开展党的群众路线教育实践活动为契机，围绕"一区一城"新房山建设，稳增长、促改革、调结构、惠民生，统筹内外贸易发展，扎实推进各项工作，全区商务工作发展势头良好。

全年实现社会消费品零售额228.1亿元，同比增长11.1%；利用外资持续攀升，全年实际利用外资1492万美元，同比增长47.1%；服务贸易实现"零"突破，北京京西重工有限公司承接英国和波兰两国企业3笔服务外包合同，合同金额1753万美元，截至目前已执行金额173万美元；货物贸易下行明显，全年完成货物进出口总额6.58亿美元，同比下降6%，其中出口总额3.35亿美元，同比增长12.8%。全区批发和零售业、住宿和餐饮业、租赁和商务服务业、居民生活和其他服务业税收全年完成21.6亿元。就业拉动势头良好，共计为社会新增就业岗位4000余个。CSD市级商贸服务产业试验区建设步伐明显加快，首创奥特莱斯运营良好，品牌集聚效应凸显；绿地启航国际开发建设基本完工，中粮万科半岛广场建设快速推进。北京石油交易所影响力逐步提升，极大地拉动了全区商业市场繁荣稳定。

商业流通

【商务发展水平稳步提升】2014年，房山区实现社会消费品零售额228.1亿元，同比增长11.1%；利用外资持续攀升，全年实际利用外资1492万美元，同比增长47.1%；服务贸易实现"零"突破；全年完成货物进出口总额6.58亿美元，同比下降6%，其中出口总额3.35亿美元，同比增长12.8%。

（刘　斐）

【CSD市级商贸服务产业试验区建设稳步有序】首创奥特莱斯品牌集聚效应凸显。已逐步形成集购物、休闲娱乐、餐饮、旅游等多种业态带动区域发展的城市新中心模式。2014年入驻店铺总数251家，实现开业店铺227家，入驻品牌数量达到903个。

（刘　斐）

【北京石油交易所成品油现货交易正式上线】2014年2月14日，北油所成品油现货交易正式上线，标志着国内首家融合成品油批发与零售交易的线上交易平台正式运营。首期交易品种为国Ⅳ93＃汽油。交易平台融合了国内成品油的生产、批发、零售各环节的现货企业，并建立了完善的服务现货交收的仓储、物流、油站布局网络，使成品油的现货交收更加方便、快捷。

（刘　斐）

【华冠商业与京东商城签订战略合作协议】2014年4月2日，华冠商业与京东商城签订O2O战略合作意向协议。根据协议，双方开展的首期合作项目是生鲜商品物流配送，在华冠店铺涉及区域（房山区、丰台区、朝阳区、大兴区、河北省涿州市），为消费者开展生鲜商品线上线下相结合的服务并提供配送，满足消费者对生鲜商品鲜度、品质以及时效性方面的需求。

（刘　斐）

【房山区商务委修订完成《房山区粮食供给应急预案》】依据《粮食流通管理条例》《北京市粮食供给应急预案》《北京市房山区突发事件总体应急预案》等国家、市、区有关法律法规、规章和相关文件，房山区商务委于2014年5月7日修订完成《房山区粮食供给应急预案》，并颁布实施。

（刘　斐）

【“华冠生活在线”上线京东商城】2014年5月18日，北京华冠商业公司与京东联手打造，开展O2O模式电子商务运营业务。这是华冠商业继生鲜物流配送之后，首次与京东商城的大规模合作，产品主要为日常生活用品及部分生鲜商品。消费者可在线直接支付下单后，根据电子凭证到实体门店提货，也可货到付款。

（刘　斐）

【北京石油交易所“中阿商品交易服务平台”正式启动】2014年8月27日，北京石油交易所“中阿商品交易服务平台”正式启动。该平台依托国家“海上丝绸之路”战略，由北京石油交易所与宁夏中阿基金共同搭建，旨在加快推动中国与海湾阿拉伯国家间的贸易往来，交易品种为石化产品、聚合物、油田设备、油田废弃材料等石油石化行业大宗商品。目前，已与沙特政府达成合作协议，将利用服务平台进行交易。

（刘　斐）

【房山绿地缤纷城购物中心正式营业】2014年12月19日，绿地缤纷城正式营业。该项目是绿地集团在北京市运营的第二个缤纷城品牌商城，分为地上四层、地下三层，建筑面积7万平方米，其中营业面积4万平方米。商城内设商贸经营区、餐饮服务区、文化娱乐区和儿童游乐区等，汇集上海国际影城、乐翻天KTV等品牌商企，是集购物、餐饮、休闲、娱乐、亲子为一体的一站式家庭生活休闲购物中心。预计日均客流将达上万人次，年销售额可达3.5亿元。

（刘　斐）

【北京石油交易所交易规模大幅提升】2014年，北京石油交易所驻场会员达426家，同比增长26.4%；税收1.1亿元，同比增长63.8%；累计交易额达到4647.1亿元，同比增长115.94%。其中，成品油累计交易额2593.54亿元，同比增长304.13%；化工产品类累计交易额438.59亿元，同比增长22.36%；燃料油累计交易额1594.53亿元，同比增长42.77%；硫磺累计交易额20.46亿元，同比减少41.54%。

（刘　斐）

【湖北十堰市房县特色农产品进华冠】为了回报湖北十堰市房县百姓对南水北调工程做出的贡献，促进湖北十堰市房县与北京房山区之间的合作与交流，北京华冠商业有限公司成功推广房县特色农产品。2014年年底，房县木耳、房县香菇等两款特色单品入驻华冠的26家门店。

（刘　斐）

【房山区商务委修订完成《生活必需品市场供应应急预案》】依据《中华人民共和国突发事件应对法》《北京市生活必需品市

场供应应急预案》《北京市房山区突发事件总体应急预案》等国家、市、区有关法律法规、规章和相关文件，房山区商务委于2014年12月23日修订完成《房山区生活必需品市场供应应急预案》，并颁布实施。

（刘　斐）

对外经贸

【实际利用外资水平进一步提升】 2014年，房山区实际利用外资1492万美元，同比增长47.1%。

（刘　斐）

【房山区商务委积极组织企业参展京交会】 2014年5月28日，第三届京交会在北京国家会议中心开幕，房山区商务委积极组织房山区项目进行展示、推介和洽谈，房山世界地质公园、房山智汇城两个项目成功入选北京展区参展。

（刘　斐）

【房山区服务贸易实现“零”突破】 2014年，北京京西重工有限公司承接英国和波兰两国企业3笔服务外包合同，合同金额1753万美元，截至2015年6月已执行金额173万美元。

（刘　斐）

名　录

单位名称：北京市房山区商务委员会
党组书记：赵东升（2014年3月免）
　　　　　高运华（2014年3月任）
副 书 记：张福志
纪检组长：孙玉生（2014年12月免）
　　　　　张　健（2014年12月任）
主　　任：张福志
副 主 任：冯万利　王　倩　苑星林
粮食局局长：张福志
地　　址：北京市房山区长阳镇昊天北大街38号
邮　　编：102445
电　　话：81312935 81312937
传　　真：81312958
电子邮箱：shangwu@bjfsh.gov.cn
网　　址：shangwu.bjfsh.gov.cn/

（刘　斐）

通州区

概　况

2014年，通州区商务委员会紧紧围绕加快城市副中心建设的奋斗目标，大力推进经济发展方式转变，消费规模日益壮大，外经贸形势明显好转，全区商务经济总量稳步提高。商务主要经济指标实现新增长，消费、外经贸双轮驱动，对国民经济增长拉动作用显著增强。

（畅绍丽）

商业流通

【商贸流通业繁荣发展】2014年，消费市场继续保持增长态势，批发零售业和社会消费品零售额稳定增长。截至2013年年末，全区批发零售业企业11542个，批发业法人单位6877个，零售业法人单位4665个，批发和零售业个体经营户31658个。全区消费品市场运行平稳，消费规模扩大。2014年全区实现社会消费品零售额302.9亿元，同比增长12.6%。限额以上企业保持较快增长，实现零售额204.2亿元，同比增长13.7%。其中，汽车零售、日用家电设备零售等行业实现了较快增长，对全区零售额增长拉动明显。汽车零售业实现零售额38.7亿元，同比增长16.9%；日用家电设备零售业实现零售额51.4亿元，同比增长55.6%。

（畅绍丽）

【科学谋划商业布局规划】商务发展，规划先行。按照城市副中心功能定位和业态需求，组织专业机构和专家团队编制《通州区商务发展规划（2014—2020年）》。该规划的科学编制，为京津冀协同发展、城市副中心高端商务产业发展、商业科学合理布局提供了重要航标和依据。

（畅绍丽）

【加快推进高端商业项目引进建设】2014年，大型商业设施和品牌项目引进建设实现通州有史以来两大历史性突破。年内新开业的万达广场、罗斯福广场、星悦百货等大型城市综合体和大型购物中心3个，集中开业商业设施规模约35万平方米，创历史新高。新开业的北京波士诚达奔驰4S店、正通宝马销售店、佳合时光影院、俏江南、外婆家、橙天嘉禾影院等40多个外资和100多个知名品牌首次入驻通州。商业辐射能力显著提高，极大地提升了本地消费层次，拉动了消费能力。

（畅绍丽）

【加快总部企业培育】指导帮助企业申报2014年总部经济集聚区培育和公共服务平台建设项目专项资金。2014年以来，首次完成12家总部企业认定，组织11家企业参加第二批总部企业命名申报工作。组织参加第三届京交会，商务园、环渤海高端总部基地、医疗服务区、文化旅游区、物流基地等单位分别以多种形式进行了宣传展示。推进楼宇经济高起点发展，建立商务楼宇台账，定期走访楼宇企业，协调解决在楼宇规划、楼宇建设、招商引资等方面遇到的各类困难。在招商引资上，坚持高起点、多样化发展楼宇总部经济。

（畅绍丽）

【加快推进社区蔬菜零售网点建设】 2014年，全面完成了《通州区蔬菜零售网络建设工作方案（2014—2016年）》。截至目前，全区共有各类蔬菜网点135个，售菜面积共计80700多平方米，批发市场蔬菜交易量约73.6万吨，零售网点蔬菜销售约29.8万吨。通糖、京粮运河等区属企业开设品牌化连锁社区超市6家；仙缘酿造公司已开设便民蔬菜超市4家；“嘿客”线上线下社区体验店开办9家。积极引进181、河北永清县农村合作社等具有成功经验的专业社区商业公司、蔬菜合作社来通州发展。

（畅绍丽）

【切实加强民生保障工作】 储备粮轮转工作有条不紊。2014年，顺利完成区储备粮轮转工作，轮入、轮出稻谷各5245吨；储备小麦轮入10968吨、轮出10552吨；保质保量保时完成850吨储备成品粮轮换。认真开展加油站劣质油品检查工作及加油站反恐工作方案，全年供应成品油39.8万吨。做好各节日期间和防汛应急物资储备工作，制定节日期间和汛期生活必需品市场供应应急方案，成立储备物资工作小组和应急小组，落实防汛物资，确保节日市场供应，安全度汛。加强对典当行业管理，全区23家典当企业拥有净资产47475.22万元，营业收入共计1468.31万元，发放贷款总额26474.49万元，同比增长64.8%。

（畅绍丽）

【深入开展市场业态研究分析】 对通州区各类市场进行摸底调查，编写了《关于全区各类市场发展情况的调查分析及建议》。截至目前，全区正在营业各类市场72个，占地面积135.4万平方米，拥有摊位14000余个，从业人员共计37824人。结合产业目录提出的对不符合城市功能定位的建材、小商品和废品回收市场清理的办法和建议，2014年以来，共清理主要公路及农业用地内经营废品回收场所380家，共腾退土地500余亩，疏解外地人口4400余人。

（畅绍丽）

【市场秩序安全稳定】 商务执法工作安全有序，圆满完成通州区183家规模以上商业零售及餐饮经营单位集中备案排查，新增备案企业23家。组织马驹桥地区16家规模以上商业零售及餐饮经营单位组建安全联组新型管理模式。深入开展了火灾隐患攻坚“铁拳”行动、“清剿火患”战役等19项专项整治行动。出动执法检查1400余人次，检查经营单位806家次，查处安全隐患704项。开展联合检查18次，检查规模以上经营单位65家次，发现隐患问题95项；共检查食盐经营单位1592家，查扣私盐11650公斤，处理各类案件19起，罚款10350元，维护了良好的市场秩序，执法工作一直排在全市前列。

（畅绍丽）

【全国文明城区创建工作成效显著】 充分发挥牵头部门责任和作用，破瓶颈、解难题、创优势，将创建文明城区工作与城市副中心建设和通州区商务委中心工作融为一体，同部署、同落实、共促进，完善创城体系，细化指标任务，倾力打造梨园地区“百城万店无假货”示范街和贵友、蓝岛大厦等示范店，通过示范店、示范街的引领示范作用，全面提升通州区商业服务业水平，为通州区顺利获得全国文明城区提名资格打下了坚实基础。同时，以创建全国文明城区为载体，深入开展“双打”工作，全面落实市场环境建设常态化机制，把创建文明城区与“双打”工作有效融合，把“双打”工作和副中心建设工作无缝对接，出色完成全国双打办对通州区“双打”工作现场考核迎检工作。

（畅绍丽）

【行业协会积极联动，共同推进商务发展】通州区商联会充分发挥“枢纽型”社会组织的引领带头作用，以网站载体，密切与企业间的联系，搭建政企之间、企业之间沟通、互助、合作平台，促进企业共同发展。采取“整合优势媒体资源，搭建促销宣传平台”的方式，免费为商业企业提供统一宣传服务。组织 6 家企业参加 2014 消费季活动。物流协会进一步强化协会社会影响力，加强与兄弟区县物流协会的沟通与交流，成功举办 2014 年年会暨通州口岸项目推介会。同时，协会把提高物流人才队伍建设列为全年重点工作内容，积极组织会员企业参加物流企业法律风险防控培训会以及现代物流技能比赛。加强校企合作，充分发挥北京物资学院教育科技和人才资源优势，为企业提供教育培训、科技合作、人才交流、咨询服务。

（畅绍丽）

【积极推动解决群众关心的热点问题】2014 年，通州区商务委共承办代表委员提案 9 件、折子工程 4 类 11 项、生态环境建设工程 2 项，全部办理完成。严格按照《信访条例》规定回复来件部门或信访人，确保件件有落实。共接到信访信件 13 件，其中 12312 平台转件 10 件，政府办转件 3 件。认真做好信息公开的受理、办理和公开工作，全年主动发布公开信息 226 条。

（畅绍丽）

对外及港澳台经济贸易

【对外贸易经营者备案情况】2014 年，通州区对外贸易经营者备案登记及变更的企业共 475 家，并给 24 家加工贸易企业验厂并出具加工生产能力证明。

（畅绍丽）

【外商投资企业情况】2014 年，通州区共新批企业 29 家，其中外商独资企业 15 家，合资企业 14 家；增减资企业 35 家，投资总额合计155171.59万美元，注册资金合计 108534.38 万美元，合同利用外资 65516.44万美元。

（畅绍丽）

【实际利用外资情况】2014 年，通州区共有 38 笔实际入资，实际利用外资合计 35741.45234万美元，同比增长 197.75％。超额完成实际利用外资 2.35 亿美元、同比增长 95.8％的预期目标。2014 年通州区实际利用外资的单体入资规模较大。例如，利星行、博格华纳等 11 笔入资均在1000万美元以上，最大一笔即鹏瑞利美融加一（北京）置业有限公司，入资9927.36万美元。

（畅绍丽）

【加工贸易情况】2014 年，通州区加工贸易进出口总额为18394.1万美元，其中进口金额为 6284.18 万美元，出口金额为 12109.92万美元（数据来源于通州区加工贸易审批系统）。

（畅绍丽）

荣　誉

【通州区商务委审批窗口荣获“北京市三八红旗集体”荣誉称号】2014 年 3 月，通州区商务委审批窗口荣获北京市妇女联合会、北京市总工会、北京市人力资源和社会保障局授予的“北京市三八红旗集体”荣誉称号。该窗口的工作人员立足岗位，争创一流，大力弘扬自尊、自信、自立、自强精神，在商务战线上创造了骄人的业绩。

（畅绍丽）

名　录

单位名称：北京市通州区商务委员会

主　　任：陈国增

地　　址：北京市通州区新华北路 161 号

邮　　编：101149

电　　话：69543319

传　　真：69543319

网　　址：www.bjtzh.gov.cn

（畅绍丽）

顺义区

概　况

2014年，顺义区商务委员会在区委、区政府的正确领导和市商务委的指导帮助下，紧紧围绕建设北京东北部商业中心的总体目标，努力扩大消费，促进产业升级，推动人口调控，凝心聚力、攻坚克难、开拓进取，较好地完成了各项工作任务。全年实现社会消费品零售额376.7亿元，同比增长13.3%；电子商务实现社会消费品零售额4.7亿元，同比增长67.9%。实现进出口总额192亿美元，与2013年持平；实际利用外资5.22亿美元，同比增长44.9%；吸引合同外资8.36亿美元。

（王凌燕）

商业流通

【圆满完成新国展32场展会保障】严格落实区政府《关于加强新国展展会活动保障工作方案》，按照"N＋1"工作机制，全面统筹协调相关部门与国展周边区域保障无缝对接，圆满完成新国展重大展会服务保障任务；2014年共举办32场展会，展出面积达200万平方米，接待各类人员累计超过200万人次。其中，汽车展期间共计接待展商、媒体、工作人员及观众85.2万人次。

（王凌燕）

【升级改造14个便民农贸市场】完成14个便民农贸市场升级改造工作，顺义区财政投资4890.1万元。通过改造，有效改善居民消费环境，消除安全隐患，为调控人口奠定基础。

（王凌燕）

【新建20个众望早餐网点】2014年，完成20个众望早餐网点配建工作。截至目前，顺义区共有众望早餐经营网点125个，早餐店9个，城中心区早餐网点覆盖率达90%。

（王凌燕）

【新增典当企业和分支机构】2014年，新设典当企业4家，分支机构2家，新设的4家典当行于9月底全部开业。目前，顺义区共有典当企业21家（含2家分支机构）。

（王凌燕）

【有序推进商业项目建设】推进新国展一期配套及二、三期项目建设，重点跟踪隆华北扩（家乐福）、中粮祥云小镇（一期）、华联等商业项目开业。目前，中粮祥云小镇、隆华北扩（家乐福）已盛大开业，顺鑫二期、澳金园等项目完成主体工程。

（王凌燕）

【提高生活必需品应急保障能力】制定了《顺义区生活必需品市场供应应急预案》及《顺义区生活必需品应急储备管理办法》，申请资金120万元，为储备工作提供保障；顺利完成区级储备粮新增入库和轮换工作。

（王凌燕）

【争取上级资金1827万元】2014年，争取商发资金1307万元，外经贸发展专项资金245万元，鼓励批发企业资金275万元，共计1827万元。

（王凌燕）

【新设立 2 家协会组织】为充分发挥协会组织作用，2014 年新设立 2 家会展及再生资源协会组织，目前顺义区商务领域共有 12 家协会组织。

（王凌燕）

【人口调控初现成效】按照“加大产业结构调整，疏解非首都核心功能”的总体要求，先期制定了《关于规范整顿商品交易市场的实施方案》及《全区商品交易市场台账》，并按照总体目标进行分步实施。2014 年，共清理农贸市场摊位 719 家，疏解人口 1817人；取缔无照违规再生资源站点 360 家，疏解人口3514人。

（王凌燕）

【社区便民菜店正式营业】2014 年，顺义区首家政府指定社区便民菜店正式开业，该店经营面积约 350 平方米，经营业态以蔬菜、水果为主，采取超市化管理经营模式，实行“五统一”，即统一管理、统一配送、统一采购、统一标准、统一品牌。

（王凌燕）

【商务金融产业快速发展】顺义区商务委、金融办、国门商务区与北京市租赁行业协会签署四方战略合作协议，助力金融产业和总部经济集聚发展，吸引入驻企业 29 家。

（王凌燕）

【顺利推进商业保理试点】与中国服务贸易协会商业保理专业委员会开展密切合作，组织召开顺义区中小企业保理专题座谈会，推进商业保理试点工作进程。2014 年，顺义区成为商业保理试点区县。

（王凌燕）

【商务执法累计出动 1800 余人次】采取巡查、抽查等方式，对食盐、成品油、典当、零售促销、再生资源、酒类流通、报废汽车、美容美发、洗浴等开展多领域商务系统执法检查工作。2014 年，共出动执法人员1800余人次，检查各类经营单位1100余家次，发现并消除各类安全隐患 840 余处，没收各类物品 228.5 吨（含废金属、废纸等）。

（王凌燕）

【新增酒类流通备案登记 180 家】2014 年，顺义区新增酒类流通备案登记 180 家，全区共备案酒类经营户5417家。着重对大型批发企业及新开业企业进行检查，要求酒类经营企业严格落实随附单使用制度，确保顺义区酒类流通领域基本可实现售卖产品可溯源机制。

（王凌燕）

对外经贸

【提升外资审批服务质量】充分发挥服务大厅的窗口作用。2014 年，共新批外资项目 44 个，批准外资变更项目 195 个，完成对外贸易经营者备案登记 315 家，批准加工贸易合同 690 份，境外企业设立 9 家，外商来华邀请函 77 份。

（王凌燕）

【协同海关对进出口企业评级认定】加强与海关等部门联勤联动，积极为企业铺桥搭路，共同建立核查机制，协同海关开展进出口企业评级资质认定，对 20 家进出口企业进行了海关升级现场查验。

（王凌燕）

【有序开展中小资金宣传、审核工作】为更好宣传推广政策，在企业办理进出口经营权以及其他业务手续时，将中小企业开拓国际市场资金相关文件发放给企业。同时，组织工作人员到各镇、开发区进行针对性的申报指导培训。

（王凌燕）

【完善进出口企业损害预警机制】组织33家重点企业参加商务部产业损害调查局和市商务委共同举办的培训班，使企业对国际贸易形势有了更深更全面的了解，企业维权意识进一步提高。

（王凌燕）

【审核外商投资企业年报678家】2014年6月初至7月中旬，对外商投资企业的年报进行审核，共审核外商投资企业年报678家，报送率为95%。

（王凌燕）

【京交会北京馆和北京日筹备工作情况】在北京馆主推综保区和新成立的临空经济核心区，突出园区的招商优势，推介良好的投资环境。在展会期间，组织发放推介资料，学习周边区县的展示内容，为下一届的京交会推介工作做好准备。

（王凌燕）

【开展外商投资企业服务工作】2014年共接受企业业务咨询3000余家次；通过挂号信提醒的方式，提前三个月通知即将到期的外资企业办理延期手续，全年共寄送提醒信件37封；完成新公司法修订后，外商投资企业合同、章程格式化范本的宣传和推广应用工作。

（王凌燕）

【大力促进全区总部经济发展】一是首次完成跨国公司总部奖励兑现。完成了两年应兑现奖励，共计金额1179.3万元，已全部到位。二是完成新旧总部政策同时执行首年的政策分析、宣传、培训、申报指导、受理、网上填报等一系列工作。2014年共受理企业申请32项，初审通过项目12个，涉及奖励资金三千余万元。三是组织重点总部企业申报工作。目前全市已完成两批次重点总部企业申报工作，顺义区进入全市重点企业总部名录的企业26家，企业数量在全市排名第五，目前第一批证书已经发放完毕。四是完成原国门商务区、空港工业区两家总部经济集聚区功能提升项目的申报工作。

（王凌燕）

名　录

单位名称：北京市顺义区商务委员会
主　　任：秦拥军
地　　址：北京市顺义区站前街顺鑫国际商务中心10层
邮　　编：101300
电　　话：69443513
传　　真：69446407

（王凌燕）

大兴区

概　　况

一、主要商务指标完成情况

2014年，大兴区社会消费品零售额累计实现265.7亿元，同比增长14%。通过抓好服务、促进开业等促消费、稳增长措施，累计推动新开商业面积近30万平方米，宜家购物中心、鸿坤理想城购物中心、居然之家、运通兴捷等新增商业项目运营稳健，医药、家居、石油及生活必需品等主要行业支撑作用明显，央广购物、好药师等电子商务企业发展迅速，传统商超、百货等业态零售额平稳增长，为全区消费增长做出贡献。

全年实际利用外资累计实现23865万美元，同比增长32.9%。全区实际利用外资主要来自第三产业，外资投向结构进一步优化。新批三资企业6家，为实际利用外资平稳增长做好储备。

进出口总额累计实现12.3亿美元，同比下降4.1%。其中，出口额累计实现5.08亿美元，同比下降26.9%；进口额累计实现7.22亿美元，同比增长4.9%。出口方面，服装、食品、农副产品等重点商品出口额较2013年同期均有不同程度下降，出口市场仍以北美、欧盟和日韩为主。进口方面，汽车制造业、生物技术产业等新兴产业对区内汽车机车零部件、润滑油、电子设备和生物科技制成品等商品进口较大，拉动了进口增长。

二、重点工作完成情况

制订完善《大兴区2014年便民商业服务体系建设参与企业指导标准》，坚持项目网上公开征集和专题会议部署、镇街择优推荐相结合，充分调动企业主体和属地部门参与便民商业发展的积极性，项目申报、评审、资金拨付等各环节切实做到了政策公开、透明、全覆盖。加强培育、规范市场，全年发展提升便民菜店、早餐店、再生资源回收站点、家政服务网点等151个，其中新建门店（点）的占比达到60%以上。

制订《大兴区生活服务业推荐企业》手册，重点介绍区内连锁商超、农副产品企业（包括粮油、果蔬、肉蛋等）、集贸市场等70余家企业信息，为机场建设单位提供生活服务对接，确保供应稳定有序。协助属地加强指导，提升机场周边地区便民服务品质，礼贤镇已有5家便民早餐店完成改造，提升了区域早餐服务水平。加强餐饮服务保障，鼓励支持“兴宾三新”快餐配送公司加强硬件配套、产品配送等设施提升，为机场建设单位提供安全、放心的用餐服务做好准备。

严格落实市、区安全生产“一岗双责”制度，制定出台有关实施意见和保障措施，在全行业进行落实，进一步明确责任主体，从源头做好安全生产工作。加强行业执法，全年共排查检查企业418家次，整改各类隐患125项，做到检查全覆盖、隐患全整改。检查农副产品市场、食盐经销户、各类餐饮单位等600余家，没收私盐6597公斤，罚款1250元，有效维护了食盐市场秩序，确保全区食盐供应销售安全。圆满完成2万吨小麦储备粮轮换工作。同时，通过落实5000吨的应急加工储备、增加15个应急投放网点、调整2个市场监测网点，进一步健全了粮食应急体系，提升了粮食应急工作效率。

从8月份开始，开展为期5个月的大兴区“惠民消费季”系列活动。建立网络促消费宣传平台，将区内各类商业业态促销活动梳理打包，集中通过宣传平台，以移动微信终端、网络社区论坛、固定实体门店等线上线下相结合的方式，推进“惠民消费季”系列活动开展。发放“惠民一卡通”，让持卡消费者可以享受实惠购物、方便购物。推出“惠民美食节”“汽车节”“购物节”“家具家电节”四大主题活动，带动大兴区消费市场稳步增长，相较活动开展前（8月份以前）全区社会消费品零售额增长了0.3个百分点，增幅位列全市首位。

建立完善服务机制，搭建外贸大数据分析平台和跨境电商平台。会同中国国际电子商务中心，搭建全市首家专业外贸大数据分析平台，帮助企业利用大数据服务低成本、高效率地拓展国际市场。目前区内30家企业成为外贸数据分析平台的签约用户，正在应用数据分析与境外客户进行贸易联系，其中美丹公司等10家企业通过平台开拓市场已初见成效。小笨鸟网络跨境电子商务平台已于9月1日正式发布上线，实现全球45个国家、75个站点和平台的一键链接。

（刘　丹、包利娜、李　刚）

商业流通

【大兴区顺利完成2014年度社会消费品零售额任务指标】2014年大兴区累计实现社会消费品零售额265.7亿元，同比增长14%，高于全市5.4个百分点，增幅位列全市第一，顺利完成年度任务指标。其中，规模以上商业企业累计实现零售额213.5亿元，同比增长8.7%，占全区零售额比重的80.4%。

（刘　丹、包利娜、李　刚）

【推进便民举措，一批便民商业项目圆满完成】2014年，以老旧小区、回迁社区等为重点，发展提升早餐配送中心2家、主食厨房3家、规范化菜市场3家、蔬菜配送中心4家、家政服务网点5个、商旅结合餐饮服务单位11家、再生资源回收站点22个、农村连锁便利店30家、便民早餐店31家、社区蔬菜网点40个，超额完成2014年大兴区政府交办的实事任务，全部兑现年初对群众的承诺。

（刘　丹、包利娜、李　刚）

【北京鸿坤广场购物中心正式开业】鸿坤广场购物中心于12月20日正式开业，总投资约30亿元，占地面积1.1万平方米，建筑面积14万平方米，停车位1500个。中心汇聚五大业态特色，涵盖生活、时尚、美食、娱乐等功能，入驻商户约100家，极大程度地丰富了京南地区居民的生活，真正意义上实现了周边群众的便捷优质一站式生活体验。

（刘　丹、包利娜、李　刚）

【全球最大的英特宜家购物中心正式开业】英特宜家购物中心12月19日正式开业，项目位于大兴区西红门综合商业区，总投资50亿元，建筑面积50万平方米，商业面积16万平方米，有停车位7000个，签约入驻商户约388家，集大型超市、时尚服饰、多样化餐饮、国际影院及家庭娱乐中心等全方位消费功能为一体，是南城首座具有国际化标准的超级区域性购物中心，也是全球最大的英特宜家购物中心。

（刘　丹、包利娜、李　刚）

【市商务委储备处到大兴区企业调研】 12月2日，市商务委储备调控处杨世巍处长一行，对大兴区中瑞食品有限公司项目进行了实地调研，大兴区商务委主要领导陪同调研。中瑞公司负责人介绍了项目建设相关情况，并到实地进行考察。

（刘　丹、包利娜、李　刚）

【十堰市茅箭区特色农产品推介座谈会召开】 11月25日下午，大兴区商务委组织召开了十堰市茅箭区特色农产品推介座谈会。会议邀请了来自大兴的绿地、王府井大兴店、乐购、物美、首航、世纪联华、华堂商场等十三家商贸企业负责人，大兴商务委主管领导和相关科室负责人，茅箭区在京挂职干部出席会议。

（刘　丹、包利娜、李　刚）

【组织召开商业企业能源消耗统计业务培训会】 为进一步落实新区2014年节能减排工作，宣传节能理念，2014年10月16日，大兴区商务委组织区内商业企业召开了能耗统计培训会。会议邀请区统计局能源科负责人，为企业信息员讲解能源消耗数据的统计原则及常见问题，大兴区商务委向与会企业介绍了商务系统对企业节能改造项目的相关扶持政策。

（刘　丹、包利娜、李　刚）

【2014年假日期间消费市场运行情况】 2014年元旦，大兴区商务委对全区规模以上重点商超、专卖店和餐饮企业销售情况进行了监测，17家规模以上商超、专卖店实现销售额3955.8万元，同比增长7.49%，万平方米以上商场平均客流量1.8万人次。

春节期间，大兴区商务委对全区16家综合超市、商场、专卖店市场运行监测显示，1月23日（腊月二十三）至2月5日（正月初六）累计实现销售2.52亿元，同比增长8.02%。其中，腊月二十三到腊月二十八实现销售额1.38亿元，同比增长8.35%；腊月二十九到正月初六实现销售额1.14亿元，同比增长7.62%。

“五一”小长假期间，大兴区商务委监测数据显示，全区22家规模以上商超、专卖店节日累计销售10445.03万元，同比增长10.7%，日均客流量约1.1万人次。

“端午”小长假恰逢六一儿童节，大兴区各商家重点围绕端午节的传统民俗及儿童商品消费需求，开展了丰富多彩的促销活动。大兴区商务委监测数据显示，假日3天，21家重点商业企业实现零售额7710.28万元，同比增长26.73%。

中秋节期间，大兴区35家重点监测的商超、专卖店、餐饮企业3天实现销售额9335万元，同比增长10.4%。其中22家规模以上商超、专卖店累计实现销售9056.99万元，同比增长10.59%；物美大卖场、星城商厦、王府井百货大兴店等万平方米以上商超日均客流1.3万人次，日销售额均超百万元。

国庆节期间，大兴区36家重点商场、超市、专卖店、餐饮企业监测数据显示，节日7天累计实现销售额2.44亿元，同比增长21.4%。其中23家规模以上商超、专卖店累计实现销售2.39万元，同比增幅21.85%；物美大卖场、星城商厦、王府井百货大兴店等万平方米以上商超日均客流2万人次，日销售额超百万元。

（刘　丹、包利娜、李　刚）

【全面加强流动早餐车规范管理工作】9月18日，大兴区商务委会同区城管执法监察局、区工商分局、区食药局和各镇、街道办事处有关负责同志，研究部署大兴区进一步加强流动早餐车规范管理工作，深入分析当前大兴区流动早餐车发展现状及存在问题，学习贯彻市商务委和区政府关于早餐车和食品摊贩规范管理工作的相关文件精神，进一步明确各部门职责和近期重点工作。

（刘　丹、包利娜、李　刚）

【市区商务委落实“三进两促”工作到企业调研】9月11日，在市商务委党组成员、纪检组长兼机关党委书记、机关工会主席武玉民带领下，市商务委机关党委、工会、纪检监察等相关处室负责人，先后到大兴区九州通医药集团、大兴宜家商场等企业调研，现场观看了九州通医药物流中心、宜家商场卖场等经营场所，听取了相关情况介绍，进行了座谈交流。

（刘　丹、包利娜、李　刚）

【隆重举办2014年“惠民消费季”系列活动】为贯彻落实市委市政府和区委区政府“促消费、稳增长、惠民生”工作部署，进一步繁荣消费市场，提升消费品质，服务百姓生活，大兴区于2014年8月至12月举办了为期5个月的“惠民消费季”系列活动。本次活动由大兴区商业联合会主办，以“政府支持、协会主办、企业主体”为总体思路，整合了区内重点商场、汽车专卖店、家居企业、餐饮企业等多家商业企业资源，推出让利百姓的系列促销活动。

（刘　丹、包利娜、李　刚）

【“绿海甜园，享趣大兴”——大兴特色旅游商品展活动圆满结束】5月25日，由大兴区商务委、区旅游委共同主办的“绿海甜园，享趣大兴”——大兴特色旅游商品展活动圆满结束。本次活动于5月19日在大兴区绿地缤纷城正式启动，是2014年大兴“西瓜季”十大主题活动之一的特色旅游商品展。活动期间，绿地缤纷城中厅摆放了20辆展车，展销北京礼物、大兴礼物和大兴土特产等近百种商品，将大兴旅游商品向广大游客和市民进行宣传推介。

（刘　丹、包利娜、李　刚）

【呷哺呷哺荣获2014年度“中国连锁餐饮企业品牌创新奖”】在北京召开的“第13届中国餐饮业连锁发展战略研讨会”上，大兴区外商投资餐饮连锁企业呷哺呷哺公司获得由中国连锁经营协会颁发的“2014年度中国连锁经营优秀餐饮品牌创新奖”。

（刘　丹、包利娜、李　刚）

【典当行业平稳健康发展】2014年，在北京市商务委和大兴区委、区政府的正确领导下，大兴区圆满完成典当企业新增工作，2014年全区共新增典当行3家，分支机构1家。截至2014年4月，全区共有典当企业25家，分支机构6家。

（刘　丹、包利娜、李　刚）

【呷哺呷哺获2013年度“北京十大商业品牌金奖”殊荣】2014年2月23日，大兴区呷哺呷哺餐饮管理有限公司在第九届北京十大商业品牌评选活动中，获得“北京十大商业品牌金奖”殊荣。此前呷哺已连续三届荣获“北京十大商业品牌”殊荣。该公司总裁杨淑玲女士出席颁奖典礼，并上台领奖。

（刘　丹、包利娜、李　刚）

【大兴区商务委荣获“北京市2013年粮

食流通统计工作先进单位"】2014年3月17日，北京市粮食局召开2014年度粮食工作会。大兴区商务委（粮食局）被评为"北京市2013年粮食流通统计工作先进单位"，并现场获颁荣誉证书。

（刘　丹、包利娜、李　刚）

【市粮食局局长李广禄到大兴区益海嘉里粮食加工厂调研】6月12日下午，北京市粮食局局长李广禄一行5人，到位于大兴区的益海嘉里（北京）粮油食品工业有限公司进行工作调研，副区长喻华锋陪同，大兴区商务委（粮食局）主要领导、益海嘉里粮油集团董事长及益海嘉里（北京）厂的相关负责人参加了调研座谈会。

（刘　丹、包利娜、李　刚）

【成功组织举办2014年粮食应急演练活动】10月30日，大兴区商务委（粮食局）成功组织举办了2014年粮食供给应急演练活动。

（刘　丹、包利娜、李　刚）

【深入开展爱粮节粮宣传活动】在2014年世界粮食日和全国爱粮节粮宣传周活动期间，大兴区商务委（粮食局）共组织12人次，先后走访了3个社区、2个粮食市场、2个机关食堂、1个行政服务中心，有针对性地开展了宣传活动，共发放宣传材料2100份，在食堂、机关、市场等公共场所张贴宣传海报20张，发放节粮器具120个，参与群众3000余人。

（刘　丹、包利娜、李　刚）

【提前完成2014年区储备粮轮换工作任务】11月5日，大兴区储备粮轮换领导小组对2014年新轮换2万吨小麦进行了检查验收，数量齐全、手续规范、质量等级符合国家相关要求，全部顺利通过验收。这标志着2014年2万吨区储备粮轮换任务提前近2个月圆满完成。

（刘　丹、包利娜、李　刚）

【北京市电子商务中心区挂牌】3月26日，副市长程红就电子商务工作到新区调研并召开座谈会，授予新区"北京电子商务中心区"铭牌。

（刘　丹、包利娜、李　刚）

【北京电子商务中心区（CED）亮相第三届京交会】5月28日至6月1日，大兴新区主打品牌北京电子商务中心区（CED）亮相第三届京交会。新区重点围绕电子商务模式创新、跨境电子商务、电子商务产业链发展等主题构建沟通交流渠道，并利用推介、洽谈、展览等方式构建电子商务园区、重点企业集中展示和交易的平台。

（刘　丹、包利娜、李　刚）

【小笨鸟平台正式上线】9月1日，大兴新区重点扶持的电商骨干企业小笨鸟跨境电商平台第一期正式上线。注册会员数量达到3300多家，企业类型以制造型和外贸型企业为主。目前通过小笨鸟平台发往ebay、amazon、wish、etsy等平台的产品数量已经有2万多种，每天的成交金额为1000～7000美元。

（刘　丹、包利娜、李　刚）

【金隅国际物流园建设主体开工】金隅国际物流园项目位于南六环路与京开高速路交汇处，处于北京市规划建设的京南物流商港核心区。园区以商品贸易、仓储配送、物流信息服务为核心，集"展示、交易、仓储、信息、配套"等一体化整合服务，面向北京，辐射华北，力图建设成为特色突出的京南商贸物流基地。物流园建设用地面积165800平方米。分为4个地块，其中1#、

3#、4#地块为库房区，2#地块为展示交易及商务办公区。规划总建筑面积318440平方米，项目分三期建设，总投资约136938.04万元。到2014年年底，2#地块12万平方米已经结构封顶，开始招商。

（刘　丹、包利娜、李　刚）

对外经贸

【实际利用外资首次突破2亿美元】2014年，大兴区实际利用外资23865万美元，同比增长32.9%。

（刘　丹、包利娜、李　刚）

【第三产业成为外商投资热点】2014年，大兴区第三产业实际利用外资达到23806万美元，同比增长61.2%，占比达到100%。

（刘　丹、包利娜、李　刚）

【全方位做好外资企业服务】2014年接待来人来电咨询5332次、网上咨询212次；商务服务事项办结率为100%，有80%以上的事项实现了即来即办，其他事项压缩时限60%以上，申办人满意度100%。

（刘　丹、包利娜、李　刚）

【办理对外贸易行政许可630项】2014年共办理对外贸易行政许可521项。其中，生产能力证明14项、权限内加工贸易合同的审批69项、权限内加工贸易合同变更的审批26项、对外贸易经营者备案登记321项、对外贸易经营者备案变更登记200项。

（刘　丹、包利娜、李　刚）

安全执法

【召开2014年春节暨年度安全生产工作会】1月21日，大兴区商务委组织召开“大兴区商务行业2014年春节暨年度安全生产工作部署会”。大兴区安监、消防等部门及全区近200家商务行业企业负责人参加。会议对2014年全区商务行业生产安全、市场供应、物价监管、消防安全、应急演练、教育培训、达标创建等多方面工作进行了安排部署。

（刘　丹、包利娜、李　刚）

【组织开展“两会”期间安全生产联合检查】3月5日，大兴区商务委联合安监、消防等部门及相关属地开展“两会”期间安全生产执法检查工作。此次检查对世纪联华等商业零售及餐饮经营单位的安全生产管理制度建立和落实情况、安全标识设置情况、安全通道畅通情况、安全设施配备情况、应急值守和应急演练情况、安全生产教育培训情况等逐项进行了详细检查，对检查中发现的问题和隐患责令企业当场或限期要求进行整改。

（刘　丹、包利娜、李　刚）

【生猪屠宰行业监管职能平稳交接】4月初，在大兴区编办的协调下，大兴区商务委与区动监局进行了生猪屠宰监管职能的交接，并于6月底按照市编办、市商务委文件精神，全面完成各项交接工作。

（刘　丹、包利娜、李　刚）

【组织开展“安全生产月”应急演练观摩活动】6月12日，大兴区商务委联合清源街道、大兴消防、安监等部门在居然之家大兴店组织开展了“安全生产月”应急演练观摩活动。副区长沈洁、喻华锋，各相关单位的党政主要领导，星城、物美、联华等大型商业企业安全生产负责人参加了观摩。

（刘　丹、包利娜、李　刚）

【联合组织开展“安全生产月”知识竞赛活动】6月30日，大兴区商务委联合区安监局、区消防支队、兴丰街道办事处，在世纪联华清城店举办以“坚持安全发展，构建和谐大兴”为主题的“安全生产月”知识竞赛活动。此次知识竞赛活动，表现出了大兴全体商务人丰富的安全生产知识、良好的安全生产技能和坚定的安全发展理念。

（刘　丹、包利娜、李　刚）

【组织开展应急防恐防暴消防演练活动】 8月29日，大兴区商务委在物美大卖场组织开展防恐、防爆、消防为一体的综合应急演练。区内相关商业及餐饮业的安全负责人进行了现场观摩，区安监局、区消防支队、区公安内保大队等相关部门对活动进行了指导并给予了肯定，同时希望相关企业进一步落实安全生产主体责任，全力做好商务行业的安全生产工作。

（刘　丹、包利娜、李　刚）

【召开商务行业国庆安保工作会议】 9月17日，大兴区商务委召开商务行业建国65周年庆祝活动、APEC会议重要时段相关保障工作部署会。区商务委相关领导、区内重点商业流通企业50余家企业主管和企业安全员共200余人参加了会议。会上，区商务委对商务行业安保工作、安全生产工作、生活必需品应急储备保障等工作进行了周密部署，督促企业落实相关制度，做好百姓生活必需品蛋、奶、粮、油等物资保障，认真做好安全检查，查找安全隐患，实时整改。通过不断加强完善行业安全保障体系，确保社会秩序稳定，不发生重大公共安全事件。

（刘　丹、包利娜、李　刚）

【开展商务法规宣传】 大兴区商务监督检查所分别于“3·15”“5·15”等主题宣传日会同工商、卫生等相关单位开展了大型宣传活动，现场发放各类宣传材料1000多份，接受群众咨询300余人次。同时会同区盐业公司分别在5月份、11月份开展了为期4周的“送合格碘盐下乡”活动，大力普及合格碘盐标准、知识，指导百姓科学合理使用碘盐，倡导群众树立“宁可饭无盐，不可盐无碘”的健康科学用盐理念。

（刘　丹、包利娜、李　刚）

【2014年执法工作成效】 2014年各类执法检查累计出动400多人次，检查食盐经销户600多户，检查大型农副产品市场66个，检查工地食堂47个，检查餐饮单位162个，检查学校食堂97个，检查机关食堂19个，查处各类涉盐违法案件58件，没收违法盐产品4553公斤，罚款人民币1200元。检查超市、饭店、酒品专营店370余家，共发现未办理酒类流通备案登记的经营户51家，台账和酒类流通随附单制度执行不规范的经营户84家。办理酒类流通备案登记企业200家，发放酒类流通随附单600余本。

（刘　丹、包利娜、李　刚）

名　录

单位名称：北京市大兴区商务委员会
主　　任：梁建青
地　　址：北京市大兴区永华南里14号
电　　话：81298206
传　　真：81298204
邮　　编：102600
网　　址：www.dxsw.cn

（刘　丹、包利娜、李　刚）

昌平区

概　　况

2014年，昌平区商务委员会认真贯彻落实党的十八大和市委十一届三次、四次、五次全会以及区委四届六次、七次全会精神，以“深入开展党的群众教育路线实践活动”为有力推手，全面推进商务领域各项事业的发展。

社会消费品零售额实现322.8亿元，同比增长8.6%，总量位居城市发展新区第二；进出口总额实现40.57亿美元，增长9.5%，总量排在北京市城市发展新区第三；实际利用外资累计实现10381万美元，增长5.2%，总量排在北京市城市发展新区第四。严格按照《昌平区委关于在全区深入开展党的群众路线教育实践活动的工作方案》要求，深入开展群众路线教育实践活动。

（赖金坚）

商业流通

【零售额指标增势超预期】社会消费品零售额累计实现322.81亿元，增长8.6%，总量排在北京市城市发展新区第三；高于年初预定目标3.6个百分比点，高于挑战值0.1个百分点，圆满完成了市政府下达的8.5%的挑战任务。

（赖金坚）

【扎实开展惠民工程】按照计划进度，新增15家蔬菜网点连锁直营店全部开始运营；新建2个社区菜市场正常营业；新增5个蔬菜直通车销售网点。14家早餐示范店全部开业；10辆流动早餐车投入使用。新建10个规范的再生资源回收亭。

（赖金坚）

【组织开展再生资源回收行业综合整治】认真落实区委、区政府加强人口调控的工作部署，牵头组织开展再生资源回收行业综合整治工作，通过组建7个对口联系小组，摸清底数、建立台账、倒排工期，充分发挥全区性综合执法机制和项目化综合执法作用，强化与镇街的沟通协调与巡查督导等各项有力措施，累计压减回收行业相关从业人员36111人；清退回收市场45个，腾退土地2056.8亩，拆除建筑面积45.0万平方米；取缔回收站点447个。

（赖金坚）

【促消费工作持续加强】注重过程管理，制定了“促消费”工作整体方案，按月监控分析社会消费品零售额指标完成情况。组织开展《昌平电子商务行业前景及发展对策研究》调研，对全区物流设施专项规划建设状况开展了调查。

（赖金坚）

【加快推进重点商业项目建设】完善流通服务体系，协调新世纪商城未来科技城南区超市开业；长城国际名品购物中心完成项目立项，取得了区规划土地使用许可证。

（赖金坚）

【进一步优化消费环境】加大行业安全监管力度，累计出动执法人员1308人次，检查商业单位538家次；处理解决各类商务投诉62起。

（赖金坚）

【粮食流通秩序进一步加强】监督做好2013年退耕还林补助粮第二轮的发放工作；督促辖区内国有粮食企业做好2014年度粮食清仓查库工作；妥善做好军粮供应；主动做好区级储备粮监管及轮换工作；扎实做好粮食流通统计工作，并被评为2014年度北京市粮食流通统计工作先进单位。

（赖金坚）

外经外贸

【新批三资企业19家】新批设立外商投资企业19家，合同外资4.245亿美元。

（赖金坚）

【11家三资企业扩大经营规模】11家三资企业增资，增加合同外资4.2亿美元。

（赖金坚）

【推动外经工作开展】境外投资取得新进展，18家区内企业累计投资3646万美元，在境外设立18家公司。

（赖金坚）

【组织参加重大展会】组织参加第三届京交会，签约2个项目，金额5000万美元；第十八届北京·香港经济合作研讨洽谈会签约2个项目，总投资17.6亿元人民币。

（赖金坚）

【促进对外贸易稳步发展】办理450个、变更166个企业进出口权备案登记。

（赖金坚）

【积极做好加工贸易审批管理】实地验厂11次，审批加工贸易合同10030万美元。

（赖金坚）

名　录

单位名称：北京市昌平区商务委员会
主　　任：云富勇
地　　址：北京市昌平区南环路55号
邮　　编：102200
电　　话：69746220

（赖金坚）

平谷区

概　　况

2014年平谷区商业企业实现社会消费品零售额84.4亿元，比上年同期增长12.5%，增速位于5个生态涵养区第一位。其中，限额以上商业企业实现社零额42.3亿元，同比增长7.7%；限额以下单位实现社零额42.1亿元，同比增长17.8%。

（匡　霞）

商业流通

【便民商业体系建设情况】开展家电企业进社区、送商品下乡、北寨红杏展卖节、节日促销等促销活动。2014年完成3个蔬菜经营网点建设，城区27个社区全部实现7种便民商业设施全覆盖，打造居民社区消费“一刻钟服务圈”。已完成北大市场便民菜市场总体规划、土地预审、发改委立项等审批手续。

（匡　霞）

【商务中心区和专业市场建设情况】积极推进万德福广场项目建设进度，2014年完成主体工程的交付工作，积极帮助华联引进知名品牌及连锁店企业入驻，提高平谷区商业档次。做好红木文化产业园专业市场建设推进工作。该项目建设用地面积122269平方米，正在办理办理开工建设审批手续。

（匡　霞）

【农产品流通体系建设情况】经统计，通过推广农超对接、农企对接、农校对接直销直供流通方式，建设直销店、市场销售平台、农产品分拣配送中心等传统模式，全区合作组织2014年与40家商超建立平谷大桃供货关系，在社区新建直销店25个，新开发批发市场24个，与11家网络平台签订协议。2014年平谷区大桃产量5.74亿斤，其中通过农超对接、直销等传统渠道销售3亿斤，为果农增收8.77亿元。

（匡　霞）

【便民商业规划情况】完成了《平谷区商务委2014—2016年繁荣商业经济、保增长工作奖励办法》《关于加强平谷城区蔬菜流通体系建设的意见》《北京市平谷区商业空间布局专项规划》初稿。

（匡　霞）

特色口岸建设

2014年马坊国际陆港完成外贸集装箱货运量46438标箱，同比增长13%；转关货物总重量19.8万吨，同比增长0.2%；货值14.8亿美元，同比增长4%。14.4万吨冷库基础及主体结构已完工，北京平谷国际陆港展示交易中心项目主体和二次结构已基本完工。北京平谷国际陆港仓储项目中2500平方米仓库已获北京海关批准为公用型保税仓库，待海关对保税仓库完成验收后将投入运营。

通过积极协调海关、检验检疫等相关部门，做好前期大量基础性工作，9月进口肉类指定口岸考核验收组对北京平谷国际陆港进口肉类指定口岸进行了现场审核验收，11月平谷国际陆港进口肉类指定口岸和临时对外开放口岸已经成功获批。国家葡萄酒质量安全检测试验室准备在进口肉类指定口岸检测试验室的基础上，完善红酒、生鲜食品等检测功能，建设成为口岸综合检测实验室。

（匡　霞）

电子商务

【电子商务扶持政策情况】研究制定了《平谷区促进电子商务发展的若干规定》，对新入驻的电子商务企业、传统企业应用电子商务等给予一定扶持，引导区内更多的企业“试水”电商，开拓销售新渠道。

（匡　霞）

【跨境电子商务情况】完成了《关于加快推进我区跨境电子商务工作的思考与建议》，积极争取跨境电子商务（进口业务）园区试点。立足平谷区果品产业优势、马坊冷链、物流优势和口岸保税功能，发展以生鲜、冷链为主导的跨境电子商务（进口业务），是平谷区电子商务产业错位竞争和快速发展的重要切入点和实现路径。

（匡　霞）

【农产品营销模式创新】经过一年的探索，形成了网站、移动终端、垂直电商、综合平台四种平谷特色农产品营销新模式。目前平谷区共有销售农产品的电商16家，2014年实现网上销售大桃700万斤，新增加电子商务企业10余家，销售额增长50%。以本来生活网、林淼果蔬等企业为代表的生鲜电商企业发展迅速，本来生活网2014年交易额2.3亿元，同比增长204.3%，林淼果蔬2013年年底上线，2014年线上交易额400万元。程红副市长充分肯定了这种农产品销售模式的创新，对这项工作给予了批示。

（匡　霞）

对外经贸

【出口创汇情况】根据海关统计，平谷区2014年进出口额完成10.09亿美元，同比增长16.38%，总额位于生态涵养区第一位；出口额1.9亿美元，同比增长19.95%，增速位于生态涵养区第二位。

（匡　霞）

【实际利用外资情况】2014年平谷区实际利用外资9571万美元，同比增长32.82%，完成全年任务的191.42%，超额完成全年经济社会实际考评工作任务指标，涉及17家企业，第一产业为1955万美元，所占比重为20.43%，第二产业为5532万美元，所占比重为57.8%，第三产业为2084万美元，所占比重21.77%。

（匡　霞）

【行政审批情况】最大限度压缩审批时限。外资项目审批由原来的5～30个工作日压缩至3～5个工作日之内，加工贸易合同审批努力做到立等可取，承诺审批时限为全市最短。平谷区综合行政服务大厅商务委窗口正在积极申报全市“青年文明号”。

（匡　霞）

【服务业扩大开放情况】组织通航管委会、马坊物流管委会、乐谷管委会等相关单位参加第三届京交会，会上2个项目签约，签约金额共计2亿元。利用国家和北京市的优惠政策对企业进行扶持，共13家企业的31个中央及北京市中小项目通过项目审批。平谷区外经贸发展专项资金项目评审已完成，共审核9家企业的27个项目，申报项目主要集中在国内知名展会。打造和完善平谷区外经贸发展平台，目前平谷区已获得两个北京市外贸转型升级示范基地，分别为马坊食品农产品基地和平谷乐器基地。

（匡　霞）

【重点总部企业认定情况】 组织符合条件的企业申报重点总部企业（第一批），平谷区星宇车等八家企业被认定为重点总部企业（第一批）。指导恒信玺利准备高级管理人员增量奖励材料，做好总部奖励申报工作。

（匡　霞）

商务执法

【认真做好商务执法工作】 坚持对规模以上商业零售和餐饮经营企业安全生产全覆盖。积极动员部署商务行业安全生产标准化达标工作，已有24家企业达标并下发证书。加强生活必需品储备和应急管理。制定了《平谷区生活必需品应急保障预案》，与7家生活必需品储备企业签订了储备协议，按时对生活必需品储备企业的应急物资进行检查，真正做到应急物资“储的实”“调的动”“用得上”。大力保障商务领域流通秩序。做好平谷区“打击侵犯知识产权和制售假冒伪劣商品”领导小组办公室牵头工作，加大盐政、再生资源、酒类、粮食、典当、成品油等商务行业执法监管力度，将消夏露天餐饮纳入规范化管理。2014年新设立1家典当企业，已正式营业。国家粮食局授予平谷区粮食局“全国粮食流通监督检查示范单位”称号。

（匡　霞）

名　录

单位名称：北京市平谷区商务委员会
主　　任：梁　军
地　　址：北京市平谷区府前街七号
邮　　编：101200
电　　话：69962955

（匡　霞）

怀柔区

概　况

2014年，怀柔区商务委员会按照区委、区政府的全面部署，在市商务委的精心指导和各职能部门、商务企业的大力支持下。以全力推进示范区建设为主线，扎实做好商务配套服务、行业规范化建设和消费环境提升工作，统筹推进消费、进出口的协调增长，有力地保障了商务经济健康有序发展。全区共实现社会消费品零售额114亿元，同比增长12.1%，在五个生态涵养区中，绝对数、增幅均位于第二位。实际利用外资实现5020万美元。外贸进出口总额实现7.23亿美元，完成全年折子工程任务目标的131%。

（张　蕊）

商业流通

【举办春季惠民购物季】 2月28日至3月31日，组织区内6家企业承办2014“约惠春天”春季惠民购物季。活动期间，商业企业围绕穿、住、娱等环节，展开了为期一个月、从商超到家装销售的全方位促销活动。

（张　蕊）

【召开2014年商务工作座谈会】 3月14日，在山水酒店召开了2014年商务工作座谈会，张勇副区长出席并做了重要讲话。此次座谈会共邀请了商超、物流、餐饮、粮酒等十大行业共15家内外贸企业，以及发改、工商、统计等16家职能部门，街道办事处参加座谈。

（张　蕊）

【贸促会怀柔区支会揭牌成立】 3月18日，中国国际贸易促进委员会怀柔区支会揭牌成立。区委书记齐静，北京市贸促会主任熊九玲，中国贸促会副秘书长、会务部部长杨平安，北京市贸促会副主任林彬出席。副区长张勇介绍怀柔区经贸工作。

（张　蕊）

【举办世界知识产权日宣传活动】 4月24日，怀柔区商务委会同区科委等9家单位在大星发兴华店举行了怀柔区“4·26”世界知识产权日宣传活动，现场发放宣传资料6350余份，制作案件展板35块。副区长、双打办主任张勇，区商务委领导参加活动，并向群众发放了宣传资料。

（张　蕊）

【市商务委领导到怀柔实地考察】 4月24日，市商务委闫小彦副主任及规划处相关领导到怀柔区实地考察“雁栖风情大道”和“顶秀美泉欧洲风情街”，并就相关情况听取了专题汇报。闫主任一行分别对街区给予了具体指导，就特色街区运营、业态布局等问题提出改进意见和指导性建议。

（张　蕊）

【怀柔区酒类流通协会第一次换届完成】 5月7日，怀柔区酒类流通协会第一次换届选举大会顺利召开，区商务委、区民政局领导参会并讲话。会议严格按照社会团体换届选举程序进行，顺利选出第二届会长、秘书长、监事会长及监事会成员单位。

（张　蕊）

【成立六个商业零售餐饮安全生产联合小组】5月15日，怀柔区商务委组织区内65家规模以上企业安全生产负责人，召开怀柔区规模以上商业零售和餐饮经营单位安全生产联组建设工作会，并成立6个商业零售餐饮安全生产联合小组。

（张　蕊）

【组织参加京交会】5月28日至6月1日，怀柔区参加第三届京交会“北京馆/日”系列活动，区长常卫对怀柔区优势资源和重点项目进行了推介。

（张　蕊）

【组织应急演练观摩活动】6月26日，怀柔区商务委联合区安监局、区公安分局、区消防支队、龙山街道办事处等职能部门，在京北大世界举办“安全生产月”应急演练及观摩活动。京北大世界千余员工参加演练，区内13家规模以上商业零售企业及5家重点规模以上餐饮经营单位负责人参与观摩。

（张　蕊）

【开展市区两级联合执法行动】6月27日，市商务执法监察大队抽调精干力量进入怀柔，配合区商务委开展执法检查工作，市区两级商务执法队伍联合检查怀柔市场。共计出动执法人员68人次，检查雁栖、怀北等4个乡镇食盐零售单位以及小餐饮、馒头房等食品加工用盐单位267家次，罚没伪劣仿冒食盐324斤；检查酒类流通经营单位58家次。

（张　蕊）

【召开安全生产工作总结交流会】7月11日，市商务委员会牵头，平谷区、顺义区、密云县商务委组成安全生产的互查互访小组，在怀柔召开“第二季度安全生产工作总结交流会”。

（张　蕊）

【举办商贸服务业发展专题报告会】7月15日，怀柔区政协、区商务委在双阳宾馆联合举办了商贸服务业发展专题报告会，区政协部分委员、区工商联、区内重点商业企业80余人参加。北京财贸职业学院商业研究所所长、研究员赖阳教授做专题辅导报告。

（张　蕊）

【召开夏季安全生产联组工作会】7月14日至18日，怀柔区商务委连续召开五次夏季安全生产联组工作会，共67家规模以上商业零售及餐饮经营单位参与了活动。会议针对夏季企业用电、用火、用气安全生产管理等开展了自查自改活动；进行了燃气使用及管理方面的培训；成员单位之间对开展安全生产工作中好的做法和疑难问题进行交流讨论。

（张　蕊）

【亮相第二届商博会】8月16日至18日，怀柔区亮相第二届北京国际商品交易博览会并集中推介了“国际会都”和区内旅游的优势资源。

（张　蕊）

【雁栖风情大道中秋亮相】9月6日，怀柔为迎接APEC会议重点打造的商业配套服务街区雁栖风情大道开门迎客，17个本土品牌和15家特色餐厅组团集体亮相。建设完成的大道南起雁栖镇下庄村，北至怀北镇河防口一线共11.8公里，总营业面积可达5万余平方米，是一条集休闲购物、餐饮娱乐、酒店商务、运动体验等多功能为一体的特色风情大道。活动当天，在宣布雁栖风情大道正式亮相的同时，怀柔区商业服务业企业优秀员工代表还进行了风采展示活动，汇报服务技能培训成果，展示服务人员服务 APEC 的决心与良好精神风貌。

（张　蕊）

【完成 2014 年退耕还林补助粮供应工作】 9 月 10 日，怀柔区退耕还林补助粮发放工作全部完成。此次供应工作涉及 13 个镇乡的 195 个村，供应 2.6 万余户，共发放补助粮2020.8吨，其中大米1016.1吨，面粉 970.6 吨，小麦 34.1 吨。

（张　蕊）

【“双打”工作情况】 2014 年，怀柔区工商局、农业局、食药局、质监局、文委、环保局、林业局等成员单位共开展执法活动1868次，出动执法人员4258人次，检查经营主体5284家，立案 179 件，结案 173 件，罚没款及没收所得 253.4 万元。知识产权局开展专利执法检查工作 5 次，共检查各类商品 300 余种，查出标有专利标识商品 33 件，涉及专利 38 项，其中涉嫌假冒专利 12 项。同时，区“双打”办还积极开展宣传活动，精心组织了“4·26”世界知识产权日宣传活动、商户专利产品管理培训会、贯彻新《商标法》服务等活动。

（张　蕊）

【召开 APEC 会议期间服务保障工作部署会】 10 月 31 日，怀柔区商务委召开了 APEC 会议期间服务保障工作部署会。会上下发了《怀柔区商务委 APEC 会议期间服务保障工作方案》，成立了怀柔区商务委 APEC 服务保障指挥部，负责全面做好会议期间商务系统各项服务保障工作。

（张　蕊）

【获得 APEC 荣誉表彰】 怀柔区商务委在怀柔区 APEC 表彰大会中荣获“突出贡献集体”称号，张学君等 45 位机关工作人员，荣获“突出贡献个人奖”。

（张　蕊）

【举办 2014 长城国际经典车拉力赛】 11 月 29 日，2014 长城国际经典车拉力赛正式开始怀柔赛段的比赛。30 日，赛事大会在怀柔区雁栖酒店举行颁奖晚宴，拉力赛圆满落幕。

（张　蕊）

对外经贸

【入选总部企业名录】 经市发展总部经济工作部门联席会议办公室审核，怀柔区确认北京红星股份有限公司、北京福田戴姆勒汽车有限公司、奥瑞金包装股份有限公司、中科合成油技术有限公司、北京中外名人文化传媒股份有限公司等 9 家企业入选《北京市重点总部企业名录》，成为北京市第一批重点总部企业，其构成为 4 个外企、2 个国企、3 个民企。

（张　蕊）

【完成外资企业联合年报工作】 圆满完成怀柔区外资企业联合年报工作。实际报送企业 198 家，未报企业 1 家，自然消亡企业 2 家，失去联系企业 4 家，年报完成率 97%，在全市排名第二。

（张　蕊）

【组织北京总部企业怀柔行活动】 7 月 3 日，北京总部企业怀柔行投资洽谈活动在雁栖经济开发区成功举办，来自北京 20 家总部企业高管和中介组织负责人应邀来到怀柔就发展环境和投资意向进行交流考察。

（张　蕊）

【完成总部企业奖励申报初审】10 月 16 日，怀柔区完成总部企业奖励申报初审工作。经审核，怀柔区共有 2 家总部企业的 3 个项目通过初审，申请奖励金额共计 430.74 万元。其中 2 家企业申请增设研发中心功能奖励，1 家企业申请入选权威机构排名奖励。

（张　蕊）

【首家金融租赁外资企业落户】12 月 30 日，怀柔区首家金融租赁外资企业北京复昌融资租赁有限公司正式落户怀柔区桥梓镇，该企业投资总额3000万美元，合同外资1000万美元。

（张　蕊）

【对外经贸工作情况】2014 年，新批加工贸易备案合同 80 份，进出口贸易总额达到 1.79 亿美元。其中进口总额3507万美元，出口总额 1.44 亿美元。完成实际利用外资5020万美元，新批外商投资企业 9 家，投资总额11749.24万美元，注册资本6238.55万美元，合同外资金额4328.29万美元。新增对外贸易经营者备案登记企业 63 家。

（张　蕊）

名　录

单位名称：北京市怀柔区商务委员会
主　　任：张学君
地　　址：北京市怀柔区迎宾中路21号
邮　　编：101400
电　　话：69645258
传　　真：69647234
电子邮箱：sw@bjhr.gov.cn

（张　蕊）

密云县

概　　况

2014年，密云县实现社会消费品零售总额125.7亿元，同比增长8.1%，在五个生态涵养发展区中，密云县零售额总额居首位，增速居第四位。外贸出口保持快速增长，出口总额达到3.08亿美元。

（胡婷婷）

商贸管理

【落实折子工程】密云县商务委参加市商务委举办的“农超对接”“农餐对接”；促进燕赛奥特莱斯、古北水镇、鑫达源通汽车销售公司等新开业商家正常运营；改善鼓楼大街“金十字”商业中心交通及购物环境，促进天诚开元市场业态整合力度，更新改建老旧商场，引进知名商业集团承租经营，优化商品结构，引进知名品牌，提高本县消费档次；落实“万村千乡市场工程”大力开拓农村消费市场，促进农村消费水平的提高。

（胡婷婷）

【推进城区蔬菜零售网络建设】2014年，密云县已完成了一家配送中心建设，在果园、鼓楼、檀营发展了100家社区便民菜店，为群众购买蔬菜等鲜活农产品提供便利。由宾阳北里锅炉房改造的第一家社区菜市场（直营菜店）已正式营业。

（胡婷婷）

【开展再生资源回收市场整治】2014年，由密云县商务委牵头联合县公安局（治安大队）、工商分局、城管执法局等相关部门组成专项整治联合执法队，重点检查了辖区内的回收站点106家，累计出动车次190次，累计出动人员数580次。

（胡婷婷）

【规范餐饮业经营行为】2014年，与2013年已备案的38家餐饮企业签订了2014年店外经营承诺书，并根据2014年企业实际情况，各部门联合审核、同意16家餐饮企业2014年开展店外经营，并依法依规予以监管。

（胡婷婷）

【加强粮食流通管理】2014年，密云县粮油市场安全稳定，粮食质量合格率和宜存率均为100%，具有粮食收购资格的企业全部建立了粮食质量档案。对进入轮换期的小麦严格按照相关规定进行轮换，进行了粮食应急演练，完成了退耕还林补助粮供应工作，退耕还林总面积为10.83万亩，面粉供应量为3772.110吨（折合原粮为5388.729吨），供应原粮小麦25.199吨。

（胡婷婷）

【完成市场信息监测网络体系建设】2014年，完成对生活必需品价格波动监测体系的建设，监测企业已达62家，主要涉及商场、超市、专卖店、专业市场、批发市场、宾馆饭店、洗浴、美容美发、汽车销售、汽车修理、轮胎销售等业态。

（胡婷婷）

【推进单用途商业预付卡规范管理】

2014年，对重点发卡企业进行了“实名登记、非现金购买、限额发行”等三项制度的动员和培训，向发卡企业宣传《单用途商业预付卡管理（试行）办法》。现场对1家规模发卡和3家集团发卡企业“三项制度”落实情况、合规情况以及风险控制情况进行了检查。

（胡婷婷）

【开展“双打”工作】2014年，会同密云县知识产权局、工商局和食品药品监督管理局，对本县辖区内食品、药品等重点行业进行“打击侵犯知识产权和制售假冒伪劣商品”的联合检查。2014年新增农业服务中心和邮政管理局为成员单位。

（胡婷婷）

【酒类经营者备案情况】2014年，密云县新备案登记酒类经营户130家，总数达到4791余家，完成应备案户数的90%以上。

（胡婷婷）

【行业执法常态化】2014年，对规模以上重点单位实现安全检查全覆盖，共出动执法人员2662人次，出动车辆852车次，检查商务、粮食系统企业1254个次。检查商场超市810个次；餐饮企业321个次；检查粮食仓储企业及粮食经营户30个次；检查生猪定点屠宰企业12个次，检查集期市场19个次，民俗户20个次。消除各类安全隐患19处。

（胡婷婷）

【商务行业安全生产监管情况】2014年，与58家重点企业（商场超市、市场、家具城、重点餐饮等）签订了2014年度安全工作目标管理责任书。组织密云县25家商场、超市、家具城及33家重点餐饮单位共开展培训140余次，培训人数为4000余人次，发放宣传材料12000余份。

（胡婷婷）

对外经贸

【概况】2014年，密云县出口总额3.08亿美元，外商投资总额有大幅度增加。

（胡婷婷）

【为外经贸企业服务情况】2014年，密云县商务委完成加工贸易合同及其变更审批共936起，完成对外贸易经营者备案92家；审批加工贸易企业生产能力证明31家；完成2014年度第一批中小企业国际市场开拓资金拨付申请书面材料初审工作。

（胡婷婷）

【外商投资情况】2014年，新批外商投资企业13家，投资领域主要涉及商贸批发、汽车零部件技术研发生产、科技研发等行业。投资总额6553.4万美元，协议外资3798.8万美元，其中投资总额100万美元以上的企业8家。

（胡婷婷）

名　录

单位名称：北京市密云县商务委员会
主　　任：彭兴宝
地　　址：北京市密云县檀西路21号
邮　　编：101500
电　　话：89089310
传　　真：89089320
网　　址：www.bjmycom.gov.cn

（胡婷婷）

延庆县

概　况

2014 年是延庆县迎接绿色发展大事的关键一年，也是商务工作极为特殊和不平凡的一年。面对首次筹办绿色大事的艰巨挑战和消费市场结构调整的严峻形势，商务系统广大干部职工在县委、县政府的正确领导和市商务委的具体指导下，服务全县工作大局，以“世葡会”工作为重点，“惠民生、保增长、促发展”为要务，真抓实干转作风，改革创新促发展，圆满完成了各项任务，全县内外贸商业态势取得新进展。

（段文江）

商业流通

【消费品市场持续稳定增长】2014 年，延庆县社会消费品零售额完成 99 亿元，同比增长 7.4％。

（段文江）

【成功举办北京延庆（国际）葡萄酒博览会】在世界葡萄与葡萄酒组织（OIV）全程支持、意大利罗马会展中心的专业运作下，博览会邀请了意大利、法国、西班牙等 22 个国家，以及新疆吐鲁番、宁夏贺兰山东麓等国内十大产区，共 500 余家酒庄参展，参展商人数达到1074人。吸引了全国各省市的葡萄酒代理商、经销商、葡萄酒爱好者等专业观众及社会大众50600人次到会参观。OIV 主席、总干事和世界美食美酒图书博览会主席等国际组织官员和权威专家全程参与了巅峰挑战赛、延怀河谷主题品鉴会、展旅结合、论坛等 11 项会时活动。葡萄酒交易中心接待专业客商1500人次左右，交易额完成 15.5 万元。

（段文江）

【全面谋划商业战略规划布局】联合北京大学战略研究所和北京博雅方略管理咨询有限公司，对延庆县商业发展情况和存在问题进行了全面调研和分析，通过科学研究和编制，并经多轮讨论及征求意见，形成了《延庆现代商业体系发展战略及空间布局规划》。

（段文江）

【开展延庆特色小吃展卖评选活动】在第六届北京端午文化节、2014 长城森林音乐节和“延庆火勺王”评选大赛等活动中，积极开展特色小吃展卖活动，推广了包括火勺在内的 40 余种富有延庆特色的小吃，进一步提升了延庆特色小吃的知名度，促进了行业的整体发展。

（段文江）

【举办端午文化活动】举办第六届北京端午文化节暨首届北京“非遗大观园”端午游园会之“巧手包玉珠，粽香飘端阳”包粽子趣味赛活动。3000余名市民通过观摩、体验、竞赛等环节体验包粽子的乐趣。活动丰富了市民的生活，传承了传统技艺，弘扬了民族文化。

（段文江）

【积极探索国有商业企业改革】联合北京大学战略研究所，对延庆县商贸公司、服务公司、县供销社和物资公司四家国有商业企业资产、经营、人员等情况进行了调查，研究了改革模式和方向，确定了改革目标，经征求多部门意见，形成了《延庆县国有商业企业改革方案》。

（段文江）

【认真做好生活必需品供应】在完善《生活必需品应急供应预案》的基础上，组织各重点商业企业积极筹备商品货源，合理储备应急物资，重点抓好节日期间蔬菜、肉类、米面油等主要生活必需品的供应工作，保障延庆县消费品市场商品供应充足，秩序良好。

（段文江）

【积极搭建促销平台】结合春节、“十一”黄金周，组织开展形式多样的促销活动。2014 年，人民商场、中踏广场等 13 家重点商业企业销售额达 18 亿元，其中 11 家重点商场超市销售额 6.8 亿元，日上、恒生两大市场交易额 8.7 亿元，17 家重点餐饮企业经营收入 1.25 亿元。

（段文江）

【组织发展项目申报】为鼓励和促进延庆县商业企业发展，完成 2015 年商业流通发展项目申报工作，向市商务委上报涉及无障碍设施改造、节能减排改造、现代物流新模式等 5 个项目，积极争取市级资金支持。

（段文江）

【推进中心商业区招商】衡美国际家居、友和商城分别租赁了金锣湾商业中心 A、B 座，签订十年合同期限，盘活了闲置多年的 12000多平方米的商业设施，丰富了区域的业态，方便了消费者购物。

（段文江）

【盘活闲置资产，节省财政支出】宝业恒基公司调整经营思路，重新规划场地，逐步缩小联营和自营比例，增加租赁经营的范围，拓宽招商渠道，引进了香港黄金、明和堂药店、七天连锁酒店等 14 家企业入场经营。通过加大招商力度，盘活闲置房屋，每年可为县财政节省财政资金近 800 万元。

（段文江）

【梳理行政审批，提供便捷的办事流程】梳理商务领域各类行政许可、非行政许可审批事项 22 项，经过三轮调整和清理，保留行政许可事项、非行政许可事项 18 项。通过简化审批程序、缩短审批时间，办事时效平均提速 42%。切实改进工作作风，方便服务群众。

（段文江）

【树立法制意识，研究商务领域执法机制】梳理商务领域行政执法依据和行政处罚事项，共涉及安全生产、食盐、酒类流通备案登记等法律、法规、规章 27 部，行政处罚职权事项 214 项，为规范市场秩序、严格依法行政奠定了坚实的基础。

（段文江）

【牵头组织“双打”，构建公平交易的市场氛围】召开 2014 年打击侵权假冒工作布置会，对延庆县本年度双打工作进行布置和情况沟通。利用世界知识产权日，会同延庆县知识产权局、工商局、文委开展了以“尊重知识、崇尚创新、诚信守法”为主题的宣传活动，通过发放宣传材料和现场解答的形式增强了延庆县居民保护知识产权的意识。

（段文江）

【落实主体责任，强化安全的责任意识】组织规模以上商业零售、餐饮经营单位签订 2014 年度安全生产、促销安全管理责任书，进一步落实安全生产企业主体责任和行业监管责任。

（段文江）

【创新宣传模式，加大宣传力度】通过户外电子显示屏、宣传栏，播放、张贴宣传标语500多条，向过往群众发放宣传材料2000多份；组织安全生产、消防安全培训2次，督促规模以上企业开展应急演练活动68次。

（段文江）

【开展安全生产标准化创建工作】12家商务行业经营单位完成达标创建工作，进一步提升了企业安全管理水平。

（段文江）

【提升执法水平，营造安全的购销环境】严格落实两个“安全生产规定”，以重大节日和重要活动期间的安全保障为重点，对相关单位的安全生产、食品安全、食盐购销、酒类流通、管制刀具销售及粮食管理等工作加大执法检查工作力度，并先后在商务行业内开展了春节安全大检查、可燃物清理等专项行动。全年，共出动执法检查人员2731人次，检查经营单位708家次，下发责令限期整改通知书15份；立案1起，罚款5000元；罚没不合格碘盐2763.7千克。

（段文江）

【加强粮油市场监控】完成2013年社会粮油供需平衡调查；完善《延庆县级专项储备粮管理办法》和粮油应急体系；开展玉米收购、转储工作，共计收购玉米94875吨，请示市粮食局转储粮油公司玉米3万吨；推进康庄粮库所储3042.139吨县级储备小麦轮换工作。

（段文江）

【维护重点商业聚集区交通秩序】一是实施停车收费管理，规范金锣湾商业中心停车秩序。经市政部门备案，并经发改委价格审核，区域收费管理自2014年3月1日起开始实施，清理了长期占用停车场的私家车，为消费者购物停车提供了极大的便利，同时解决了区域内停车秩序混乱的问题。二是规范日上市场交通秩序，制订了交通秩序整治方案。通过区域管理、规范引导等多项措施，整治市场内交通秩序，目前日上市场内部交通秩序明显改善，方便了消费者停车购物。

（段文江）

【规范再生资源管理】完善已有回收站点功能，新建5个千人以上大村回收站点。制定了《再生资源回收摊点规范化治理工作方案》，牵头对康庄镇、张山营镇以及县城周边从事再生资源回收经营的7个站点和3个市场开展联合执法检查，规范企业经营行为，美化站点周边环境建设。

（段文江）

【强化酒类流通管理】全年共办理酒类流通备案登记55户，销售随附单10000份。

（段文江）

【完成消夏露天餐饮审批】审核通过24家餐饮企业申请，制定了《延庆县消夏露天餐饮经营场所管理方案》，并通过联合执法检查监督其经营行为。

（段文江）

【推进典当行业管理】新设立3家典当企业，对延庆县已有的8家企业开展年审、变更和风险排查工作。并制定《典当行业风险预警制度》《典当企业突发事件应急处置预案》《典当行业重大事项通报制度》等文件，积极开展企业经营情况监督检查，促进企业健康发展。

（段文江）

【完善盐业配送网络】加强食盐配送指导，确保食盐充足供应和市场秩序稳定。全年延庆县盐业批发企业配送食用盐4015吨。

（段文江）

【开展成品油市场监测】2014年，延庆县成品油市场运行平稳、秩序良好。共计销售柴汽油67082.1吨，销售额达到66496.1万元。

（段文江）

【加强商业单用途预付卡备案管理】对延庆县4家规模发卡企业进行监督管理，督促企业严格执行业务报告制度，未发现违规行为。

（段文江）

【组织商业员工培训】进行商务实用英语小教员和“恪守行业公约，树立诚信风范”两期专题培训。共计102人参加，培训效果良好。

（段文江）

对外经贸

【优化外贸服务水平】全年受理新设外资企业审批、股权转让、经营范围变更、延长经营期限、名称变更、章程修订业务9件，为26家外贸企业进行了进出口经营权的新办、变更登记，为3家企业办理加工贸易生产能力证明，新办加工贸易合同2份，变更3次。外贸进出口总额完成18900万美元，实际利用外资337万美元，合同外资9110万美元。

（段文江）

名　录

单位名称：北京市延庆县商务委员会
主　　任：刘瑞成
地　　址：北京市延庆县新城街2号
邮　　编：102100
电　　话：69101551
传　　真：69144243
电子邮箱：Jiang8082@sina.com
网　　址：www.bjyq.gov.cn/zwxx/jgzn/zfbm/swjj/

（段文江）

第六部分

统　计　资　料

一、商业流通

1-1　社会消费品零售额

指标名称	2014 年（亿元）	2013 年（亿元）	同比增长（%）
社会消费品零售总额	9 638.0	8 872.1	8.6
其中：网上零售额	1 456.9	858.5	69.7
按商品用途分			
吃类商品	1 860.5	1 804.7	3.1
穿类商品	783.3	777.1	0.8
用类商品	6 413.5	5 711.1	12.3
烧类商品	580.7	579.2	0.3
按地区分			
城镇	9 471.5	8 721.0	8.6
乡村	166.5	151.1	10.2
按消费形态分			
餐饮收入	829.7	836.1	—0.8
商品零售	8 808.3	8 036.0	9.6

数据来源：北京市统计局

（万薇薇）

1-2　社会消费品零售额（按功能区分组）

	2014 年（亿元）	2013 年（亿元）	同比增长（%）
全　　市	9 638.0	8 872.1	8.6
首都功能核心区	1 775.9	1 656.5	7.2
东城区	913.3	839.2	8.8
西城区	862.6	817.4	5.5
城市功能拓展区	5 517.7	5 117.1	7.8
朝阳区	2 377.6	2 243.4	6.0
丰台区	937.4	864.6	8.4
石景山区	241.9	215.8	12.1
海淀区	1 960.8	1 793.3	9.3
城市发展新区	1 927.3	1 718.5	12.1

（续）

	2014年（亿元）	2013年（亿元）	同比增长（%）
房山区	211.8	190.7	11.1
通州区	323.2	286.9	12.6
顺义区	376.7	332.4	13.3
昌平区	368.7	339.4	8.6
大兴区及北京经济技术开发区	647.0	569.0	13.7
大兴区	321.9	282.2	14.0
北京经济技术开发区	325.1	286.8	13.3
生态涵养发展区	417.1	380.0	9.7
门头沟区	53.1	49.0	8.4
怀柔区	94.1	83.9	12.1
平谷区	84.4	75.0	12.5
密云县	110.7	102.4	8.1
延庆县	74.8	69.6	7.4

数据来源：北京市统计局

（万薇薇）

1-3 社会消费品零售额进度表

2013年	社会消费品零售额（亿元）	同比增长（%）
1月	—	—
1-2月	1 485.2	3.0
1-3月	2 236.7	5.1
1-4月	2 980.9	6.2
1-5月	3 742.2	6.9
1-6月	4 526.2	7.5
1-7月	5 331.6	7.8
1-8月	6 137.1	8.0
1-9月	6 963.6	8.2
1-10月	7 848.6	8.4
1-11月	8 736.0	8.6
1-12月	9 638.0	8.6

数据来源：北京市统计局

（万薇薇）

1-4 限额以上零售企业按业态分组的零售额情况

	2014年（亿元）	同比增长（%）
有店铺零售		
食杂店	4.1	−18.4
便利店	69.8	5.5
折扣店	18.5	2.8
超市	112.5	1.2
大型超市	572.6	1.9
仓储会员店	26.8	−11.5
百货店	724.5	−7.1
专业店	1 902.4	−2.8
专卖店	1 808.0	−3.6
家居建材商店	86.0	−1.1
购物中心	41.5	11.7
厂家直销中心	111.7	8.9
无店铺零售		
电视购物	44.0	36.0
邮购	4.8	−1.3
网上商店	1 151.5	51.9
自动售货亭购物中心	0.2	−31.2
电话购物	72.4	5.9

数据来源：北京市统计局

（万薇薇）

1-5 限额以上批发零售贸易业企业分类零售额

编 号	类 值	2014年（万元）	2013年（万元）	同比增长（%）
	类值合计	75 770 528.7	70 265 342.3	7.8
	#通过互联网实现的商品销售	14 568 754.4	8 585 278.9	69.7
1	粮油、食品、饮料、烟酒类	6 809 246.5	6 683 619.2	1.9
	粮油、食品类	5 097 737.1	4 980 927.7	2.3
	粮油类	638 611.8	604 916.9	5.6
	肉禽蛋类	695 144.1	692 074.4	0.4
	水产品类	177 583.3	165 101.3	7.6
	蔬菜类	205 273.2	176 025.7	16.6
	干鲜果品类	414 273.3	364 416.7	13.7
	饮料类	571 527.5	555 093.4	3.0
	烟酒类	1 139 981.9	1 147 598.1	−0.7
	其中：酒类	771 099.1	763 775.0	1.0

（续）

编　号	类　　值	2014年（万元）	2013年（万元）	同比增长（%）
2	服装、鞋帽、针纺织品类	6 432 896.0	6 643 546.0	－3.2
	服装类	4 986 675.6	5 065 747.7	－1.6
	鞋帽类	1 100 639.8	1 234 059.7	－10.8
	针纺织品类	345 580.6	343 738.6	0.5
3	化妆品类	1 569 394.8	1 519 504.5	3.3
4	金银珠宝类	3 574 338.4	3 880 479.8	－7.9
	其中：黄金及饰品、铂金饰品等	2 206 858.7	2 578 235.4	－14.4
5	日用品类	3 501 134.3	3 179 759.0	10.1
	洗涤用品类	573 360.4	535 958.8	7.0
	儿童玩具类	116 290.7	108 888.7	6.8
6	五金、电料类	119 093.7	128 902.3	－7.6
7	体育、娱乐用品类	947 982.6	1 017 804.0	－6.9
8	书报杂志类	1 096 449.5	1 045 559.7	4.9
9	电子出版物及音像制品类	281 890.4	308 917.4	－8.7
10	家用电器和音像器材类	3 713 061.7	3 369 710.4	10.2
11	中西药品类	7 835 477.8	7 097 104.2	10.4
	西药类	5 286 601.8	4 895 192.5	8.0
	中草药及中成药类	1 587 790.2	1 290 298.6	23.1
12	文化办公用品类	4 985 920.2	4 323 122.5	15.3
13	家具类	954 209.7	943 073.7	1.2
14	通讯器材类	9 166 201.3	4 730 133.2	93.8
15	煤炭及制品类	5 042.7	14 808.5	－65.9
16	木材及制品类	0	—	－100.0
17	石油及制品类	5 501 009.8	5 533 631.6	－0.6
18	化工材料及制品类	0	—	－100.0
	化肥类	0	—	－100.0
19	金属材料类	0	—	－100.0
20	建筑及装潢材料类	250 630.3	250 137.5	0.2
21	机电产品及设备类	517 618.9	545 993.6	－5.2
	农机类	0	—	－100.0
22	汽车类	17 231 451.3	17 753 950.3	－2.9
	其中：汽车配件类	1 023 168.4	1 082 312.7	－5.5
23	种子饲料类	0	—	－100.0
24	棉麻类	231.9	508.2	－54.4
25	其他类	1 277 246.9	1 295 076.7	－1.4

数据来源：北京市统计局

（万薇薇）

1-6 批发和零售业商品购进、销售、库存总额

项　目	2014年（万元）	同比增长（%）
商品购进额	598 222 733	3.7
市内购进	146 762 720	12.7
市外购进	357 719 468	−1.0
进口	93 740 545	9.9
商品销售额	665 129 727	7.4
批发额	577 053 329	7.1
市内批发	146 860 106	9.7
市外批发	403 390 728	5.1
出口	26 802 495	26.6
零售额	88 076 398	9.6
期末商品库存额	56 129 381	13.0

数据来源：北京市统计局

（万薇薇）

1-7 重点商品品牌市场占有率

1-7-1 2014年服装品牌占有率前10名

女装

序号	品牌名称	比重（%）	序号	品牌名称	比重（%）
1	玫而美	3.29	6	靓诺	1.41
2	玛丝菲尔	2.91	7	赛斯特	1.31
3	哥弟	1.77	8	VERO MODA	1.27
4	ONLY	1.74	9	奥菲欧	1.17
5	朗姿	1.53	10	卡利亚里	1.13

男衬衫

序号	品牌名称	比重（%）	序号	品牌名称	比重（%）
1	萨巴蒂尼	5.59	6	沙驰	2.41
2	雅戈尔	3.80	7	卡迪布丹	1.84
3	皮尔卡丹	3.68	8	BOSSsunwen	1.83
4	绅士	3.01	9	GORNIA	1.69
5	辛柏林	2.97	10	爵士丹尼	1.66

（续）

男西服					
序号	品牌名称	比重（%）	序号	品牌名称	比重（%）
1	萨巴蒂尼	5.13	6	沙驰	2.52
2	观奇洋服	4.76	7	辛柏林	2.43
3	威可多	4.26	8	雅戈尔	2.28
4	依文	2.81	9	金利来	1.89
5	胜龙	2.72	10	恺王	1.89
童装					
序号	品牌名称	比重（%）	序号	品牌名称	比重（%）
1	阿迪达斯	8.08	6	小猪班纳	3.11
2	水孩儿	6.53	7	丽婴房	2.42
3	耐克	5.12	8	ARMANI JUNIOR	2.31
4	派克兰帝	3.76	9	博柏利	2.13
5	安奈儿	3.72	10	海威迩	2.09
针织内衣					
序号	品牌名称	比重（%）	序号	品牌名称	比重（%）
1	铜牛	8.54	6	世王	4.37
2	爱慕	8.14	7	三枪	4.27
3	舒雅	8.14	8	宜而爽	2.50
4	小护士	7.61	9	浩沙	2.38
5	纤丝鸟	7.02	10	汝斯芬	2.05
女士内衣					
序号	品牌名称	比重（%）	序号	品牌名称	比重（%）
1	爱慕	19.03	6	黛安芬	4.51
2	华歌尔	12.00	7	兰卡文	3.40
3	安莉芳	7.05	8	古今	3.06
4	曼妮芬	4.80	9	爱美丽	2.60
5	欧迪芬	4.53	10	舒雅	2.59
羊毛衫					
序号	品牌名称	比重（%）	序号	品牌名称	比重（%）
1	鄂尔多斯	4.11	6	于雁	2.85
2	人头鸟	3.85	7	克利雅	2.47
3	喜来鸟	3.70	8	鹿王	2.03
4	瑞群	3.39	9	珍贝	1.91
5	裳衣坊	3.31	10	稻草人	1.74

（续）

羊绒衫

序号	品牌名称	比重（%）	序号	品牌名称	比重（%）
1	鄂尔多斯	13.45	6	金利来	4.63
2	珍贝	12.06	7	皮皮狗	4.62
3	帕罗	6.47	8	皮尔卡丹	4.14
4	米皇	5.85	9	兔皇	3.49
5	雪莲	5.43	10	鹿王	3.10

（梁 辰）

1-7-2 2014年化妆品品牌占有率前10名

美容护肤

序号	品牌名称	比重（%）	序号	品牌名称	比重（%）
1	雅诗兰黛	13.53	6	欧莱雅	4.24
2	兰蔻	11.39	7	CHANEL	4.08
3	欧珀莱	7.81	8	娇兰	3.92
4	CD	5.77	9	玉兰油	3.60
5	海蓝之谜	4.37	10	希思黎	3.20

香水

序号	品牌名称	比重（%）	序号	品牌名称	比重（%）
1	CHANEL	32.61	6	HUGO BOSS	3.31
2	CD	26.53	7	BURBERRY	2.85
3	兰蔻	4.95	8	L'OCCITANE	2.63
4	乔治阿玛尼	3.73	9	CK	1.99
5	娇兰	3.52	10	BVLGARI	1.72

（梁 辰）

1-7-3 2014年鞋类品牌占有率前10名

女鞋

序号	品牌名称	比重（%）	序号	品牌名称	比重（%）
1	百丽	6.87	6	百思图	2.92
2	接吻猫	4.59	7	圣琪儿	2.92
3	TATA	3.64	8	千佰莉	2.59
4	天美意	3.58	9	森达	2.56
5	萨瑞儿	2.98	10	米莲诺	2.34

（续）

男鞋					
序号	品牌名称	比重（%）	序号	品牌名称	比重（%）
1	ECCO	12.45	6	宾度	3.05
2	金利来	4.72	7	骆驼	2.99
3	沙驰	4.11	8	克蕾斯丹妮	2.99
4	皮尔卡丹	3.89	9	其乐	2.97
5	梅尔代格	3.52	10	花花公子	2.71

（梁　辰）

1-7-4　2014年金银珠宝饰品品牌占有率前10名

黄金					
序号	品牌名称	比重（%）	序号	品牌名称	比重（%）
1	菜百	57.79	6	老凤祥	2.36
2	国华	8.61	7	周生生	1.77
3	周大福	6.59	8	千叶	1.15
4	工美	5.41	9	六福	0.96
5	中国黄金	2.86	10	明牌	0.95
铂金					
序号	品牌名称	比重（%）	序号	品牌名称	比重（%）
1	菜百	66.38	6	明牌	1.57
2	国华	16.96	7	谢瑞麟	0.95
3	周大福	4.23	8	瑞恩	0.79
4	周生生	2.30	9	老凤祥	0.60
5	六福	1.92	10	金至尊	0.46

数据来源：北京商业信息咨询中心

（梁　辰）

二、对外贸易

2-1 海关进出口商品类别及构成

2-1-1 海关出口商品类别及构成

金额单位：万美元

类别	2014年		2013年		增（减）%
	金额	比重（%）	金额	比重（%）	
总值	**6 234 540**	**100.0**	**6 324 622**	**100.0**	—
初级产品	1 165 245	18.7	1 154 372	18.3	0.4
工业制成品	5 069 295	81.3	5 170 251	81.7	−0.4
机电产品	3 789 905	60.8	3 908 926	61.8	−1.0
高新技术产品	1 875 001	30.1	2 035 377	32.2	−2.1

注：数据摘自北京海关统计月报

（李 倩）

2-1-2 北京地区海关进口商品类别及构成

金额单位：万美元

类别	2014年		2013年		增（减）%
	金额	比重（%）	金额	比重（%）	
总值	**35 330 640**	**100.0**	**36 585 711**	**100.0**	—
初级产品	21 489 497	60.8	21 766 539	59.5	1.3
工业制成品	13 841 143	39.2	14 819 172	40.5	−1.3
机电产品	7 792 641	22.1	7 156 881	19.6	2.5
高新技术产品	2 943 685	8.3	2 921 885	8.0	0.3

注：数据摘自北京海关统计月报

（李 倩）

2-2 海关进出口商品分类金额

2-2-1 海关出口商品分类金额

金额单位：万美元

商品名称	2014年	2013年	同比（±%）
总值	**6 234 540**	**6 324 622**	**−1.2**
第1章 活动物	1 887	2 474	−23.7
第2章 肉及食用杂碎	197	367	−46.2
第3章 鱼及其他水生无脊椎动物	129	381	−66.2

（续）

商品名称	2014 年	2013 年	同比（±%）
第 4 章　乳；蛋；蜂蜜；其他食用动物产品	750	749	0.1
第 5 章　其他动物产品	3 171	3 246	−2.3
第 6 章　活植物；茎、根；插花、簇叶	258	403	−36.0
第 7 章　食用蔬菜、根及块茎	6 632	9 113	−27.2
第 8 章　食用水果及坚果；甜瓜等水果的果皮	2 520	1 068	135.9
第 9 章　咖啡、茶、马黛茶及调味香料	1 276	1 478	−13.7
第 10 章　谷物	19 053	27 887	−31.7
第 11 章　制粉工业产品；麦芽；淀粉等；面筋	236	646	−63.6
第 12 章　油籽；子仁；工业或药用植物；饲料	13 479	16 468	−18.1
第 13 章　虫胶；树胶、树脂及其他植物液、汁	5 234	5 971	−12.3
第 14 章　编结用植物材料；其他植物产品	184	38	378.2
第 15 章　动、植物油、脂、蜡；精制食用油脂	620	680	−8.8
第 16 章　肉、鱼及其他水生无脊椎动物的制品	9 350	10 417	−10.3
第 17 章　糖及糖食	778	1 045	−25.5
第 18 章　可可及可可制品	7 153	6 231	14.8
第 19 章　谷物粉、淀粉等或乳的制品；糕饼	4 364	5 349	−18.4
第 20 章　蔬菜、水果等或植物其他部分的制品	20 520	26 596	−22.8
第 21 章　杂项食品	2 803	2 856	−1.9
第 22 章　饮料、酒及醋	2 464	1 855	32.8
第 23 章　食品工业的残渣及废料；配制的饲料	2 927	416	603.1
第 24 章　烟草、烟草及烟草代用品的制品	13	301	−95.7
第 25 章　盐；硫磺；土及石料；石灰及水泥等	27 503	22 840	21.3
第 26 章　矿砂、矿渣及矿灰	1 074	1 042	3.1
第 27 章　矿物燃料、矿物油及其产品；沥青等	1 025 441	998 921	2.7
第 28 章　无机化学品；贵金属等的化合物	70 685	54 815	29.0
第 29 章　有机化学品	104 927	96 013	9.4
第 30 章　药品	20 267	18 640	8.7
第 31 章　肥料	148 105	138 226	7.3
第 32 章　鞣料；着色料；涂料；油灰；墨水等	8 512	8 425	1.0
第 33 章　精油及香膏；芳香料制品化妆盥洗品	3 270	3 736	−12.5
第 34 章　洗涤剂、润滑剂、人造蜡、塑型膏等	7 456	6 237	19.6
第 35 章　蛋白类物质；改性淀粉；胶；酶	3 234	3 010	7.4

（续）

商品名称	2014年	2013年	同比（±%）
第36章　炸药；烟火；引火品；易燃材料制品	4 529	6 214	－27.1
第37章　照相及电影用品	2 470	2 910	－15.1
第38章　杂项化学产品	48 632	49 858	－2.4
第39章　塑料及其制品	59 842	55 754	7.5
第40章　橡胶及其制品	40 834	43 284	－5.7
第41章　生皮（毛皮除外）及皮革	4	3	27.8
第42章　皮革制品；旅行箱包；动物肠线制品	8 046	7 376	9.1
第43章　毛皮、人造毛皮及其制品	3 653	3 553	2.8
第44章　木及木制品；木炭	12 980	11 203	15.9
第45章　软木及软木制品	1	9	－84.3
第46章　编结材料制品；篮筐及柳条编结品	2 866	2 769	3.5
第47章　木浆等纤维状纤维素浆；废纸及纸板	663	621	6.8
第48章　纸及纸板；纸浆、纸或纸板制品	5 468	4 455	22.7
第49章　印刷品；手稿、打字稿及设计图纸	10 613	8 757	21.2
第50章　蚕丝	2 203	2 433	－9.4
第51章　羊毛等动物毛；马毛纱线及其机织物	3 084	5 597	－44.9
第52章　棉花	4 823	3 850	25.3
第53章　其他植物纤维；纸纱线及其机织物	181	135	33.6
第54章　化学纤维长丝	6 096	5 936	2.7
第55章　化学纤维短纤	10 646	11 106	－4.1
第56章　絮胎、毡呢及无纺织物；线绳制品等	8 480	7 564	12.1
第57章　地毯及纺织材料的其他铺地制品	11 711	10 536	11.2
第58章　特种机织物；簇绒织物；刺绣品等	1 179	1 679	－29.8
第59章　浸渍、涂布、包覆或层压的纺织物；工业用纺织制品	3 298	4 007	－17.7
第60章　针织物及钩编织物	1 754	1 209	45.1
第61章　针织或钩编的服装及衣着附件	50 795	62 057	－18.1
第62章　非针织或非钩编的服装及衣着附件	94 064	107 833	－12.8
第63章　其他纺织制品；成套物品；旧纺织品	15 033	14 294	5.2
第64章　鞋靴、护腿和类似品及其零件	20 068	15 019	33.6
第65章　帽类及其零件	5 338	6 974	－23.5
第66章　伞、手杖、鞭子、马鞭及其零件	112	169	－33.3
第67章　加工羽毛及制品；人造花；人发制品	899	1 133	－20.6

（续）

商品名称	2014 年	2013 年	同比（±%）
第 68 章　矿物材料的制品	13 975	11 374	23.3
第 69 章　陶瓷产品	24 907	24 045	3.6
第 70 章　玻璃及其制品	25 291	25 263	0.3
第 71 章　珠宝、贵金属及制品；仿首饰；硬币	30 398	31 172	－2.5
第 72 章　钢铁	234 152	174 676	34.1
第 73 章　钢铁制品	260 018	298 930	－13.0
第 74 章　铜及其制品	5 720	4 863	17.6
第 75 章　镍及其制品	510	752	－32.2
第 76 章　铝及其制品	32 873	30 264	6.9
第 78 章　铅及其制品	140	664	－78.9
第 79 章　锌及其制品	253	294	－13.9
第 80 章　锡及其制品	77	33	136.0
第 81 章　其他贱金属、金属陶瓷及其制品	6 796	5 946	14.3
第 82 章　贱金属器具、利口器、餐具及零件	13 385	13 415	－0.1
第 83 章　贱金属杂项制品	13 947	10 290	35.5
第 84 章　核反应堆、锅炉、机械器具及零件	1 012 365	873 820	16.0
第 85 章　电机、电气、音像设备及其零附件	1 719 574	1 891 028	－8.6
第 86 章　铁道车辆；轨道装置；信号设备	41 134	66 998	－38.6
第 87 章　车辆及其零附件，但铁道车辆除外	297 993	235 111	26.8
第 88 章　航空器、航天器及其零件	76 207	87 903	－13.3
第 89 章　船舶及浮动结构体	116 460	263 488	－55.3
第 90 章　光学、照相、医疗等设备及零附件	254 225	245 933	3.4
第 91 章　钟表及其零件	1 172	1 227	－4.4
第 92 章　乐器及其零件、附件	5 274	5 196	2.5
第 93 章　武器、弹药及其零件、附件	721	905	－20.4
第 94 章　家具；寝具等；灯具；活动房	53 000	46 417	14.2
第 95 章　玩具、游戏或运动用品及其零附件	11 204	10 365	8.1
第 96 章　杂项制品	12 606	12 444	1.8
第 97 章　艺术品、收藏品及古物	2 471	14 370	－82.8
第 98 章　特殊交易品及未分类商品	856	1 200	－28.7

注：数据摘自北京海关统计月报

（李　倩）

2-2-2 海关进口商品分类金额

金额单位：万美元

商品名称	2014年	2013年	同比（±%）
合　　计	**35 330 640**	**36 585 711**	**−3.7**
第1章 活动物	54 549	28 406	92.0
第2章 肉及食用杂碎	57 875	67 646	−14.4
第3章 鱼及其他水生无脊椎动物	50 722	37 271	36.1
第4章 乳；蛋；蜂蜜；其他食用动物产品	52 537	45 698	15.0
第5章 其他动物产品	3 279	3 086	6.2
第6章 活植物；茎、根；插花、簇叶	2 169	1 389	56.2
第7章 食用蔬菜、根及块茎	15 299	26 592	−42.5
第8章 食用水果及坚果；甜瓜等水果的果皮	16 575	12 874	28.7
第9章 咖啡、茶、马黛茶及调味香料	2 332	1 614	44.2
第10章 谷物	119 190	235 966	−49.5
第11章 制粉工业产品；麦芽；淀粉等；面筋	3 141	2 039	54.1
第12章 油籽；子仁；工业或药用植物；饲料	369 906	289 443	27.7
第13章 虫胶；树胶、树脂及其他植物液、汁	3 684	2 895	27.2
第14章 编结用植物材料；其他植物产品	2 545	1 971	29.1
第15章 动、植物油、脂、蜡；精制食用油脂	94 932	131 747	−28.1
第16章 肉、鱼及其他水生无脊椎动物的制品	221	296	−25.2
第17章 糖及糖食	45 924	62 063	−26.1
第18章 可可及可可制品	14 592	11 270	19.0
第19章 谷物粉、淀粉等或乳的制品；糕饼	10 383	9 207	12.2
第20章 蔬菜、水果等或植物其他部分的制品	10 665	9 544	11.7
第21章 杂项食品	19 886	16 148	21.9
第22章 饮料、酒及醋	39 580	26 317	−0.7
第23章 食品工业的残渣及废料；配制的饲料	54 663	45 089	21.2
第24章 烟草、烟草及烟草代用品的制品	185 072	141 872	13.3
第25章 盐；硫磺；土及石料；石灰及水泥等	58 502	35 797	63.4
第26章 矿砂、矿渣及矿灰	1 266 707	1 248 073	1.5
第27章 矿物燃料、矿物油及其产品；沥青等	18 557 665	18 779 320	−1.2
第28章 无机化学品；贵金属等的化合物	293 794	327 492	−10.3
第29章 有机化学品	165 250	152 165	8.9
第30章 药品	390 019	305 909	27.5
第31章 肥料	238 355	230 856	3.3
第32章 鞣料；着色料；涂料；油灰；墨水等	16 002	13 560	18.0

（续）

商品名称	2014年	2013年	同比（±%）
第33章　精油及香膏；芳香料制品化妆盥洗品	60 677	16 290	13.5
第34章　洗涤剂、润滑剂、人造蜡、塑型膏等	14 071	13 207	5.6
第35章　蛋白类物质；改性淀粉；胶；酶	13 189	10 864	21.7
第36章　炸药；烟火；引火品；易燃材料制品	3 968	2 320	71.0
第37章　照相及电影用品	8 526	8 131	4.9
第38章　杂项化学产品	141 692	153 781	−8.2
第39章　塑料及其制品	201 039	177 055	13.5
第40章　橡胶及其制品	60 185	69 096	−12.9
第41章　生皮（毛皮除外）及皮革	6 088	3 794	60.5
第42章　皮革制品；旅行箱包；动物肠线制品	21 373	13 838	7.4
第43章　毛皮、人造毛皮及其制品	7 299	5 566	31.1
第44章　木及木制品；木炭	140 384	123 396	13.8
第45章　软木及软木制品	390	632	−38.2
第46章　编结材料制品；篮筐及柳条编结品	6	15	−56.6
第47章　木浆等纤维状纤维素浆；废纸及纸板	39 846	36 235	10.2
第48章　纸及纸板；纸浆、纸或纸板制品	36 775	42 158	−12.8
第49章　印刷品；手稿、打字稿及设计图纸	54 131	50 826	6.5
第50章　蚕丝	541	412	31.1
第51章　羊毛等动物毛；马毛纱线及其机织物	36 326	34 704	4.7
第52章　棉花	135 657	283 975	−52.2
第53章　其他植物纤维；纸纱线及其机织物	9 926	8 664	14.6
第54章　化学纤维长丝	5 225	4 915	6.4
第55章　化学纤维短纤	69 947	81 657	−14.3
第56章　絮胎、毡呢及无纺织物；线绳制品等	7 422	7 877	−5.7
第57章　地毯及纺织材料的其他铺地制品	1 746	1 589	9.9
第58章　特种机织物；簇绒织物；刺绣品等	1 823	1 987	−8.2
第59章　浸渍、涂布、包覆或层压的纺织物；工业用纺织制品	4 221	4 146	1.8
第60章　针织物及钩编织物	1 381	1 799	−23.2
第61章　针织或钩编的服装及衣着附件	14 554	12 590	7.8
第62章　非针织或非钩编的服装及衣着附件	24 493	21 551	9.9
第63章　其他纺织制品；成套物品；旧纺织品	2 104	1 919	9.5
第64章　鞋靴、护腿和类似品及其零件	23 929	18 667	25.0
第65章　帽类及其零件	570	484	16.1

（续）

商品名称	2014年	2013年	同比（±%）
第66章 伞、手杖、鞭子、马鞭及其零件	127	125	0.1
第67章 加工羽毛及制品；人造花；人发制品	90	90	－0.1
第68章 矿物材料的制品	8 329	7 790	6.9
第69章 陶瓷产品	8 790	7 149	22.9
第70章 玻璃及其制品	39 530	43 531	－9.2
第71章 珠宝、贵金属及制品；仿首饰；硬币	206 337	264 468	－22.6
第72章 钢铁	68 881	93 100	－26.0
第73章 钢铁制品	114 623	101 829	12.5
第74章 铜及其制品	209 186	168 683	24.6
第75章 镍及其制品	14 465	12 260	18.0
第76章 铝及其制品	18 945	20 793	－9.1
第78章 铅及其制品	190	590	－67.8
第79章 锌及其制品	86	4 401	－98.1
第80章 锡及其制品	6 537	5 208	25.5
第81章 其他贱金属、金属陶瓷及其制品	9 347	12 601	－25.9
第82章 贱金属器具、利口器、餐具及零件	23 811	21 671	9.8
第83章 贱金属杂项制品	21 334	20 802	2.5
第84章 核反应堆、锅炉、机械器具及零件	1 428 335	1 430 903	－0.1
第85章 电机、电气、音像设备及其零附件	1 617 822	1 749 169	－7.7
第86章 铁道车辆；轨道装置；信号设备	32 869	23 952	37.4
第87章 车辆及其零附件，但铁道车辆除外	3 252 109	2 581 872	26.0
第88章 航空器、航天器及其零件	357 341	303 766	18.0
第89章 船舶及浮动结构体	22 164	60 555	－63.5
第90章 光学、照相、医疗等设备及零附件	912 696	861 894	5.8
第91章 钟表及其零件	18 681	9 253	2.3
第92章 乐器及其零件、附件	1 734	1 471	17.9
第93章 武器、弹药及其零件、附件	534	469	13.7
第94章 家具；寝具等；灯具；活动房	32 774	34 207	－4.3
第95章 玩具、游戏或运动用品及其零附件	11 775	6 252	87.8
第96章 杂项制品	5 295	3 807	31.7
第97章 艺术品、收藏品及古物	4 751	15 975	－70.3
第98章 特殊交易品及未分类商品	3 515 631	5 199 321	－32.4

注：数据摘自北京海关统计月报

（李 倩）

2-3 按洲别（地区）分海关进出口贸易额

2-3-1 北京地区出口到各洲情况一览表

金额单位：万美元

	出口	同比（±%）	占总出口比重（%）
亚洲	3 436 560	−2.9	55.1
非洲	553 270	12.6	8.9
欧洲	1 015 591	−4.1	16.3
拉丁美洲	517 910	5.5	8.3
北美洲	618 612	−2.9	9.9
大洋洲	92 598	2.4	1.5

注：摘自北京海关统计月报

（李　倩）

2-3-2 北京地区从各洲进口情况一览表

金额单位：万美元

	进口	同比（±%）	占总出口比重（%）
亚洲	15 238 137	−5.1	43.1
非洲	5 111 993	−6.8	14.5
欧洲	7 287 917	−6.1	20.6
拉丁美洲	2 758 044	13.2	7.8
北美洲	3 536 655	4.2	10.0
大洋洲	1 395 960	−9.9	4.0

注：摘自北京海关统计月报

（李　倩）

2-4 按国别（地区）分海关进出口贸易额

金额单位：万美元

国别（地区）	进出口	出口	进口
合　计	**41 565 180**	**6 234 540**	**35 330 640**
美国	3 476 597	578 299	2 898 298
沙特阿拉伯	2 765 399	42 202	2 723 197
安哥拉	2 538 411	34 873	2 503 538
德国	2 380 235	133 462	2 246 774
伊拉克	1 917 257	102 851	1 814 406
瑞士	1 887 862	13 650	1 874 212
日本	1 749 505	470 557	1 278 948
阿曼	1 530 143	2 591	1 527 552

（续）

国别（地区）	进出口	出口	进口
俄罗斯联邦	1 440 671	161 708	1 278 963
韩国	1 385 974	242 970	1 143 004
澳大利亚	1 356 362	73 468	1 282 893
伊朗	1 150 736	188 526	962 210
土库曼斯坦	960 893	11 431	949 462
委内瑞拉	921 527	124 158	797 369
巴西	841 126	90 913	750 213
南非	794 510	43 196	751 314
科威特	766 126	8 218	757 907
阿联酋	741 325	102 024	639 301
加拿大	678 506	40 241	638 265
中国香港	670 913	508 072	162 841
哈萨克斯坦	646 389	65 201	581 188
哥伦比亚	584 096	231 90	560 906
英国	541 328	116 964	424 364
刚果（布）	439 778	22 265	417 513
越南	420 243	259 824	160 419
新加坡	392 521	192 475	200 046
中华人民共和国	378 297	0	378 297
法国	376 702	80 773	295 929
印度尼西亚	369 825	165 677	204 148
印度	366 370	219 423	146 947
中国台湾	365 173	133 658	231 515
南苏丹共和国	362 039	4 399	357 641
卡塔尔	335 724	12 501	323 222
意大利	263 384	52 092	211 292
也门	249 165	5 234	243 932
墨西哥	246 783	69 099	177 684
赤道几内亚	233 216	12 015	221 201
泰国	202 148	69 878	132 270
马来西亚	189 777	65 710	124 067
阿根廷	182 281	32 523	149 758
荷兰	174 946	66 556	108 390

（续）

国别（地区）	进出口	出口	进口
菲律宾	173 352	90 755	82 596
巴基斯坦	148 575	91 587	56 988
阿尔及利亚	139 276	39 262	100 014
奥地利	138 623	7 314	131 309
尼日利亚	136 263	44 770	91 493
乌兹别克斯坦	129 239	11 677	117 562
比利时	110 311	27 393	82 918
乌克兰	108 896	14 420	94 476
瑞典	107 653	35 209	72 443
苏丹	106 309	12 066	94 243
秘鲁	105 349	18 624	86 726
埃及	102 965	25 196	77 768
刚果（金）	102 044	25 125	76 919
土耳其	99 973	45 866	54 106
西班牙	95 157	50 275	44 883
蒙古	95 098	14 017	81 081
以色列	92 951	27 855	65 096
匈牙利	92 564	42 528	50 037
厄瓜多尔	91 721	23 950	67 771
加蓬	90 263	5 160	85 103
赞比亚	83 948	12 004	71 944
白俄罗斯	81 390	38 240	43 150
波兰	76 700	26 631	50 069
芬兰	70 473	15 119	55 354
缅甸	70 367	47 209	23 158
新西兰	69 396	7 530	61 866
埃塞俄比亚	67 816	58 562	9 254
孟加拉国	66 715	56 692	10 023
津巴布韦	64 083	3 688	60 395
挪威	63 278	7 723	55 555
乌拉圭	58 763	3 539	55 224
智利	57 516	21 032	36 483
老挝	57 063	42 595	14 467

（续）

国别（地区）	进出口	出口	进口
古巴	56 950	31 487	25 462
丹麦	51 561	17 254	34 307
斯里兰卡	50 741	48 442	2 300
肯尼亚	50 104	49 716	388
捷克	48 893	24 171	24 722
喀麦隆	48 103	15 188	32 915
多民族玻利维亚国	47 885	22 015	25 870
巴布亚新几内亚	46 852	4 261	42 591
加纳	38 494	10 121	28 372
澳门	38 251	37 411	841
爱尔兰	38 246	4 751	33 495
坦桑尼亚	31 599	25 295	6 304
约旦	29 459	10 539	18 920
塞拉利昂	28 402	1 057	27 345
罗马尼亚	23 239	8 292	14 947
马耳他	21 503	20 950	553
利比亚	21 429	1 412	20 017
莫桑比克	19 534	11 979	7 555
保加利亚	19 195	4 096	15 099
纳米比亚	17 745	4 461	13 284
尼日尔	16 171	11 466	4 705
毛里塔尼亚	15 985	2 934	13 052
摩洛哥	15 532	6 363	9 169
乍得	15 166	15 132	34
巴拿马	14 611	14 485	126
阿塞拜疆	13 075	3 162	9 912
斯洛伐克	12 363	6 387	5 976
朝鲜	11 740	8 155	3 585
葡萄牙	11 587	4 640	6 947
安提瓜和巴布达	10 091	10 091	0
巴林	10 091	3 486	6 605
特立尼达和多巴哥	9 806	514	9 291
哥斯达黎加	9 458	3 069	6 389

（续）

国别（地区）	进出口	出口	进口
科特迪瓦	9 287	3 610	5 677
几内亚	9 228	9 193	35
突尼斯	8 322	3 651	4 671
文莱	8 029	741	7 288
黎巴嫩	8 017	7 913	104
希腊	7 702	6 617	1 086
塞内加尔	7 556	4 991	2 564
塔吉克斯坦	7 294	4 183	3 111
所罗门群岛	6 924	65	6 859
乌干达	6 402	5 418	983
柬埔寨	6 391	4 505	1 885
尼泊尔联邦民主共和国	6 295	5 826	469
贝宁	6 128	3 439	2 690
塞尔维亚	6 118	3 557	2 561
吉布提	5 906	5 895	11
利比里亚	5 655	5 635	20
黑山	5 537	5 414	124
斯洛文尼亚	5 451	2 993	2 458
危地马拉	5 426	5 405	21
爱沙尼亚	5 287	2 052	3 235
牙买加	5 025	4 998	27
尼加拉瓜	4 941	4 681	260
塞浦路斯	4 490	2 139	2 351
多米尼加共和国	4 373	2 047	2 326
洪都拉斯	4 366	1 006	3 360
阿尔巴尼亚	4 270	522	3 748
马绍尔群岛	4 042	4 042	0
马里	3 938	2 822	1 117
卢旺达	3 835	3 835	0
吉尔吉斯斯坦	3 781	3 767	13
阿鲁巴	3 346	3 346	0
拉脱维亚	3 214	1 664	1 550
克罗地亚	3 047	1 341	1 706

（续）

国别（地区）	进出口	出口	进口
多哥	3 018	445	2 573
马拉维	3 003	59	2 943
马达加斯加	2 847	1 624	1 223
波多黎各	2 695	498	2 196
巴哈马	2 574	2 568	6
卢森堡	2 501	1 298	1 203
格鲁吉亚	2 363	2 108	255
立陶宛	2 291	1 531	760
巴拉圭	2 233	2 191	41
斐济	2 156	411	1 745
博茨瓦纳	2 140	653	1 487
国别（地区）不详	1 935	0	1 935
斯威士兰	1 590	3	1 587
毛里求斯	1 508	1 282	226
索马里	1 508	88	1 420
阿富汗	1 492	805	687
布基纳法索	1 335	602	733
法罗群岛	1 218	0	1 218
波黑	1 162	950	212
亚美尼亚	1 018	311	708
汤加	911	911	0
摩尔多瓦	852	374	478
萨尔瓦多	724	690	34
叙利亚	691	677	14
圭亚那	624	429	195
布隆迪	590	590	0
前南马其顿	586	507	78
库克群岛	584	584	0
萨摩亚	512	508	4
伯利兹	448	448	0
厄立特里亚	442	427	15
科摩罗	434	434	0
冰岛	431	269	161

（续）

国别（地区）	进出口	出口	进口
苏里南	387	195	193
瓦努阿图	385	385	0
留尼汪	375	375	0
列支敦士登	325	183	142
马尔代夫	320	316	4
中非	299	77	222
几内亚比绍	282	207	76
格林纳达	267	267	0
不丹	225	225	0
海地	183	183	0
莱索托	179	49	130
摩纳哥	143	0	143
冈比亚	138	29	109
巴勒斯坦	134	134	0
帕劳	115	115	0
拉丁美洲其他国家（地区）	106	0	106
格陵兰	94	2	92
多米尼克	89	85	4
法属波利尼西亚	86	84	2
新喀里多尼亚	84	84	0
塞舌尔	77	77	0
直布罗陀	70	70	0
百慕大	69	69	0
安道尔	64	64	0
大洋洲其他国家（地区）	62	62	0
基里巴斯	50	50	0
马提尼克	49	49	0
瓜德罗普	46	46	0
佛得角	42	42	0
巴巴多斯	27	24	4
圣马力诺	26	9	17
密克罗尼西亚联邦	26	26	0
东帝汶	21	21	0
开曼群岛	18	18	0
圣文森特和格林纳丁斯	16	16	0

（续）

国别（地区）	进出口	出口	进口
法属圭亚那	15	15	0
荷属安的列斯群岛	10	10	0
社会群岛	8	8	0
圣多美和普林西比	8	8	0
加那利群岛	6	6	0
库腊索岛	2	2	0
圣卢西亚	2	2	0
瑙鲁	2	2	0
图瓦卢	1	1	0

注：摘自北京海关统计月报，按进出口额排序

（李 倩）

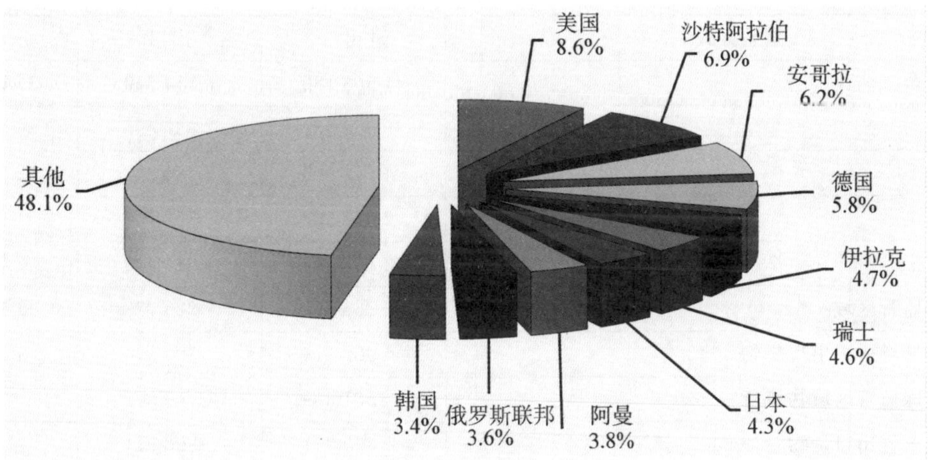

2014 年北京地区企业前十位贸易伙伴

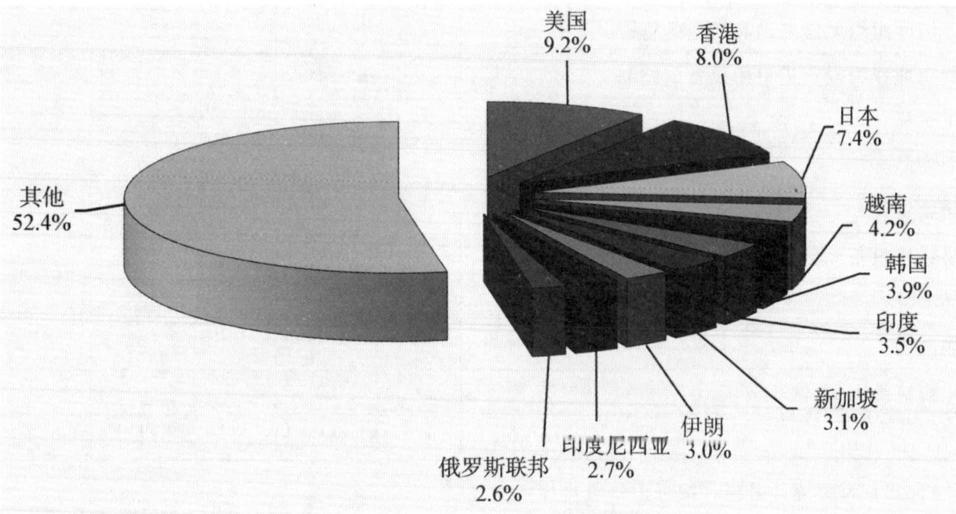

2014 年北京地区企业前十位出口市场

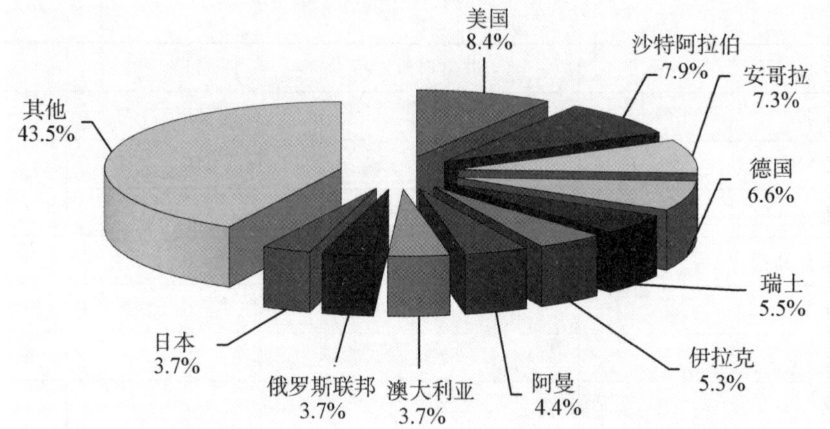

2014 年北京地区企业前十位进口市场

（李　倩）

2-5　2014 年海关进出口贸易额（分贸易方式）

金额单位：万美元

贸易方式	进出口	出口	进口
合　　计	**41 565 180**	**6 234 540**	**35 330 640**
一般贸易	33 356 452	2 837 495	30 518 957
加工贸易	4 742 398	2 234 222	2 508 176
来料加工	2 577 252	722 804	1 854 448
进料加工	2 165 146	1 511 419	653 728
海关特殊监管区域	2 266 753	325 773	1 940 980
保税监管场所进出境货物	1 902 146	305 894	1 596 252
海关特殊监管区域物流货物	361 309	19 879	341 430
对外承包工程出口货物	800 911	800 911	0
租赁贸易	191 294	563	190 731
免税品	99 990	0	99 990
国家间、国际组织无偿援助和赠送的物资	30 537	27 178	3 358
外商投资企业作为投资进口的设备、物品	28 924	0	28 924
出料加工贸易	7 224	3 719	3 505
免税外汇商品	1 992	0	1 992
其他捐赠物资	942	92	850
加工贸易进口设备	46	0	46
易货贸易	27	0	27
边境小额贸易	13	13	0
寄售、代销贸易	12	0	12
其他贸易	37 665	4 574	33 092

注：摘自北京海关统计月报，按进出口额排序

（李　倩）

2-6 2014年北京市各区县进出口额表

金额单位：亿美元

位次	区县名称	进出口			出口			进口		
		金额	同比（%）	占比（%）	金额	同比（%）	占比（%）	金额	同比（%）	占比（%）
	总 计	4 156.50	−3.3	100.00	623.50	−1.2	100.00	3 533.10	−3.70	100.00
1	朝阳区	1 868.70	6.10	44.95	168.08	12.65	26.96	1 700.62	5.49	48.12
2	西城区	1 143.26	−11.52	27.50	86.97	−13.71	13.95	1 056.29	−11.34	29.89
3	海淀区	342.13	−14.78	8.23	105.02	15.91	16.84	237.11	−23.73	6.71
4	大兴区	202.31	−9.92	4.87	93.67	−20.11	15.02	108.64	1.22	3.07
	其中：北京经济技术开发区	190.01	−10.27	4.57	88.59	−19.68	14.21	101.42	−0.03	2.87
5	顺义区	192.17	−0.94	4.62	67.9	−3.99	10.89	124.27	0.82	3.52
	其中：北京天竺综合保税区	41.93	24.24	1.01	4.42	−12.52	0.71	37.51	30.72	1.06
6	东城区	150.91	−8.95	3.63	36.2	−8.79	5.81	114.71	−9.01	3.25
7	丰台区	146.50	−0.12	3.52	18.02	5.24	2.89	128.48	−0.83	3.64
8	昌平区	40.57	9.50	0.98	14.08	−6.99	2.26	26.49	20.90	0.75
9	通州区	22.58	9.56	0.54	12.23	6.49	1.96	10.35	13.41	0.29
10	平谷区	10.09	16.38	0.24	1.90	19.95	0.30	8.19	15.58	0.23
11	密云县	8.79	−7.92	0.21	3.08	−21.40	0.49	5.71	1.47	0.16
12	怀柔区	7.23	−2.80	0.17	3.36	−3.96	0.54	3.87	−1.78	0.11
13	石景山区	7.08	−0.16	0.17	4.02	16.59	0.64	3.06	16.01	0.09
14	房山区	6.58	−5.99	0.16	3.35	12.77	0.54	3.23	−19.82	0.09
15	门头沟区	5.73	30.08	0.14	3.54	44.54	0.57	2.19	12.01	0.06
16	延庆县	1.89	−5.39	0.05	1.65	−5.95	0.26	0.23	−1.27	0.01
17	其他	1.18	−6.35	0.03	0.45	−16.67	0.07	0.73	1.39	0.02

注：1. 顺义区数值含北京天竺综合保税区；东城区和西城区均指各自合并后的新区；大兴区数值含北京经济技术开发区；其他中含归属地不清及海关数据调整因素。

2. 进出口额是出口额与进口额之和；排序以进出口额为准。

3. 同比是指本年与上年相比的增长（下降）率，即：（本年值－上年值）/上年值×100。

4. 占比是指各区县值占总计值（全市值）的比重，用百分数表示。

（李 倩）

2-7 2014年北京市进出口进度表

金额单位：亿美元

时间	当月进出口		累计进出口	
	金额	同比（%）	金额	同比（%）
1月	398.6	16.1	398.6	16.1
2月	330.5	9.1	729.0	12.9
3月	361.7	−7.1	1 090.8	5.4
4月	364.6	−0.95	1 455.5	3.7
5月	343.9	−6.0	1 799.5	1.7
6月	323.7	−5.4	2 123.2	0.6
7月	344.1	−10.1	2 467.5	−1.1
8月	321.2	−12.3	2 788.6	−2.5
9月	364.9	−3.6	3 153.5	−2.6
10月	335.5	−3.8	3 489.0	−2.7
11月	331.9	1.1	3 820.8	−2.4
12月	336.9	−12.3	4 156.5	−3.3

注：数据摘自北京海关统计月报

（李 倩）

2-8 全国各省市进出口贸易总额

（按经营单位所在地分）

金额单位：亿美元

地 区	进出口额	出口额	进口额	同比（%）		
				进出口	出口	进口
总 值	**43 030.4**	**23 427.5**	**19 602.9**	**3.4**	**6.1**	**0.4**
广东	10 767.3	6 462.2	4 305.1	−1.4	1.5	−5.5
江苏	5 637.6	3 418.7	2 218.9	2.4	4.0	0.0
上海	4 664.1	2 101.6	2 562.5	5.6	2.9	7.9
北京	4 156.5	623.5	3 533.1	−3.3	−1.2	−3.7
浙江	3 551.5	2 733.5	817.9	5.8	9.9	−6.0
山东	2 771.2	1 447.5	1 323.7	4.0	7.9	0.0
福建	1 775.0	1 134.6	640.4	4.8	6.6	1.9

（续）

地　　区	进出口额	出口额	进口额	同比（%）		
				进出口	出口	进口
天津	1 339.1	526.0	813.2	4.2	7.3	2.3
辽宁	1 139.6	587.6	552.0	−0.5	−8.9	10.5
重庆	954.5	634.1	320.4	39.0	35.5	46.3
四川	702.5	448.5	254.0	8.8	6.9	12.3
河南	650.3	393.8	256.5	8.5	9.4	7.0
河北	598.8	357.1	241.7	9.1	15.4	0.9
安徽	492.7	314.9	177.8	8.2	11.5	3.0
湖北	430.6	266.5	164.2	18.4	16.7	21.2
江西	427.8	320.4	107.4	16.4	13.7	25.2
广西	405.5	243.3	162.2	23.5	30.2	14.8
黑龙江	389.0	173.4	215.6	0.1	6.8	−4.8
湖南	310.3	200.2	110.0	23.2	35.1	6.3
云南	296.2	188.0	108.2	17.1	20.0	12.3
新疆	276.7	234.8	41.9	0.4	5.5	−20.9
陕西	274.1	139.3	134.8	36.2	36.2	36.1
吉林	263.8	57.8	206.0	2.1	−14.3	7.9
山西	162.5	89.4	73.1	2.9	11.8	−6.3
海南	158.7	44.2	114.6	5.4	19.2	0.9
内蒙古	145.5	63.9	81.6	21.3	56.2	3.3
贵州	108.1	94.0	14.2	30.4	36.5	0.9
甘肃	86.5	53.3	33.2	−15.5	14.0	−40.3
宁夏	54.4	43.0	11.3	68.9	68.6	70.2
西藏	22.5	21.0	1.5	−32.1	−35.7	206.0
青海	17.2	11.3	5.9	22.5	33.2	6.3

数据来源：商务部

（李　倩）

2-9 历年进出口总额一览表

（1993—2014 年）

单位：万美元

年度	进出口总额	出口额	进口额
1993	2 826 683	672 105	2 154 578
1994	2 927 427	834 206	2 093 221
1995	3 703 513	1 024 977	2 678 536
“九五”时期	17 417 315	5 010 231	12 407 084
1996	2 931 833	811 975	2 119 858
1997	3 038 852	961 103	2 077 749
1998	3 050 609	1 051 293	1 999 316
1999	3 433 844	989 059	2 444 785
2000	4 962 177	1 196 801	3 765 376
“十五”时期	39 273 900	9 269 879	30 004 021
2001	5 154 131	1 178 687	3 975 444
2002	5 250 870	1 261 464	3 989 406
2003	6 846 262	1 685 173	5 161 089
2004	9 465 509	2 057 493	7 408 016
2005	12 557 128	3 087 062	9 470 066
“十一五”时期	113 900 296	24 818 619	89 081 677
2006	15 817 225	3 797 921	12 019 304
2007	19 294 630	4 892 328	14 402 302
2008	27 171 187	5 745 424	21 425 763
2009	21 476 276	4 836 261	16 640 014
2010	30 140 978	5 546 685	24 594 293
“十二五”时期			
2011	38 949 480	5 902 502	33 046 978
2012	40 791 626	5 965 038	34 826 588
2013	42 910 333	6 324 622	36 585 711
2014	41 565 180	6 234 540	35 330 640

注：数据摘自北京海关统计月报

（李　倩）

2-10 1995—2014年北京进出口额在全国各地区的排名

年 份	进 口	出 口
1995	2	3
1996	2	7
1997	2	7
1998	2	5
1999	2	7
2000	2	7
2001	2	7
2002	3	7
2003	4	7
2004	4	8
2005	4	7
2006	3	7
2007	3	7
2008	2	6
2009	2	7
2010	2	7
2011	2	7
2012	2	7
2013	2	8
2014	2	8

（李 倩）

三、服务外包与技术贸易

3-1 2014年北京地区服务贸易进出口情况统计表

单位：亿美元

项　目	出口	进口	贸易总额
合　计	**435.05**	**671.09**	**1 106.14**
1. 运输	51.53	172.06	223.59
2. 旅游	46.29	280.80	327.08
3. 通信服务	11.81	19.24	31.05
4. 建筑服务	92.59	23.74	116.33
5. 保险服务	29.81	40.55	70.36
6. 金融服务	1.17	10.98	12.15
7. 计算机和信息服务	53.56	35.88	89.44
8. 专有权利使用费和特许费	2.37	28.46	30.83
9. 咨询	100.40	43.89	144.29
10. 广告、宣传	10.48	4.96	15.44
11. 电影、音像	0.85	9.95	10.80
12. 其他商业服务	34.19	0.59	34.77

数据来源：商务部

（车欣薇）

3-2 北京地区历年服务贸易进出口情况统计表

单位：亿美元

年　度	出　口	进　口	进出口额	顺（逆）差
2003	82.45	79.78	162.24	2.67
2004	121.12	114.58	235.70	6.54
2005	165.81	134.92	300.74	30.89
2006	198.54	194.68	393.23	3.86
2007	252.81	250.25	503.06	2.55
2008	341.69	350.23	691.92	－8.53
2009	331.60	332.50	644.10	－20.90
2010	388.22	410.10	798.32	－21.88
2011	414.99	480.38	895.37	－65.39
2012	445.11	555.09	1 000.20	－109.98
2013	426.89	596.44	1 023.33	－169.55
2014	435.05	671.09	1 106.14	－236.04

（车欣薇）

3-3　北京市2014年服务外包（离岸）外包类别情况

外包类别	2013年执行金额（万美元）	2014年执行金额（万美元）	同比增幅（%）
服务外包（离岸）合计	482 575.57	532 693.40	10.4
其中：			
信息技术外包	303 955.54	356 654.09	17.3
业务流程外包	86 591.15	87 539.59	1.1
知识流程外包	92 028.88	88 499.72	－3.8
其他服务产品	—	—	—

（许　鑫）

3-4　北京市历年服务外包（离岸）情况

年　度	合同数（份）	执行金额（万美元）	同比增幅（%）
总　计	**43 168**	**200 6914.3**	
2006	4 240	35 583.2	—
2007	4 742	42 454.2	19.3
2008	3 050	54 176.8	27.6
2009	5 264	104 841.0	93.5
2010	5 565	153 755.9	46.7
2011	5 884	244 880.9	59.3
2012	5 887	355 953.3	45.4
2013	4 586	482 575.6	35.6
2014	3 950	532 693.4	10.4

（许　鑫）

3-5　2014年技术进出口合同登记情况

3-5-1　技术出口合同登记情况

一、按合同类型分

出口方式（合同类别）	合同数（个）	合同金额（万美元）	技术费（万美元）
总　计	**929**	**884 744.80**	**407 587.42**
A：专利技术的许可或转让（包括专利申请权的转让）	41	599.03	599.03
B：专有技术的许可或转让	76	19 600.59	19 549.79
C：技术咨询、技术服务	730	798 746.89	321 640.01
D：计算机软件的出口	79	64 965.32	64 965.62
H：其他方式的技术出口	3	832.97	832.97

（巨振乐）

二、按企业性质分

企业性质	合同数（个）	合同金额（万美元）	技术费（万美元）
总　计	**929**	**884 744.80**	**407 587.42**
国有企业	103	491 163.49	49 330.83
外商投资企业	484	359 438.15	335 537.63
民营企业	320	33 486.78	22 062.58
其他	22	656.38	656.38

（巨振乐）

三、按国民经济行业分

行　业	合同数（个）	合同金额（万美元）	技术费（万美元）
总　计	**929**	**884 744.80**	**407 587.42**
农、林、牧、渔业	4	7.65	7.65
采矿业	69	18 532.97	7 940.05
制造业	144	337 377.85	162 308.96
电力、燃气及水的生产和供应业	19	185 910.94	4 696.42
建筑业	6	20 815.43	2 453.20
交通运输、仓储和邮政业	3	10 234.43	530.83
信息传输、计算机服务和软件业	392	220 870.84	140 005.66
批发和零售业	2	4 056.24	3 656.24
租赁和商务服务业	12	2 073.88	2 073.88
科学研究、技术服务和地质勘查业	203	81 288.20	81 286.67
居民服务和其他服务业	54	872.52	872.52
卫生、社会保障和社会福利业	8	2 061.65	1 113.14
文化、体育和娱乐业	3	135.49	135.49

（巨振乐）

四、按国别（地区）分

国别（地区）	合同数（个）	合同金额（万美元）	技术费（万美元）
总　计	**929**	**884 744.80**	**407 587.42**
马来西亚	22	298 006.88	5 205.73
美国	201	124 420.23	123 816.10
委内瑞拉	1	106 096.30	25 381.60
中国香港	106	56 131.27	31 233.77
芬兰	4	48 805.17	48 805.17
德国	30	35 305.17	35 294.23
瑞典	13	24 431.21	24 431.21
伊朗	5	19 119.35	949.64
孟加拉国	2	19 035.00	672.77

（续）

国别（地区）	合同数（个）	合同金额（万美元）	技术费（万美元）
新加坡	33	18 417.20	18 074.12
英属维尔京群岛	34	17 479.65	6 886.73
日本	159	15 070.08	15 039.58
韩国	17	13 895.33	13 490.71
爱尔兰	8	13 246.20	13 246.20
哈萨克斯坦	30	10 790.91	10 790.91
缅甸	3	10 209.99	506.39
泰国	5	6 537.76	1 075.26
阿尔及利亚	2	6 370.19	367.67
法国	28	6 308.47	6 306.69
百慕大	2	4 561.00	4 561.00
圭亚那	1	3 896.00	1 169.00
沙特阿拉伯	4	3 771.34	928.89
瑞士	12	3 523.50	3 523.50
丹麦	1	3 188.00	3 188.00
乌兹别克斯坦	1	2 887.27	357.97
印度	9	1 829.58	1 829.58
阿联酋	9	1 512.18	1 512.18
开曼群岛	12	1 201.77	1 201.77
赞比亚	9	921.43	921.43
越南	7	785.18	215.18
澳大利亚	11	623.37	623.37
中国台湾	11	556.98	393.53
英国	19	554.96	419.30
刚果	8	524.12	524.12
蒙古	5	516.04	516.04
加蓬	10	462.00	462.00
西班牙	5	430.92	430.92
厄瓜多尔	2	422.46	422.46
阿曼	2	390.00	390.00
哥伦比亚	5	371.51	371.51
加拿大	10	308.39	308.39
老挝	3	216.09	216.09
印度尼西亚	13	180.88	180.88
塔吉克斯坦	1	151.00	151.00
其他国家和地区	54	1 282.47	1 194.83

（巨振乐）

3-5-2 技术引进合同登记情况

一、按合同类型分

引进方式（合同类别）	合同数（个）	合同金额（万美元）	技术费（万美元）
总　　计	**859**	**289 996.27**	**271 672.58**
A：专利技术的许可或转让（包括专利申请权的转让）	24	27 204.68	27 109.68
B：专有技术的许可或转让	134	130 323.69	130 323.69
C：技术咨询、技术服务	610	98 858.94	80 853.92
D：计算机软件的进口	86	17 396.44	17 385.78
E：A、B内容之一相关联的商标许可	1	183.75	183.75
F：涉及A、B、C内容之一的合资生产、合作生产等	3	188.99	188.98
G：为实施A至G项内容而进口的成套设备、关键设备、生产线等	1	15 484.29	15 271.29
H：其他方式的技术进口	0	355.49	355.49

（李家旭）

二、按企业性质分

企业性质	合同数（个）	合同金额（万美元）	技术费（万美元）
总　　计	**859**	**289 996.27**	**271 672.58**
国有企业	219	78 785.25	62 536.57
集体企业	5	470.48	470.48
外商投资企业	482	177 274.03	177 274.04
民营企业	148	32 970.66	30 895.64
其他	5	495.85	495.85

（李家旭）

三、按国民经济行业分

行　　业	合同数（个）	合同金额（万美元）	技术费（万美元）
总　　计	**859**	**289 996.27**	**271 672.58**
农、林、牧、渔业	1	94.19	94.19
采矿业	30	31 499.06	16 639.98
制造业	320	181 307.10	178 097.96
电力、燃气及水的生产和供应业	7	6 423.87	6 423.87
建筑业	5	1 272.86	1 264.06
交通运输、仓储和邮政业	7	5 787.59	5 787.59
信息传输、计算机服务和软件业	313	25 460.95	25 460.93
批发和零售业	12	1 436.19	1 436.19
住宿和餐饮业	2	1 057.47	1 057.47

（续）

行　　业	合同数（个）	合同金额（万美元）	技术费（万美元）
金融业	15	13 733.04	13 733.04
房地产业	11	671.40	671.40
租赁和商务服务业	11	472.36	472.37
科学研究、技术服务和地质勘查业	83	5 077.91	5 077.91
居民服务和其他服务业	27	13 935.84	13 935.84
教育	8	33.67	23.04
文化、体育和娱乐业	0	127.60	127.60
公共管理与社会组织	1	4.25	4.25

（李家旭）

四、按国别（地区）分

国别（地区）	合同数（个）	合同金额（万美元）	技术费（万美元）
总　　计	**859**	**289 996.27**	**271 672.58**
韩国	273	76 002.27	75 907.29
美国	113	71 249.53	63 917.19
德意志联邦共和国	97	59 565.16	56 877.43
英属维尔京群岛	8	14 934.91	14 924.28
瑞典	5	12 947.61	12 947.61
法国	19	10 577.16	3 050.41
日本	86	9 689.29	9 475.88
中国香港	74	7 531.55	7 522.74
瑞士	11	4 286.90	4 286.90
丹麦	0	4 236.18	4 236.18
英国	38	3 170.32	2 957.32
芬兰	1	2 904.68	2 904.68
爱尔兰	16	2 550.17	2 550.17
开曼群岛	3	2 292.97	2 292.97
荷兰	9	1 309.42	1 309.42
加拿大	21	1 120.71	1 120.71
中国台湾	37	928.62	928.62
泰国	2	691.58	455.55
西班牙	2	510.04	510.04
新西兰	1	493.09	493.09
意大利	9	481.74	481.74

（续）

国别（地区）	合同数（个）	合同金额（万美元）	技术费（万美元）
挪威	0	475.65	475.65
罗马尼亚	0	370.50	370.50
新加坡	7	320.65	320.65
比利时	6	310.64	310.64
奥地利	10	284.24	284.24
百慕大	0	232.72	232.72
土耳其	1	177.12	177.12
其他国家和地区	10	350.85	350.84

（李家旭）

四、利用外资

4-1 2014年1-12月外商投资分方式结构表

金额单位：万美元

投资方式	实际外资
总　计	**904 085**
中外合资企业	154 808
中外合作企业	5 166
外资企业	704 367
外商投资股份制	39 744

（马俊杰）

4-2 2014年1-12月外商投资分产业结构表

金额单位：万美元

产业名称	实际外资
总　计	**904 085**
第一产业	13 947
第二产业	97 254
第三产业	792 884

（马俊杰）

4-3 2014年1-12月外商投资分行业结构表

金额单位：万美元

行业名称	实际外资
总　计	**904 085**
农、林、牧、渔业	13 947
采矿业	81
制造业	84 226
化学原料及化学制品制造业	2 123
医药制造业	8 750
通用设备制造业	497

（续）

行业名称	实际外资
专用设备制造业	2 968
通信设备、计算机及其他电子设备制造业	8 971
交通运输设备制造业	38 537
电力、燃气及水的生产和供应业	12 244
建筑业	703
交通运输、仓储和邮政业	6 681
信息传输、计算机服务和软件业	115 292
批发和零售业	54 792
住宿和餐饮业	2 047
金融业	43 989
房地产业	136 822
租赁和商务服务业	339 759
科学研究、技术服务和地质勘查业	86 747
水利、环境和公共设施管理业	2 635
居民服务和其他服务业	331
卫生、社会保障和社会福利业	1 594
文化、体育和娱乐业	2 195

（马俊杰）

4－4 2014年1－12月外商投资主要国别和地区结构表

金额单位：万美元

国别（地区）	实际外资
中国香港	541 495
德国	99 968
英属维尔京群岛	37 592
开曼群岛	36 835
新加坡	35 631
日本	31 125
韩国	18 584
美国	15 634
丹麦	12 377
荷兰	12 119

（马俊杰）

五、对外经济

5－1　境外投资

金额单位：万美元

年度	企业数（个）	中方协议投资额	中方实际投资额
1979	1	22.00	
1980	4	181.80	
1981	2	25.80	
1982	3	20.80	
1983	2	166.50	
1984	3	210.07	
1985	5	190.30	
1986	4	56.60	
1987	6	213.72	
1988	12	720.70	
1989	6	671.00	
1990	11	396.90	
1991	23	3 623.18	
1992	34	819.45	
1993	47	12 562.49	
1994	30	486.68	
1995	25	2 510.86	
1996	22	1 656.70	
1997	20	715.46	
1998	21	550.73	
1999	13	394.58	
2000	20	2 502.29	
2001	20	912.30	
2002	25	5 086.04	
2003	38	63 249.61	
2004	52	20 371.08	13 621.48

（续）

年度	企业数（个）	中方协议投资额	中方实际投资额
2005	52	24 216.24	7 582.08
2006	76	31 654.53	6 980.56
2007	87	36 642.53	9 439.85
2008	103	42 491.15	20 582.28
2009	140	49 958.39	30 580.71
2010	266	177 084.38	69 383.36
2011	237	209 700.08	74 533.75
2012	277	202 133.22	168 855.00
2013	393	—	413 010.00
2014	375	—	727 353.00
总　计	**2 455**	**892 198.16**	**1 541 922.07**

（谢智虹）

5-2 北京市对外承包工程营业额（分国别）

2014 年 1-12 月　　　　金额单位：万美元

国家（地区）名称	新签合同额	完成营业额	派出人数	期末在外人数
合　计	**429 369**	**357 432**	**11 163**	**21 683**
沙特阿拉伯	7 732	20 339	411	1 773
乌兹别克斯坦	0	459	14	12
伊拉克	12 388	13 897	225	380
老挝	7 030	737	21	86
中国香港	642	1 368	48	67
巴基斯坦	1 910	7 182	5	4
巴林	0	9	0	0
缅甸	0	134	15	25
越南	20	6 338	10	73
哈萨克斯坦	1 557	482	3	32
卡塔尔	941	1 426	14	55
日本	0	27	0	0
蒙古	2 095	4 055	106	55

（续）

国家（地区）名称	新签合同额	完成营业额	派出人数	期末在外人数
印度尼西亚	3 600	1 224	5	54
尼泊尔	292	1 163	0	0
印度	150	483	11	0
阿曼	0	38	4	4
土库曼斯坦	0	3 793	37	22
科威特	0	1 098	0	59
阿拉伯联合酋长国	0	4 533	520	1 785
也门	1 339	773	26	22
新加坡	3 890	1 587	9	486
朝鲜	467	518	30	50
斯里兰卡	4 294	5 454	209	470
马来西亚	56	13 283	483	337
阿富汗	0	23	1	0
文莱	616	330	3	0
伊朗	2 537	2 805	57	69
泰国	2 125	2 531	3	0
以色列	3 033	2 853	7	0
土耳其	1 065	1 352	9	0
马里	5 982	1 810	120	133
毛里塔尼亚	1 904	963	11	7
塞拉利昂	89	342	45	38
埃塞俄比亚	31 973	25 124	198	483
莫桑比克	922	2 403	28	43
刚果（金）	171	913	46	60
坦桑尼亚	3 150	4 122	43	187
突尼斯	0	5	0	0
毛里求斯	7 103	5 144	70	334
喀麦隆	768	4 295	32	57
刚果（布）	18 709	19 981	268	856
马达加斯加	2 700	432	3	3

（续）

国家（地区）名称	新签合同额	完成营业额	派出人数	期末在外人数
马拉维	0	16	0	6
苏丹	470	311	0	17
南苏丹	3 570	3 058	24	25
津巴布韦	320	283	42	38
乍得	9 599	20 460	128	312
塞内加尔	1 137	1 009	38	23
布隆迪	210	746	5	16
安哥拉	45 495	30 465	1 820	4 623
加纳	0	673	5	25
加蓬	3 058	0	6	0
科特迪瓦	29	126	0	0
佛得角	10	9	0	0
乌干达	1 295	1 405	22	99
吉布提	0	123	1	1
南非	0	91	9	9
赤道几内亚	6 599	3 848	95	40
纳米比亚	0	531	209	244
多哥	0	242	0	5
卢旺达	0	6 670	459	724
尼日尔	12 160	4 204	209	207
几内亚	0	317	7	20
肯尼亚	1 940	6 431	80	214
赞比亚	26 336	9 746	55	353
阿尔及利亚	23 549	13 121	3 466	3 930
中非共和国	0	63	0	10
尼日利亚	143 334	66 324	524	1 425
阿尔巴尼亚	300	130	10	10
瑞典	0	800	4	4
波兰	628	228	2	0
马耳他	42	42	10	10

（续）

国家（地区）名称	新签合同额	完成营业额	派出人数	期末在外人数
英国	459	459	4	0
白俄罗斯	2 762	6 070	1	620
黑山	254	254	2	0
亚美尼亚	1 011	857	3	0
罗马尼亚	56	90	5	10
挪威	393	227	3	0
波斯尼亚—黑塞哥维那	667	667	4	0
丹麦	0	34	0	0
格鲁吉亚	446	1 873	277	87
阿根廷	504	504	5	0
巴西	319	319	4	0
巴哈马	0	1 459	17	20
圭亚那	50	12	0	0
多米尼克	20	13	0	0
哥伦比亚	0	0	0	1
特立尼达和多巴哥	3 400	1 389	349	320
秘鲁	0	1	3	2
哥斯达黎加	4 206	290	25	25
安提瓜和巴布达	0	605	45	39
格林纳达	438	644	13	19
古巴	21	502	9	18
厄瓜多尔	0	0	0	4
美国	2 222	2 256	0	0
萨摩亚	67	40	2	0
所罗门群岛	32	32	3	3
澳大利亚	711	1 469	4	0
巴布亚新几内亚	0	59	0	4
斐济	0	10	5	0

（周　煊）

5-3 北京市对外劳务合作劳务人员实际收入额（分国别）

2014年1-12月　　金额单位：万美元

国家（地区）名称	新签劳务人员合同工资总额	劳务人员实际收入总额	派出人数	期末在外人数
合　计	**8 094**	**7 926**	**5 868**	**7 774**
塞浦路斯	104	363	269	200
柬埔寨	5	1	0	5
中国香港	2 439	1 288	1 309	1 660
日本	0	1 100	298	1 042
中国台湾	46	372	332	239
新加坡	1 671	2 446	1 754	2 226
菲律宾	0	45	48	6
马来西亚	31	804	608	394
以色列	0	30	104	133
利比里亚	346	26	29	120
塞拉利昂	2	0	0	8
多哥	0	0	1	1
德国	1	15	24	22
法国	0	4	10	4
卢森堡	3	0	0	0
马耳他	23	2	1	11
英国	137	506	325	221
希腊	5	122	103	55
挪威	21	342	260	179
丹麦	0	97	61	49
巴哈马	348	25	26	155
圣文森特和格林纳丁斯	5	1	1	0
伯利兹	1	1	0	1
开曼群岛	25	4	3	22
安提瓜和巴布达	3	0	2	8
巴拿马	2 116	152	110	713
百慕大群岛	8	1	1	3
美国	6	2	0	7
加拿大	0	126	137	68
图瓦卢	32	3	4	25
马绍尔群岛共和国	709	45	48	191
基里巴斯	6	1	0	6

（周　煊）

六、口岸通关

6－1　北京口岸运营情况（2014 年 12 月）

项目	12 月	上年同期	同比增长（±%）	本年累计	上年同期	同比增长（±%）
北京首都机场口岸						
旅客吞吐量（人次）	7 009 654	6 570 476	6.7	86 128 270	83 712 355	2.9
其中：进港（人次）	3 503 559	3 277 273	6.9	43 081 926	41 807 963	3.0
出港（人次）	3 506 095	3 293 203	6.5	43 046 344	41 904 392	2.7
出入境人员（人次）	1 721 350	1 637 605	5.1	22 048 491	21 025 227	4.9
其中：出入境外籍人员（人次）	620 157	655 557	－5.4	7 899 073	8 223 568	－3.9
其中：旅客过境（人次）	79 437	78 859	0.7	629 747	618 888	1.8
货邮运量（吨）	171 048.03	158 854.21	7.7	1 848 251.00	1 843 681.08	0.2
其中：国际货邮（吨）	63 482.20	58 246.02	9.0	740 366.00	722 731.08	2.4
国内货邮（吨）	107 565.83	100 608.19	6.9	1 107 885.00	1 120 950.00	－1.2
飞机起降（架次）	49 362	47 639	3.6	581 953	567 759	2.5
其中：进港（架次）	24 690	23 830	3.6	290 973	283 958	2.5
出港（架次）	24 672	23 809	3.6	290 980	283 801	2.5
进出境飞机起降（架次）	10 521	10 194	3.2	125 760	123 562	1.8
海关监管货物总量（吨）	1 324 671	205 390	545.0	18 511 790	2 276 274	713.2
其中：监管进口货物（吨）	1 288 468	185 187	595.8	18 217 466	2 033 026	796.1
监管出口货物（吨）	36 203	20 203	79.2	294 324	243 248	21.0
其中：清关货物（吨）	44 662	43 762	2.1	490 486	505 893	－3.0
其中：监管进口货物（吨）	23 709	23 670	0.2	238 474	264 583	－9.9
监管出口货物（吨）	20 953	20 092	4.3	252 012	241 310	4.4
海关征收关税及代征税（万元）	328 221	362 396	－9.4	3 347 288	3 066 200	9.2
北京西站铁路口岸						
进出境人员（人次）	6 896	8 010	－13.9	91 996	98 705	－6.8
其中：出入境外籍人员(人次)	323	525	－38.5	5 535	7 487	－26.1
北京丰台货运口岸						
海关监管货物（吨）	881.0	1 024.0	－14.0	17 336.0	17 642.0	－1.7
其中：监管进口货物（吨）	393.0	244.0	61.1	3 755.0	2 473.0	51.8
监管出口货物（吨）	488.0	780.0	－37.4	13 581.0	15 169.0	－10.5

（续）

项目	12月	上年同期	同比增长（±%）	上年累计	去年同期	同比增长（±%）
海关征收关税及代征税（万元）	1 201.0	518.2	131.8	9 699.0	5 033.0	92.7
北京朝阳口岸						
海关监管货物（标箱）	9 215	10 311	－10.6	114 251	120 920	－5.5
其中：监管进口货物（标箱）	8 978	10 040	－10.6	110 202	117 039	－5.8
监管出口货物（标箱）	237	271	－12.5	4 049	3 881	4.3
海关监管货物（吨）	180 125.0	78 782.0	128.6	1 193 909.0	900 766.0	32.5
其中：监管进口货物（吨）	179 458.0	77 653.0	131.1	1 179 956.0	886 556.0	33.1
监管出口货物（吨）	667.0	1 129.0	－40.9	13 953.0	14 210.0	－1.8
海关征收关税及代征税（万元）	133 136.0	116 789.0	14.0	1 258 514.0	1 173 486.0	7.2
北京平谷口岸						
海关监管货物量（标箱）	3 190	2 721	17.2	31 142	27 316	14.0
其中：监管进口货物（标箱）	3 069	2 680	14.5	30 409	27 099	12.2
监管出口货物（标箱）	121	41	195.1	733	217	237.8
海关监管货物（吨）	18 756.0	14 900.0	25.9	198 586.0	198 261.0	0.2
其中：监管进口货物（吨）	18 695.0	14 782.0	26.5	196 556.0	197 628.0	－0.5
监管出口货物（吨）	61.0	118.0	－48.3	2 030.0	633.0	220.7
海关征收关税及代征税（万元）	21 231.0	17 858.0	18.9	211 451.0	202 858.0	4.2
北京口岸合计						
出入境人员合计（人次）	1 728 246	1 645 615	5.0	22 140 487	21 123 932	4.8
其中：出入境外籍人员（人次）	620 480	656 082	－5.4	7 904 608	8 231 055	－4.0
海关监管货物合计（吨）	1 524 433.0	300 096.0	408.0	19 921 621.0	3 392 943.0	487.1
其中：监管进口货物（吨）	1 487 014.0	277 866.0	435.2	19 597 733.0	3 119 683.0	528.2
监管出口货物（吨）	37 419.0	22 230.0	68.3	323 888.0	273 260.0	18.5
海关征收关税及代征税合计(万元)	483 789.0	497 561.2	－2.8	4 826 952.0	4 447 577.0	8.5

（谭　峰）

第七部分

大　事　记

2014年大事记

1季度

2月14日，北京市发展总部经济工作部门联席会议办公室公布356家企业第一批入选《北京市重点总部企业名录》；公布68家中介组织第一批入选《北京市总部经济中介组织机构库》。

3月28日，北京打击侵犯知识产权和制售假冒伪劣商品工作领导小组第一次全体会议召开。

2季度

4月25日，北京西站铁路口岸核心能力建设通过国家质检总局考核组验收。

5月28日至6月1日，由商务部和北京市人民政府主办的第三届中国（北京）国际服务贸易交易会在北京国家会议中心举办。

5月28日，由经济合作和发展组织、商务部和北京市人民政府共同主办的第三届中国（北京）国际服务贸易交易会高峰会在北京举行。

5月29日至6月1日，2014中国（北京）电子商务大会在京举办。

5月至12月，北京市商务委员会联合市总工会、市妇联开展“2014年北京市商业服务业服务技能大赛系列活动”。

6月1日，北京市商务委员会组织开发建设的“北京市总部企业管理服务信息系统”上线试运行。

3季度

7月4日，中国共产党北京市商务委员会直属机关第二次代表大会召开。

7月15日，北京市发展总部经济工作部门联席会议办公室公布25家中介组织第二批入选《北京市总部经济中介组织机构库》。

8月4日至11月13日，北京市政府口岸办圆满完成APEC第三次高官会及会议周首都机场抵离迎送保障工作。

8月6日至8月21日，北京老字号集体亮相APEC第三次高官会。

9月1日至11月30日，举办“点击消费2014”活动。

9月12日，北京市商务委员会同天津市商务委员会、河北省商务厅在河北省廊坊市召开京津冀市场一体化发展商务工作对接会，共同签署《京津冀市场一体化发展商务行动方案》。

9月16日，《北京市民用运输机场管理办法》经北京市政府第55次常务会议审议通过，自2015年1月1日起施行。

4季度

10月1日起，海淀区、丰台区、石景山区及远郊区县作为第一批试点区县试点执行《北京市商务委员会关于进一步做好服务外包及软件出口合同登记管理的通知》（京商务服贸字〔2014〕26号）。

10月9日，北京全面启动关检合作“三个一”（即一次申报、一次查验、一次放行）工作，11月14日“三个一”通关模式上线运行，12月10日全面推广。

11月5日，外商投资企业合同、章程格式化示范文本开始在北京市试行。

11月17日，国家口岸管理办公室正式批复北京平谷国际陆港为临时口岸对外开放。

11月25日至26日，第十八届北京·香港经济合作研讨洽谈会在北京成功举办。

12月6日，中国国际经济合作交流年会暨2015驻华使节迎新年联谊会在北京召开。

12月10日，北京市机电办会同天津市机电办、河北省机电办在京举办“京津冀商务机电产业国际化发展研讨会”，共同签署了《关于大力推进京津冀机电产业国际化发展合作工作方案》。

（肖明燕）

第八部分

附　　录

北京市商务委员会组织序列

（截至2014年12月31日）

序　号	商务委处室
1	办公室
2	综合处（研究室）
3	法制与公平贸易处（世贸组织事务处）
4	流通规划处
5	流通发展处（电子商务处）
6	流通秩序处
7	市场秩序协调处
8	服务交易处
9	储备调控处（北京市盐务管理办公室）
10	消费促进处（批发业发展处）
11	物流发展处
12	商务服务业发展协调处
13	总部经济发展处
14	外贸运行处
15	外贸发展处
16	机电进出口处（北京市机电产品进出口办公室）
17	服务贸易处
18	对外经济合作处
19	外资发展处
20	外资管理处（对港澳台经济合作处）
21	安全监管处
22	财务处
23	人事处
序　号	**市政府口岸办公室处室**
1	秘书处
2	综合业务处
3	航空港处
4	陆港管理处（北京市人民政府口岸办公室丰台货运口岸管理处、北京市人民政府口岸办公室朝阳口岸管理处）
5	北京西站铁路口岸处

序　号	市粮食局（部门管理机构）
1	办公室
2	调控处
3	政策法规处
4	储备处
5	监督检查处
6	流通管理处
7	财务处
8	人事处
序　号	**市商务执法监察大队（直属管理机构）**
1	办公室
2	法制科
3	行政科
4	执法一队
5	执法二队
6	执法三队
7	执法四队

（余　军）

北京市商务委员会领导成员

（截至 2014 年 12 月 31 日）

卢　彦	党组书记、主任
闫小彦	党组成员、副主任
程玉华	党组成员、副主任
许　康	党组成员
倪跃刚	党组成员、副主任
李广禄	党组成员
宋建明	党组成员、副主任
李薇薇	（2014 年 6 月调出）
申金升	副主任
武玉民	党组成员、纪检组组长，直属机关党委书记（2014 年 7 月免职）、直属机关工会主席
孙　尧	党组成员、副主任，直属机关党委书记（2014 年 7 月任职）
陈　文	党组成员、副主任（2014 年 6 月调出）
张树华	副主任（2014 年 12 月挂职）
王卫平	委员（正局级）
魏忆京	委员（副局级）
邓洪波	委员（副局级）
晋　斌	委员（副局级）（2014 年 4 月退休）
王洪存	委员（副局级）
袁晓鲁	委员（副局级）（2014 年 9 月任职）
刘行苍	副巡视员
赵立宗	副巡视员

（余　军）

北京市人民政府口岸办领导成员

（截至2014年12月31日）

许　康　党组书记、主任
吴伯棠　党组成员、纪检组长
魏登范　党组成员、副主任
朱　雷　党组成员、副主任
薛海涛　党组成员、副主任

（余　军）

北京市粮食局领导成员

（截至 2014 年 12 月 31 日）

李广禄　党组书记、局长
张　强　党组副书记、副局长
杨　牧　党组成员、副局长
徐志坚　党组成员、副局长，纪检组长（2014 年 3 月退休）
阎维洪　党组成员（2014 年 5 月任职）、副局长（2014 年 4 月任职）
任昌坤　党组成员（2014 年 5 月任职）、副局长（2014 年 4 月任职）
刘　军　局长助理（2014 年 11 月结束挂职）

（余　军）